U0512334

都 市 文 化 研 究 译 丛

上海市高水平地方大学建设项目－上海师范大学中国语言文学学科成果

上海市高水平地方大学重点创新团队"文化转型与现代中国"成果

都市文化研究译丛编委会

主编
董丽敏

编委
毛尖　倪伟　詹丹　薛毅　董丽敏

士绅化

[英]洛蕾塔·利斯 [英]汤姆·斯莱特 [加]埃尔文·怀利 著

刘苏 张云鹏 译

上海人民出版社

出版说明

　　都市文化研究是一门新兴的前沿学科，主要研究现代都市文化的缘起、变化和发展的规律。 它与文化研究、都市研究、社会学、地理学、历史学、文学等学科紧密相关。 都市文化研究在中国的兴起，也与中国经济、社会、文化的发展密不可分，我们期待着这门学科在中国生根、发展，能以中国经验为基础，放眼世界，取得新的突破，并积极参与中国的都市文化建设。 为达到此目的，大规模地译介国外的都市文化研究成果，不仅是必需的，而且也是很紧迫的。 他山之石，可以攻玉，学科的自主和创新，必定要建立在全面了解已有成果的基础之上。

　　都市文化研究译丛不仅包括一批都市文化研究、文化理论的经典著作，也包括显示出最新发展动向的近作，我们注重在理论方法上有重要启示意义的名家名著，也注重对某种现象作实证性研究的学术专著，同时计划译介一些概论性的著作。 总之，只要是对中国的都市文化研究有参考价值的作品，都在我们译介的范围内。 我们吁请海内外的学者、专家对我们的工作提出意见和建议，吁请更多的翻译家加入我们的行列。

上海师范大学中文系
2018 年 6 月

目录

士绅化的世界（中文版序言）

《士绅化》这本书自第一版出版以来，很多事情都发生了变化，但士绅化的本质依旧存在，而且变得更加剧烈而普遍，也更能应对周围环境的变化。

全世界正在以加速度进行士绅化。与此同时，在全球城市化不断演进的语境下，围绕士绅化的内涵展开的争论也变得至关重要，因为在2007年左右，全世界跨过了城市人口过半的门槛。然而，如果我们要理解当下的形势，就需要结合更广泛的历史背景。

露丝·格拉斯（Ruth Glass）曾描述过巨大而神秘的大都市中多样化地方景观的奇怪转变，而现在又过去了半个多世纪。她描述的那座城市曾经是帝国的中心，毫无疑问是全球城市。但忽然之间，这座城市变得"比以往任何时候都更加脆弱"。格拉斯（1964：xxvii）写道："很明显的是，这座城市十分依赖于其他地方的决策；其发展条件与前途命运很明显地与世界各地联系在一起。"与此同时，它不仅是这个变幻莫测的世界的中心，而且它并不牢固的地位还被其他地方的决策所塑造，从而让它变得越来越昂贵，竞争也越来越激烈。格拉斯说："空间竞争越来越激烈"，是由于"土地价值的螺旋上升"创造出了"一座适者生存原则下的城市——经济实力够强的人才能负担得起那里的工作和生活"（Glass 1964：xix—xx）。

格拉斯描述的城市正是伦敦，在她写的章节里，有一段著名的文字，创造出了一个新的词语，用来描述工人社区被侵占的过程，此过程

1

遍及整个大都市区。 格拉斯（1964：xviii）写道："一旦'gentrification'（士绅化）的过程启动，就会迅速进行下去，直至大多数或全部工人阶级被替代，整个区域的社会性质都会发生变化。"在描述工人阶级社区变化的句子里，她提到了中产阶级的侵占过程——包括上层中产和下层中产——但她在整个章节里，也将中产阶级的选择置于规划设计和国家干预的限制之下，并考虑了土地和住房市场解除管制后的放任自由和资本主义城市化长期不平等的背景。 格拉斯写这篇文章的目的是为了给一本文集做介绍，它详细研究了伦敦空间与社会的长期演变。 而其中第一章正是历史学家埃里克·霍布斯鲍姆（Eric Hobsbawm 1964：3）对伦敦新出现的劳动力市场的审视：新出现的"劳动力市场同全国其他地区的都不一样"，这把伦敦重构为"人们的工资和劳动条件都由外部来决定的一个地方"。 格拉斯深切关注资本与商品化对工人阶级生活的"侵略"。 她十分反感从美国传入的自由市场的错误观念，也鄙视满是毒素的种族主义、文化本质主义、帝国去除殖民化后产生的本土主义，以及一些小报上的阴谋论，像动辄就归咎为"女巫仪式、鬼魂狩猎、火星人来访和接管投标"等等阴谋（xxi）。 它们都利用混淆视听、分散注意力的空间构成了彼此分隔的话语与意象的"都市星座"（metropolitan constellation），从而掩盖了物质上的不平等。 当然，我们今天会将这些主题视为后现代主义，视为虚构资本与脑力资本的结合（Harvey 1990；Moulier Boutang 2011），也会看成是"后真相"网络阴谋论的工业化虚假意识、twitter 机器人大军，以及基于算法的适应性误导，这些都是特朗普式的威权民粹主义里的玩意儿（Wylie，2019）。

　　一开始，露丝·格拉斯就将士绅化视为全球资本主义结构性不平等的一种地方化表现，这种资本主义具有动态性、跨国性和不稳定性。她对 20 世纪 60 年代伦敦街道的深描（Mitchell 2002）引发了一种批判性视角，启发了尼尔·史密斯（Neil Smith 1979）关于"资本，而不是人回归城市"的隐喻。 在这个时刻，资本主义、殖民主义以及"西方与其他地区"的二元化被重构起来（参见 Benach and Albet 2018）。 在过去半个世纪里,露丝·格拉斯的话语已经在全世界的城市学术、新闻报道、政治辩论、行动主义和流行文化里得到广泛应用(如参见 Benach and Albet 2018;Lees,et al. 2015,2016 的多个章节)。 因为这样的讨论非常广泛而活跃,因此,人们有时反而不知该从何论起。 当然,这也取决于你自己的目的是什么。 如果你曾被政府机构或房东驱逐过,或者因生活成本上升,不得不搬家,以寻找更经济实惠的住处,那么,你可能会对"士绅化"这个词以及它代表的这场社会运动感兴趣。"士绅化"经常出现在一些示威游行、抗议活动和非法占屋(squatting)这类行动的横幅上面,而这类行动则常常出现在世界各地城市贫富差距的前沿地带。 如果你是一名开发商、投资者或政府官员,那么你也很可能对如何避免、掌控或压制士绅化造成的社会紧张感兴趣。 另一方面,你可能还会因为士绅化牵涉的政治因素,而尽量去回避"士绅化"文献。大多数致力于推动士绅化的机构或个人都会避免使用这个词。 而如果你是一名学生或学者,正在参与士绅化的讨论,你或许渴望在这方面做出新的贡献。 那么,士绅化研究的最新进展是什么? 研究前沿在哪里? (Ackerman 1963)有哪些紧迫的新问题需要新的研究来填补知识的空白? 遗憾的是,随着人类知识体系的不断扩展,要找到从未有人涉足的领域变得越来越困难。 而倘若某个学术文献存在的时间达到人的一生之久——我们在露丝·格拉斯创造"士绅化"这个术语五十八年后才写下这段文字,这恰好是尼尔·史密斯的一生之长(Doherty 2013)——那么积累起来的话语就会呈现出马克思所说的"一般智力"(general intellect)的特征。 随着科学技术的不断演进,一些剩余价值被占有且转化用来强化人类的劳动,加上专业知识的不断积累,产生出 "一般社会知识",它演变为一种"直接的生产力","作为社会实践的直接器官,作为实际生活过程的直接器官"显现出来(Marx 1857/1858:152)。 史密斯(1979)嘲笑有些人被"消费者主权"的个体主义所影响,这些人就很难理解恩格斯(1876)所谓劳动创造人类的公理蕴含着怎样的意义了。后工业"创新时代"的脑力劳动关系取代了 19 世纪工业生产的社会力量所代表的工业劳动关系。 而在脑力劳动关系里,"思想本身成为一种生产方式"(Florida 2003:17),因此,真正意义上的个体创造变得愈加困难,竞争也越来越激烈。 大卫·格雷伯(David Graeber)在《规则的乌托邦》(*Utopia of Rules*)一书里,突出地阐明了这样的困境:

> 在企业或学界工作的大多数人曾目睹过这样的情景:几名工程师聚在一起,相互交流想法,产生出一个貌似有前途的新点子。然后,一个坐在角落里的人用谷歌迅速搜索了一番,竟发现这个"新"点子其实已经是个旧想法了,或至少看起来和另一个想法很类似,已经有人尝试过了,尝试的结果可能成功或失败。如果是失败的,那么任何一个想要保住自己位置的经理都不会再打算投资一番,把它做成功。而如果结果成功了,那么这个想法也早就申请专利,所以想要进入这块市场也是不可能的,因为最先想到它的人拥有"先发优势",会制造"准入壁垒"。所以,这种看似有前途但半路夭折的想法难以计数。(Stephenson 2011:15,引自 Graeber 2015)

如果用谷歌搜索一下"士绅化",会显示 22 800 000 条结果,耗时 0.54 秒。 对于不同人而言,结果的数量和排序可能会有所不同,因为谷歌的自适应算法会根据我们每个人在当地的浏览记录和阅读模式等数据信息,提供量身定制的结果——它们就是消费者主权的数字化身。由于所处的地点,你可能还需要冒险使用一下 VPN,但你依然可以找到一些入口,获取大量本地和全球士绅化的信息。 而当一次对话里包含着 2 300 万个声音时,你可能就会感到不知所措,乃至畏惧了,因为你自己的声音如何才能被听见呢? 以下是我们想要告诉你的。 当你翻开我们几年前写的这本书时,士绅化研究会出现什么样的前沿领域、政策选择和行动策略,其实都在于你。 你该如何做出新的贡献呢? 你当然能做出新的贡献! 你自己可以决定如何去理解这些庞杂而困惑的研究,以及其中的辩论和各种文化所构成的认知领域;你自己还可以决定,是支持士绅化呢,还是反对士绅化? 所以,你的思考和决策将是在露丝·格拉斯的基本原则和批判分析的基础上做出的新贡献。

个人的选择的确很重要,但让"一般智力"变得如此强大且危险的原因在于,个体对"一般智力"做出贡献的同时并没有完全理解它,更别说掌控它了。 在代际创造、合作与冲突的过程中,"一般智力"不断演化着。 劳动创造了人,而现在的脑力劳动则建构出人口城市化带来的全球紧张局面(Slater 2017),正如尼尔·史密斯在 20 世纪 70 年代的费城、露丝·格拉斯在 20 世纪 60 年代的伦敦、任雪飞(2020)在现今的孟买、加尔各答、广州和北京所见到的模样,以及你在自己熟悉、喜爱的任何一座城市、任何一个社区里所见到的模样。 信息资本和算法监控资本(Zuboff 2019)调控着房地产中投资、债务和增值的电路切换方式——以数字方式增强了租差动态的速度和空间适应性(Rogers 2016;Wachsmuth and Weisler 2018)。 我们当下的挑战正是:如何去理解构成城市生活中那些独特而普遍的纷繁芜杂的过程,它们相互交织在一起不断演化着。 社区、城市、地区、国家和大陆尺度的地理想象固然有其独特性,但过度关注独特性必然会使我们陷入"盲区",它是一个危险的幻象,分散了人的注意力(Lefebvre 1970)。 举个例子,在今天中国的士绅化研究中,出现了一个不断增强的话语,那就是"中国例外主义"(Chinese Exceptionalism)(Ren 2015;Pow 2012),它激活并复苏了类似于 20 世纪在美国的实证城市体制,即一个保守的新古典-自由主义的城市主义,它认为士绅化是"衰退海洋中的复兴之岛"(Berry 1980,1985),即使当芝加哥学派的城市演化生态模型嵌入城市政策的基础设施时,这样的观点也是存在的,由此才可以把国家推动的城市更新合理化(Metzger 2000)。 这些矛盾引发了 20 世纪城市理论的跨国政策流动——"罗伯特·帕克在中国"(Ren 2009)——以及进化生态思想和不同地方民族主义相结合后的合理性问题。 此外,美国例外主义的危险性今天依然存在,最明显地体现为弗雷德里克·杰克逊·特纳(Frederick Jackson Turner 1893)推崇的以种族主义为基础的社会达尔文主义"边疆论",它被用来推动 21 世纪美国自由市场的城市建设和更新(Glaeser 2020)。 想要准确理解当今城市化的新前沿——从纽约哈莱姆区到孟买——需要一种"双焦点"的视角,去关注本地环境与全球跨国尺度的共同演化过程(Smith 2001),它重塑了士绅化的地理尺度,该尺度是非欧几里得式的、非笛卡尔式的,它是城市重组的前沿地带(Smith 1982)。

为了理解不断演变的士绅化现象——正如露丝·格拉斯所想到的,在一个城市化的地球上,空间的竞争日益激烈——我们需要拓宽地理学的想象力。 通常情况下,当面对一个庞大的主题时——一只守在角落里的恶魔端着笔记本电脑操控着谷歌上 2 300 万个声音的发出——我们往往会通过某种笛卡尔式的传统区域地理学来让该主题变得易于掌控。这也是史密斯(1989)所鄙视的,他引用了柏都莱(Berdoulay 1978:88)的一句嘲讽,指出康德哲学是"一个半世纪以来惯有的西方思维……"如果我们以地理学的方式来思考的话,我们会选择一小片区域,对其展开深入研究;如果我们以历史学的方式思考的话,我们就会选择一个时间段来确定某个重要的事件或转折点;如果我们雄心勃勃,那我们就会研究某个地方在很长一段时间内发生的情况。 那么问题在于空间与时间总是不断变化的,是社会生产出来的,而不是本体论上的一种绝对存在。 在过去五百年里,全球资本主义的殖民现代性创造出了一个不断扩大的"一般智力",超出了个人甚至是相当大的专家群体的认知能力。 这也带来了信息过载的风险:模拟仿真出来的新思想看似新颖,实际上并不新;重新组合他人思想的混合物,只有组合本身才是有意义的;或者以某种战略精心选择一些脱离语境的信息片段来组合出虚假的意义。 面对信息的如此过载,我们必须小心谨慎,以免走上错误的道路。 当代城市更新作为全球城市的既定战略,由国家、个人或机构投资推动并强化,它还借助了工业化遗忘和无知——所谓的"无知学"(agnotology)来复制和强化自身(Slater 2021)。 每当你听到像复兴、振兴、再生或更新这样的美好词语时,当遇见"水涨起来就能抬起所有船只"或"重新开发能促进社会和谐"这样的乌托邦话语时，请警惕"无知学"。"无知学"已经存在了很长一段时间，这也是我们为什么要仔细倾听露丝·格拉斯的原因之一。 在那篇文章引入"士绅化"这个新词的后面几页（1964：xxii—xxiii），她提到了一种广泛的现象，即社会变得虽然"富有"却有着"不负责任的病态"，被"社区瓦解"所腐蚀。 而这个"困惑的社会"被不平等的结构所加剧，"而这些不平等的结构则被整个沟通机制所掩盖，给人以清晰、坦诚和近观的印象"。 格拉斯有预见地警告道："只有在罕有的关键时刻，多数人才开始意识到自己一直无知的事情。"

康德式的时空切片无法捕捉资本主义后现代时空压缩的动态变化（Harvey 1990），它加剧了我们这个城市星球上的空间竞争。 阶级和种族剥夺下的空间背后是资产达万亿美元的科技公司，它们正在重构内城充满酷感的社区和充满创意的城市，比如旧金山（McElroy 2018）。 但竞争的态势也可能会以出人意料的、多维度的时空配置蔓延至全球。 2016 年底，马克·扎克伯格（Mark Zuckerberg）以 1 亿美元的价格购买了夏威夷群岛考艾岛北岸一片七百英亩的甘蔗种植园。 一系列秘密的空壳公司通过一种叫做"安静的产权分割"（quiet title and partition）的模糊程序进行诉讼，以消除在 1850 年《库雷纳法案》（Kuleana Act）颁布后购买该房产的业主后代传承下来的部分所有权所产生的祖传土地索赔的可能性。 当记者们发现扎克伯格所做之事时，一场媒体风暴席卷而来，他被迅速扣上了一顶"新殖民主义代表"的帽子。 卡洛斯·安德拉德（Carlos Andrade）是得到扎克伯格支持的主要原告，他是研究夏威夷的退休教授，拥有地理学博士学位。 安德拉德正在起诉数十位远亲，他们都是曼努埃尔·拉波佐（Manuel Rapozo 1846—1928）的后裔。曼努埃尔·拉波佐是一名来自亚速尔群岛的葡萄牙农场工人，在 1882 年移民到考艾岛并与一名夏威夷女子结婚。 安德拉德（2014：20）在他的学术生涯里撰写过一篇文章，阐述了原住民的本体论，即，过去融入了活生生的当下，充满着祖先的声音，存在于各个角落——"在海洋、溪流、天空和最广义的'āina(土地)在内的一切事物之中。"安德拉德在对'āina(土地)的分析中引用了哈维在《后现代的状况》(*The Condition of Postmodernity*，1990)里对时空压缩的阐述。

　　这里需要记住的关键是，士绅化不仅仅是个别城市中几个内城社区的风格变化。 露丝·格拉斯在1963年末和1964年初的著作里对伦敦这个曾经强大的帝国首都做过分析，认为伦敦在日益不平等的景观中被有毒的达尔文式的竞争所撕裂，而一个动荡不安、非平衡的去殖民化运动正在这个嬗变的世界体系中重新定位各个国家与城市。 士绅化一直是个全球性的过程，而且，如果认真考虑当代跨国主义和原住民土地所有权重新被重视之间的关系时，它所涉及的过程可能超越了这个星球(Deloria 2003；Womack 2014)。 很明显的是，要理解或抵制士绅化——它被格拉斯认为是以"适者生存"为核心的全球竞争性城市主义——以及把握和抵制尼尔·史密斯(1996)警告的恐怖的特纳"边疆论"的重现，就需要正视从19世纪进化论科学中产生出来的腐朽的政治操控。 要超越全球士绅化及其酿成的残酷竞争，就需要华裔美籍人士格蕾丝·李和黑人权力哲学家吉米·博格斯(Grace Lee and Jimmy Boggs 2008)提出的愿景，那就是：要推动集体合作的人类革命所带来的进步。 我们要共同努力，自主决定在这个风云变化、不稳定的城市星球上成为自己希望成为的人类。

　　我们对张云鹏和刘苏的辛勤工作深表感激，他们将这本书翻译出版，让中国读者也能接触到这些思想。 通过自己的前沿研究，他们二位也正在本土性与全球性的两个维度中勾勒城市化。 而在这个联系日趋紧密的城市时代，他们的翻译工作则有利于促进重要的国际对话，以实现真正的理解与行动。

洛蕾塔·利斯　汤姆·斯莱特　埃尔文·怀利

参考文献

Ackerman, Edward A.(1963). 'Where is a Research Frontier?' *Annals of the Association of American Geographers* 53(4), 429—440.

Andrade, Carlos(2014). 'A Hawai'ian Geography or a Geography of Hawai'i?' In Jonathan Osorio, ed., *I Ulu I Ka 'Āina: Land*. Oáhu: University of Hawaii Press, 4—22.

Benach, Núria, and Abel Albet(2018). 'Gentrification and the Urban Struggle: Neil Smith and Beyond.' In Albet and Benach, eds., *Gentrification as a Global Strategy: Neil Smith and Beyond*. London: Routledge, 282—295.

Berdoulay, Vincent(1978). 'The Vidal-Durkheim Debate.' In David Ley and Marwyn S. Samuels, eds., *Humanistic Geography: Prospects and Problems*. Chicago: Maroufa Press, 77—90.

Berry, Brian J.L.(1985). 'Islands of Renewal in Seas of Decay.' In Paul E. Peterson, ed., *The New Urban Reality*. Washington, DC: Brookings Institution Press, 69—96.

Berry, Brian J.L.(1980). 'Creating Future Geographies.' *Annals of the Association of American Geographers* 70(4), 449—458.

Boggs, James, and Grace Lee Boggs (2008). *Revolution and Evolution in the Twentieth Century*, Second Edition. New York: Monthly Review Press.

Deloria, Vine, Jr.(2003). *God is Red: A Native View of Religion*. Golden, CO: Fulcrum Publishing.

Doherty, Joe(2013). 'Neil Smith, 1954—2012: "The Future is Indeed Radically Open." ' *Urban Geography* 34(1), 1—4.

Engels, Friedrich(1876). *The Part Played by Labor in the Transition from Ape to Human*. 1950 Edition. New York: International Publishers.

Florida, Richard(2003). 'Cities and the Creative Class.' *City & Community* 2(1), 3—19.

Glaeser, Edward L.(2020). 'The Closing of America's Urban Frontier.' *Cityscape* 22(2), 5—21.

Glass, Ruth(1964). 'Introduction.' In Centre for Urban Studies, ed., *London: Aspects of Change*. London: MacKibbon & Gee, xiii—xlii.

Graeber, David(2015). *The Utopia of Rules: On Technology, Stupidity, and the Secret Joys of Bureaucracy*. Brooklyn, NY: Melville House.

Harvey, David(1990). *The Condition of Postmodernity: An Enquiry Into the Origins of Cultural Change*. Oxford: Blackwell.

Hobsbawm, E.J.(1964). 'The Nineteenth Century London Labour Market.' In Centre for Urban Studies, ed., *London: Aspects of Change*. London: MacKibbon & Gee, 3—28.

Lees, Loretta, Hyun Bang Shin, and Ernesto López-Morales, eds.(2016). *Planetary Gentrification*. Hoboken, NJ: Wiley.

Lees, Loretta, Hyun Bang Shin, and Ernesto López-Morales, eds.(2015). *Global Gentrifications*. Bristol: Policy Press.

Lefebvre, Henri(1970). *The Urban Revolution*. Translated by Robert Bononno, Minnesota Press.

Marx, Karl(1857/1858). *Marx's Grundrisse*. Selections translated and edited by David McLellan, Second Edition, 1980. London: MacMillan Press.

McElroy, Erin(2018). 'Postsocialism and the Tech Boom 2.0: Techno-Uotpics of Racial/Spatial Dispossession.' *Social Identities* 24(2), 206—221.

Metzger, John (2000). 'Planned Abandonment: The Neighborhood Life-Cycle Theory and National Urban Policy.' *Housing Policy Debate* 11(1), 7—40.

Mitchell, Don(2002). 'The New Empire of Capital: The Pedagogy of the Streets.' *Review of Education, Pedagogy, and Cultural Studies* 24(1—2), 147—151.

Moulier Boutang, Yann(2011). *Cognitive Capitalism*. Translated by Ed Emery. Cambridge: Polity Press.

Pow, C. P. (2012). 'China Exceptionalism? Unbounding Narratives on Urban China.' In Tim Edensor and Mark Jayne, eds., *Urban Theory Beyond the West: A World of Cities*. New York: Routledge.

Ren, Julie(2015). 'Gentrification in China?' In Loretta Lees, Hyun Bang Shin, and Ernesto López-Morales, eds., *Global Gentrifications: Uneven Development and Displacement*. Bristol: Policy Press, 329—347.

Ren, Xuefei(2020). *Governing the Urban in China and India: Land Grabs, Slum Clearance, and the War on Air Pollution*. Princeton: Princeton University Press.

Ren, Xuefei(2009). 'Robert Park in China: From the Chicago School to Urban China Studies.' In Ray Forrest, Julie Ren, and Bart Wissink, eds., *New Perspectives on Contemporary Urbanism*. Bristol: Bristol University Press, 1—16.

Rogers, Dallas(2016). 'Uploading Real Estate.' In Nicole Cook, Aidan Davison, and Louise Crabtree, eds., *Housing and Home Unbound: Intersections in Economics, Environment, and Politics in Australia*. London: Routledge, 23—38.

Slater, Tom(2021). *Shaking Up the City: Ignorance, Inequality, and the Urban Question*. Berkeley: University of California Press.

Slater, Tom(2017). 'Planetary Rent Gaps.' *Antipode* 49(S1), 114—137.

Smith, Michael Peter (2001). *Transnational Urbanism: Locating Globalization*. Oxford: Blackwell.

Smith, Neil(1989). 'Geography as Museum: Private History and Conservative Idealism in *The Nature of Geography*.' In J. Nicholas Entrikin and Stanley D. Brunn, eds., *Reflections on Richard Hartshorne's The Nature of Geography*. Washington, DC: Association of American Geographers, 91—120.

Smith, Neil (1982). 'Gentrification and Uneven Development.' *Economic Geography* 58(2), 139—155.

Smith, Neil(1979). 'Toward a Theory of Gentrification: A Back to the City Movement by Capital, Not People.' *Journal of the American Planning Association* 45(4), 538—548.

Stephenson, Neal(2011). 'Innovation Starvation.' *World Policy Journal*, Fall, 11—16.

Turner, Frederick Jackson (1893). 'The Significance of the Frontier in American History.' *Annual Report of the American Historical Association*, 199—227.

Wachsmuth, David, and Alexander Weisler (2018). 'AirBnB and the Rent Gap: Gentrification Through the Sharing Economy.' *Environment and Planning A: Economy and Space* 50(6), 1147—1170.

Womack, Craig(2014). 'Vine Deloria, Jr., and the Spacemen.' In James H. Cox and Daniel Heath Justice, eds., *The Oxford Handbook of Indigenous American Literature*. Oxford: Oxford University Press, 455—470.

Wylie, Christopher(2019). *Mindf*ck: Cambridge Analytica and the Plot to Break America*. New York: Random House.

Zuboff, Shoshana(2019). *The Age of Surveillance Capitalism: The Fight for a Human Future at the New Frontier of Power*. New York: Public Affairs.

致　谢

写作这本书对我们来讲也是一次宝贵的经历，借此机会，我们阅读 xi
了早期士绅化研究的作品，从中获益良多。

学术层面的致谢

洛蕾塔·利斯（Loretta Lees）：首先，我要感谢尼尔·史密斯（Neil
Smith）。 1988 年汤普金斯广场公园（Tompkins Square）暴动之前，尼尔
在下东区（the Lower East Side）接待了我，当时，我还是一名本科生，
正在写一篇士绅化的论文。 尼尔的会面激励了我继续研究和批判士绅
化。 罗伯特·博勒加德（Robert Beauregard）和詹姆斯·德菲利皮斯
（James DeFilippis）在本书审阅的过程中提出了许多建设性的意见，戴
夫·麦克布莱德（Dave McBride）也很喜欢这本书，在此，我致以由衷的
感谢。 同时，我还要感谢蒂姆·巴特勒（Tim Butler）（现在已经是我的
朋友和同事）、大卫·莱（David Ley）、罗布·伊姆里（Rob Imrie）、罗
兰·阿特金森（Roland Atkinson）和马克·戴维森（Mark Davidson）。 另
外，彼得·威廉姆斯（Peter Williams）阅读了第五章有关第四波士绅化
的讨论并提出了宝贵意见，大卫·赖斯（David Reiss）找到了《褐石建筑
师》（*The Brownstoner*）的过刊，德怀特·德梅里特（Dwight Demeritt）
把他的迷你图书馆借给了我。 因他们的帮助，也在此致以谢意。 最

1

后，非常感谢汤姆和埃尔文在写作本书过程所做的大量工作。

汤姆·斯莱特(Tom Slater)：自 1998 年，士绅化成为了我生活的一部分。 当时，我租住在伦敦南部图廷(Tooting)的一栋房子里，因为房东决定要从该街区的士绅化中获利，我被赶了出去。 因此，我要感谢这名房东，让我下决心要为这种破坏性的过程说点什么。 我要感谢所有访问士绅化网站的活动家、失所的租客和其他感兴趣的访客，感谢他们与我取得联系并分享他们的生活体验，帮助我在这些年里理解了士绅化的全球印记。 罗兰·阿特金森、加里·布里奇(Gary Bridge)、威尼弗雷德·柯伦(Winifred Curran)、詹姆斯·德菲利皮斯、丹·哈梅尔(Dan Hammel)、大卫·莱、凯特·纽曼(Kathe Newman)、达玛丽斯·露丝(Damaris Rose)、凯特·斯旺森(Kate Swanson)和艾伦·沃克斯(Alan Walks)不仅是好友，也是同事，他们的才华总能激励我。 洛蕾塔(Loretta)和埃尔文(Elvin)，谢谢你们让我的写作变得如此有趣。

埃尔文·怀利(Elvin Wyly)

"我采了一束别人的花，只有把它们束在一起的线才是我自己的。"

——蒙田

xii 我第一次接触这句话是在二十多年前，是彼得·古尔德(Peter Gould)的《工作中的地理学家》(*The Geographer at Work*)一书中的致谢。 而彼得则是在四十年前，在陆军元帅 A.P.韦维尔(A.P. Wavell)于"二战"期间出版的一本纪念诗集(*Other Men's Flowers*，Putnam，New York，1945)的扉页上第一次读到了这句诗。 每当我以作者的身份签名的时候，这句话便会浮现在我的脑海里。 当我从给予我如此多的学者那里收集各种鲜花时，我能意识到蒙田和古尔德教会我如何成为了一名社会主义学者——知识同语言、社区、城市化和房地产的价值一样，"是由社会创造的，不属于任何个人所有"（见这本书第 272 页）。 我对本书的贡献都来自我从别人那里学到的东西。 汤姆和洛蕾塔是两位才华横溢、充满激情的合著者，从他们那里，我获益良多。感谢丹·哈梅尔，我俩一起逛过明尼阿波利斯、圣保罗、费城、波士顿、巴尔的摩、芝加哥、底特律和其他城市的大街小巷。他激发我去绘制贫富边界的地图。从尼尔·史密斯、凯特·纽曼、杰森·哈克沃斯（Jason Hackworth）和詹姆斯·德菲利皮斯以及其他有幸合作的同事那里，我也学到了很多东西，并用我的所学去丰富未完成的研究，为抵制士绅化作出贡献，以此答谢他们的慷慨。我很感谢莫娜·阿迪亚（Mona Atia）、罗伯特·博勒加德、凯斯·布朗（Keith Brown）、霍利·福克斯考罗夫特（Holly Foxcroft）、丹尼斯·盖尔（Dennis Gale）、乔治·高斯特（George Galster）、爱德·戈茨（Ed Goetz）、布里亚·霍尔科姆（Bria Holcomb）、史蒂夫·霍洛威（Steve Holloway）、大卫·因布罗西奥（David Imbroscio）、拉里·基廷（Larry Keating）、鲍勃·雷克（Bob Lake）、米奇·劳里亚（Mickey Lauria）、利兹·李（Liz Lee）、大卫·莱、彼得·马尔库塞（Peter Marcuse）、派特·麦科伊（Pat McCoy）、帕布罗·门德斯（Pablo Mendez）、克里斯·内德特（Chris Neidt）、杰米·派克（Jamie Peck）、克里斯·伦赫特（Kris Rengert）、马修·罗夫（Matthew Rofe）、希瑟·史密斯（Heather Smith）和达芙妮·斯佩恩（Daphne Spain）。约翰·S.亚当斯（John S. Adams）、布莱恩·J.L.贝瑞（Brian J.L. Berry）、兰斯·弗里曼（Lance Freeman）、约翰·D.卡萨尔达（John D. Kasarda）、戴维·利斯托金（David Listokin）、大卫·瓦拉迪（David Varady）和弗农·R.怀利（Vernon R. Wyly），他们对我写的内容可能有不同的意见，但是我依然欠了他们不少人情，因为从他们那里，我收获颇多。最后，感谢泰勒·皮尔斯（Tyler Pearce），他极富价值的评论和编辑建议对本书的内容贡献良多。

个人层面的致谢

洛蕾塔·利斯：我要感谢我的伴侣大卫·德墨里特（David Dermeritt），他是纽约一位士绅化先锋的儿子，长期以来对我的工作很感兴趣。 我要感谢女儿梅格（Meg）和爱丽丝（Alice），她们的陪伴让我对生活始终热爱。 我还想把这本书献给已故的父亲亚瑟·利斯（Arthur Lees）。

汤姆·斯莱特：这本书献给萨拉（Sara）、扎克（Zach）和波比（Poppy），同时也献给大卫·M.史密斯（David M. Smith），他在本科生的地理课上讲述了很多令人心碎的故事，让我见识到了这个学科的魅力，拓展了我的视野，让我意识到地理学家在解决城市不平等问题时可以发挥怎样的作用。

埃尔文·怀利：我对内城的热爱来自小时候听到的"远方的声音"。罗伯特·S.怀利（Robert S. Wyly）和已故的弗洛伦斯·A.怀利（Florence A. Wyly）在华盛顿特区郊外营造了一个美好、安全的家园，当时，美国城市"衰落"的声音达到了顶峰。 但在 1966 年至 1984 年间，与华盛顿特区的距离反倒让我对城市有了一种持久的热情，从那时起，我就渴望到城市的中心——任何一座城市的中心。 现在我经找到了适合自己生活的城市，自己的"特区"，梦想城市，我的新边疆，我的温尼伯①，我的米逊②。 温哥华从西区到主街都属于我的街区：我想把这本书献给贾廷德·迪隆（Jatinder Dhillon）。

下面的学者提供了图片制作上的帮助，一并致以谢意：伦敦国王学院地理系摄影师彼得·霍华德（Peter Howard）为本书的所有图片顺利付印提供了专业协助。 达伦·史密斯（Darren Smith）提供了图4.2。 奥列格·戈卢布奇科夫（Oleg Golubchikov）提供了图5.1。 伦敦国王学院地理系制图师罗马·博蒙特（Roma Beaumont）（现已退休）绘制了地图1.1。 地图7.2 由旧金山州立大学地理系制图师爱伦·麦克尔希尼（Ellen McElhinny）友情提供。 地图7.3 则由不列颠哥伦比亚大学地理

---

① 温尼伯：加拿大曼尼托巴省的省会。 ——译者注
② 米逊：加拿大不列颠哥伦比亚的一个城市。 ——译者注

系制图师埃里克·莱恩伯格(Eric Leinberger)绘制。

作者和出版商想要感谢以下人员和机构授权在本书复制部分材料：

图 1.1　环球报业辛迪加(Universal Press Syndicate)

图 1.3　《褐石建筑师》

图 1.10　《菲尼克斯》(*The Phoenix*)

图 2.2　《纽约客》

图 3.2　*Stay Free!* 杂志(http://www.stayfreemagazine.org)

图 6.5　今日美国/美联社

图表 2.1　转载自 M. Schill and R. Nathan, *Revitalizing Americas Cities：Neighborhood Reinvestment and Displacement*, p.15, copyright State University of New York Press。

图表 B2.1a　转载自 Blair Badcock, *Annals of the Association of American Geographers*,(79)1, p.131, copyright Blackwell Publishing。

图表 B2.1b　转载自 Eric Clark, *Geografiska Annaler*, B70, no.2, p.241, copyright Blackwell Publishing。

图表 B2.1c　转载自 Dan Hammel, *Urban Geography*, 20, no.2, p.116, copyright Bellwether Publishing。

图表 B2.1d　转载自 David O'Sullivan, *Journal of Geographical Systems*, 4, no.3, p.251, copyright Springer Berlin/Heidelberg。

图表 B2.2　转载自 Luděk Sykora, *Tijdschrift voor Economische en Sociale Geografie*, 84, no.4, p.286, copyright Blackwell Publishing。

图表 2.4　转载自 Jason Hackworth, *Urban Affairs Review* 37, xiv no.6, p.286, copyright Sage Publications。

图表 4.2　由纽约市房地产委员会(Real Estate Board of New York)授权复制。

图表 5.1　转载自 Jason Hackworth and Neil Smith, *Tijdschrift voor Economische en Sociale Geografie* 92, no.4, p.467, copyright Blackwell

Publishing。

专栏 6.1　转载自 Rowland Atkinson and Gary Bridge，eds.(2005)，*Gentrification in a Global Context：The New Urban Colonialism*，p.5，copyright Routledge。

前　言

　　士绅化深深植根于社会动态与经济趋势,其标志、影响和轨迹很 xv
大程度上取决于当地情况,比如社区的自然和社会属性,行动者的立
场和目的,城市的主导功能,经济结构的调整和地方政府的政策。城
市研究应该关注这种复杂性……最后,相比于士绅化的原因,我们更
应思考士绅化造成的影响和引起的后果。

——范韦瑟普(Van Weesep 1994:80)

　　士绅化——将中心城市的工人阶级住区或空置区转变为中产阶级住
区和商业用途——无疑是城市调查领域较受欢迎的话题之一。 士绅化
自 20 世纪 50 年代和 60 年代在英国伦敦及美国东海岸的城市出现以
来,引起了广泛关注,像媒体、国家与地方政府、城市规划师、建筑师
和开发商、保护团体、企业(从公用事业公司到葡萄酒商)、城市宣传者
和政治活动家都在关注它。 在学术界,士绅化一直是城市社会科学许
多子学科的核心主题,吸引了地理学家、社会学家、人类学家、住房经
济学家和政治学家的关注,产生了大量多样化的国际文献。 尽管已经
发表了很多期刊文章、专著和文集,还有一个"士绅化网站"(http://
members.lycos.co.uk/gentrification/2007),但令人惊讶的是,从来没有
一本关于士绅化的教科书。 我们认为,确实需要一本教科书了,同
时,它还能面向广泛的读者群体。

　　尽管士绅化的学术研究在过去四十年里一直在进行,但在经历了

1

20 世纪 90 年代初的短暂沉寂后，这一话题在近年来又明显复苏了。 许多研究都将士绅化的理论与证据融入其他重要的城市研究领域里，如全球化和世界城市、城市政策语言和实践的变化、社会排斥和两极分化、私有化、公共空间和公民身份的辩论、消费地理学、抵押贷款和住房政策的转变、社区组织机制以及城市变迁话语的物质影响。 简而言之，士绅化成为了一个有价值的视角，通过它可以审视城市和社区背景下的各种交叉现象。

为什么"士绅化"吸引了如此广泛的兴趣？ 克里斯·哈姆奈特(Chris Hamnett 1991:173—174)概括了五个原因：

> 1. 士绅化为地理学家和社会学家提供了一个新颖有趣的城市现象。
> 2. 士绅化对传统的居住区位和社会结构理论提出了重大挑战。
> 3. 士绅化是一个同政治和政策相关的问题，因为它涉及的城市再生是以失所为代价。
> 4. 士绅化被视为当代大都市重组的"前沿"地带。
> 5. 士绅化代表了城市地理学中一个关键的理论和意识形态战场。

哈姆奈特(1991)在解释为何士绅化会引发如此广泛而持续的辩论时，最强调这五个原因里的最后一个，即士绅化的意识形态和理论意义："围绕士绅化展开的讨论基本上是理论和意识形态上的辩论"(第174 页)，他认为，它已成为"截然对立的理论观点之间相互竞争的知识战场"(第 175 页)。

但我们认为，以上所有原因都应得到同等重视，但在某些特定时期，有些原因更为重要。 例如，最初的时候，原因 2 更重要一些，因为士绅化挑战了传统城市住宅区位模型的历史特定性，像伯吉斯(Burgess)(参见 Park，Burgess，and McKenzie 1925)和霍伊特(Hoyt 1939)的模型。 在 20 世纪 70 年代之前，人们普遍认为这些生态模型较能代表城市的结构；像内城精英飞地之类的特殊性通常被视为次要的异常现象。这些模型会假设一种入侵和接替的过程，即较富裕的家庭将逐渐迁移到离内城更远的地方，而他们的旧房子则被较贫困的居民占据。 相反，士绅化是这些传统模型的逆转，它涉及中产阶级回迁至内城工人居住区的过程。 正如沃尔特·菲里（Walter Firey 1947）对波士顿灯塔山的研究所示，旧社区正在由利用私人资源的市民重新振兴。 但正如露丝（Rose 1984:47）所指出的，士绅化被视为"人们从内城向外迁移的自然主导过程中暂时而小规模的反常现象"。 例如，布莱恩·贝利（Brian Berry 1980）认为，士绅化将是短暂的，因为它是暂时性住房紧缺或周期性住房紧缺的结果，即新住房建设率与新家庭形成率之间的不平衡。十多年后，在 20 世纪 90 年代初的全球经济衰退期间，拉里·博尔内（Larry Bourne 1993a）也认为，士绅化不会持久。 他表示，一种去士绅化（degentrification）的现象正在出现，因为：

> 由于婴儿潮一代已步入中年,组建新家庭的趋势开始下降,加上人口老龄化,潜在的年轻士绅化者将显著减少。新增的潜在年轻士绅化者将不足以弥补年轻人口的快速减少。同时,考虑到广泛的宏观经济重组、企业裁员、持续的经济衰退,服务业和相关职业的就业增长率可能都将放缓。（第 104—105 页）

布莱恩·贝利和拉里·博尔内都错了。 士绅化依然非常活跃且状况良好，因此十年后我们可以在哈姆奈特的列表中添加以下几点：

6. 士绅化是新自由主义城市化的前沿。
7. 士绅化已经蔓延至全球,并与全球化进程交织在一起。
8. 士绅化已不再局限于内城或发达国家的大都市。

在 1979 年末的美国，吉米·卡特总统的"80 年代国家议程委员会"认为，中心城市的衰败是不可避免的；在他们看来，中心城市的命运就是消亡（Holcomb and Beauregard 1981）。但在随后几年里，去工业化和人口减少的美国城市试图吸引私人开发与投资进入市中心地区，他们相信这样做会增加服务的需求，增加消费并增加就业机会，积极的涓滴效应还会帮助临近的社区发展起来。通常，会议中心、新的体育场和节日市场会建造起来，沿河的仓库会重新开发为购物休闲综合体，就像纽约的南街海港和波士顿的法尼尔厅。大卫·哈维（David Harvey 2000）详细描述了巴尔的摩的城市再生，并在美国城市复兴的浪潮中讲述了一个令人不安的故事，即如今的巴尔的摩比1969年他第一次见到这座城市时更加混乱，他问道："为什么我们会如此坚信'没有别的路可走'？"（第155页）

2007年，在美国乃至世界各地，全球新自由主义复兴与再生的论述已经取代了衰落和死亡的叙事。就像戴维森和利斯（Davidson and Lees 2005：1167）所言：

xviii　　　　士绅化的"蓝图"正在全球范围内大规模生产、营销和消费着。随着城乡二分法的瓦解……世界上大部分地区日益城市化，并渴望能过上城市的生活方式，其结果似乎是，某些第三世界国家的城市和第一世界国家的郊区与乡村都开始士绅化了。

稍晚于美国，在20世纪末的英国，新工党政府开始推动英国城镇的"城市复兴"。他们推广着士绅化的观念与生活方式；巴特勒和罗布森（Butler and Robson 2001a）称其为"士绅化者的宪章"，而利斯（2003a）则称之为"教科书式的士绅化"。

在英国，"城市复兴"的话语建构始于1998年，当时的副首相约翰·普雷斯科特（John Prescott）邀请建筑师（现任勋爵）理查德·罗杰斯（Richard Rogers）领导了一个城市工作组。理查德·罗杰斯组织了一群来自公共和私营部门的专家成员，确定了英格兰城市衰落的原因，并

"提出切实可行的解决方案，使人们重返我们的城市、小镇和城市社区"
［环境、运输和地区部门（DETR）1999：1］。正如其使命声明所述：

> 城市工作组将找到英格兰城市衰落的原因，提出切实可行的解
> 决方案，使人们重返我们的城市、小镇和社区。它将在可行的经济和
> 立法框架内，以卓越设计、社会福祉和环境责任的原则为基础，建立
> 城市再生的新愿景。（第1页）

作为研究的一部分，城市工作组不仅访问了英国的城市，还走访了
欧洲和美国的城市。城市工作组的报告最终以《迈向城市复兴》（*To-
wards an Urban Renaissance*，DETR 1999）为题发表，阐述了他们对英格
兰城市的愿景。这是一份明确支持城市复兴的文件，包含了许多让英
格兰城市变得更美好的兴奋观点。一年后，政府发布文件正式回应了
城市工作组的报告，即"2000年城市白皮书"——《我们的小镇和城
市——未来：实现城市复兴》（*Our Towns and Cities—the Future：Deliv-
ering an Urban Renaissance*，DETR 2000a）。这是自彼得·肖尔斯
（Peter Shores）的《内城政策》（*Policy for the Inner Cities*，环境部1977
年）以来英国的第一份城市政策白皮书，它表明了城市在当代英国生活
里的核心地位。"2000年城市白皮书"的范围比城市工作组报告的范围
更全面。城市白皮书借鉴了城市工作组的报告、社会排斥问题小组
（Social Exclusion Unit）的工作成果和《英国城市状况》（*State of the
English Cities*，DETR 2000b）等工作成果。因此，新工党的城市复兴
概念不仅涵盖了物质环境目标，还包括社会包容、财富创造、可持续发
展、城市治理、健康福利、犯罪预防、教育机会、行动自由、环境质量
和优良设计的议题。在撒切尔夫人时代，城市再生是治疗社会恶化的
良药，而城市复兴则成为新工党治疗城市病的一剂药方。需要指出的
是，这些政策文件里并未使用"士绅化"一词。取而代之的是"城市
复兴""城市再生"和"城市可持续发展"等术语。这些委婉的术语礼

貌地回避了阶级构成的问题。 要支持"士绅化"很难,但谁会反对"城市复兴""城市再生"和"城市可持续发展"呢？ (Lees 2003a)

在查看美国住房和城市发展部(HUD)1999年6月发布的报告《城市状况》(State of the Cities)时,讨论的问题和解决方案都和英国城市工作组的内容非常相似,都涉及重新开发棕地(废弃且经常受到污染的工业用地)、环境可持续性、宜居性和社区意识下降的问题。 为了应对内城中产阶级家庭的流失,美国住房和城市发展部主张大力支持社区组织的复兴倡议(请阅读《支持士绅化的团体》)。 正如怀利和哈梅尔(Wyly and Hammel 2005:36)所指出:

> 士绅化最持久的影响可能是它会不断影响城市政策里对新优先事项的制定。内城的土地利用决策开始依赖于优先考虑中产阶级的市场需求;士绅化支持了土地利用的最佳配置、社区公共服务的重新分配,使警务配备和公共空间的监管都出现了重新调整。遗产景观和士绅化的潜在扩张现已成为许多城市政策考虑的关键要素。可以肯定的是,这个词(城市里的富裕居民都很明白的一个名号)几乎从未出现在更新、振兴和市场乐观主义等官方话语里。然而,士绅化者的利益和优先事项是后工业城市这台增长机器里的基本要素。

这一点在理查德·弗洛里达(Richard Florida)广受赞誉的著作《创意阶层的崛起》(The Rise of the Creative Class, 2003)里体现得更为明显。 在这本书中,他指出城市已经无法再单单通过吸引公司或大型开发项目,如体育馆和市中心开发来保持经济上的竞争力了;相反,为了利用新经济,政策制定者必须接触他所称的"创意阶层",即同性恋、青年、波希米亚人、教授、科学家、艺术家、企业家等。 创意阶层被认为是当代城市或区域经济增长的关键要素(参见 http://www.creativeclass.com)。 弗洛里达的"创意阶层"概念与大卫·莱(David Ley 1980, 1994, 1996)的士绅化的"新中产阶级"有很多相似之处。

xx

弗洛里达的创意阶层与莱的新中产阶级的利益与生活方式都不同于传统的中产阶级，后者一直是城市试图吸引的人群，但他们却更愿意生活在郊区。创意阶层（或 Bobos——资产阶级波希米亚人）设法将资产阶级的职业道德与波希米亚文化结合起来。创意阶层渴望包容（弗洛里达发现那些对同性恋最包容的城市，将会更成功地吸引并留住创意阶层）、多样性、自行车道、远足道路、历史建筑等。然而，弗洛里达的论点也是矛盾的，因为他发现，自己的城市经济复兴模型既会造成士绅化，也会扼杀孜孜以求的多样性和创造力。他在 2005 年出版的《城市与创意阶层》（*Cities and the Creative Class*）一书中抱怨道："随着士绅化的到来，波希米亚人开始外流了"（第 25 页）。尽管如此，弗洛里达的士绅化理论已是众人皆知的了。他曾受邀到美国各地（包括美国以外的地方）建言城市和各州当如何重塑自身、实现繁荣。例如，2004 年 5 月，来自缅因州和新英格兰某些地区近七百人聚集在缅因州刘易斯顿市的贝茨·米尔（Bates Mill）综合大楼，探讨缅因州的创意经济。此次活动由缅因州州长约翰·E.巴尔达奇（John E. Baldacci）主持。在会议的主题演讲中，理查德·弗洛里达赞扬了缅因州的创意和企业家精神，引用了他的导师简·雅各布斯的话，称新思想需要旧建筑来承载（缅因州艺术委员会 2004:8）。由于创意劳动将引领城市经济复兴的信念如此坚定，所以在 2004 年底，州长巴尔达奇接受了州内委员会的建议，支持"缅因州的创意经济"。巴尔达奇认为：

> 创意经济是市中心充满活力的催化剂，能扩大文旅、鼓励创业、发展社区，进而能吸引并留住创意工作者……这是对稳定的劳动力市场和竞争力的投资。（缅因州艺术委员会 2004:3）

正如地理学家大卫·哈维（1989a:355）所说："图像和话语的生产是生产活动的一个重要方面，我们必须把这样的生产活动作为象征秩序的复制和转换的一部分来分析。"而本书则承担起了分析士绅化的任务。

我们这本教科书的编写是很及时的，有两个原因。 首先，士绅化的进程已经全球化了（N. Smith 2002；Atkinson and Bridge 2005），它已不再局限于北美和欧洲，而是遍布全球，在墨西哥、以色列、日本、南非、新西兰和世界上很多国家都能见到。 虽然士绅化在美国长期以来都是城市的一个特征，但在英国却是最近才出现的。 现在，曼彻斯特、谢菲尔德和利兹等英国地区性城市里也能见到士绅化。 学术界普遍认为士绅化正在迅速扩张，同时也在变异，所以当下有不同类型的士绅化，如乡村士绅化、新建士绅化和超级士绅化。 这引发了各种各样的紧迫问题，像阶级转变，工人阶级/低收入者失所和动迁、城市的不平等体验，权力和抵抗，以及士绅化威胁着"城市中的广大人群"（Amin，Massey，and Thrift 2000）。 毫无疑问，士绅化的文献几乎都是带批判性的（Atkinson 2002），但在遏制士绅化扩张的方面却没有产生多大影响。 我们认为造成这种情况的一个可能原因是，这些文献从未总结成一本全面的、易于理解的导引性书籍（包括案例研究），并向广大读者传播。 因此，本书以理论和经验为基础试图做到这一点。

其次，士绅化已渗透到城市政策议程的规划宣言里，旨在改善世界各地被忽视的市中心地区的经济、实体和社会前景。 用一位著名的士绅化学者的话来说，士绅化经常伪装成了"再生""复兴""振兴"或"更新"的面貌，已成为全球城市战略和新自由主义-城市主义的最佳体现（N. Smith 2002）。 上文提到的英国政府城市工作组报告（DETR 1999）和城市白皮书（DETR 2000a）就是该新趋势的例证。 现在是时候去评估士绅化是如何影响城市政策的了，这样的评估应该是连贯而敏锐的。 鉴于批判学者的城市宣言在过去四十年里对士绅化关注不够，因此，政策制定者、规划师和学者之间的对话显得至关重要，而这本书将通过对新出现的一系列研究来评估士绅化与城市政策间的关系，以此来为这样的对话提供参考（参见 Imrie 2004，明智地评价了最近的地理学缺乏政策上的参与）。 在一篇题为《地理学与公共政策》的文章里，地理学家吉尔伯特·怀特（Gilbert White 1972）表示："除非研究结果能改善受影响的人群，并且除非（他）准备采取切实可行的方法来把研究转化为行动"，否则他不会开展任何研究。 我们希望本书是朝着这个方向迈出去的一步。

本书的观点

本书与标准教科书不同。 标准的教科书倾向于复述其他作者的观点，而在本书中，我们会提出自己的观点。 由此，我们希望挑战读者批判性地去思考士绅化，并权衡书中的论点。 全书的论点有四条线　xxii索；它们没有按特定顺序排列起来，并且在某种程度上是相互关联的。

首先，我们想坚持使用"士绅化"这个标签，以回应某些人的观点，即这个术语会在其自身重负下崩溃（例如 Bondi 1999a），或者认为应该被"再城市化"（reurbanization）之类的词代替（例如 Lamber and Boddy 2002）。 相反，我们赞同克拉克（Clark 2005）的观点，主张对士绅化进行灵活且有针对性的定义。 我们坚决认为，"士绅化"是城市研究中最具政治性的术语之一（它意味着阶级驱逐），放弃这个术语将放弃其中的政治意味和影响力。

其次，我们认为生产侧和消费侧解释间的理论分歧已经被夸大了，大多数士绅化研究者现已认同生产与消费、供给与需求、经济与文化、结构与行动的解释，其实它们都是"士绅化这头大象身体上的一部分"（见 Hamnett 1991）。 正如克拉克（Clark 2005:261）所说："没有哪一方的解释是可以单独理解的，所有关于士绅化的理论都触及这种现象背后的基本条件"。 沿着博勒加德（Beauregard 2003a:999）的观点，我们希望将理论"简单地理解为有意识地、明确地定位在相互参考的文本中的知识"。 正如他说："理论家的贡献和其理论得到认可的核心正是在于理论的文本定位。"（第 999 页）此外，我们还同意阿特金森（Atkinson 2003a:2349）的观点，他认为：

　　士绅化的问题不在于其概念化,而在于需要一个项目。这个项目将致力于解决士绅化蓬勃发展的城市社会中的系统性不平等。

　　第三,我们认为,士绅化研究者的方法和方法论已经深刻地融入到士绅化的各种故事、解释、理论和概念化之中。 就像利斯(1998:2258)所说:

　　尽管长期以来人们对马克思主义、人文主义和后现代主义等不同理论框架形成的不同结果感兴趣,但在士绅化的研究中很少强调方法论的重要性。但不同的方法论框架会引出士绅化的不同结果。

　　其结果之一便是士绅化的规模和范围会以不同的方式呈现出来。那些对士绅化的人文主义和社会文化感兴趣的人倾向于以个体尺度来呈现士绅化(例如 Butler 1997;Butler and Robson 2003;Ley 1996)。 他们使用调查问卷和访谈数据,将士绅化与个人决策者和居住偏好相同的人群联系起来。 这类方法往往使士绅化看起来更加混乱和分散,因为士绅化阶层会表现出很大的差异(例如 Butler and Robson 2003)。 相比之下,对士绅化的政治经济因素感兴趣的学者会将此过程视为一个更大尺度的现象。 他们不是将士绅化与个体联系起来,而是将士绅化阶层视为由经济理性联系起来的社会群体(阶层)(例如 Hackworth 2002a;N. Smith 1996a)。 因此,他们认为没必要去探索单个士绅化者的动机。因此,生产侧的学者采用的研究方法注重捕捉士绅化的结构性和大尺度的方面,如资本投入的变化和邻里阶级的转换。

　　第四,整本书尤其是在结论部分,我们主张一种批判性的士绅化地理学,这种地理学遵循社会正义的议程,重点是在必要时抵制士绅化。我们三名作者都曾在北美参与过对抗士绅化的活动;因此,我们都亲身体验过抵制这种霸权的复杂性。 在书中,我们展示出城市和社区不会自然而然地从衰落状态中复兴,而是有大量的关键行动者参与士绅化的进程，包括单个的士绅化者，像房东、房产经纪人，到开发商、国家、企业、机构，等等——他们必须为自己的行为负责。我们并不是第一个提倡士绅化社会正义议程的人。早在1981年，霍尔科姆（Holcomb）和博勒加德在他们的专著《振兴城市》（*Revitalizing Cities*）中主要关注了正义和公平的问题："受到道德、哲学、分析或实践的趋势"（第 iii 页）。特别是，他们注意到士绅化的成本和收益相对于不同城市群体的需求分布不均。今天依然如此。与霍尔科姆和博勒加德（1981：v）一样，我们也对资本主义持怀疑态度，并支持经济和社会民主，并希望激发读者的批判精神并鼓励进一步探索。我们希望看到学生、学者和其他人参与士绅化的社区项目，因为这种草根经验是了解这个复杂过程的必经之路，而且有助于抵制士绅化中更恶劣的方面。

我们也批判了英国和美国士绅化和社会混合的政策理念，反对荷兰"住房重新分化"（housing redifferentiation）的政策，这些政策试图在社区内实现社会混合，假设士绅化的好处（即中产阶级在城市中心居住）将涓滴到下层和工人阶级那里去，比如，社会资本将通过社区混合从中产阶级传递到工人或下层阶级那里。就像霍尔科姆和博勒加德（1981：3）所说：

> 尽管人们常认为城市复兴的好处会"涓滴"到下层阶级和工人阶 xxiv
> 级那里，其方式就像房地产市场所假设的那样……事实上，他们却往
> 往被中产阶级和上层阶级完全俘虏了。

由于如今士绅化似乎是不可避免的，其形态也不断变异，我们希望在批判的同时也能提出建设性的意见。因此我们建议，要尽可能使士绅化成为一个更加民主平等的事情。我们并不反对政府投资中心城市；相反，我们却建议政府要更仔细地审视自己的政策。正如霍尔科姆和博勒加德（1981：70）所说："我们要看到人们对地方的依恋，不应摧毁社会网络。"这是丹奇、加夫隆和杨在他们的《新东区》（Dench，

Gavron，and Young，*The New East End*，2006）中提出的观点。 在本已火热的伦敦房地产市场中，士绅化使得人们的负担能力出现了危机，加上议会住房分配的细节，导致同一阶层的成员家庭不能再住在同一个社区里，亲属关系网将永远破坏。 所以，社会公正的城市复兴必须对抗士绅化的消极面，这就需要地方和国家政府的积极支持，也需要工人阶级社区组织的坚定政治行动。 例如，政府需要对开发商施以更强有力的社会控制，确保他们不仅能完成低收入住房的配额，还能确保他们提供的低收入住房与高收入住房具有同等的类型和质量，而且不是隔离开来的，是开发项目里不可分割的一部分。 当对以开发商为主的社区再开发放松管制时会出现怎样的后果呢？ 伦敦码头区的社会、经济和文化的隔离就是一个例证。 当地的复兴问题必须征求当地社区的意见，而不应该沦为一种形式主义的参与。 然而，低收入社区又常常缺乏教育、网络或资金来支持这种参与，总是会出现难以调和的意见分歧。阅读詹姆斯・德菲利皮斯和彼得・诺斯（James DeFilippis and Peter Norths 2004）在伦敦市中心象堡（Elephant and Castle）重建社区组织的参与观察中汲取的经验教训。 正如梅里菲尔德（Merrifield 2002a：69）所强调的那样："在斗争中的团结是任何有意义的少数派政治的先决条件"，否则，抵抗资本主义的城市化就会变得极其困难。

适合本书的读者

我们的目标是为高年级本科生和硕士生提供一本教科书，可以用在以下课程里（当然不是唯一的列表）：地理学、社会学、城市研究、人类学、住房研究、政策研究、城市规划和政治科学。 我们也希望这本书xxv 能成为博士生、学者、研究员、规划师、政策制定者和对士绅化感兴趣的社区组织的有用资源。 就像安迪・梅里菲尔德（Andy Merrifield）在《辩证都市主义》（*Dialectical Urbanism*，2002a）一书中所说的，我们认

12

为自己是一群团结的、有机的知识分子，所以我们希望不仅仅只有大学生和研究员来翻阅本书。因此，吸引广泛读者的关键之处在于以跨学科的方式编写教材，旨在让本书的风格和内容被广为接受。因此，我们采用自下而上的视角和写作风格构成了一门批判地理学，其中包含着普遍经验性和常识性的观点。

如何使用本书

我们编写的《士绅化》这本教科书，可以用作士绅化研究的完整模块资源，也可以用作城市地理学或城市更新研究的一部分。本书不仅供学生和学者使用，也供对士绅化感兴趣的规划师、政策制定者和社区组织使用。不同的读者使用本书的方式将有所不同。

对于学生和学者而言，这本书有教材式的功能，像研究案例、专栏、延伸阅读。实际上，本书会以两个详细的案例来开头，因为除了概述士绅化的理论和概念以外，还会讲述从社区尺度到全球尺度的士绅化故事。士绅化最初是一个社区尺度的过程，但它在空间尺度上升级了，所以如今的大多数讨论都是围绕全球士绅化的。专栏是辅助学习的工具，延伸阅读是在某些章节里提及的一些重要作品，以及支持某种观点的新材料和新案例，供学生详细阅读。

阅读本书时，请注意我们引导读者讨论和争论的地方，通常（但并不总是）在后续章节里。这本书在内容设计上是为了便于论点之间的相互建立，以期待在讨论的过程中强化我们自己的论点。一些士绅化的案例会同时出现在不同的章节里。例如，第一章里的巴恩斯伯里先锋士绅化的案例会在第四章巴恩斯伯里超级士绅化的讨论中深化；第一章公园坡先锋士绅化的案例会放在第七章进一步分析房地产经纪人称为"南公园坡"和"下公园坡"溢出士绅化的阻抗效应；纽卡斯尔新工党领导的"追求增长"的城市复兴战略（谢天谢地，现已消失）的例子将应

xxvi 用在第四章新建士绅化和第六章士绅化作为积极公共政策的讨论里。
我们认为，这类策略通过不同章节联系在一起，使本书的论述更加
全面。

对于规划师和政策制定者而言，我们建议他们更多阅读和思考士绅
化的积极与消极后果（特别是第六章）。在社区尺度上，消极影响似乎
超过了积极影响，而在城市尺度上，情况可能就不同了。凯特·肖
（Kate Shaw 2005）的这番话值得思考：

> 进步的地方政府能够保护现有的可负担住房，生产更多的社会
> 住房，鼓励建造负担得起的私人住房。他们也能使用规划系统谨慎
> 明智地应用最大标准的住宅面积，确保相对低成本公寓的库存……
> 他们还可以让低收入居民参与真正的协商议程来利用社会和文化的
> 多样性。他们可以在价值观和实践方面发挥领导作用，像支持社会
> 住房的开放文化，对狭隘和偏见持反对态度。（第182—183页）
>
> 政治家、政策制定者、规划师和社区必须审查自己对多元文化、
> 多样性、社会公平和环境安全城市的承诺，因为这些要素不会自然而
> 然地增长。（第184页）

我们建议社区组织和活动家阅读本书的态度是期待更好地理解士绅
化。士绅化有**多种**原因和影响，以便能用更好的策略来抵抗它，如果
无法抵抗，至少能缓解这一过程。当下比以往任何时候都更难抵抗士
绅化，因为它已不再是个别士绅化者的行为造成的结果（或许曾经是）；
相反，它是许多机构的行动造成的结果，而最重要的是国家把士绅化引
入到了城市政策里，甚至是全球范围内的公共政策里。在第七章，我
们概述了许多抵抗士绅化的例子，尽管一些失败了［值得注意的是 Jan
van Weesep（1994：81）认为没有什么能阻止士绅化］，但至少这些尝试凸
显了士绅化的政治问题。

本书的结构

　　像这样一本教材不可能涵盖士绅化的所有文献。 我们选择了一些有代表性的文献，尤其是代表我们主要论点的文献。 因此，本书反映了我们自己的知识偏好。 书中详细讨论的士绅化案例多来自英国、美国和加拿大，因为这是我们大量研究过的地方，同时也因为这些国家有　xxvii迄今为止最详细、最系统的研究。 但在条件允许的情况下，考虑到篇幅与其他因素，我们也讨论了世界上其他地方士绅化的案例，以供读者参考。

　　你现在阅读的这篇前言是对本书的介绍。 在此，我们概述了为什么士绅化是一个重要的社会科学研究主题，以及写这本书的目的、方式和理由。

　　第一章讨论了士绅化的诞生以及英国社会学家露丝·格拉斯（Ruth Glass）对"士绅化"这个术语的创造。 该章还强调了其他士绅化的城市进程，或者被某些人认为是士绅化的过程。 在某种程度上，士绅化的过程和士绅化这个词是同时出现的，而这个词还有它的先驱。 之后，我们讨论了士绅化的定义：早期的定义沿用了露丝·格拉斯的界定，而后的定义（如第四章）试图适应士绅化的不同类型。 在第一章，我们详细讨论了经典士绅化或第一波士绅化，讲述了两个经典士绅化的实证案例——一个在伦敦，一个在纽约——突出了士绅化分析中"背景"的重要性。 此后，我们转向早期士绅化的模型，来解释早期士绅化的过程。 而所有后续的章节几乎都在以不同的方式借鉴第一章。

　　在第二章和第三章里，我们讨论了士绅化的主要理论工作。 第二章着眼于士绅化的供给侧理论，它将士绅化解释为资本主义不平衡发展的产物。 在此，我们概述了尼尔·史密斯（Neil Smith 1979）的租差理论和其他租差模型，思考了士绅化导致低收入社区失所的核心问题。

当然，这样的解释只是"士绅化这头大象身上"的一肢半节；与生产为导向的解释相对，我们将在下一章指出需求侧的论点，正如梅里菲尔德在他《都市马克思主义》（*Metromarxism*，2002b：25）一书中所说："每件事物都孕育着与自身相反的东西"。在结尾处，我们讨论了如何抵抗士绅化，并探讨这些特定解释所指引的抵抗形式。

第三章，我们转向士绅化的消费侧或需求侧的解释，它们将士绅化理解为发达资本主义城市工业和职业结构变化的结果，这些变化引发了特定的社会和文化的变革。我们会思考蒂姆·巴特勒（Tim Butler 1997）等研究者对士绅化的论述，其核心在于政治与审美。我们概述了大卫·莱（1980）的后工业化和克里斯·哈姆奈特（1994a）的专业化论点，之后关注了士绅化性别、性取向和种族的角色，讨论了蒂姆·巴特勒（1997）的论点：士绅化者寻求与自己一样的人生活在一起。与前一章一样，我们强调了需求侧解释的问题与困境，并在可能的情况下提出了建议。同样，在章节末尾，我们讨论了抵抗士绅化的问题，认为这类解释更多是关于个体性的抵抗，例如，同性恋士绅化者对郊区或"异性恋世界"的抵抗。

第四章，我们回到士绅化的定义本身，并提问，士绅化这个术语是否会因不断繁杂的定义而崩溃？我们回顾了士绅化如何从其经典形式转变为乡村士绅化（而非城市），新建士绅化（而非旧房翻新）和最近才出现的超级士绅化（这与士绅化阶段模型假设士绅化会在成熟期终止的观点相反）。鉴于此，我们非常强烈地认为，尽管士绅化在不断变化，但因其本身的政治价值，我们仍需保留该术语。

第五章将着眼于当代士绅化的主要特征及其与经典士绅化的区别。我们将概述第三波或衰退后的士绅化有哪些特征，士绅化以怎样的方式蔓延全球。我们还会讨论全球化，并认为，直到今天，士绅化的理论对全球化关注不足。我们会把全球化与士绅化的讨论同国家角色的变化，以及地方、国家和全球新自由主义的出现关联起来。我们还识别出了美国的第四波士绅化，将结合新奥尔良的重建案例进行讨论。在

xxviii

本章最后，我们进一步推动了"士绅化地理学"的研究，这种地理学需要考虑士绅化的空间和时间维度。

在第六章中，我们提出了两个对立的问题：士绅化是消极的社区过程？还是积极的社区过程？本章权衡了这两个问题的答案，分别与复仇的城市观和解放的城市观联系起来。这类问题很少被直接提出，也很少有明确答案。

第七章是本书的最后一章，除了思考士绅化的未来外，还更全面地阐述了社会正义的议程。该议程的核心在于必要时要抵抗士绅化。我们概述了抵抗士绅化的三个案例，展示出它们的不同策略，包括低收入社区为获得更多住房控制权与所有权而制定的策略。

最后，我们期待本书能实现"有效的沟通与交流"，并激发出围绕"21世纪我们渴望居住在怎样的城市里？该城市具有哪些性质？"这类原则性问题的公共讨论（Shaw 2005:184）。

士　绅　化

图 1.1 士绅化

丹博士在加里里 • 特鲁多（Garry Trudeau）的这幅漫画里解释了士绅化的含义。
来源：*Doonesbury* © 1980 G. B. Trudeau. Universal Press Syndicate 许可复制

第一章

士绅化的出现

先生，在我们这一代，"士绅化"算是所有负面色彩的词语里最糟 3
糕的一个了。因为它暗示了阶级仇恨，我相信这是这个国家特有的，可能也是我们当下的困境之一，对士绅化的担忧威胁着伦敦许多列入名单的住房废弃区的改造计划。

——大伦敦理事会(切尔西)成员和历史建筑委员会主席威廉·贝尔(William Bell)致《泰晤士报》的一封信("写给编辑的信"，1997年)

自从英国社会学家露丝·格拉斯(Roth Glass)首次创造"士绅化"这个术语以来，已经过去了四十多年。在本章里，我们将看到，士绅化是一个意义含糊不清的术语，同时，各种各样的标签也令这个术语显得更为复杂。同时，我们也把士绅化视为一个显而易见的城市化过程。这个术语的创造和相应的城市现象差不多是同时出现的[尽管Clark(2005)可能会持不同观点]。后文，我们还将介绍经典士绅化里的部分内容，借鉴两座城市——纽约和伦敦——里的两个社区的**经典**士绅化案例。因此，这里所讲的故事是不完整的。我们将在这两个社区士绅化过程牢固扎根之际停止我们的故事，然后，我们会在第四章和第七章里回顾这两个社区士绅化的持续过程。通过阐述这两个不同国家和城市的经典士绅化案例，将表明士绅化必要的前提条件，以及这些地方的背景差异(Carpenter and Lees 1995)。但在这里，我们不会去讨论士绅化的概念与理论辨析，而只会讲述这些地方的士绅化的实证案例。但很快我们就会看到，士绅化是一个集经济、文化、政治、社会和制度因素于一体的现象，关于这一点，我们会在第二章和第三章里更详细地论述。 我们会论述这两个内城社区是如何贬值与撤资，后来又是如何被重新价值化和再投资的。 该过程涉及诸多因素，像国家政府（从一开始就作为撤资者和投资者的角色牵涉其中）、私营机构和士绅化的先驱者。 这些都表明，即便是经典的士绅化过程也是十分复杂的，并且与所处的城市和社区背景有着密切的关系。 我们之所以选择发达国家的单个城市作为这本书的开始，是因为士绅化最早出现在发达国家的城市社区里，但正如我们在本书后面所看到的那样，今天的情况已不再如此了。 本章结尾，我们将概述早期的士绅化模型，据此为第二章和第三章中士绅化的缜密分析做铺垫。

"士绅化" 这一术语

正如前面提到的，"士绅化"这一术语是英国社会学家露丝·格拉斯在1964年首次创造出来的。 曾有传言说她在1959年一份未发表的关于北肯辛顿（North Kensington）的住房研究里使用过"gentrified"这个词。 露丝·格拉斯是一名马克思主义者，从纳粹德国逃出来的难民，也是欧洲社会学界的先驱之一。 她采用"士绅化"这一术语来描述一些新的和独特的城市变化过程，这些变化在当时正开始对伦敦的市中心造成影响。 若用现在的眼光来看，她所描述的变化就是"经典的士绅化"。

> 伦敦许多工人阶级的居住区接二连三地被中产阶级（高中产和低中产）侵占。那些破旧而朴素的马厩和小屋——楼上楼下各两个房间——只要租期一到，就被接管，翻新成优雅、昂贵的住宅。之前

住宿条件恶化的维多利亚式大住宅——曾用于出租或以其他方式被多人共同居住——都再次升级了。如今,许多这样的房屋都在内部分隔成昂贵的公寓或出租间(houselets)(这是那些雨后春笋般出现的唯利是图的地产商们的行话)。这些住宅目前的社会地位和价值往往和它们的实际地位不相符,与邻近地区先前的水平相比,其价值都大大增加了。而一旦士绅化过程开始在某个街区里出现,就会迅速蔓延开来,直到大多数或所有的工人阶级被驱逐并替换掉,进而,街区的社会属性就变得面目全非了。(Glass 1964:xviii—xix)

露丝·格拉斯对"士绅化"的定义长期以来为该研究领域提供了某种概念上的统一性。就像克里斯·哈姆奈特(Chris Hamnett 2003b)所指出的那样,露丝·格拉斯故意采用了"士绅化"这个词来表达一种半调侃、半讽刺的意味。这个术语根植在传统英国乡村阶级复杂的结构中,旨在指出一个新兴的城市士绅阶层的出现,与18世纪和19世纪的乡村士绅相对应,喜欢简·奥斯丁的读者一定对此很熟悉。简·奥斯丁认为这个阶层位于乡村贵族之下,但又高于一般农民、自耕农和贫农(第2401页)。所以,从字面上来看,士绅化(gentrification或gentry-fication①)意味着既有人口被中产阶级替代的过程。这个术语也有讽刺的意味,它调侃着那些有钱的中产阶级家庭,一有机会就会恃才傲物、装腔作势地去享受传统的乡村生活方式(想想他们家里的实木地板、实木家具、阿加炉、燃烧的明火和各种摆设)。所以,"士绅化"和"乡村化"(rustification)的概念有相似之处(第四章会讨论"乡村士绅化"的问题)。事实上,英国文化里的反城市主义(antiurbanism)是露丝·格拉斯著作里反反复复出现的主题。她将士绅化定义为一个复杂的城市过程,包括对旧有住房存量的改造、租住权变为所有权、房价上涨、中产阶级不断取代工人阶级的现象。

① -fication这个后缀是"形成"的意思。 ——译者注

在《伦敦：变革的面向》（*London：Aspects of Change*）里，格拉斯进一步提出了论点：

> 虽然世界上其他大城市的核心区，特别是美国的一些城市核心区正在衰败，逐渐变成"弱势群体"的贫民窟，但伦敦却将很快面临其中心区的过度富裕（embarrass de richesse），而这也将成为一个问题。（1964：141）

在此，格拉斯似乎不太了解美国的士绅化情况，但她对伦敦的预言却是准确的，就像 2001 年英国人口普查（英国国家统计署，2001 年）数据所表明的那样，伦敦的大部分中心区都已经士绅化了，或正处于士绅化的过程中。而本书也将会论证，士绅化是一个仍需面对问题。

士绅化的出现

早在"士绅化"这个术语出现之前就已经出现士绅化的现象了。就像克拉克（2005：260）指出的那样："露丝·格拉斯确实是在 1964 年创造了这个术语，但这并不代表那时候才出现士绅化这一现象。"尼尔·史密斯（Neil Smith 1996a：34—40）列举了士绅化出现的一些前兆，例如，巴黎出现的"奥斯曼改造"（haussmannization）。奥斯曼男爵（Baron Haussmann）是拿破仑三世朝廷里的一员，他拆毁了巴黎核心区里的贫民区，改建成了著名的林荫大道，来衬托城市的纪念性建筑。于是，林荫大道两旁的住宅都按照严格的标准来改造，成为城市里最独特的住宅。盖尔（Gale 1984）认为，到 20 世纪 30 年代末，纽约、新奥尔良、查尔斯顿的一些地方以及华盛顿特区的乔治城地区都出现了士绅化。但与克拉克（2005）的观点不同，我们认为士绅化出现于第二次世界大战后的发达资本主义城市里。最早的系统性士绅化则是在 20 世

50 年代的大都市里出现，如波士顿、华盛顿特区、伦敦和纽约。 无论在美国还是英国，战后的城市更新都意味着拆毁老旧街区，以建造现代化的住宅和高速公路。 随着这样的破坏不断蔓延开去，反抗也随之而起。 最初，抗议者主要是历史学家和建筑爱好者。 后来，年轻的中产家庭也加入了，他们购买并精心修复了建于 20 世纪初的破旧社区里的房屋。 在纽约，这些房屋被称为"褐石建筑"（brownstoning），在巴尔的摩叫"开荒"（homesteading），在多伦多叫"白漆"（whitepainting）或"白墙"（whitewalling），在旧金山叫"红砖尚屋"（red-brick chic）。 就像威廉姆斯（Williams 1986：65）所说：

> 很多美国分析人士都对"士绅化"这个术语蕴含的阶级内涵感到不舒服，而更喜欢另外的标签，像"回归城市运动""社区复兴"和"褐石建筑"，它们都象征着士绅化浪潮里的基本分歧。

其中的每个术语都有着自己的历史。 像"褐石建筑"这一术语就源于纽约的一场褐石建筑运动。 褐石建筑有着松软的砂石表面，因风蚀作用变成了巧克力一般的棕色（见图 1.2）。 褐石建筑复兴委员会是一个支持士绅化的团体，1968 年由埃弗雷特·奥特纳（Everett Ortner）成立于纽约，是位于公园坡（Park Slop）的一个士绅化先驱组织（见本章的案例二）。 该委员会的杂志《褐石建筑师》（*Brownstoner*）提倡居住在褐石建筑里的生活方式，同时，开展历史挖掘，提供翻新建议，并发布新闻，倡导关爱行动：

> 我认为大家应该以对待恋情的方式获取一栋褐石建筑……管道可以修缮，剥落的墙面可以翻新，油漆剥落的木制品可以重新涂刷，供热设备可以换新。但这些东西都只是附属品而已，而真正实实在在的是爱情……对于不懂得欣赏的人来讲，它只是一栋排屋而已，但对褐石爱好者而言，它是城市景观的一部分，其比例能完美地匹配其

功能。它可以容许多人居住,但也能为每个人提供私人的空间和文明的生活方式。(《褐石建筑师》,1969 年;1991 年重印)

图 1.2　位于布鲁克林区公园坡的褐石建筑
这些建筑当前的售价高达每套一百万美元。
来源:洛蕾塔·利斯 摄

《褐石建筑师》卷入了士绅化的政治风波。 例如,1984 年,该杂志发表的一篇文章说:"士绅化不是种族清洗(genocide)而是创世记(genesis)"('Gentrification:Genesis Not Genocide',见图 1.3)。

1972 年,布鲁克林的一位地产经纪人发起了褐石建筑年会。 最初,它作为褐石建筑银行而发起,旨在缓解褐石建筑的红线政策(即银行和抵押贷款公司拒绝在风险较高的内城区提供抵押贷款,它们基于地理位置而不考虑个人信用来提供抵押贷款),之后,它便在布鲁克林联合燃气公司总部举办年度博览会,又在公园坡的蒙托克俱乐部举办年度舞会。 1974 年,埃弗雷特·奥特纳还成立了回归城市大会(Back to the City Conference),意图复兴褐石建筑里历史悠久的生活方式。 会议首

VOLUME 15 NUMBER 2 JULY 1984

THE BROWNSTONER

NEWSLETTER OF THE BROWNSTONE REVIVAL COMMITTEE
200 MADISON AVENUE 3RD FLOOR NEW YORK, NEW YORK 10016

Gentrification — Clarified

THE MYTH OF GENTRIFICATION has now been blasted by a new, 150-page report released (March 1984) by the New York Department of Planning. The report, ordered by the Mayor, is titled: Private Re-investment and Neighborhood Change, and does nothing less than document over and over again what City Planning sees as the benefits of the brownstone movement, although that phrase never appears in its pages.

Another word that does not make an appearance is "gentrification", a word that has come to have a negative connotation in many circles. The City clearly prefers the word "reinvestment".

Gentrification describes areas in which development activity (whether private, government-aided or a combination of both) results in the displacement of low- or moderate-income families by those in higher income categories. This is regarded as desirable by some and undesirable by others. The study's findings, however, which are based on statistical analyses--mostly census data--provide some compelling support in favor of the gentrification process.

Park Slope neighborhood in Brooklyn and the Upper West Side in Manhattan were selected as subjects of this study. They were selected because of their visible private investment activity and their proximity to the city's two major parks, good public transportation and their resurgence of economic atmosphere. Gentrification is not "genocide" but "genesis".

Florida Art Deco —

Nathaniel Hendricks, President, Back to the City, Inc.

THE 11TH ANNUAL BACK TO THE CITY CONFERENCE, sponsored by the Miami Design Preservation League, the Metro Dade Community & Economic Development, and Back to the City, Inc., was held April 13-15, 1984 in the Art Deco National Historic District, Miami Beach, Florida.

Historic structures always bring to mind inveterate images of colonial farmhouses, federal style city halls, and for me especially, Brooklyn brownstones and rowhouses. So it was a shock to see buildings of turquoise, yellow, pink and stainless steel when I entered historic Miami Beach for the 11th Annual Back to the City Conference.

continued on page 7

Brownstone — The Real Thing

This article by Ron Roth, a member who has studied architecture at the Columbia University Historic Preservation School, a Division of the Architectural School, is interesting and informative. He has also studied psychology and has been six years with the Landmarks Preservation Commission in research and design review. He is currently working on a book on "Starlight Park", an amusement park in the Bronx (1918-1946). One largely concrete building (now an MTA garage) still stands at Cross Bronx Expressway at 177th Street which is the geographic center of the Bronx, on the Bronx River.

BROWNSTONE is a building quality sandstone composed of mineral grains held together by a cementing substance. It varies in structure and composition. Slabs are quarried from beds which range from fissile seams to seamless masses. As in other sandstones, false bedding or cross-grain is common to brownstone. False bedding causes a great deal of waste and makes the stone difficult to quarry and dress properly. Such stone nearly always has alternating streaks and patches of fine-grained and coarse-grained stone. Water in contact with brownstone can remove some of the cement and portions of the mineral grains which constitute the stone.

Like all other sandstones, the brownstones vary from textures like shales and slates, to the coarse conglomerate or pudding stone. Coarse-grained varieties look well in rock-face work. The finer grained varieties are better for fine carving or a tool-dressed surface, but can be adapted to rock-face work as well. The best texture is homogeneous throughout and not very coarse, but a uniformly coarse-grain is better than a mixture of fine and coarse. As a rule the coarse-grained sandstones are more porous and absorb water more freely, but less likely to be laminated or reedy, less liable to have clay seams, and generally are able to be worked more freely in all directions. The fine-grained sandstones are generally stronger, but less elastic, not so apt to disintegrate, but more apt to crack or shell. A rubbed surface is the most desirable finish for brownstone. Sand was used for the rubbing, and sand followed by grit.

As of 1896, reliable information on different brownstones was very scarce and widely scattered. It is believed that there is probably not another color common in building stones that is as permanent and as little liable to tarnish as brown. When brownstone is used to excess, particularly dark shades and along narrow streets, it can be gloomy and sombre. The darker shades, however, show dirt and stain less.

continued on page 10

图 1.3 士绅化不是种族清洗而是创世记

褐石建筑复兴委员会坚信士绅化是件好事。

来源:《褐石建筑师》,1984 年。获得《褐石建筑师》许可复印

次在纽约的阿尔道夫酒店举行, 发起者有: 纽约经济发展理事会、全国
史迹保存托管会、纽约市立艺术协会和布鲁克林联合燃气公司, 主题包

括"保护""融资"和"推广"：

> 褐石建筑人士投入时间和精力利用媒体与政府的事实表明,他
> 们已经在一定程度上领会了现代城市社区的一个基本事实,那就是,
> 这些社区位于更广阔的网络当中。要建立社会与地理上的边界,这
> 些社区的居民必须让城市政治和经济中的外部因素来承认他们的主
> 张。(Kasinitz 1988:169)

然而,尤为有趣的是,美国和英国的官方在一段时间内一直拒绝使
用"士绅化"这一术语,虽然很多官方政策确实属于士绅化的范畴。 就
像尼尔·史密斯(1982:139)所言:"很多其他术语被用来指代士绅化,所
有这些术语都表达了对士绅化的特定态度。"例如,在 20 世纪 70 年代的
纽约,"homesteading"这一术语就常用来指代士绅化。 homesteading 源
于美国住房部与城市发展部的城市开荒项目,该项目旨在将空置、废弃
的独户住房转让给城市政府,之后以象征性的价格,例如 1 美元出售给
愿意改造这些房屋并在其中居住至少三年以上的家庭。 该项目在士绅
化的社区中发挥了明显作用,像纽约的下东区(Lees and Bondi 1995)。
在第四章,我们会更详细地阐述"士绅化"的政治问题。

士绅化的定义

关于士绅化的早期定义,例如尼尔·史密斯(1982:139)等研究者的
定义与格拉斯(1964)的定义密切相关:

> 所谓士绅化,我认为它是指工人阶级的居住区由中产阶级的购房
> 者、土地拥有者和专业开发商改造和复兴的过程。我在理论上区分了
> "士绅化"与"再开发"(redevelopment)两个过程。"再开发"并不涉及
> 对旧建筑的改造和更新,而只是在已开发的土地上盖新的建筑物。

20 世纪 80 年代早期，"士绅化"这个词可以在不同的词典里找到，其含义也同史密斯的定义很相似。 1980 年版的《牛津美语词典》把士绅化定义为："中产阶级家庭进入都市区的一场运动，它造成地价上涨和贫困家庭失所（displacement）。"同时，1982 年版的《美国传统词典》把士绅化定义为："对衰败城市地产的重新恢复，尤其是指中产阶级和中上阶级对工人阶级社区的修复。"2004 年版的《美国传统词典》在此定义上做了很小的改动，士绅化是指"中产阶级和有钱人对恶化的城市地产的修复和升级，通常会造成低收入人群的失所"。 但是，2000 年版的《人文地理学词典》里，在尼尔·史密斯撰写的"士绅化"词条里认为，该术语本身必然会随着发展过程而出现内涵上的演变：

> **士绅化**是指**资本**在城市中心区重新投资的过程，目的是为了给更富裕的阶级而非现有的居住者创造空间。1964 年露丝·格拉斯提出这一术语，多用来描述居住层面的变化，但随着士绅化本身的发展，情况也正在发生变化。（N. Smith 2000：294；强调为原文所加）

到 20 世纪 80 年代初，人们已清楚地意识到，露丝·格拉斯所描述的居住区的翻新仅仅是士绅化过程的一个方面而已。 因为很多城市都在竞相寻找途径不断去工业化，由此，都市水岸地带得以重新开发，打造出各种酒店和会议中心，同时零售业和餐馆区也得到了发展。 这些场所被刻意打造成中产阶级的都市核心区。 所以，尼尔·史密斯（1986：3）认为，士绅化是指：

> 一个非常动态的过程……界定它的内涵时不要有太多限制。我们最好不要狭义地去理解它的内涵，而应当尝试去理解导致这种重组的广泛过程，并抓住看似分离过程之间的联系。

在第四章，我们将考察"士绅化"这一术语发生了怎样的变化，它

10

的内涵因实际情况而变化。 但首先，我们要更详细地看一下经典的士绅化是怎样的，因为后来出现的士绅化都是以它作为参照的。

经典的士绅化

经典的士绅化是露丝·格拉斯(1964)创造这个术语所依据的士绅化类型或者浪潮。 在撤资的内城区域，士绅化阶层把当地的社区升级，而原住民被迫离开。 工人阶级的住房变成了中产阶级的住房。 接下来，利斯(1994a)研究的两个案例展现出了最早的也是最经典的士绅化，详细分析了大西洋两岸不同地区的士绅化，揭示出其中涉及的大量行动者、机构和过程。

案例一:伦敦巴恩斯伯里(Barnsbury)

巴恩斯伯里是伦敦北部伊斯林顿(Islington)自治市里的一个居住区，距离伦敦市区约两英里(见地图 1.1)。 1820 年，巴恩斯伯里作为一个上等中产阶级的郊区建造起来。 它建造在向北延伸的丘陵区里，住房由排屋和独栋别墅组成(见图 1.4)。

> 朴素的乔治式街道通向晚期乔治时期带有阳台和灰泥装饰的房屋那里。 那儿还有独特的广场——宽敞的卵形桑希尔广场、田园风格的巴恩斯伯里广场、新奇的哥特式朗斯代尔广场，以及典雅的吉布森广场——从那里，可以瞥见米尔纳广场法国机械风格的朴素样貌。(Pring 1968/1969:2)

但"二战"结束以后，巴恩斯伯里开始衰落。 高中产人士纷纷迁往伦敦周围郊区的大片住宅区。 这有点类似美国曾出现的"白人群飞"(white flight)现象，但美国白人是为了逃离有色人种才出现"群

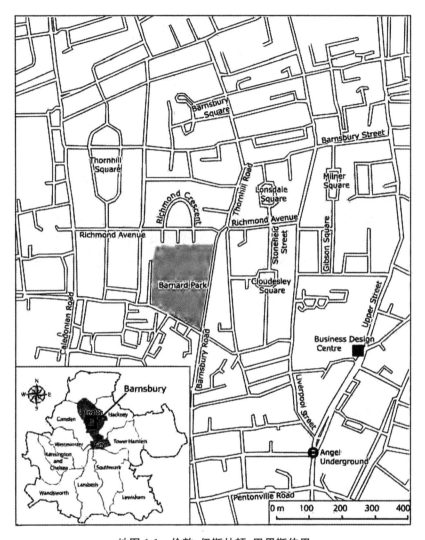

地图 1.1　伦敦,伊斯林顿,巴恩斯伯里

飞"的,而巴恩斯伯里的"群飞"是为了逃离工人阶级:"阶级恐惧与铁路工程的结合,将伦敦大片地区变成了无人区……卡姆登镇(Camden Town)、霍洛威(Holloway)、伊斯林顿都被空了出来,留给了那些无可救药的工人阶级。"(Raban 1974:80)

　　就像美国一样,伦敦的郊区化也得到了政府的支持。 阿伯克伦比

图 1.4 巴恩斯伯里的桑希尔新月形排屋

巴恩斯伯里有许多这样的广场和新月形排屋,它们各有特色。这样的建筑美学不但吸引了最早的士绅化阶层,也引发了后来的士绅化过程。

来源:洛蕾塔·利斯 摄

(Abercrombie)的《大伦敦计划》(1944)成为了战后伦敦重建的蓝图。它以制度化的方式令伦敦的郊区发展了起来,而内城则处于欠发展的状态。 1952 年的《新城镇发展条例》进一步强化了这一趋势,让 3 万名伦敦市民搬迁到了像伯里·圣·爱德蒙兹(Bury St. Edmunds)这样的扩建出来的城镇里。 由此空出来的房产被不同的人占据了。 战后的伦敦,住房供不应求,但需求带来的压力也有区域上的差异。 巴恩斯伯里的压力就很大,因为这里大量的私人租赁住房距离伦敦市区都很近,而寻求住房的人都太穷了,买不起房子,也不符合入住市政(社会)住房的资格。 到了 1961 年,这里有 13%的人口出生地都在爱尔兰、马耳他、塞浦路斯和英属加勒比地区。 统计数据显示,巴恩斯伯里是伦敦住房压力最大的地区之一。 1961 年,巴恩斯伯里 62%的家庭住的是合租房,相比之下,在伦敦郡(County of London)只有 30%的家庭住在合租房里(伦敦伊斯林顿自治市 1966:6)。 根据伦敦伊斯灵顿自治市 1968

年在玛蒂尔达街进行的一项试点调查，160 个家庭中有 127 个家庭没有浴室，138 个家庭共用厕所，15 个家庭没有厨房水槽，25 个家庭住在过于拥挤的环境中（1969：13）。 正如玛蒂尔达街的调查所显示的，巴恩斯伯里是一个住房压力严重的地区："一位年近八十岁的老太太只能每天到户外使用公共厕所，她要走下四五级台阶才能去到户外。 她最大的希望是市政部门能为她提供一个便桶。"所以，住房拥挤反映出当时的住房压力，而随着士绅化的开始，住房拥挤程度便逐渐下降。 1961年，巴恩斯伯里有 20.8% 的家庭居住条件在室均 1.5 人以上；到了 1971年，这样的家庭减少至 12.4%；而在 1991 年，更是减少到了 1.8%。

在 20 世纪 50 年代末，巴恩斯伯里开始出现了士绅化现象。 然而，"在 20 世纪 50 年代和 60 年代都面临着资金紧缺的问题……成功获得资金很大程度上取决于个人关系"（Williams 1976：76）。 而直到 20 世纪 50 年代末，巴恩斯伯里都还没有私人融资。 到 1959 年，《住房购买和住房法案》才批准拨款 1 亿英镑用于投资老旧房产，增加自有住房（Williams 1976：74）。 该变化与巴恩斯伯里的士绅化联系在了一起。1961 年至 1975 年，大量中产人士积极涌入该社区，当时，巴恩斯伯里的职业经理阶层人数从 23% 上升至 43%（英国人口普查）。 这些率先涌入的士绅化阶层包括建筑师、规划师、大学讲师、综合学校教师、社工、警察和医学摄影师，他们绝大多数是工党的选民（Bugler 1968）。 正如一位早期的士绅化人士所说：

> 我喜欢这里，因为这里没有英国公立学校的那些气息。这里只有和我们一样的人。这里的人没有像在切尔西、汉普斯特德（Hampstead）或南肯辛顿（South Kensington）那样受到影响。（Anthony Froshang，平面设计师，in Carson 1965：395）

但直到 1972 年，当越来越多的中产阶级开始在这里购置房产后，建筑协会才开始真正对伊斯林顿产生兴趣（Williams 1978：23—24）。 一

13

家董事会参观了一名建筑师翻新的房屋,以了解他们的贷款能带来什么结果;他们对之印象深刻,因此,这样的情形增强了他们对该地区的信心(Williams 1976)。

1961 年到 1981 年间,巴恩斯伯里的产权转换令人印象深刻,自住房比例从 7% 提高到了 19%,配有家具的房屋租住率则从 14% 下降到 7%,而没有配备家具的房屋租住率则从 61% 下降到 6%(英国人口普查)。 哈姆奈特和伦道夫(Hamnett and Randolph 1984,1986)分析了这种产权转换——伦敦中心区房屋市场解冻——这在 20 世纪 60 年代到 80 年代演变成了全国性的趋势,它是指大量的私人租住房屋售卖给了单独的业主,用于自己居住。 这样的变化还不仅是单个士绅化人士造成的结果。 哈姆奈特和伦道夫(1986)的"价值差距论"(见专栏 2.2)强调了塑造当时开发商、房东、购房者和租赁者在伦敦中心各种行为背后的政治和制度背景。 正是这个"价值差距"(一栋建筑物租赁投资价值和空置产权价值之间的关系,前者用于计算租赁房屋的年租金收入,后者用于衡量它转变为自住房产时的未来销售价格,当两者的差距变得足够大时,房东就会考虑把房屋卖掉)及其随之而来的产权转变是造成巴恩斯伯里士绅化的主要动因(见第二章,对其动因的解释)。 在 20 世纪 50 年代,尤其是 60 年代,这样的价值差距在巴恩斯伯里变得越来越重要,因为房东们从出租房获取的收入逐渐减少(由于新的租赁控制和入住规定),而开发商通过购买这些租赁的房屋,赶走租房者,再卖出去,便能获取约两万英镑的资本收益。 中产阶级是一个被困的市场,而建筑协会正在释放出更多的资金流向市中心区的房产(Pitt 1977:9)。 巴恩斯伯里的转折点与 1957 年的《租金法案》(Rent Act)有关,它在住房拥有率增加的同时取消了无家具租赁房的管制。 在此法案之前,租金是以一种武断的方式控制的,而法案的出台是为了缓解住房的恶劣条件,改善住房投资价值不佳的情况。 所以,在法案出台以后,房东就可以改变租赁房的市场价格,而那些想要搬出这些房屋的租客,则会丧失保障租期的权利。 所以,此法案使得在伦敦价值评估超过 40 英镑的房屋中,大多数受租金控制的租户，要在十五个月的停滞期结束后的半年内搬出去，否则就会面临租金的上涨。 所以，巴恩斯伯里出现了大量被逐出去的租赁户，他们是被迫搬离的，因为背后有行贿受贿和骚扰不断的现象。

在一份名为《大卫和歌利亚》（*David and Goliath*）的报道里，安妮·鲍尔（Anne Power 1973）讲述了一个发生在红泉房地产公司的故事。 该公司花了 2 000 英镑从道夫兄弟房东手中买下了大量的租赁房产，这些房产位于巴恩斯伯里的斯通菲尔德街，由此，它开创了自己庞大的房地产帝国（见图 1.5）。 这样，被赶走的租赁户留下的房产价值达到了 10 000—12 000 英镑。 而该公司只花了 250—900 英镑便贿赂了这些租赁户，其中有些离开了伦敦，另一些人被伊斯林顿自治市的市政当局重新安置。 在一起严重的驱逐事件中，两名租户的墙壁鼓了出来。当他们不在家的时候，建筑商拆毁了他们客厅和卧室的外墙，这样可以看到街道的全景。 于是，一根钢筋支架从一张床的中间立了出来，直通到天花板，上面附了一张纸条：“你这个肮脏的混蛋！”当晚，担任租赁协会主席的法律中心工作者发布了一条禁令，禁止房东开展任何形式的建筑工作。 接着，一道屏风挡住了墙的这道缺口，半年后，又重新修好了这堵墙。 于是，这堵墙便成为了“斯通菲尔德街租赁户的一个象征”，象征着租房者的决心，也象征着房东的驱赶手段并不像表面上看起来的那么温和（Power 1973，引自 Lees 1994a：140）。 还有另一些“拉克曼式”（Rachmanism）的案例。 此词源于 20 世纪 60 年代在伦敦的一名房东彼得·拉克曼（Peter Rachman）不择手段的剥削（见 Green 1979）。 当时，他的名字等同于“驱赶”之意。 拉克曼的曝光出现于 1963 年的普罗夫莫性丑闻（Profumo sex scandal），导致 1964 年米勒·赫兰德（Milner Holland）发布了住房委员会报告。 一个名叫大卫·奈特（David Knight）的房东就是巴恩斯伯里的拉克曼，他驱赶了住在巴恩斯伯里街的一名 23 岁的女教师。 女教师因为房租上涨把房东告上了租赁法庭，而房东不仅把女教师的生活用电给断了，还把她锁在门外，又把她的所有物品都统统扔了出去。 她还收到一封信，上面是房东的威胁,说他随时可以崩了她的头。 一周后,一辆小轿车突然停在了女教师的正前方,远光灯照在她脸上。 第二天,她又收到一张纸条,上面写着:"听着,你这家伙,我们会向你开枪的,枪管儿已经顶在你头上了!"而最具有标志性的,则是《伦敦地产简报》的一个说法:"如果操作得当的话,转换房产是除了伪造货币以外最赚钱的途径。"(引自15 Counter Information Services 1973:42)。 最终,大伦敦理事会(GLC)也加入了这场声势浩大的运动里,并打出了"幸福的驱逐"(welfare winkling)这样的标语。 接着,大伦敦理事会花了90英镑分别于1966年和1970年在克劳德斯利街和巴特切勒街购买了一组房产,进行了改造,又以每周15英镑的价格租给了高收入的房客。 很多原先被赶出去的租户搬到了北伊斯林顿条件极差的临时房里,并在贫民窟里自生自灭,而那些贫民窟又在四年内全部清除掉了(Cowley et al. 1977:179)。 这样,到20世纪70年代中期,每栋房屋就以2万英镑的价格租给了新的房客。

图 1.5 巴恩斯伯里的斯通菲尔德街
在这条街上,当然也在其他地方,不择手段的房东纷纷驱赶房客。
来源:洛蕾塔·利斯 摄

现在回头来看哈姆奈特和伦道夫的"价值差距论"（另见第二章），它能解释巴恩斯伯里不同区域的士绅化为何会出现在不同的时候：

> 在巴恩斯伯里，接续租赁对于士绅化来说尤为重要。该区的物业属于不同的土地拥有者，他们会依据地产建造的时间在不同时候终止租赁……例如，由贵族或机构房东拥有的旧地产在 1920 年到 1940 年间结束了租约。这些所有者将他们的永久产权卖给了私人房东，因为 19 世纪的地租在 20 世纪通货膨胀的时候遭到侵蚀，土地所有者的资本被牢牢套住，没有任何回报。租户的使用权被延长，而大的不动产所有者就被说成是贫民窟的房东。新的永久产权持有者，也就是私人房东，从 1966 年后的伦敦市中心的公寓分拆中获利，当时，私人出租公寓卖给了业主，并且进行了士绅化改造。开发商和私人业主们都翘首以盼。《伦敦地产简报》（1970 年 2 月）在房地产经纪人之间散布说，巴恩斯伯里就是一只"健康的鸡，成熟透了，可以拔毛了"。（Lees 1994b：202）

1969 年政府颁布的《住房法案》为房屋的翻新（而非重建）背书。该法案赋予地方当局以权力去划拨无条件住房改造的资金，每改造一套住房划拨的资金从 1 000 英镑到 1 200 英镑不等（免税）。 由于改造补助金必须按一比一的比例支付，那么，自然就会偏向于更富裕的改造者和开发商（Hamnett 1973：252—253），由此助长了巴恩斯伯里的士绅化。最初，改造资金是没有其他限制条件的，这样，一栋房产就可以在改造后立刻出售，获得巨额利润。 1971 年，伊斯林顿改造资金的 56% 都流向了巴恩斯伯里和圣·彼得斯的选区（Power 1972：3），这反映出当时那一区域改造的力度。 威廉姆斯（1976：74）发现，20 世纪 60 年代，伊斯林顿的地产经纪人机构出售的 90% 的业主自住房屋都是从租赁房改造过来的。 到 1972 年，巴恩斯伯里 60% 的房屋都翻新了，而新业主几乎都是中产阶级（Ferris 1972：95）。 这期间，房价猛涨。 例如，1966 年，

16

朗斯代尔广场上的一套房子可以卖 9 000 英镑，1969 年涨到 18 000 英镑，1972 年为 35 000 英镑（六年涨了近四倍）。 1974 年，伊斯林顿市政当局开始限制划拨改造补助金，要求申请人在改造后至少在这些房屋里居住五年。

其他促进士绅化的政府计划还包括：将巴恩斯伯里的部分地区划定为"一般改进区"和"住房行动区"（Housing Action Area）。 前者是为物业划拨更多经费来鼓励私有房产的自发改进；后者通过划拨给这些地区改善补助金，促发自愿行为，实现快速改进。 但士绅化的先驱者也阻碍了当地政府的再开发计划，而是提倡私人层面的翻新。 他们能这样做，乃基于 1964 年成立的巴恩斯伯里协会。 该"市容协会"（amenity society）希望通过政策的出台来提升环境，将巴恩斯伯里 19 世纪的城镇景观特征保留下来，进行改善。 凭借与舰队街（Fleet Street）①和白厅（Whitehall）②的人脉关系，巴恩斯伯里协会让自身的措施成为了该区域的官方规划政策：

> 巴恩斯伯里协会很快成为了规划专家里的主角；彼得·霍尔（Peter Hall）教授写道："这正是能提升没落区域的途径。"凡是对 1968 年广为宣传的巴恩斯伯里规划展作过评论的专家，都不会去质疑一声，这个地区究竟是为谁而改造。（Cowley et al. 1977:178）

北伦敦的士绅化先驱者相互间的媒体联系，都体现在了连载漫画《NW1 区的生命与时光》（*Life and Times in NW1*）里。 1967 年它首次出现在了《收听者》（*Listener*）杂志上，并于 1969 年至 1983 年间，在《泰晤士报》上由马克·博克斯（Marc Boxer）以袖珍漫画的形式呈现。

当巴恩斯伯里在 1971 年获得被保护的身份后，便能从国家纪念遗产基金、建筑遗产基金和各种住房法案基金里获得资助（见图 1.6 伊斯林顿

---

① 舰队街：20 世纪 80 年代之前，舰队街曾是伦敦新闻业的中心。 ——译者注
② 白厅：英国政府总部所在地。 ——译者注

图 1.6　伊斯林顿的一则维修指南

这些指南（目前的指南出现于 20 世纪 80 年代末）提供给居住在伊斯林顿保护区里的所有居民。这些指南已经被设计得更加详细，更有调控性。单独的社区也有自己的指南。

来源：伊斯林顿议会

保护和维护指南的一则案例)。 随着巴恩斯伯里行动小组(Barnsbury Action Group)在 1970 年,作为一个与巴恩斯伯里协会相对的官方组织成立起来时,这个区域的未来就已经确定下来了(Cowley et al. 1977: 179)。 巴恩斯伯里行动小组里只有 26 名成员,压力不大,它的策略在于不断进行政治游说,设计请愿书,给新闻媒体寄信函,等等(见第七章关于抵制士绅化的内容)。 他们让公众注意到改善这个地方会带来怎样的后果,但他们在社区组织方面并不是完全成功的。

巴恩斯伯里的社会变化是明显的。 在 20 世纪 60 年代末到 70 年代初,当最声势浩大的士绅化出现的时候,阶级差异变得格外明显:

> 伦敦社会压力的冰山一角,在伊斯林顿的巴恩斯伯里街区就能找到。阶级之间的冲突不合时宜地展现在人们的眼前,体现在一栋栋房屋的外观上。一些房屋的外观看起来是灰土土的贫困模样,而邻居则巧妙地将其涂成健康的颜色。巴恩斯伯里的所有街道都呈现出这样的变化;在相邻的广场上,你会发现它们各自处在不同的阵营里——无论是中产阶级的满足感,还是贫民窟的满足感。(Ash 1972:32)

阶层差异可以在空间里体现出来。 皮特(Pitt 1977)谈到了朗斯代尔广场上的四栋房子。 其中两栋住着单身中产阶级业主,而另外两栋住着 48 名单身工人阶级租赁户,是带着家具的出租房。 很多工人“都在抱怨大量涌入的‘切尔西人’——有着完全不同的生活方式和价值观的中产阶级移民”(Ferris 1972:44)其中有些人如同厌恶那些少数族裔一样地厌恶着这些士绅化的先驱者:

> 我过去住在巴恩斯伯里。我从来不喜欢那些人……虽然和他们一起工作,也住在隔壁。但是,巴恩斯伯里的人搬了进来,并劝我们不要带着偏见,而是要爱那些黑人,然后……绕了一圈,就把他们踢了出

19

去,紧接着就把我们踢了出去。(Power 1972,引自 Lees 1994a:209)

随着士绅化的推进,住在破旧房屋里的租赁者如履薄冰地活在被随时驱赶的威胁下。 当看到市政当局花钱改善交通、植树、为整洁的广场安设新的铁栅栏时,会感到愤怒。 当地的居民也感到遗憾,因为他们的孩子没有经济能力继续留在这些房子里,而在战争年代,他们在这里幸存了下来。 他们还想在巴恩斯伯里保留小型的工业机构,但是新来者却更喜欢一些古董商店和小型的办公室,后者都无法为本地人提供足够的就业岗位(Pitt 1977:9)。 其中一些士绅化的先驱者还想住在社会结构更加多元化的社区中(另见第六章关于士绅化与社会混合的内容):

> 中产阶级人口比例的不断上涨是目前的趋势。这将促使社区结构出现更优的社会平衡,而那些善于表达的少数专业人士的知识也最终会使弱势群体受益的。(Ken Pring,巴恩斯伯里士绅化先驱者和建筑师,引自 Pitt 1977:1)

但也有一些中产阶级人士对社会混合持怀疑态度:"我喜欢对他们微笑,停下来聊几句,但我不想和他们坐下来喝茶";"我想,他们并不太了解我们为何愿意花费如此巨大,承担这么多麻烦,住在他们不喜欢的这些房子里。 他们只想离开这些房子,搬到伦敦外面去生活"(Bugler 1968:228)。

到 20 世纪 70 年代末,由于巴恩斯伯里的士绅化已成定局,房地产投机活动也显著减弱。 到了 20 世纪 80 年代,小规模的转型取代了大规模的转型,例如单户联排别墅改建成了一居室或两居室的公寓。 我们将在第四章继续讨论巴恩斯伯里的士绅化。

案例二:纽约市公园坡

公园坡坐落于纽约市的布鲁克林区(见地图 1.2),是纽约市最早的

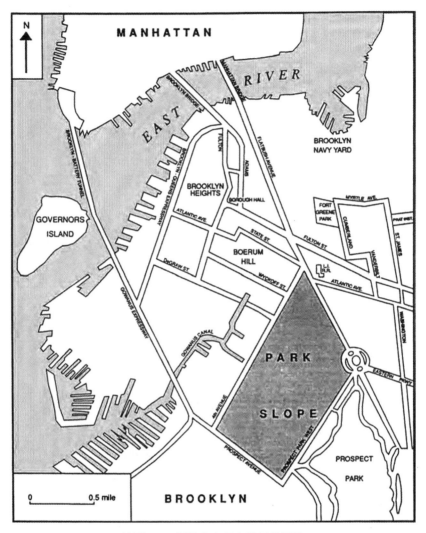

地图 1.2 纽约市布鲁克林区公园坡

住宅郊区之一。 19 世纪最后二十年里，它的人口经历了迅速增长，大量
商人、律师、医生和专业人士借助 1883 年建成的布鲁克林大桥通勤至曼
20 哈顿。 这样，公园坡很快就成为一片精英人士的住宅区，社会地位仅次
于布鲁克林高地。 它"是吸引布鲁克林有钱人的一块磁铁，是那些想要
逃离越来越拥挤的曼哈顿，渴望享受奢华生活人士的避难所"（Jackson

and Manbeck 1998:165)。 该社区的上坡处一直是精英人士居住的昂贵房产，它们都是三到四层褐石单户住宅，建筑很有特色，都是美国罗曼复兴式和安妮女王式的建筑（见图 1.7）。 而在更远的下坡处，则是看起来更朴素的褐石建筑，外立面是砖石，还有两到三层的木结构排屋，里面住着来自东欧和爱尔兰的佣人、商店老板、码头工人和第七大道"安索尼娅"钟表厂（到 1890 年，它是全世界最大的钟表厂）里的工人（见图 1.8）。 21

图 1.7　公园坡的第六大道和伯克利广场
　　这些褐石单户住宅的大房子，很可能是公园坡首先士绅化的房子。例如，埃弗雷特和伊芙琳·奥特纳这些士绅化先驱者在伯克利广场购买的房子。
　　来源：洛蕾塔·利斯 摄

　　在 20 世纪的头十年里，公园坡就受到了郊区化的影响，当时的中产积极搬到了弗拉特布什（Flatbush）郊区。 他们留下的褐石建筑成为了上流社会的住宅。 之后，随着 20 世纪 30 年代大萧条的到来，低端住宅成了爱尔兰和意大利人的住区。 随着时间推移，房东不再出租这些房子了，甚至将它们搁在那儿，不再维护。 所以在 30 年代，社会规划者认为公园坡就是个贫民窟。 到 40 年代和 50 年代，这里大约有 75%

图 1.8 公园坡的木结构排屋

木结构排屋多数位于公园坡南部和东部的区域,它们的士绅化过程多出现在褐石建筑的士绅化之后。

来源:洛蕾塔·利斯 摄

的出租屋都不见房东的踪影。 而在展望公园(Prospect Park)附近的区域里还维持着较高的出租率,但该区域也经历着大规模的分化(Justa 1984)。"二战"后,得益于长岛高速公路(见 Seiden Miller 1979:29)的建设、1965 年韦拉札诺海峡大桥(Verrazano Bridge)的开通(促使了斯塔顿岛的郊区化),以及联邦抵押贷款计划,第二波郊区化的浪潮让年轻家庭可以免费或以零首付的方式购买新建的郊区住宅。 1940 年到 1970 年间,682 000 名白人离开了布鲁克林区,形成一次"白人群飞"现象 (Seiden Miller 1979:26—32)。 白人飞离公园坡的时候,正是黑人和西班牙裔(特别是波多黎各人)来此定居之时,他们多集中在戈瓦努斯运河(Gowanus Canal)附近。 1950 年,公园坡 99% 都是白人,到了 1990 年,只有 52% 的人口是白人。 公园坡的居民弗兰克·托雷斯对这段时期发生的事情总结说:

22

住在这里的很多都是公务员,像警察、公交地铁售票员。到60年代中期,他们涨了工资,一年可以挣15 000美元,觉得自己很成功了,就要买带烟囱和车库的房子……他们都搬去了长岛和新泽西。如果他们去了新泽西,还会想再去加州。韦拉扎诺大桥建好后,他们都去了斯塔顿岛,但是后来,他们又一窝蜂地离开了。60年代初,黑人和波多黎各人搬了进来。所以,甚至那些没有钱的白人也搬走了……而只能在工人那儿收取45—50美元租金的房东们发现,他们可以在领取福利的人那里收150—175美元的房租。(Hodenfield 1986:8)

直到"二战"时的美国,只有不到一半的人口是自有住房的居民,也只有不到一半的房屋里住着单户家庭。1948年到1960年,由于给自有住房者提供税收补贴,美国的住房所有权大幅增加。事实上,自从新政时期以来,就一直有通过增加自有住房来实现社会稳定的努力(Berry 1980:10—11)。在同一时期的英国,人们更倾向于投资新的房产项目,而非改造旧房,这也是联邦税法规所起到的作用。郊区化其实是美国自有住房运动的一部分,高速公路的建设促进了这一过程。

1965年,《纽约世界电讯报》(*New York World Telegram*)把公园坡称为"布鲁克林市中心的衰颓区"(Watkins 1984)。由于系统性的撤资,该区域陷入了经济衰退和贬值的恶性循环,导致设施老化,房屋废弃,这在20世纪70年代中期达到了高峰,尤其是1975年至1977年纽约市的财政危机期间更是积重难返(Carpenter and Lees 1995:293)。居民迈克尔·尤金尼奥回忆道:"如果你家里有值钱的东西,就容易被偷,他们会把你偷得一无所有。你的车停在路边也不安全,一会儿轮胎没了,一会儿电池也没了"(Hodenfield 1986:8)。1972年,公园坡发生了一起意大利"金基尼帮"和波多黎各人之间的帮派冲突,其中还有人从事毒品交易。那年夏天,数十人遭到了袭击。一名18岁的男子被一支双管猎枪打断了腿,警车被掀翻在路边,燃烧弹点燃了它。游民和毒贩盘踞在这些废弃的房屋里,而糖果店则用防弹玻璃挡起来做

23

生意。

> 从我住的地方望过去,我看见他们在卖毒品,注射,用药过量后倒在地上。还发生了枪击,每个人都躲在车底下。我们被囚禁在自己的家里,然后我们开始反击。(伯克利广场的 Lew Smith,引自 Hodenfield 1986:9)

在此期间,士绅化先驱者,或者说褐石建筑爱好者开始迁入公园坡。 他们一群群地搬进来,有州和联邦政府立法给他们撑腰,受到鼓励的外部投资也开始涌入这一破败的区域(Squires 1992),公园坡开启了再次注资的过程。 士绅化的先驱者、社区团体与组织、公用事业公司、房地产开发商都一起为公园坡的增值做出了贡献(Carpenter and Lees 1995:295)。 在士绅化的初期,许多中产者承担了自己那份房屋改造的工作,被称为"汗水产权"(sweet equity)。 所谓"汗水产权"是指贷款给那些需要更新的房产,而业主们在得到这笔贷款后,自己动手改造房屋。"开荒"是它的另一名称。 其实,公园坡的"褐石建筑"居民最初是在没有获得财政支持的情况下进行改造工作的。 而在 20 世纪 60 年代和 70 年代,该区域还存在着积极的红线划分。 简·玛露卡总结了 70 年代公园坡取得抵押贷款中存在的问题:"取得抵押贷款等同于一场 24 大型狩猎之旅:你要提前做很多细致的准备工作,要有一定的技能,还要灵巧娴熟地跟进整个过程,但是到了最后,你可能还是竹篮打水一场空。"(Jan Maruca 1978:3)

1966 年,一个名叫公园坡改进委员会(Park Slope Betterment Committee)的组织开始购买房产,通过经纪人向白领人士打起了广告。 它的目的是要把这个区域变得更加稳定。 这预示着"私人化的发轫之始"(*Civic News* 1969:9)。 该委员会是出现在公园坡的第一个士绅化组织,其创始人埃弗雷特·奥特纳在 1963 年从布鲁克林高地搬进了公园坡。 他说:"我发现,除非大家都能开始欣赏这片区域,搬进来住,否则的话，这片区域最终会消亡。"他唯一的抱负就是"大兴商业"，并招募志气相投的人士来把公园坡建设成为一个稳定繁荣的社区（Milkowski 1981）。 最初，委员会的每个成员都会出资 250 美元来筹集购买房屋时的保证金，以吸引年轻夫妻来购买这些房产，并宣传该社区的优点。例如，一栋四层楼高的褐石建筑在第六大道出售；公园坡改进委员会主席约瑟夫·菲利斯立即为这栋房子支付了保证金，他又打电话叫来两位朋友——埃弗雷特·奥特纳和罗伯特·威斯（一位出版主管）。 他们又打电话叫来几位朋友，之后，这栋房子就以 18 000 美元的价格被威斯的朋友们买下了（Monaghan 1966）。 他们向布鲁克林高地、格林威治村和曼哈顿西区散发宣传册，当然，很明显是给那些中产阶级人士做的宣传。他们还从公园坡公民委员会那里得到了支持——这是一个非营利组织，起源于南布鲁克林贸易委员会，致力于关注这个区域的公民问题。 公园坡公民委员会已经在当地组织起了房屋参观活动：第一次活动出现在 1959 年，它实际上是公共地产的一种推广形式（见图 1.9）。

在初期，公园坡的士绅化还不仅仅是为了盈利。 一位记者曾这样评论公园坡的"褐石建筑"："没有人仅仅是为了投资本身而去买这样的建筑。 多数人都知道，如果把钱投进美国国债，哪怕不是巨无霸债券，都可以不这么费力地获得同等回报"（Gershun 1975：28）。 就像图 1.10 所呈现出来的，士绅化不仅关乎经济。 公园坡的新生代褐石房屋业主有如下特征："理想主义、无一孔之见，乐于冒险，还精力充沛"（Holton 1968）。 罗滕伯格（1995）还讨论过公园坡如何变成美国最大的女同性恋家园之一（见第三章关于同性恋的士绅化）。 她的观点揭示出社区的士绅化与 20 世纪 70 年代迁入的"另类"人士受过良好教育的自由主义政治之间的关系。 她研究了这里廉价的房屋与另类社区如何吸引了女同性恋，以及如何借着口口相传（罗滕伯格的研究标题常富有寓意，像"而她讲给了两个朋友听"……）让公园坡变成了一处互相支持、充满自由和包容的酷儿空间。

讽刺的是，虽然出现失所的现象，但公园坡的士绅化先驱者还是想   25

PARK SLOPE: THEN AND NOW

32nd Annual House Tour
Sunday, May 19, 1991 Noon to 5 P.M.

Advance Tickets: $8.00

Day of Tour Tickets: $10.00

Weekdays - Art Bazaar, 197 Seventh Ave. (Between Second & Third St.)
Weekends — Key Food, Corner of Carroll St. & Seventh Ave.

Art Bazaar, also Ninth St.
and Seventh Ave., Northwest Corner

presented by the Park Slope Civic Council -- For More information call (718) 788-9150

图 1.9　公园坡购房团的一则广告

　　这些广告传单是公园坡公民委员会发布的,目的是促进地产业的发展和社区的士绅化。

　　来源:公园坡公民委员会

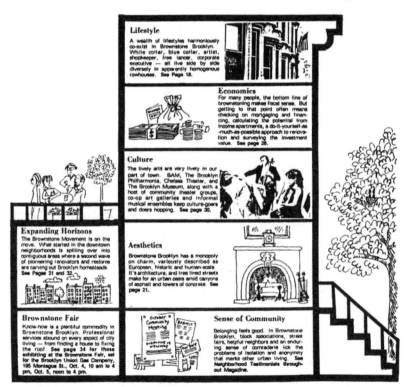

图 1.10 布鲁克林的褐石建筑:"一切理由就为这一处"

在此,我们能清楚知晓士绅化在经济和文化上的意义——见第二章和第三章。

来源:《凤凰城》杂志,1975 年。《凤凰城》杂志准许复制

维持一种混合的社区，并关注无家可归者、公租房和廉租房的现象（见第六章关于士绅化与社会混合的内容）。 尽管如此，公园坡在 20 世纪

27 70 年代初还有一个双重的房地产市场（O'Hanlon 1982：145），一个是黑人的，一个是白人的。 从事地产炒作的经纪人会发布房屋待售的信息，但这些房屋并不是真的待售。 他们这样做只是为了刻意促发房屋的买卖活动。 这些经纪人会从第七大道西区的贫民区买进房产，然后以双倍价格出售给黑人和西班牙裔。

公用事业公司也积极推动着公园坡的士绅化，以维持这个区域的稳定。 他们的倡议是"绿色复兴运动"（green-lining）的一部分，旨在说服银行提供抵押贷款和其他借贷，以重振布鲁克林社区。 早在 1965 年，布鲁克林联合燃气公司在公园坡修复了一栋四层楼高的褐石建筑。这栋建筑太大了，光靠公共部门无法重建。 当时，政府还未介入当地的复兴，所以，公园坡的居民便向布鲁克林联合燃气公司求助。 于是该公司拯救了第六大道和弗拉特布什大道之间的展望广场，把三个废弃的商店改建成了单层住宅，并翻新了该街区其他房屋的外墙，包括三座建筑侧面的错视画（Muir 1977：33）。 该计划得到了大纽约储蓄银行（Greater New York Savings Bank）和联邦住房协会（Federal Housing Association）的资助。 类似于这样的项目被称为"灰姑娘计划"（Cinderella Schemes）："把虚弱的恢复成健康强壮的！ 又把丑陋的变得美丽起来，就像灰姑娘一般"（'Civic News' 1972：10—13）。"灰姑娘计划"旨在刺激私营部门投资，以振兴破败的社区。 布鲁克林联合燃气公司还开通了褐石信息中心（Brownstone Information Center），为公众提供振兴社区方面的信息，并结合公园坡公民委员会的年度房屋展一起举办研讨会。 在 70 年代初，布鲁克林联合燃气公司的威廉·E. 汉德曾表示："纽约市繁荣的一个迹象就是，让那些破败的街区变成富有魅力的中产阶级社区"（'Civic News' 1973：4）。 这并非巧合，这样的振兴稳定了布鲁克林联合燃气公司的客户群，并提升了衰败社区的利润率——请注意前面提到的"展望广场"项目中描述的燃气一事："新住宅的燃

气照明外观与内部的舒适特征相得益彰：那里有全年的燃气空调系统和充足的生活空间，还有延伸到常青灌木丛和燃气设备烧烤架的宽敞自由的后院"('Civic News' 1972:12)。

1973 年，公园坡取得了地标地位——地标保护协会为建筑修复和维护方面的税收给了回扣，或者为地标建筑的保护提供税收减免（见地图 1.3）。

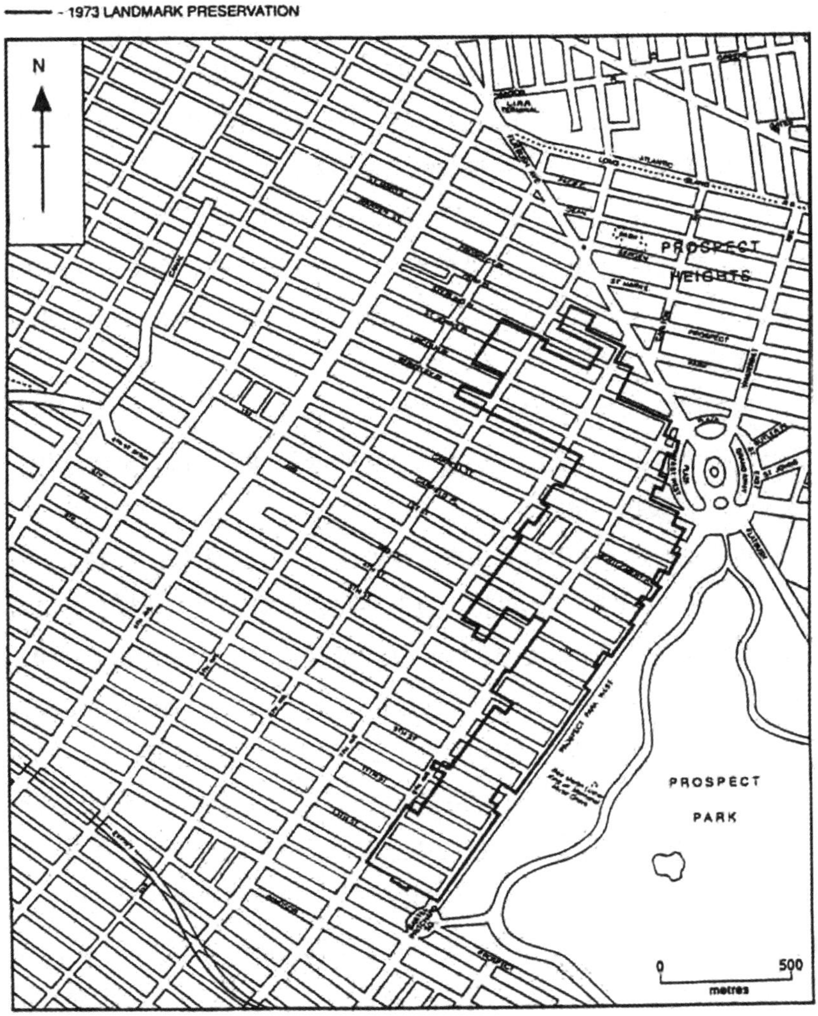

— - 1973 LANDMARK PRESERVATION

地图 1.3 1973 年公园坡的地标街区

地标地位的获得源于士绅化先驱者和公园坡公民委员会的努力。 埃弗雷特·奥特纳的妻子伊芙琳记录了公园坡的建筑和历史，并提交给地标保护委员会审查，然后才授予了地标地位。

28　　如果采用尼尔·史密斯(1979)的"租差图式"(rent gap schema)〔见第二章；另见 N. Smith, Duncan and Reid(1989)，该研究采用了欠税数据来进行操作〕来建立一个公园坡从撤资到再投资的转折点，那么，它就出现在 1976 年，当年出现了连续五个季度以上的建筑最高欠税率，达到了 7.1%〔根据 O'Hanlon(1982:200)中 1970 年到 1980 年的欠税数据中计算得出〕。 1977 年(纽约市城市规划部 1985:12)，合作社(又称为"co-op")和公寓的转换绝不是偶然，即便说在 1977 年之前，也就是在"租差"出现之前，开发商没有兴趣实施这样的转换。 80 年代初，合作社的形式在公园坡的北部和中部都变得很明显了(Griffin

29　1982:26)。 三次人口普查追踪了大军团广场(Grand Army Plaza)、展望公园西路、第一街和第六大道，发现这些区域从 70 年代末到 80 年代中期占据公园坡 72% 的转换申请。 事实上，1977 年至 1984 年间已有 130 份转换申请提交上去，仅在布鲁克林自治区的申请就占了申请总数的 21%(Lees 1994b:148)。

在这个社区士绅化的第一次锚定阶段中，红线政策依然盛行。 有这样一个例子，1977 年，巴特·迈耶斯和爱丽斯·拉多什想在公园坡购买一栋四层楼的褐石建筑，并计划着把这栋房子做一番改造升级。这栋房子要卖 79 000 美元，他们有 20 000 美元的现金存款，年收入 30 000 美元，信用良好。 他们在跑了 61 家银行后拿到了所需的 59 000 美元的抵押贷款，而这仅仅是凭着他们的个人关系搞定的(Fried 1978:23)。 1965 年至 1988 年间，私人抵押贷款和现金源源不断地被用来购买公园坡的房产，在 1975 年后，银行抵押贷款则变得越来越重要了，可能是因为 1977 年实施的《联邦政府社区再投资法案》(Federal Community Reinvestment Act)使得某些金融机构设立的红线政策的歧视变得不合法。 1978 年，该法案在纽约州生效。 可能正是因为 1977 年的该法案和 1978 年的相关立法，加上基层民众的压力，1978 年之后，公园坡的地方商业储蓄银行启动了自由抵押贷款的程序（O'Hanlon 1982：150）。 大通曼哈顿银行推出了城市住房贷款计划，目的是为了促进 1 到 4 户空置住宅的更新，提供了一揽子的购买、建设和永久融资，其利率为优惠贷款利率。 花旗银行成了主要的放贷机构；在宣传册里，它声称自己是"一家能保护公园坡历史的银行"，它甚至在本银行的购物袋上印刷了公园坡的标志。 虽然一时间有为数众多的联邦计划出台，为更新改造提供资金（见 Lees 1994b：201—203），但大多数公园坡的再投资都缺少公共补贴。 事实上，紧跟"灰姑娘计划"的步伐，另一家从事公用事业的联合爱迪生公司（Con Edison）也提供了类似的帮助，也就是"复兴"房屋建筑的修复计划。 其中一个例子是曾经的希金斯油墨厂（Higgins Ink），该厂房建在第四大道和第五大道之间的第八街上，它被改造成了可供十户中等收入家庭入住的合作公寓。 联合爱迪生公司"复兴"计划的前协调员保罗·柯泽尔说道："我们相信布鲁克林已经开始了主要的复兴，而我们保护工作也在稳步提升"（'The Brownstoner' 1981：9）。 复兴计划旨在打造更多的合作公寓，并为社区提供法律、建筑和金融上的支持。 同时，州政府也通过联邦政策参与到纽约市和公园坡的士绅化过程中，这些政策像"203（k）区域振兴抵押保险""社区发展补助金"等等，以及州政府项目，如"纽约市的 J-51 项目"（提供税收减免），该项目在 1970 年至 1980 年间翻新了公园坡 9.7% 的多户家庭单元（Lees 1994b：210—211）。

在士绅化的这个阶段，出现了明显的失所现象。 例如，在 1981 年，加菲尔德广场（Garfiled Place）公寓街区的一栋公寓楼因要翻新成 6 个合作公寓，租赁户们都经常遭受房东的骚扰，像十月份长达十天停止供暖气和热水，把地下室和后院都上了锁，不让房客们去碰保险丝盒。 一名房客这样说："公园坡出现了大量的失所，人们无处可去"（Goodno 1982：1）。 该区域的士绅化政治很复杂——主要的基层行动组织依然是第五大道协会，它赞成社区复兴，但反对士绅化（见第七章对第五大协会做的更详细研究）：

> 除了投资以外，几乎没有其他途径可以提升社区的生活品
> 质⋯⋯但问题依然在于究竟是为了谁而提升。我们希望把资金引入
> 这个地区，但我们不希望人们被撵走。（Fran Justa，第五大道协会前
> 会长，引自 DeRocker 1981：6）

20 世纪 80 年代中后期以来，当公寓和合作公寓的转换变为主流
时，更具调和性的士绅化开始出现了，那就是开发商作为士绅化推动者
的角色越来越明显，而"现房"（Ready Maders）也应运而生，购房者可
以购买带有现成士绅化意象的房产。这标志着公园坡士绅化先驱阶段
或经典士绅化阶段正在退潮。在此阶段中，精英居住的公园坡上坡
处，已经完全士绅化了。接下来的一个阶段就会显得有些不一样。到
90 年代中期，上坡处开始经历"超级士绅化"（super-gentrification）的
过程（Lees 2000）。"超级士绅化"是第四章讨论的主题。而廉价得多的
下坡处则开始经历"溢出士绅化"（overspill gentrification）（见第七章）。

早期阶段的模型

在 20 世纪 70 年代和 80 年代发展起来的士绅化早期阶段既解释了
这一过程，又预测了士绅化的未来趋势，反映了格拉斯对经典士绅化的
定义，并将这些变化描述为一种类似于早期生态学家的过滤过程。

克莱（Clay 1979）是主要研究这种士绅化的学者之一。通过对专家
消息人士的调查，他发现 70 年代，城市的私人再投资已经现形于美国
任何一座一线城市。他还发现，美国大多数的士绅化社区都有至少七
十五年的历史，房屋基本上是维多利亚式的，由工人阶级居住，有些房
产被废弃。克莱（1979：57—60）首次提出了士绅化的阶段模型，绘制出

了第一阶段(士绅化先驱阶段)到第四阶段(士绅化成熟阶段)的图式(见专栏1.1)。

专栏1.1

克莱(1979)的士绅化阶段模型

第一阶段

一小群不顾风险的人搬了进来,以自用为目的修缮房屋。在这个阶段,士绅化几乎不会引起公众关注,也不会引发失所现象,因为新来者常常搬进空置的房屋,或是正常市场成交量的一部分房屋,而这样的市场往往不景气。这些新来者愿意承担搬迁所带来的任何风险。

由于那时候还无法获得传统的抵押贷款资金,所以"汗水产权"和私人资本是唯一的资金来源。第一阶段的士绅化在受到公众关注之前一直有条不紊地进行着,虽然已有传言到处传播,但往往局限于很小的区域里,通常是两三个街区的范围。最早的新来者很多是设计师和艺术家,他们有能力和时间来自己改造房屋。(在波士顿、旧金山和其他城市里,调查对象都声称那些地方都是同性恋社区,同性恋是主要的人口。他们在寻求隐私,也有金钱和品位来面对性别的挑战。一位观察人士认为:"聪明的资金会追随城里的同性恋者。")

第二阶段

还有一些相同类型的人搬了进来,为自己使用的目的修缮房屋。出现了一些敏锐的地产经纪人开始从事微妙的促销活动。还有一小撮投机者可能会在显眼的地方修缮少数房屋来销售或出租,当然这个阶段不会出现大规模的投机现象,因为对于投资者和居民来说,资本依然很少。在此阶段,往往是那些容易到手的房屋被改造,像房东缺席的空置住房、市属建筑或者因税收被收回的房产。

由于空置住房越来越少,便出现了失所现象。那些在第一、二阶段搬进来的人,都成为了新社区里的老前辈。

如果说,社区要改名字的话,那么通常也会发生在这个阶段,新的
社区边界被划定,媒体开始吸引公众关注这些地区了……

抵押贷款开始进入某些社区,但贷款更常以其他财产作为担保,由
卖方提供,或者只提供相对低比例的总投资额。这时候,社区更新开始
蔓延到了附近的街区。

第三阶段

32

在这一阶段,主要媒体或官方机构开始关注这些社区了。士绅化
可能依然是由先驱者来推动,但他们已不再是唯一的主角。城市更新
可能已经启动……开发商……已经进驻。个体投资人不断购买这里的
房产,为自己使用的目的而翻新房屋。这种复兴的趋势会越来越强劲。
因为规模的增加,也因为对整个区域的总体改造,物质上的提升变得更
加醒目。房产价格开始加速攀升。

失所持续不断……

第三阶段的士绅化中,越来越多的人会认为房子是用来投资的,而
不仅是用来居住的。这些新兴的中产阶级居民开始组建自己的社团,
或者逐渐改变过去先驱者的组织。

组织起来的社区开始向外宣传,影响了其他中产阶级人士,并获得
更多的公共资源。同时它也不断向内部转变,对邻居施加同类人的影
响,并塑造社区生活。老居民和中产阶级之间的紧张关系开始出现。
社会服务机构和住房补贴受到激烈的抵制。人们开始采取保护行动来
应对犯罪行为。如果新来的居民,特别是刚搬进来的居民无法容忍低
收入者或工人的行为,这样的紧张关系就会变得十分严重。银行开始
对这些区域开放,实施投资的空间策略,向区域内有限的中产阶级买家
和投资者提供贷款……

这个阶段已然是很明显的士绅化过程了,媒体也开始把这个阶段
定义为士绅化。社区看起来对更多年轻中产阶级专业人士而言是安
全的。

第四阶段

越来越多的房产被士绅化,中产阶级接连不断地入住。新居民的显著特征是,更多的人从事商业,是管理层的中产阶级,而非专业人士构成的中产阶级……

人们开始努力赢得历史街区的称号,或者努力取得其他严格的公共控制权,来巩固已经出现了的私人投资。

房产市场上充满了投机者……开始出现小型的专业零售、专业服务或商业活动,特别是当社区靠近市中心或主要机构的时候。房价和租金飞速上涨。失所的现象不仅出现在了租赁户身上,也出现在了业主身上。人们发现了更多的社区来满足中产阶级不断增加的需求。当开始出现争论的时候,尤其是围绕失所而出现争论时,很少有人会采取措施去抑制中产阶级的再投资行为。

来源:这是克莱(1979:57—59)研究的缩减版。

33

克莱基于一些城市的观察和数据得出了以上模型,像波士顿南端(Boston's South End)、费城社会山(Philadelphia's Society Hill)、旧金山的西部扩展区(San Francisco's Western Addition)和华盛顿国会山。他指出:"士绅化社区发展的阶段模型体现出的详细分类可以用来预测未来的发展趋势"(第57页)。但考虑到克莱(1979)的模型是在士绅化的早期阶段提出来的,它在描述第一波士绅化或先驱士绅化时会有很大的偏差(见第五章关于更近期的士绅化阶段模型)。克莱本人也认识到了这一点,正如他所说:

这种简明扼要的总结源于当下的案例。但这还不是全部的故事。因为中产阶级还未占据所有的居住单元,价格和需求依然只增不减。在当前的士绅化区域内,中产阶级人口的增加依然还有很大的空间……因为完全实现士绅化的社区依然很少,而士绅化成熟社区的发展还算不上踌躇满志。(第59页)

因此，克莱的模型在描述 20 世纪 80 年代和 90 年代的士绅化时就不是那么有用了。 请注意其中的假设：社区都会朝着完全而彻底的士绅化迈进。 而在第四章里，我们将会讨论一种新的士绅化过程，其士绅化成熟的结果与这样预测是相矛盾的。 此外，克莱的模型非常美国化，所以，其中的一些要素在当时的英国或其他地方是找不到的。 但最引人注意的是，理查德·弗洛里达 2003 年论文里提出的创意阶层已经出现在了克莱的模型中（见前言），比前者还早了二十三年！ 同时，它与英国和其他地方关于士绅化和社会混合的新政策思想相反（见前言和第四章），第三阶段的士绅化呈现的不是和谐的融合，而是实际的冲突！

同一时期，盖尔（1979）还提出了经典的士绅化模型，强调士绅化社34 区里新老住户之间的阶级与社会地位的差异。 他还在华盛顿特区的不同区域里，对士绅化的不同阶段展开了研究。 他的模型和"现任升级"（incumbent upgrading）不同。 所谓"现任升级"是指居民提升自己的住房，不涉及人口的置换。 但盖尔经典士绅化模型强调了人口的置换，与工人阶级的失所有关。 盖尔的士绅化形态如下：

> 这类家庭的典型特征是没有孩子，由一两个二三十岁的成年白人组成。通常他们接受过大学教育，还常拥有研究生学历，从事某项专业工作，偶尔达到经理级别。家庭年收入……通常在 15 000 到 30 000 美元之间（1977 年的中位数是 14 900 元），一些重新定居者的收入超过 40 000 美元。（1979:295）

克莱（1979）和盖尔（1979）的士绅化阶段模型的差异表明士绅化研究中存在不同的侧重点，由此描述出来的士绅化过程就不一样（正如我们将在第二、三章里看到的那样）。

士绅化阶段模型的提出是为了应对 20 世纪 70 年代已经显现出来的士绅化在时间上的演变。 这样的模型把士绅化呈现为一个时间上相继发生的过程。 在这些模型中，风险是中心议题，因为在第一个阶段或先驱阶段里，无视风险的家庭搬到了风险较高的社区里。 士绅化先驱者一般从事文化类的工作，对风险视而不见，他们想追求一种不墨守成规的生活方式，渴望一种融合的社会环境，借助自己的劳动（汗水产权）来改善自己的房屋。 之后，更有风险意识的主流专业人士搬了进来，其中一些还是年轻的家庭。 房产经纪人和开发商开始表现出兴趣。 随着房价上涨，老居民被挤出去。 随着时间推移，更年长、更富裕、更保守的家庭开始搬进来，吸引他们的是看起来更安全的投资环境。 于是，最终进入到士绅化的成熟阶段，并稳定下来。

　　露丝（Rose 1984）是首先质疑以这种方式界定士绅化概念的人之一。 她对这种典型的士绅化者和士绅化社区的概括性描述表示担忧。露丝（1984）批评士绅化的阶段模型把不同的过程和影响混为一谈了，反而，她更倾向于把士绅化看做一个"混沌的概念"，在其中，不同的行动者、租赁户，不同的动机和目的、同舟共济或背盟败约地都搅和在了一起。 在露丝看来："'士绅化'和'士绅'……这样的术语都是'混乱的概念'，它们掩盖了这样一个事实：士绅化不是单一的因果过程，不是从低阶层到高阶层不断占据内城社区的因果转变"（1984：62）。 有趣的是，她尽管提出了这样的批评，但她还是基于居民收入显现出来的人口置换来定义士绅化。 在第四章末尾，我们将会讨论作为"混乱"概念的士绅化，并借鉴克拉克（Clark 2005）的观点来概述对这一混乱过程不那么混乱的理解。

35

总结

　　在这一章里，我们考察了士绅化是如何产生的，以及士绅化这一术语是如何创造出来的。 我们讨论了士绅化不同的定义及相关术语。 伦敦和纽约作为两个经典案例详细地展现出社区从撤资转向再投资的过程，这是第二章从生产视角去解释士绅化的重点。 巴恩斯伯里体现出了"价值差距"，而公园坡则体现出了"租金差距"。士绅化先驱者的活动则是第三章从消费的视角去解释士绅化的重点。包括他们的"汗水产权"、利益群体的政治化活动和他们的绿色信贷活动，以及他们对新都市生活方式的承诺。最后，我们总结了本章内容，回顾了士绅化早期阶段的模型，这些模型将在第二章和第三章里进行更详细的解释，并在第五章更新这些模型。

延伸阅读

Badcock，B.（2001）'Thirty years on: Gentrification and class changeover in Adelaide's inner suburbs, 1966—96'，*Urban Studies* 38: 1559—1572.

Carpenter，J.，and L. Lees.（1995）'Gentrification in New York, London and Paris: An international comparison'，*International Journal of Urban and Regional Research*，19，2:286—303. Reprinted in M. Pacione(ed.) *Land-Use, Structure and Change in the Western City*，vol.2 of *The City: Critical Concepts in the Social Sciences*（London: Routledge）544—566.

Caulfield，J.(1989) *City Form and Everyday Life: Toronto's Gentrification and Critical Social Practice*（Toronto: University of Toronto Press）.

Glass，R.(1989) *Clichés of Urban Doom*（Oxford: Blackwell）.（Read pp.132—158 and 159—183.）

Holcomb，H. B.，and R. A. Beauregard(1981) *Revitalizing Cities*（Washington，DC: Association of American Geographers）.

Lees，L.(1994b) 'Gentrification in London and New York: An Atlantic gap?' *Housing Studies* 9，2:199—217.

Lyons，M.，and J. Gelb(1993) 'A tale of two cities：Housing policy and gentrification in London and New York'，*Journal of Urban Affairs* 15，4：345—366.

van Weesep，J.，and S. Musterd(1991) *Housing for the Better-off*：*Gentrification in Europe*(Utrecht，the Netherlands：Stedelijke Netwerken).

Zukin，S.(1982) *Loft Living*：*Culture and Capital in Urban Change* (Baltimore：John Hopkins University Press).

图 2.1 "房东让我们要么搬家，要么去死"，下东区，1988

20 世纪 80 年代中期和后期，下东区的房东和开发商试图攫取租差，驱逐和失所很常见。

来源：洛雷塔·利斯 摄

第二章

士绅化的生产

从资本的角度看,资本周期运转和贬值所造成的城市荒野已经
成为资本逐利的前沿地段。士绅化正是财富积累的前沿。然而,站
在工人阶级和他们社区的角度来看,前沿地段的政治意味浓于经济
意味。随着利润前沿地段的不断推进,居民面临着失所的威胁。对
他们而言,问题在于如何才能建立一条保护自己家园的政治边界,以
此让工人阶级可以重新掌控自己的家园,因此,任何边界都具有两
面性。

——尼尔·史密斯(1986:34)

在露丝·格拉斯用"士绅化"的术语来描述城市空间阶级转型的四
十年以后,地名的命名政治似乎进入了一个崭新而自讽的阶段。 纽约是
这场政治变化的中心。 它是诸多流行地名的发源地,如 SoHo①(格林威
治村南部休斯敦街以南的地区),它在 20 世纪 70 年代到 90 年代激发了其
他城市的纷纷效仿。 在 2001 年一次罕见的经济衰退中,尤其是在利率
下调和房价飞速上涨的情况下,纽约市的士绅化速度让这场政治运动愈
演愈烈,竞相给城市中那些最新、最时髦的空间命名。 一系列令人难忘
(或者说令人生厌)的地名就这样应运而生了。 这其中就包括:Mea-Pa②

---

① SoHo 为一块区域的缩写, 指代 the area South of Houston Street on the Southern edge of Greenwich Village, 缩写取 South 和 Houston 的前两个字母。 ——译者注
② Mea-Pa 为 The Meatpacking District 的缩写, 为 meat 和前三个字母和 Packing 的前两个字母的组合。 ——译者注

（肉类包装加工区）和其北部的 NoMeat①，Rambo②（曼哈顿大桥立交桥对面）以及与之相对的 Dumbo③（曼哈顿大桥立交桥下面，因一个强势开发商的推广而闻名），SoHa④（南哈莱姆）和更为知名的 SoBro（南布朗克斯）。 SoBro 这个地方因 20 世纪 70 年代的一场纵火案引发的灾难深深烙印在了人们的心里；而今天这段记忆却被《纽约时报》的头版头条津津乐道着："当地的工业阁楼和 19 世纪的排屋吸引了数百名艺术家、雅痞、网页设计师、摄影师、医生和记者来此居住"（Berger 2005a：A1）。 不久之后，《纽约客》杂志的幽默作家也无法抗拒这场命名游戏的诱惑。 在一篇名为《顶尖经纪人发现了最热门的新街区》的短文里，作者布鲁斯·麦考尔（Bruce McCall 2004:28）虚构了纽约城中最自命不凡的顶级房地产经纪公司和经纪人，包括特维迪集团（The Tweedy Group）、弗里克-卡耐基之家（Frick-Carnegie Homes）和墨菲·圣·巴布

40 纳斯（Muffy St. Barnabus and Partners）和其合作伙伴（见图 2.2）。 经纪人赞美了 WoFa 的优点，这是 1964 年世博会旧法拉盛南部的场地。 这里适合那些被迫离开 Dumbo 的人。 而其他买家则鼓励去观望 Whog 这个地方（它是惠特斯桥和罗克斯尼克桥之间的区域），以及 BruBou 这个地方（布鲁克纳尔大道学校校车停车场），或者 MausoQuee 这个地方（皇

41 后区新加尔瓦里公墓的陵墓）。 而最热门的房源则是由 Chip Thurn und Taxis 来宣传：

 UnGeoWa 更像一个滩头阵地而非一个社区。但这丝毫没有影响越来越多的新泽西人迁居到此的热情。为了一个曼哈顿的地址,他们不惜游过哈德逊河,并在乔治华盛顿大桥（The George Washington

---

① NoMeat 为 the north to the Meatpacking district 中 North 的前两个字母与 meatpacking 中前四个字母的组合。 ——译者注

② Rambo 为 Right Across the Manhattan Bridge Overpass 首字母的组合。 ——译者注

③ Dumbo 为 Down under the Manhattan Bridge Overpass 首字母的组合。 ——译者注

④ SoHa 指代 South Harlem，取每个单词的前两个字母组合而成。 ——译者注

TOP BROKERS SPOT THE HOT NEW NEIGHBORHOODS BY BRUCE McCALL

Marcy Spence-Brearley,
The Tweedy Group

"There's vibrant new life among the ruins in **WoFa**, the trendy South Flushing area cobbled into being on the site of the 1964–65 New York World's Fair by refugees priced out of Dumbo. The formerly forlorn gaggle of abandoned structures and cracked asphalt is a humming habitat for young artists, complete with all the amenities that define the bohemian life style: no Starbucks, no running water, no street cleaning, and no convenient subway stops."

GREATER NEW YORK AREA

Wally Simpson-Windsor,
Watercress-Sherry

"To increasing numbers of discriminating and unsentimental home buyers, the occasional fine for tomb desecration seems a small price to pay for the Gilded Age splendor on offer in **MausoQuee**, in the sylvan hush of sprawling New Calvary Cemetery, in Queens. All-granite construction, marble floors, stained-glass windows, and perpetual lawn care make mausoleum living gracious living, and it all comes with a sense of privacy meant to last through the ages."

Cindy Whitebread,
Mayflower & Standish

"Until last week, **Whog**, a stretch of shoreline between the Whitestone and Throgs Neck bridges, was little more than scrub grass and mud lapped by flotsam-littered tides. Now it has leaped to life as a pioneering outpost for New York's surprisingly populous and literally swinging bungee-jumping set, drawn by the proximity of two towering bridges and plentiful ambulance routes. There's nothing like a Sunday saunter along **Whog**'s waterside, where young daredevils gather to leap skyward, amid hoarse choruses of 'Jump!' or softly murmured 'Uh-oh!'s."

Chip Thurn und Taxis,
Muffy St. Barnabas & Partners

"**UnGeoWa** is still more beachhead than neighborhood, but that hasn't deterred its growing population of New Jerseyites so eager for a Manhattan address that they're willing to swim the Hudson and set up house in old piano crates under the George Washington Bridge. Where else but UnGeoWa offers instant Manhattan prestige, sweeping river views, and home prices in the low three figures?"

Freddie Bullion,
Frick-Carnegie Homes

"The weed-choked rectangle of asphalt that they're calling **BruBou** is catching on fast with upper Manhattan's colorful bands of gypsies. Situated on the vast Bruckner Boulevard parking lot, where hundreds of roomy school buses (lots of windows!) sit empty between the hours of 6 P.M. and 6 A.M., BruBou is just the place for the peripatetic transient who doesn't mind moving in every night and moving out every morning. A tip for prospective BruBou homesteaders: never buy a school bus from a gypsy if he offers to throw in his niece."

图 2.2　从 SoHo 到 SoBro 和 WoFa？

纽约的 Soho 是指休斯敦街以南的地区，在 20 世纪 60 年代经历了大规模的再投资，激起许多城市竞相模仿。近年来，创意命名这件事因推广最时尚热门的地名而出现格外激烈的竞争，这个过程还伴随着 Dumbo（曼哈顿大桥下）、NoMeat（肉类加工区北部）、SoHa（南哈莱姆）和 SoBro（南布朗克斯）等地越来越快速的士绅化（南布朗克斯在美国曾一度是被抛弃的、常有纵火案发生的贫穷废地）。而这样的反讽出现在 2004 年末的《纽约客》杂志上，其中捕捉到一些非理性的兴奋情绪，渲染出为士绅化前沿地带创造最具市场价值的新地名的各种竞争。士绅化的生产侧解释强调，市中心社区的改造不能简单地视为消费者偏好或中产阶级需求的产物；在开发商、投资者和其他许多同土地市场有关的权力团体中，对利润的追逐才是它们行动的关键动力所在。

来源：McCall/《纽约客》，© 2004 Condé Nast Publications，Inc。

Bridge)下的旧钢琴箱中安家落户。除了 UnGeoWa,还有哪里能让人瞬间享有曼哈顿地址所带来的声望,拥有一览无余的河景以及三位数的超低房价?（McCall 2004:128）

然后,人们很快发现,针对初期士绅化的种种怪异描述并非虚构。在经过通货膨胀的调整后,曼哈顿地区的公寓价格达到了 20 世纪 80 年代房地产泡沫时期价格峰值的 138%;单户住宅、复式和其他类型住宅的价格更是高达 225%（Bhalla et al. 2004:95）。 1999 年至 2002 年间,居住在布朗克斯的人口中,住房消费超过总收入 60%的居民占比从11.3%上升到 20%;在全市范围内,超过五分之一的租客需要将过半的收入用于支付房租（Bhalla et al. 2004:115）。 同一时期,纽约城内至少有 2 000 名租客因受房东骚扰而搬家,超过 2 900 名租客被驱逐,大约有六百人因高速公路建设或其他政府项目而搬迁,超过 5 000 人因其他私营建设项目被迫失所,超过 39 000 人因高房租而搬家（美国人口普查局 2002）。 2006 年年初,美联社报道了一个提议,计划把老布鲁克林拘留所（Brooklyn House of Detention）（2003 年关闭）打造成一个综合性项目,包括零售、住房、旅馆（若有可能的话）以及现代化的牢房。 这一项目由区长马蒂·马科维茨提出。 他说:"我已经给开发商打过电话了,他们对这个项目很感兴趣。"（Caruso 2006）在老监狱附近,新的公寓正在建设,附近的褐石建筑的起步价为 150 万美元。 马科维茨辩称:"只有愚蠢的人才不会好好利用炙手可热的房地产市场。"（Julian 2006:27）《纽约客》杂志观察到,哈莱姆区的帕克赛德惩戒所（Parkside Correctional Facility）已经转型为公寓了,改名为"莫里斯公园 10号"。 因此该项目能够为任何有兴趣改造劳改设施的开发商提供宝贵的经验（Julian 2006:27）。 第一则经验是:

> 选择合适的社区。监狱通常不会位于富裕的住宅区。所以,如果要建造高档住房(大多数莫里斯公园的公寓售价都超过了 100 万

美元),那么开发项目一定要选址在一个正在经历士绅化的社区里,如莫里斯公园历史街区。(Julian 2006:27)

这只是当代士绅化众多生动片段中很小的一部分,士绅化"已经不再是城市中的次要活动,而已经成为城市想象中一个很重要的组成部分"(Ley 2003:2527)。 更进一步说,它不仅是城市想象的核心,还是冷酷无情的投机、风险、利润和损失算计的核心,同时也是安德烈斯·杜尼(Andres Duany 2001)对"房价自然增长"这一辩护所表达的强烈权利感的核心所在。 在本章里,我们将考察尼尔·史密斯(1986:34)的观点,他主张士绅化是创造财富的前沿地段。 我们将审视激进的开发商、浮夸的房地产经纪人、百万美元公寓市场的精明买家以及精打细算的政府官员们行为背后的动机和逻辑。 我们将从生产侧来进行解释:士绅化,即巨额财富何以成为强有力的刺激,建构了城市前沿地段相关活动的个人、群体和机构的行为。 尽管在某一街区,左右个人与机构决策的原因很多,但市场经济的生产规则依然是他们在众多选项里做选择的基本准则。 生产侧的解释揭示了社区变化是与城市开发的游戏规则联系一起的,它们包括经济关系、法律规定与实践、制度安排和纯粹的政治斗争,这些规则决定了价值与利润的生产与分配。

在这一章,我们将首先追溯生产侧的解释是如何在 20 世纪 70 年代出现的,它回应了人们对城市复兴的广泛迷恋。 今天人们对士绅化提出的许多紧迫问题,在很大程度上受到之前的学者、开发商、决策者、投资者、拆迁户、活动家、抗议家和社区组织者的影响。 我们要考虑某些城市过程在不同时期是如何被理解的,同时避免把思想史看作一种整齐有序的范式演变。 即使在今天,关于士绅化和社区变化的观点仍然存在很大的分歧。 接下来,我们将介绍生产侧解释最重要的一个理论——尼尔·史密斯的租差(rent gap)理论,探讨它在城市空间资本流通的更广泛的政治经济理论中的地位。 接下来,我们将讨论人们是如何去衡量和解释租差理论的,以及生产侧解释的其他方面是如何引发

43

各种争论的，这些争论都围绕着社区转变的含义而展开。 最后，我们将探讨新近的研究，分析士绅化景观生产过程中不断变化的动态特征。

回归城市？ 新古典经济学的局限

在20世纪70年代末，老工业城市的未来似乎充满了不确定性和危险性。 自20世纪50年代以来，城市中心饱受去工业化和郊区化的冲击，这一现象在美国尤为明显。 郊区化的趋势在20世纪60年代加速，当时许多中产阶级和工薪阶层的白人逃离市中心，而非裔美国人则试图挑战警察的暴力、反对住房和学校的歧视和其他种族隔离与层级制度（Jackson 1985；Surgure 2005）。 然而，与此同时，老城区的一些小角落里则显现出逆转的迹象：在一些地方，政府推动的城市更新计划，为中产阶级（主要是白人家庭）打造了新的办公室、商场和高档住宅。 在城市的其他地方，似乎出现了由中产家庭"自发"推动的社区更新运动，主要是年轻人、白人和受过良好教育的人。 1973年，国际原油价格激增（此现象六年后重现），郊区居民的通勤成本急剧上升，而经济衰退、通货膨胀和高利率则对房地产市场造成了严重破坏。 所有这些趋势都让人们质疑在郊区拥有独栋住宅的"美国梦"。

在这片暗淡的景象中，一些内城区的变化迹象似乎给城市的未来带来了希望。 大众媒体对内城变化的描述让学者和政策分析师看到了一种令人鼓舞的"回归城市"运动。 这种运动能扭转几十年白人群飞（郊区化）带来的影响。 正如《科普月刊》（*Popular Science Monthly*）的编辑埃弗雷特·奥特纳（第一章提到的公园坡士绅化的支持者）在1977年声称："回归城市运动正在美国各地如火如荼地上演"（引自 Beauregard 2003b:207）。 同年，格雷戈里·利普顿（Gregory Lipton 1977）在首次被广泛引用的分析士绅化的学术论文中指出：

尽管美国人口流动的主要趋势是中等和中上收入人群——以白人为主——从市中心迁出,取而代之的是低收入人群,主要是黑人和其他少数族裔,但是相当多的城市正经历与此相反的人口变化趋势。(第 137 页)

大多数观察家把人口流动的这种趋势归因于中产阶级生活方式和住房区位偏好的变化。 对于利普顿和其他持类似观点的人来说,婴儿潮一代的人口特征(晚婚、少子或无子化及高离婚率)和通勤时间成本与金钱成本的上升相结合,导致了"郊区独户住宅吸引力的下降,而市中心多户住宅的吸引力上升"(Lipton 1977:147)。 随后,一系列以回归城市为主题的评论大量涌现,还伴随着对未来几十年经济衰退及时疗法的狂喜。 例如,巴尔的摩市长弗雷德·谢弗(Fred Shaefer)1977 年大声宣称:"人们正回到城里来生活……他们发现这里生机勃勃,为自豪感和丰富多彩的生活而回到了这里"(引自 Ley 1996:33)。 在一本名为《回到城市》(*Back to the City*,Laska and Spain 1980)的论文集的前言中,前新奥尔良市长穆恩·兰德里厄(Moon Landrieu)声称:

美国人正重新回到城市中。全国各地,老旧的内城社区正展现出新的活力和社区意识。(Laska and Spain 1980:ix)

这种观点在 20 世纪 70 年代已经成为主流。 尽管城市的未来不确定,但普遍认为,越来越多受过良好教育的年轻专业人士正选择回到城里来生活。 而这群"城市先驱"的选择推动了城市的更新、改造、振兴,或许还有一场全面的城市复兴。 当时,这些积极乐观的词汇掩盖了那个看起来笨拙、充满阶级色彩的"士绅化"一词。 多年后,尼尔·史密斯回顾了自己 1976 年从苏格兰小镇来到费城的经历:

那时候,我不得不向每个人——朋友、同学、教授、熟人、聚会上

的闲聊者——解释这个晦涩的学术词汇到底是什么意思。我通常会
先说,士绅化是指穷人、工人阶级社区因私有资本和中产阶级购房者
和租房者的涌入而进行的翻新……最穷的工人阶级社区被改造,资
本和上流社会涌进来,对许多人来说,他们身后留下的并不是一个完
全美好的景象。这通常会结束对话,但偶尔也会引发许多人的惊叹:
士绅化这个词听起来不错,是你想出来的吗?(Smith 1996a:32)

挑战消费者主权

"振兴"和"复兴"的乐观语调让人们忽视了贫困、失所和平价住
房严重短缺的现实问题。 而且,普遍的讨论都揭示出主流城市和城市
问题研究框架里的根本缺陷。 新闻报道和人口普查数据的快速汇总产
生出大量的文献,这些文献**描述**了生活方式、人口统计特征和选址偏好
45 的变化,也倾向于自证的**解释**。 但是,如果回归城市运动是由居住选
址偏好变化引起的,那么中产阶级的选址偏好**为什么**会发生变化呢?
在这些年里,让人感到震惊的是士绅化和新古典城市理论的预测并不
一致。

当尼尔·史密斯在聚会中被问及是否是他创造了士绅化这个词的时
候,城市研究的主流是:芝加哥学派的社会学、社会空间理论与新古典
经济学在方法和假设上的结合。 这些理论框架把中产阶级和富裕家庭
的郊区化视为城市增长、郊区扩张和整个都市住房市场变化的推动
力。 在芝加哥学派的众多观点里,影响最大的观点是认为城市空间仿
佛一个有机体,它通过不同个体和团体在空间上的自然分配,在合作
与冲突中达成平衡[关于芝加哥学派对地理学的影响参见 Hiebert
(2000)的简要介绍]。 这一逻辑为空间均衡和经济竞争的观念奠定了基
础,进而发展出 20 世纪 50 年代末和 60 年代初的新古典主义城市土地
市场模型(Alonson 1964;Muth, 1969)。 该模型认为郊区化的原因有两

个：一是消费者的空间偏好；二是高收入和低收入家庭在城市中心区就业与在低密度城市边缘享受低房价之间做选择时，两种家庭在能力上的差异。如果以单位面积成本为指标来衡量他们的选择，新古典主义模型似乎解释了美国城市的空间悖论：中产阶级和富裕家庭居住在更便宜的郊区，而贫民与工人家庭则被迫挤在高昂的市中心密集的公寓楼里。在这些模型之上，霍默·霍伊特（Homer Hoyt）提出了"住房过滤"（residential filtering）概念，这是基于他对 20 世纪 30 年代和 40 年代政府机构首次收集的新型住房信息统计数据的分析提出来的。霍伊特观察到，新住房和新社区几乎总是为高收入家庭而建造的，而随着住房（和社区）的老化，这些地点被"过滤了下来"，逐渐变得更适合较低收入的群体居住（Hoyt 1939）。

随着新古典经济学在 20 世纪 60 年代影响力的增长，芝加哥学派的许多描述性和定性的研究开始变得正式化了，并以越来越复杂的数学和定量术语来表达。然而，在创建这些正式模型的过程中，新古典城市学家将一切都建立在"均衡"和"消费者主权"的基础上（Lake 1983）。其论点是：城市的形式与功能是由无数个体的决策所带来的结果。消费者在有限的选择之间做理性的决策，以满足最大的效用。企业之间则相互竞争，以满足消费者追求效用最大化的需求。企业竞争形成了社区和住房市场，它能够在空间与可达性之间达成平衡，形成不同的居住模式。新古典经济学进一步认为，如果这样的竞争性市场能够摆脱繁琐的法规和其他扭曲竞争的因素，并激励生产者和消费者都优化自身的行为，那么，城市空间将朝着一个均衡的状态发展，例如，不会有系统性的住房短缺，也能为最大多数人提供最大效用。这些论点在概念上的简单性，加上它们的道德意义，以及在教科书和论文中表达出来的数学复杂性，都让新古典主义经济学在城市研究者和政府官员的讨论中发挥了决定性的作用，制定着城市生活的规则。随着城市人口和住房的数据源不断增加，计算机技术和多元统计学的发展使新古典城市学家能够提供更详细的测量、模拟和预测，政府的规划工作扩大了，而曾经

46

为**解释**城市结构而设计的新古典框架则成为了规划、分区条例、交通投资和住房政策的指导思想，**强加**给了城市（Metzger 2000）。 20 世纪 60年代这些城市主义的主流观点共同构建出了一套令人信服的叙事——郊区的财富增长和内城的贫穷衰退形成的反差，看起来似乎是自然而然、合乎逻辑、不可避免的（Beauregard 1993；Harvey 1973；Hiebert 2000；Metzger 2000）。

然而，士绅化的现象与这样的叙事相反。 许多城市里出现的士绅化暴露了消费者主权这一解释框架的问题，挑战了空间偏好和居住过滤的基本假设，也挑战了消费者选择的公理。 一方面，有证据表明，士绅化者主要来自其他市中心地区，而非郊区，这样，就证明了之前的回归城市运动的观点是错误的。 如博勒加德（Beauregard 2003b）在 20 世纪 70 年代末指出："在城市人口增长的好消息中，中等收入家庭仍在向着郊区逃离"（第 209 页）。 另一方面，试图完善新古典主义模型也会引发理论解释中更为根本的问题。 模型确实能够预测士绅化，但前提是要修正其基本假设，例如，考虑到更富裕家庭对郊区交通成本的敏感度（Kern 1981；Leroy and Sonstelie 1983；Wheaton 1977）。 对此，希尔和内森（Shill and Nathan 1983：15）对阿隆索-穆特（Alonso-Muth）的地租竞价模型做了最明确的说明：

47　　　尽管这些土地利用模型最常用于解释富裕郊区的形成，但它们还可以解释城市中央商务区富裕社区的形成。经济学家会说，搬进这些社区之人的竞价租金曲线会比城市中心的穷人和迁至郊区者的竞价租金曲线的斜率更高。也就是说，搬入改造中社区的富裕者既重视土地的价值又重视交通可达性，并且有能力负担得起这两大费用。因此，他们的出价会超过其他所有群体，以获得靠近核心区的土地。

按照这一逻辑，士绅化是在可达性和空间之间权衡取舍的自然结果，这使得城市中心对富裕家庭更有吸引力。 这只是一种新的空间平衡(见图表2.1)。 但是，修正消费者选择的假设会让批评者开始怀疑新古典主义模型到底多有用：这是在**描述**还是在**解释**一个现象？ 如果这

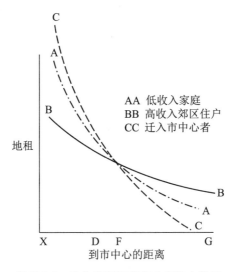

AA 低收入家庭
BB 高收入郊区住户
CC 迁入市中心者

地租

到市中心的距离

图表 2.1 作为竞租消费者主权的士绅化

新古典主义理论把士绅化解释为中高收入消费者在住房市场和交通之间进行平衡的解决方案。希尔和内森在《复兴美国城市》(*Revitalizing American Cities*, 1983)中修正了主流的竞租理论模型(Alonso 1964；Muth 1969)，把较高收入者在空间与可达性之间的权衡纳入其中。在标准的解释框架中，中产阶层和富裕家庭倾向于宽敞的住宅环境，并可轻松承担居住在偏远、低密度郊区的交通成本。与低收入家庭相比，富裕家庭更愿意居住在郊区支付更高的租金。低收入家庭为了离工作地更近，不得不居住在靠近中心的地块。在传统模型中，这些中心地块被假设为中央商务区。希尔和内森(1983：15)解释道："曲线 AA 代表了低收入家庭的竞租曲线，曲线 BB 代表了高收入郊区家庭的竞租曲线，曲线 CC 是迁入者的竞租曲线。如果 X 表示市中心，迁入者会选择 XD 段的土地，穷人则居住在 DF 段，富裕的郊区家庭则居住在 F 点右侧的土地上。在重新投资之前，贫困家庭已占用了 XF 段"。克恩(Kern 1981)、莱罗伊和松斯特列(LeRoy and Sonstelie 1983)以及惠顿(Wheaton 1977)也从新古典经济学出发解释了士绅化现象。布吕克纳等人（Brueckner et al. 1999）、布吕克纳和罗森塔尔（Brueckner and Rosenthal 2005）、德·巴托洛姆和罗斯(De Bartoolome and Ross 2002)、德·萨尔沃和哈克(De Salvo and Huq 1996)、格莱泽(Glaeser 2000)和康(Kwon 2006)则进一步完善了这一派的解释。

来源：M. Schill and R. Nathan *Revitalizing America's Cities：Neighborhood Reinvestment and Displacement*，pp.15—16，© 1983 State University of New York Press。

么多的消费者是根据新情况的出现而改变决策的话,那么为什么不去考虑消费者"选择"背后的意识形态和所受的限制呢? 穷人和工人阶级究竟可以做出怎样的选择? 也许最好考虑个人选择所受的限制,即财富和权力的不平等所设定的边界。

"我们希望理论是错误的"

新古典主义理论持续主导城市理论和城市政策,并有几位经济学家致力于完善竞租模型,以描绘士绅化和城市空间轮廓的变化(Brueckner et al. 1999;Brueckner and Rosenthal 2005;De Bartolome and Ross 2002;DeSalvo and Huq 1996;Glaeser、Kahn and Rappaport 2000;Kwon 2005)。 然而,克里斯·哈姆奈特(1992:116)无情地讽刺了这一派别,也总结出了许多城市学家的挫败感:

> 只需参加几次经济学会议或阅读一些新古典主义文献,就会意识到这一派别依然充满活力和无知。他们的理论配方很简单:拿一组行为结果,添加一些社会经济预测变量,充分搅拌直到浓稠,然后插入一个回归方程放入烤箱半个小时,烤至半熟,用少量显著性检验来装饰结果,再搭配一碗清淡的汤。大功告成!

这样的评论无疑有些苛刻,对新古典主义传统的一些研究进行了不公正的歪曲。 但这样的批判情绪却促成了城市研究的变革,从 20 世纪 70 年代开始重新建构我们对城市的理解(Zukin 2006)。 大卫·哈维是这种新理解的代表力量,其观点可回溯到当代新古典理论的根源那里——亚当·斯密、李嘉图、马尔萨斯和马克思围绕着古典政治经济学展开的辩论,以解释城市不平等的根源。 哈维(1973)的《社会正义与城市》(*Social Justice and the City*)是这种新城市研究的宣言。 该书旨在理解:

城市如何建立在少数人对多数人的剥削基础上。建立在剥削之上的城市主义是历史的产物。一个真正人性化的城市主义尚未出现。其道路需要靠革命性理论来绘制。(Harvey 1973:314)

哈维为城市主义和社会观提供了一个全景。 在他后来的作品中,他全面分析了经济、城市和文化的变革(Harvey 1982,1985,1989a,2000,2003;另见 Zukin 2006)。 他批判新古典主义框架下对内城衰落和贫民窟形成的解释,这对我们分析士绅化至关重要。 哈维的批判瞄准了阿隆索(1964)和穆特(1969)的城市结构模型,该模型借用了普鲁士地主约翰·海因里希·冯·杜能(Johann Heinrich von Thüne)设计的农业土地利用模型的原则。

在分析性地介绍了该理论后,穆特试图通过评估芝加哥住宅用地的结构,来测试该理论的实证适用性。他的测试表明,该理论大体上是正确的,但存在一些偏差,可以通过住房市场中的种族歧视等因素来揭示。因此,我们可以推断该理论是正确的,因为通过古典实证主义方法得出的真理可以帮助我们确定问题之所在。对穆特来说,一项社会理论成功与否的测试,成为确定问题所在的指标。该理论预测贫困群体必然住在他们最负担不起租金的地方。

我们的目标是消除贫民窟。因此,唯一有效的政策……是消除让该理论成为正确理论的条件。换句话说,我们希望冯·杜能的城市土地市场理论不再成立。对此,最简单的方法是消除那些产生该理论的机制。在这种情况下,机制就变得很简单了——对土地使用权进行竞争性出价。(Harvey 1973:137)

正是在这一背景下,尼尔·史密斯才对 20 世纪 70 年代末因城市复兴带来的乐观而不加批判的热情做出了回应。 时至今日,新古典主义的假设已经被新自由主义的政治胜利所挟持而复兴起来,以至于城市政

49

府的作用不再是市场的监管者去保护社会的边缘群体，而更多是作为企业化的主体介入到市场和资本积累的过程中（Harvey 1989b；Peck 2007；另见第五章）。 例如，近期"回归城市"传统下的最新模型将高收入家庭的区位选择作为房龄空间变化的函数，并校准方程以预测未来士绅化的规模："这样的预测对于政策制定者和房地产商而言至关重要，因为他们必须对未来有所规划，尽管他们很难预测城市在未来的演变"（Brueckner and Rosenthal 2005：1；另见 Vigdor 2002；Massey 2002；Rivlin 2002）。 这些研究展现出新古典主义方法的活力和连续性，但其所处的政治背景极大地加剧了贫困和边缘居民面临士绅化的风险。 不幸的是，通过复杂的模型来解释精英的区位偏好如何限制了低收入家庭的选择，分散了我们对阶级权力不平等的关注。 士绅化、失所、社区极化都不是自然产生的，也无所谓最优选择。 **谁会从这些空间不平等中获利？ 为什么消费者偏好会发生如此变化，以至于士绅化在四十年来席卷了许多城市？** 尼尔·史密斯在回答这些问题时，对主流思想的软肋开刀：

> 在改善内城结构的决定中，某些消费者的偏好——对利润的偏好，或者更准确地说，对稳健的财务投资的偏好——往往比其他人的偏好更重要。……任何一个士绅化理论必需解释为什么有些社区的重建是有利可图的，而另一些却没有。**盈利的条件是什么？ 基于消费者主权角度的解释，会理所当然地认为某些区域适合士绅化，但这些区域为什么适合士绅化恰恰是需要解释的。**（Neil Smith 1979：540—541；强调由作者添加）

开发、撤资和租差

不均衡发展背后的逻辑是，一个地方的发展会为后续的发展造成障碍,从而导致该地方的发展不充分,而发展的不充分又为新一轮的发展创造了机遇。从地理上看,这为所谓的"位置跷跷板"(locational seesaw)假说提供了支持:随着资本从一个地方跳到另一个地方,然后再跳回来,既定区域经历了开发、欠开发和再开发的过程,既为自身的发展创造了机会,又破坏了自身发展的机会。(Neil Smith 1982:151)

地理环境为资本投入带来了巨大的矛盾。 尤其是在城市里,需要大量投资来创建必要的场所,以获取利润,像办公室、工厂、商店、住宅和任何可称作"建成区"的基础设施。 然而,当投资一旦投入使用,资本就不能快速轻松地转移到其他更新、更有利可图的地点。 技术变革和不断扩大的贸易、迁移和定居网络——简言之,经济发展的每个要素——都可能威胁或削弱既有投资的盈利能力。 致力于旧空间、旧技术的投资者会在空间的竞争上输给能利用新空间、新技术的投资者。 资本家**作为一个群体**,总是被迫在维持先前投资的盈利能力和利用新机遇之间做选择(放弃旧的投资)。 此外,投资总会受到地理张力的驱使:一方面,投资需要一定的空间条件,需要寻找新的空间和市场;另一方面,投资又需要空间条件的差异化,以及能同区位竞争优势相匹配的劳动空间分工。 其结果就是:在空间不平衡的发展中,投资、撤资的时空过程就会呈现出跷跷板一样的动态变化(Smith 1982,1984;Harvey 1973,1982,2003)。 资本主义总是通过创造新的地方和新的环境实现资本积累,而让先前的投资和景观不断贬值。 这种发展的悖论引起了马克思和数代政治经济学家的关注。 20 世纪初,约瑟夫·熊彼特(Joseph Schumpeter 1934)的"创造性破坏"概念完美地诠释了这一矛盾过程。 而尼尔·史密斯则首次将对资本主义发展基本"动力"的分析,带入内城土地因投资带来的"士绅化"和"撤资导致的贫困"彼此间的冲突里。

在竞争激烈的市场经济条件下,新的城市开发旨在实现利润最大

51

化：土地所有者、开发商和参与开发过程的其他人员都会遵循利润最大化的原则来利用土地，其策略受到现有建筑技术、法规、风格时尚、同类竞争对手和当地城市环境的制约。 对一些地块来说，经济上的最优利用——规划师和经济学家们所称的"最高土地租金和最佳利用"（the highest and the best use）原则——可能就是高端零售；而对于其他地块来说，可能是中上阶层的住宅。 区位显然是决定特定地块最佳用途的关键要素之一，因为一旦落成某栋建筑物，它就会固定在这个位置上了。 一栋房屋、商店、公寓或其他建筑的**价值**（value）取决于在现有技术、工资水平等条件下，建造这些建筑物的总劳动量。 但是，如果这栋建筑物被出售，**交易价格**（sale price）也将取决于建筑所在地的相对吸引力。 尽管土地本身没什么固有价值：特别是在城市里，土地的吸引力取决于土地的位置、可达性，以及改善某地块所投入的劳动和技术。 这意味着城市土地的价值主要是社会集体创造出来的：如果在充满活力、快速增长的繁华市中心，一小块土地存在溢价，其原因在于：(1)社会重视中心性和通达性；(2)长期以来的集体社会投资创造出了一座大城市。 然而，私有产权允许土地所有者以**地租**（ground rent）的形式，即通过收取土地使用费的形式，从社会投资中攫取大部分收益（Ball 1985；Krueckeberg 1995；Blomley 2004）。 对地主来说，地租主要是从租户那里收取的租金。 不愿通过收取租金这一途径来获取地租的所有者，则可通过在土地上开展某种经济活动来获取（实际上是向自己支付租金）。 每当一个所有者出售一块土地时，其价格包含了买家对土地使用权将带来的现金流的未来期待。 因此，对于地主而言，地租会以三种形式的组合来实现资本化——租户付款、经营活动以及资产转售时所获取的资产增值收入。

随着城市发展，空间重组和技术进步，所有这些要素都会发生变化（见图表2.2）。 当新开发一块土地时，开发过程中的所有参与者都会致力于利润最大化：买方和卖方之间的竞争、租户和房东之间的竞争，意

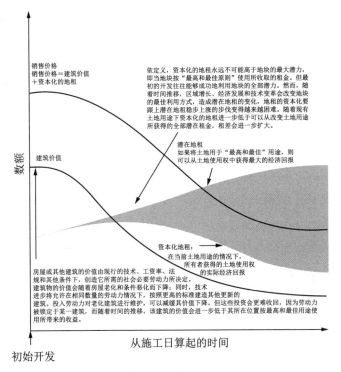

依定义，资本化的地租永远不可能高于地块的最大潜力，即当地块按"最高和最佳原则"使用所收取的租金。但最初的开发往往能够成功利用地块的全部潜力。然而，随着时间推移，区域增长、经济发展和技术变革会改变地块的最佳利用方式，造成潜在地租的变化，地块的资本化要跟上潜在地租稳步上涨的步伐变得越来越困难。随着现有土地用途下资本化的地租进一步低于可以从改变土地用途所获得的全部潜在租金，租差会进一步扩大。

潜在地租
如果将土地用于"最高和最佳"用途，则可以从土地使用权中获得最大的经济回报

资本化地租：
在当前土地用途的情况下，所有者获得的土地使用权的实际经济回报

销售价格
销售价格＝建筑价值
＋资本化的地租

建筑价值

数额

房屋或其他建筑的价值由现行的技术、工资率、法规和其他条件下，创造它所需的社会必要劳动力所决定。建筑物的价值会随着房屋老化和条件恶化而下降；同时，技术进步将允许在相同数量的劳动力情况下，按照更高的标准建造其他更新的建筑。投入劳动力对老化建筑进行维护，可以减缓其价值下降。但这些投资会更难收回，因为劳动力被锁定于某一建筑，而随着时间的推移，该建筑的价值会进一步低于其所在位置按最高和最佳用途使用所带来的收益。

初始开发

从施工日算起的时间

图表 2.2　折旧周期和租差

　　租差（图中阴影部分）是指土地当前使用情况获得的经济回报（资本化地租）与地块在最优、最高租金、最佳的土地利用情况下能够获得的潜在收益（潜在地租）之间的差距。城市发展和技术创新都会改变城市的可达性，影响城市活动，导致现有土地利用与最优、最高租金收入和最优土地用途之间的不匹配。因此，城市投资与城市增长会不可避免地造成城市老城区的撤资和租差。随着租差的不断扩大，它为开发商、投资者、买房者和地方政府带来了机遇，通过改变土地用途，例如把工人阶级住宅区转变为中高档住宅区，以获取高额利润。

　　来源：改编自尼尔·史密斯（1979）。

味着一块土地使用权的资本化会尽可能接近它本身的潜力。 但一个地 53
方一旦开发，投资在该地的资本就会固定在那里，因此很容易受到当地
经济环境变化的影响。 在接下来的几年里，周边的快速开发可能会让
整个地段交通更便利，市场更繁荣，业主也能收取更高的租金。 但这些
投资又将不可避免地折旧：建筑物和基础设施老化，需要持续投入劳动
力和资本来维护。 随着新的城市发展采用了更好的技术与设计，之前的

土地利用就会变得越来越缺乏竞争力，获取的利润也将减少。随着时间推移，我们越来越多地见到"资本化地租"（当前土地利用的实际租金）和"潜在地租"（根据最高和最优土地利用可能获取的最高租金）之间的差距。资本化地租不仅受到先前投资和劳动承诺条款的约束，还受到不断增加的维修和保养成本的影响。相比之下，潜在地租几乎总是随时间的推移而稳步增长：只要一个城市地区人口不断增长、就业不断增加、技术不断创新，而土地所有者都愿意将土地投入到最佳的用途当中，那么城市里的任何位置都会随着时间的推移而变得更有价值。

　　这种贬值和撤资的循环也是城市里的一种创造性破坏。新的开发项目削弱了早期投资的盈利能力，而持续的折旧迫使业主在考虑给过时的土地利用追加投资时会更加谨慎。当新旧投资的对比在空间上的界限日益分明的时候（例如，城市中心地块建筑结构老化，而新的开发项目集中于城市边缘地段），对于投资者来说，从早期投资区域撤资或减少投资则变得更合乎逻辑、更加理性，也更具有吸引力。例如，在较贫困的内城社区，房东的投资在一个世纪前可能是最优的土地利用方式，能从中收取高额租金；然而一个世纪之后，给这些廉租房社区追加投资以维护则显得不理性，因为他们很难从租户那里收回投资了。对于他们来说，更理性和更合乎逻辑的策略就是一边从租户那里收取租金，一边以最低成本来维护房屋建筑，并等待潜在地租的上涨，最终期待通过城市再开发以获取意外收益。在早期阶段，撤资很难被发现，因为人们很少去关注房东是不是重新粉刷了房屋，更换了窗户或翻新了屋顶。但是，延迟的维护会逐渐显露出来：有钱人会离开这个社区，金融机构会把这个社区划为高风险社区，不愿提供贷款。社区衰败会加速，中等收入居民和企业迁出，而贫困人口迁入。在任何一个社会里，阶级不平等都与种族-族裔的分裂或其他社会极化现象联系在一起，这种转变几乎总是释放出种族主义和仇外主义的论调，认为是特定群体导致了社区的衰败。但是，这些论点忽视了一个重要现象，那就是贫民只能在社区贬值**以后**，也就是在撤资和富裕阶层、中产阶级离开以后，才能负担得起，进而搬进来。

资本撤离的动态解释了发达国家许多贫困内城区出现的明显矛盾——贫民居住在充满活力、地租高昂的城市中心地段（Alonso 1964；Harvey 1973；Knox and McCarthy 2005：132—135）。 在现有土地用途下（像工人阶级住宅区），资本化地租远低于在可能的经济增长和技术驱动下，以及在最高租金和最优土地利用方式下的潜在地租（例如，将土地用于打造豪宅或高端零售）。 资本化地租和潜在地租之间的差距被称为"租差"。 租差是士绅化景观生产的条件。 正如史密斯所言："只有当租差出现的时候，才会出现士绅化，因为如果现有的土地用途能实现全部或大部分的资本化地租，那么重新开发就无利可图"（Smith 1979：545）。 如果改变土地用途，让土地所有者可以因此追逐不断上升的潜在地租曲线，就可能导致社区大规模的重新开发。

> 当租差足够大，开发商可以廉价买楼，支付建筑修缮成本和利润，偿还抵押和建设贷款的利息，然后以一个满意的价格出售最终产品时，就会出现士绅化。此时，整个地租或其中的大部分地租都已资本化了：整个社区被"回收"，开始新一轮的利用。（Smith 1979：545）

但是，重建也可以按逐个街区、逐栋房屋的形式开展。 一个例子便是士绅化先驱冒险进入贫困社区寻找可以翻新和恢复的历史建筑进行"自发"的更新。 此外，政府的资助或补贴也是缩小租差的必要条件，即城市更新，清理旧建筑，升级街道和改善基础设施，或者给开发商、新企业或新中产阶级居民提供各种激励措施。 正如我们在第一章里所见到的，不同社区、城市和国家的背景不同，导致再投资的具体形式、建筑外观和建筑风格以及涉及的政治联盟也有所差异；但这些变化中的一个共同因素是：资本主义城市的基本激励机制。 城市发展和社区变化始终随着利润和资本积累的变动而变动，因此，资本计算与个人对居住地和居住方式的选择，是同社会和文化交织在一起的。 甚至最显而易见的个人决策，最终也与更广的社会和集体过程联系在一起。 例如，购房者在出价时，会仔细考虑房屋的转售价格。 此时，买房者

55

的购房行为不仅表达了独立个体的消费偏好，也体现出一个基本的张力——在个人/家庭的需求与在房屋作为更广的社会经济资产（作为长期储蓄和财富积累的工具）之间的张力。

因此，租差理论最重要的意义在于，帮助我们摆脱新古典理论中"个人消费偏好"假说，以及媒体所鼓吹的对社区"边界"的迷恋。 租差理论把土地市场中的个体体验置于集体性的社会关系中。 在资本主义房地产市场里，具有决定意义的消费者偏好是希望通过稳定的财务投资获得合理的回报。 租差理论表明了这种偏好，一旦城市扩张与郊区化带来土地贬值，即使在曾经认为最不具有可能性的内城中，这种消费者偏好也能得到满足。 正如尼尔·史密斯（1979：546）所总结的：

> 士绅化是土地和住房市场的结构性产物。资本总是流向回报最高的地方。当资本流向郊区，随着内城资本不断贬值，最终形成租差。当租差足够大的时候，修缮（或更新）某地会威胁到其他地方的投资回报率，资本就会回流。

有关租差的辩论

史密斯的租差理论凝练成了一篇十页纸的论文，并于 1979 年 10 月发表在《美国规划协会期刊》（*Journal of the American Planning Association*）上。 他的租差理论当时引发了对主流城市理论的激烈反思。 多年后，史密斯回忆说："在我把这篇论文交给一位感兴趣的编辑后，我的导师评价说：'文章还行'，他嘟哝道，'但是它的观点太简单了，每个人都知道这一点'"（Smith 1992a：110）。 也许并非如此。 租差假设在长达四分之一个世纪里一直是辩论的焦点。"差距"（gap）一词的词源是古诺尔斯语（Old Norse）①的 chasm，指墙壁或篱笆上的破口或防御中的漏洞，或者也指观念或看法之间的差异。 租差理论是对主流城市研究防

---

① 古诺尔斯语：指古代北欧地区使用的语言。 它是一种日耳曼语系语言，主要在北欧诸国以及冰岛、法罗群岛等地区使用。 古诺尔斯语在中世纪的斯堪的纳维亚地区有着广泛的应用，尤其是在维京时代。 ——译者注

御墙的一次攻击，它挑战了城市景观在很大程度上可以解释为消费者偏好结果的假说，也挑战了社区变化可以通过哪些人迁入和迁出来解释的观点。因此，学者们非常重视租差理论的内涵。

租差理论存在三方面的分歧。**第一**，人们对术语有所担忧。有些 56 术语看起来问题不大，但暗示着更深层次的问题。在处理几个世纪以来有关地租的文献时，史密斯把自己的理论建立在马克思的劳动价值论基础上，所以他谨慎地避免使用"土地价值"（land value）这一常见术语，因为住房通常与其占用的土地一起买卖（尽管在英国并不总是如此；参见 Lees 1994b），而土地本身并不是人类劳动的产物："在这里，最好谈论地租（ground rent）而非土地价值，因为土地的价值并不像商品的价格那样，可以反映施加其上的劳动力数量"（N. Smith 1979：543）。然而，情况很快发生了变化，因为随后的大部分相关研究都放弃了"地租"概念，转而采用"资本化租金"和"潜在土地租金"的概念。其他含糊不清的概念也随之出现，例如，哈姆奈特和伦道夫（1986）提出的"价值差距"（value gap）（我们将在本章中讨论），严格说来，这个概念应被称为"价格差距"（price gap）。一些术语上的混淆变得相当严重。史蒂芬·布拉萨（Steven Bourassa 1990，1993：1733）在很大程度上基于新古典经济学理论对整个租差理论的框架提出了质疑，并指责史密斯误用"在土地经济学文献中已有既定含义的术语（马克思主义和新古典主义）。"布拉萨主张采用能够区分会计、现金流与机会成本的概念。史密斯（1996b：1199）对布拉萨进行了反击：

对布拉萨论点的第一个回应是布拉萨本人混用了不同术语。例如，租金、地租和地价是租差理论中比较核心但不同的概念，然而布拉萨在其文章的前四页中，就一连串地混用了许多概念：实际租金（actual rent）……实际土地租金（actual land rent）……实际地租（actual ground rent）……潜在租金（potential rent）……潜在地租（potential land rent）……潜在价值（potential value）……地租（ground rent）……潜在地租（potential ground rent）……土地租金

（land rent）······土地价值（land value）······机会成本（opportunity costs）······潜在机会成本（latent opportunity costs）······现金流（cash flows）······会计现金流（accounting cash flows）······会计租金（accounting rent）······经济租金（economic rent）······实际现金流（actual cash flows）······合同租金（contract rent）······资本化地租（capitalized ground rent）······年度场地价值（annual site value）。

对术语的这些争论可能看起来晦涩乏味，让我们困在"术语辩论的荒岛上"（N. Smith 1996b:1203）。但词语很重要（正如我们在第四章中关于"士绅化"一词的讨论所提到的）：稍有夸张地说，"城市再生"（regeneration）和"士绅化"之间的区别，与"自由斗士"和"恐怖分子"之间的差别并无二致。此外，这场术语的争论导致了概念上的**第二个分歧**。克里斯·哈姆奈特（1984）认为租差并非新事物，而史蒂芬·布拉萨（1993）则声称租差概念背离了传统经济学概念，这既非必要，也无合理的先例。但埃里克·克拉克（Eric Clark 1988）简要回顾了基本思想的几种替代形式，包括古典和新古典主义传统、马克思主义思想，并回溯了 1872 年恩格斯的《论住宅问题》。

57

> 现代大城市的发展，使某些街区特别是市中心的地皮价值人为地提高起来，往往是大幅度地提高起来。原先建筑在这些地皮上的房屋，不但没有提高这种价值，反而降低了它，因为这种房屋已经不适合于改变了的条件；于是它们就被拆毁而改建别的房屋。首先遭到这种厄运的就是市中心的工人住宅，因为这些住宅的租价，甚至在住宅中挤得极满的时候，也永远不能超出或者最多也只能极缓慢地超出一定的最高限额。于是这些住宅就被拆毁，在原地兴建商店、货栈或公共建筑物。······结果工人从市中心被排挤到市郊。（Engels 1872/1975:20，引自 Clark 1988:244）①

---

① 译文参考《马克思恩格斯全集》第十八卷，人民出版社 1964 年版。——译者注

克拉克(1988:245)总结道:"恩格斯和马歇尔很早就提出了这个想法,但是这一观点却在随后的一个世纪里被遗忘了,直到史密斯和阿斯普伦德(Asplund)等人把该观点重新带回人们的视野。"期间,学界对恩格斯提出的"建筑在这些地皮上的房屋,不但没有提高这种价值,反而降低了它"的观点并未达成共识。 布拉萨认为,在古典经济理论中,地租与土地用途**无关**,因此史密斯对资本化地租的定义有问题。 但即便对于古典政治经济学家来说,将"纯"地租和投资于建筑的资本回报严格区分开来也是个经典难题。 这个难题导致冯·杜能曾用农舍火灾的案例来说明,在这种情况下,资本会立刻撤出,土地的最佳利用方式由土地租金来决定,而不受旧建筑沉没成本的扭曲。 他指出:"火灾会一瞬间摧毁建筑物,但时间则会缓慢地摧毁建筑物"(Von Thünen,1996:21 引自 Clark 1995:1498)。 可悲的是,这种讨论上的假设在现实中常常塑造着城市灾区居民的日常生活,最近的例子是新奥尔良市。卡特里娜飓风发生后不到一年,投资者支付洪水损坏的房产价格,令当地专家感到震惊(Saulhy 2006;另见第五章)。

然而,如何理解地租和土地利用在概念上的难题,我们**确实**有办法。 哈梅尔(Hammel 1999b)指出,在最初的构想中,史密斯仅在个别土地的层面讨论了资本化地租,而在大都市范围内考察了潜在地租。但是,资本化地租也可以受到周边社区条件的影响:

> 在城市地区,尽管土地用途变化速度有快有慢,但我们的土地利用模式通常是持久的。市中心存在许多有开发潜力、高租金回报的地块。然而,对贫困社区的感知却阻碍了大量资本进入到土地开发当中。周边土地的用途使得高水平的开发变得不可行,进一步导致房地产搁浅。因此,尽管某块土地在大都市范围内的潜在地租相当高,但是社区尺度却将资本化地租限制在了较低的水平上。(Hammel 1999a:1290)

58

　　把租差和尺度（scale）两个概念结合起来可以解决很多概念上的难题。 尺度效应可以解释资本化地租随着建筑物老化和修复成本上升而下降的趋势：如果足够多的房产所有者有财富进行再投资，并且这些投资在地理空间尺度上又相对集中的话，那么租差则会缩小，或推迟形成租差。 这也解释了，即使在贫困和撤资的城市区，也会有古老的精英社区，居住者不乏城市里最富有的家庭。

　　但是，富裕家庭对某一社区持续投入所产生的集聚效应并不能放大到所有社区。 在没有富裕家庭集聚效应的社区里，贬值周期会使资本化地租会进一步低于潜在地租。 所以，尺度效应也能帮助解决士绅化最有可能出现在哪里的问题。 尽管我们可能期待士绅化会出现在租差最大的地方，也就是能获得最高开发利润的地方，但大多数城市中，士绅化却会遵循不同的路径：它通常始于相对贫困和贬值的工人阶级社区，而**不是**最贫困、撤资最严重的社区。 在都市尺度上，最贫困地块的租差最大。 但是，当我们考虑街区尺度的时候，情况就不同了。 租差的形成会受制于很多因素，包括：某地区根深蒂固的印象、服务穷人和无家可归者的社会机构和非盈利组织的位置、实际的犯罪风险或感知到的风险所产生的邻里效应（neighborhood effects）等等。 换言之，邻里效应决定着一个地块的资本化地租和潜在地租（都市范围内）之间的差距能否弥合起来。 在纽约，士绅化始于格林威治村和下东区，而不是更贫困、更孤立、更被污名化的哈莱姆区、南布朗克斯区、布什威克（Bushwick）或贝德福德－史岱文森特区（Bedford-Stuyvesant）。 在芝加哥，士绅化并非始于严重撤资的南区；相反，它始于近北区（The Near North Side）一个小尺度的较贫困区，然后在政府的大力补贴下扩展到了市中心以西的稍大的贫困区。 但这两座城市都已经在邻里的尺度上呈现出了巨大的变化，包括由政府推动的低收入住房拆除项目，导致拆迁居民分散到了私人租赁市场里（见第六章）。 所以随着社区尺度障碍的消除，士绅化会蔓延到芝加哥南部的一些地区（见图2.3），并进一步进入纽约的哈莱姆区、贝德福德－史岱文森特区和南布朗克斯区，其至进

59

入污染严重的戈瓦努斯运河（Gowanus Canal）的边缘地区。 社区规划委员会的一名成员在评论戈瓦努斯运河边缘地区的士绅化时直言不讳："他们管这个现象叫士绅化，我称之为种族灭绝，他们正摧毁一个又一个社区"（Berger 2005b）。

尽管如此，租差理论的讨论中还存在**第三个**分歧：我们如何能够把理论涉及的概念转化为"一套能用于实证观察的语言"？（Clark 1995：1493）正如大卫·莱（David Ley 1987a）所强调的，实证检验在理论构建和理论思考中必不可少，它能保证理论的解释效力〔关于这一点，参见Smith 本人于 1987 年对 Ley（1986）和 Clark（1995）两人的回应〕。 不幸的是，租差理论涉及一些难以测量的概念：任何一个公共数据库或会计账户都找不到与资本化地租概念相对应的条目。 而要准确测量租差，研究者必需自己筛选几十年的土地记录，在熟悉市场的历史演变、社区环境、税收评估、政府补贴及其他条件下，构建出专门的指标体系。因此，很少有研究者会为此投入时间和精力（见专栏 2.1）。 基于当地历史背景对租差理论作出调整和修改后，有些研究确实为租差理论提供了有力的实证支持，有些研究还验证了城市投资、撤资的动态（Engels 1994；Hackworth 2002a；N. Smith 1996a；N. Smith 和 DeFilippis 1999）。 然而，对租差理论的概念与术语的争论仍在持续，而实证研究不大可能调和新古典经济学派和马克思主义学派在知识观上的矛盾（Clark 1988，1995）。 此外，哈姆奈特和伦道夫（1986）通过研究伦敦出租公寓转变为业主自住公寓的过程，提出了"价值差距"（value gap）理论（参见第一章中对巴恩斯伯里的讨论）；西柯拉（Sýkora 1993）则在描述 90 年代初市场条件影响国家-社会主义时期布拉格的土地利用状况时，提出了"功能差距"（functional gap）概念。 其他类似的概念也使得围绕租差的讨论更为复杂。 最后，租差理论的基础在于地主对土地使用权和收益的绝对控制。 那么租差理论就必须适应不同历史时期的法律、政治背景和制度安排。 来自东欧和瑞典的新一轮研究正在对租差理论提供新的观点，同时也带来了新的问题。 正如亚当·米勒德-鲍尔

图 2.3　芝加哥南区新建的高档住宅，2006 年

　　租差理论表明，士绅化是从过时的土地利用和多年的郊区化造成的土地贬值中攫取更高的资本化地租的途径。然而，有关租差的主要争论之一涉及实证观察，即士绅化往往不是从最贫困的地区而是从稍微好一点的地段开始的，例如，工人阶级和贫困人口的混合区，它们离城市就业中心不远，也离市中心剩余的中产阶级飞地不远。哈梅尔（1999b）认为地理尺度有助于解释这一异常现象。单个地块的资本化地租会受到邻里效应的影响——周边的社会、制度和物质环境的影响。因此，对于一个地块来说，即使在都市尺度上看，虽然资本化地租与稳步上升的潜在地租之间的差距非常大，但也只有在邻里尺度的障碍得以清除时，重建才有可能。就芝加哥而言，20 世纪 60 年代和 70 年代的士绅化并非始于最贫穷、最缺乏投资的南区，而是始于靠近市中心近北区一个较小的撤资地块。随着时间推移，士绅化已经在市中心周围的各个方向扩展开来，芝加哥房屋管理局则利用联邦资金拆除了许多低收入公共住房项目，迫使租户分散到了私人租赁市场里。简而言之，邻里尺度已经发生了巨大变化，现在芝加哥的南部出现了许多新的豪宅。然而，一些邻里效应依然存在：由于人们对南区感知到的（以及实际的）犯罪风险的担忧，开发商在广告牌上向潜在的买家保证："建筑的保安系统会全天候与警局保持联系"。

　　来源：埃尔文·怀利　摄

（Adam Millard-Ball 2000：1689）准确指出，研究者需要"一个更广泛的概念框架，从生产侧去解释不同经济制度的国家中出现的士绅化现象"。

专栏 2.1

测量租差

租差理论认为士绅化是城市土地市场投资和撤离的产物。随着时间推移,城市发展和城市扩张在"资本化地租"(即土地当前用途下,基于土地使用权所能取得的经济回报)和"潜在地租"(即土地在最优、最佳用途使用原则下,能够产生的回报)之间制造了张力。随着潜在地租与资本化地租之间的差距扩大,便为土地利用变化提供了更强大的动力。住宅士绅化是缩小租差的一种手段。

租差理论一直是整个士绅化研究中讨论最激烈的主题之一,引发的争议可能仅次于"士绅化"一词本身所具备的文化和阶级含义。为什么会有这样争议? 首先,该理论假设把现实生活中某些社区(某些经历复杂转变与社会张力的空间)变化的案例与更广泛的城市发展的力量和资本主义不平衡发展的力量联系了起来。因此,许多人认为租差理论隐含的主张便是:士绅化可以以某种方式追溯资本主义制度下城市土地市场的运作。这种观点就使得租差理论成为辩论的焦点,涉及二元对立的解释——普遍与特殊、结构约束与人的能动、集体社会力量与个人选择。这也是租差理论饱受争议的第二个原因所在,即很难将租差概念拿来实际操作,并以实证的方式来验证其假设。

令人惊讶的是,对租差理论的实证研究如此之少。乍一看,这似乎相当奇怪,因为租差理论在二十五年前就已经发展起来了。当然,**确实**有很多研究对城市地产市场导致的士绅化景观进行了详细分析。仅举几个最突出的例子:莱(Ley 1986)采用多元分析,对内城和都市区范围内的房价比率和 22 个加拿大城市地区租金等指标进行了比较;尼尔·史密斯(1996a)利用拖欠财产税这一指标绘制了曼哈顿部分地区从撤资到再投资的转折点(另见 N. Smith and DeFilippis 1999)。恩格斯(Engels 1994)研究了住房贷款同悉尼某一士绅化社区经济红线歧视之间的关系。哈克沃斯(Hackworth 2002b)利用若干房地产指标对纽约几个街区的变化进行了诊断分析。哈姆奈特(2003b)运用一系列指标,研究了伦敦房地产市场。但是,上述所有研究都没有直接利用租差理论的相关指标。

62　　资本化地租和潜在地租这两个概念很难测量。我们很容易找到像房屋销售价格之类的数据,但这些数据对在区分地租(使用土地所带来的经济回报)和房价上并无多大用处。此外,房价对贷款利率等因素极为敏感,而且房价并不能衡量房屋的价值,在租差理论框架下,房屋价值被定义为建筑、定期维护和重大翻新所需要的必要劳动量。获取这些关键指标的信息需要投入大量时间收集易变的数据,并根据地块大小和其他因素进行调整,并以能够对潜在地租和资本化地租进行长期分析的方式组织起来。简言之,研究租差需要多年的艰苦工作,从大量而专业的历史档案中筛选出有效信息,获取有关街区变化的代表性案例,或通过某种方式来获得有关撤资和再投资的动态资料。有关租差动态最好的研究有卢德科·西柯拉(Luděk Sýkora 1993)基于捷克布拉格市场转型和地价梯度形成的研究(见专栏2.2)、布莱尔·巴德考克(Blair Badcock)基于澳大利亚阿德莱德的研究(见图表 B2.1a)、埃里克·克拉克基于瑞典马尔默的研究(见图表 B2.1b)、丹·哈梅尔(Dan Hammel)基于美国明尼阿波利斯的研究(见图表 B2.1c)以及大卫·奥沙利文(David O'sullivan)基于伦敦东部霍克斯顿地区研究所提出的微观模型,该模型把单个建筑和单个地段的变化与周边邻里变化联系了起来(见图表 B2.1d)。上述每一项研究都为租差理论提供了强有力的证据,表明资本化地租和潜在地租的轨迹确实符合尼尔·史密斯(1979)理论中所描述的一般趋势。但我们也应该意识到背景条件的重要性。倘若这些曲线不能完美且准确地"预测"士绅化的触发机制,也不必对此感到惊讶,个人和集体的决策同样重要。尽管存在概念和实证上的局限,但上述研究确实支持了租差理论的许多主张和推论。

然而,我们对于租差理论的实证方面仍然知之甚少:我们需要了解不同城市里的开发商、投资者和中产阶级如何应对租差,了解他们对价格、增值率和其他市场指标有怎样的看法;并了解潜在地租和资本化地租概念的异同,以及士绅化区域和未士绅化区域的房产在租差上有怎样的差异。最后,我们还要研究在跨国的情况下,潜在地租与资本化地租在涉及住房市场买卖行为时会如何变化。例如,随着当地房产交易与世界金融市场之间的联系日益紧密,潜在地租是否也会变得全球化?一些指标表明可能有这样的趋势。2005 年,《经济学人》杂志的《全球房地产热潮》一文指出,世界发达经济体所有住宅物业的总价值在 5 年

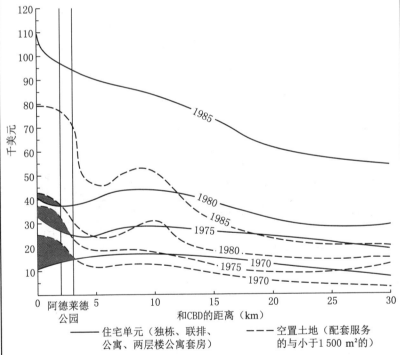

图表 B2.1a 1970 年至 1985 年间阿德莱德租差的缩小
资料来源:Blair Badcock, An Australian view of the rent gap hypothesis, *Annals of the Association of American Geographers*, 79(1), p.131. © 1989 Blackwell Publishing。

内增加了约 30 万亿美元。把这一数据按照经济体的总规模调整后,产生的泡沫超过了 20 世纪 20 年代和 90 年代股市繁荣期产生的泡沫。

　　布莱尔·巴德考克(1989)收集了澳大利亚阿德莱德市 30 个地方政府辖区里所有空置地块的平均购入价格和各类住房的价格。他的推论是,购买一块空地的价格代表了它的未来预期收入,因此可以视为潜在地租。相比之下,他建议房屋价格可以用来衡量资本化地租,不幸的是,这一指标因混入了住房改善价值而失真。据此,巴德考克把这些数值依照与中央商务区的距离进行绘图,针对不同时段绘制了曲线图。当空置地块的价格超过住宅价格(即图中阴影部分所示区域)时,便认为这是内城租差的明显证据。巴德考克的分析为 1970 年代阿德莱德内城租差的存在,和 1980 年代租差的弥合提供了有力证据。但巴德考克的数据来源并非完美符合租差理论的假设,因为他所采取的指标是测量城市中不同区域的价格均值,并测量了不同类型大小的地块和房屋的价格,若想更精确地测量租差,需要对相同地块历史上的资本化地租和潜在地租进行长期观察。

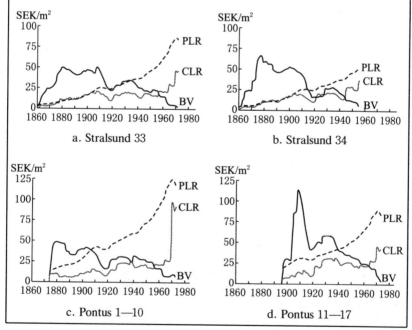

a. Stralsund 33

b. Stralsund 34

c. Pontus 1—10

d. Pontus 11—17

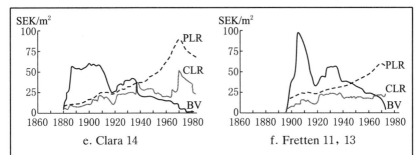

e. Clara 14　　　　　　　　f. Fretten 11，13

图表 B2.1b　瑞典马尔默六个再开发区域的租差

资料来源：Eric Clark，The rent gap and the transformation of the built environment：case studies in Malmo，1860 并根据地块大小 *Geografi ska Annaler*，B70，2：241 Anna © 1988 Blackwell Publishing。

埃里克·克拉克(1988)对租差理论的历史、理论根源和实证研究是权威的。他的实证研究基于对马尔默市中心物业长期变化的观察，这些物业最早建于 19 世纪末，到 20 世纪 60 年代和 1970 年代大部分时间被拆除，为新建筑腾出空间。为了测量资本化地租(CLR 曲线)，他结合了几项数据指标，平衡了不同数据源的优势和劣势。根据通货膨胀、地块大小和其他重要因素进行调整后，分开估测了建筑物的评估价值(BV 曲线)和它们所占用土地的价值。为了测量潜在地租(PLR 曲线)，他使用了土地开发前的空地价格，并根据都市人口增长和总房产价值的通胀对数据进行了调整。克拉克对每块土地的开发和再开发

65

66

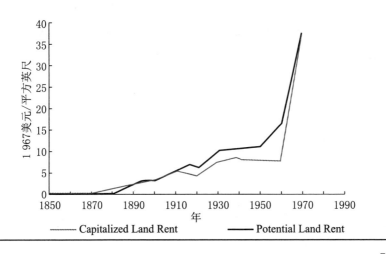

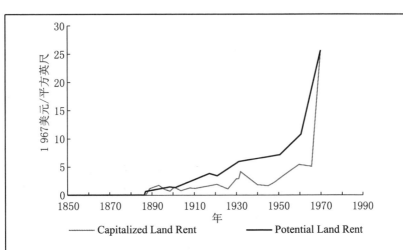

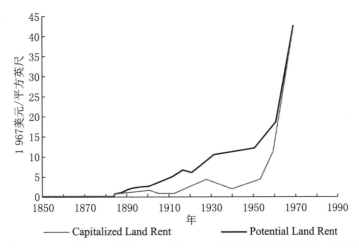

图表 B2.1c 19 世纪 70 年代至 20 世纪 60 年代明尼阿波利斯市中心的租差

资料来源：Dan Hammel, Gentrification and land rent: a historical view of the rent gap in Minneapolis, *Urban Geography*, 20, 2, 116—145. © 1999 Bellwether Publishing。

都进行了详细的历史分析，展示了在不同时期，特定社区中工作的个人和机构的决策造成不同类型的租差。换言之，租差不是机械的，而是一种普遍存在的结构性趋势，其形成会依据人的主观能动性和背景差异而呈现不同的路径。然而，尽管存在这些变化，"租差的存在与演变趋

67

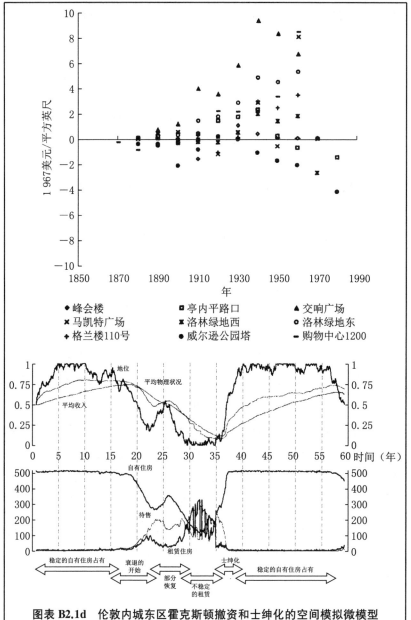

图表 B2.1d 伦敦内城东区霍克斯顿撤资和士绅化的空间模拟微模型

资料来源：Source：David O'sullivan Toward micro-scale spatial modeling of gentrification，*Journal of Geographical Systems*：4，3：251—274. © 2002 Springer Berlin/Heidelberg。

势是相当清晰的。固定在某一土地上与最初开发有关的建筑资本会在一段时间内匹配该土地的用途",但是

> 在日益变化的环境中,这些建筑变得越来越过时。其他形式的建筑资本更加有利于不断增长的潜在地租的实现,而现有的建筑资本倾向于压低土地的租金潜力:在这种情况下,租差出现了。业主可以通过追加投资来使建筑物适应其场地的用途,或者不投资,减少维护成本与其他可变成本,按其现状继续收租,导致租差扩大。……最终,租差会达到一定水平,使得开发商觉得投资物业改造将有利可图。这标志着资本化地租开始上涨,租差开始缩小。(Clark 1988:252)

丹·哈梅尔(1999b)研究了 20 世纪 60 年代被重新开发为中产阶级豪华公寓的九组地块的历史。哈梅尔采用埃里克·克拉克的方法,结合了税收评估和销售契约的数据,作为资本化地租和潜在地租的指标,揭示了每个物业从 19 世纪 70 年代和 80 年代这两个指标的变化,发现几乎所有地块的租差都很大。图表 B2.1c 显示了其中趋势最明显的房产。基于这些租差的演变趋势,哈梅尔认为租差不仅会因为资本的绝对贬值和资本化地租的下降而扩大,而且还会因稳定或略微上升的资本化地租而扩大,但未能跟上潜在地租的快速增长。但是,哈梅尔研究中的其他地块展示了更为复杂的租差变化模式,只有通过针对每个地产具体的历史分析来理解。但无论有怎样的差异,从 20 世纪中叶到 60 年代重建之前,租差变得越来越大的趋势是很清晰的。哈梅尔强调租差理论并不能用来精确预测重建的地点和时间:

> 士绅化概念的意义在于,它在城市结构调整和不平衡发展之间建立起联系。租差理论的意义,不在于它能对士绅化提供精准

的预测……而在于它把士绅化同更广泛的社会空间过程建立起了理论上的联系。这项研究表明,至少在明尼阿波利斯市士绅化地块的租金演变史中,我们能看到这样的联系。(Hammel 1999b:142)

值得注意的是,在 20 世纪 60 年代的城市地理研究中,多变量定量分析是常用的,它在今天的城市经济学和区域科学中也很常用,但是在士绅化的研究中确很罕见,几乎没有这样的案例。大卫·奥沙利文(2002)的研究是最近的一个特例。他仔细研究了城市房产市场中不同市场主体之间的复杂互动,这些市场主体密切关注单个物业、相邻物业和相邻街区物业的情况。奥沙利文提出了"元胞自动机"(Cellular Automation)的空间模型,本质上就是把地理和代数结合起来:根据观察到的物业及附近情况,确定影响该物业的一系列规律。奥沙利文的模型将一些房产的条件与价值指标同特定属性的居民收入联系起来,通过捕捉市场运作的模型参数来描述整个社区随时间的变化。例如,房产价值下降的速率如何导致迁入该区空置房的买家和租赁户的收入下降?撤资周期何时何地会导致一些地块的租差大到能让企业家愿意承担风险,对土地进行重新开发,并从士绅化中获利?奥沙利文的模型把这些规律转化成一系列方程,模拟了伦敦东区霍克斯顿地区租赁市场和自有房市场的长期演变。他的研究结果揭示出一条复杂且长期的撤资与复苏的轨迹:

从第 30 到第 35 个年头,该社区非常不稳定,有大量租赁房,大量房产交易,家庭平均收入不断下降,房屋状况持续恶化。之后,房产逐渐被业主收回并自用,家庭收入下降和房产状况恶化的趋势渐渐停止。这些变化都使得该社区的社会声誉大幅提升,家庭收入的中位数也迅速提高。在短短三年间,几乎所有房屋都变成了自住房产。(O'Sullivan 2002:268)

68

总的来说,奥沙利文对本地事件与房产市场动态之间的关系分析是十分罕见的,他的研究揭示出街区变化的尺度效应。但他也指出,该空间模型是以简化某些数据为代价的,因此,模型并不能精确地描述潜在地租和资本化地租的状况。

专栏 2.2

有关租差的其他概念?

1979 年,《美国规划协会期刊》发表了尼尔·史密斯的《走向士绅化理论:不是人们,而是资本回归城市的运动》(Toward a Theory of Gentrification: A Back to the City Movement by Capital, Not People)。史密斯对士绅化机制的解释就是租差理论,并立即在士绅化的研究中产生了反响。但史密斯对士绅化的解释是基于 19 世纪中叶以来经久不衰的古典政治经济学和地租理论。埃里克·克拉克(1988)追溯了新古典主义和马克思主义针对非线性的不平衡发展所做的研究,从而解释了因城市发展、技术变革和建筑结构老化的相互作用,导致当前土地用途与最佳土地用途之间的不匹配。史密斯的概念之所以独树一帜,是因它明确讨论了士绅化,并把士绅化与更广泛的城市发展过程联系起来。但在他之前,也有过类似的概念。

租差理论还启发了其他研究,以捕捉不同类型的不匹配或不协调。例如,哈姆奈特和伦道夫(1986)提出了**价值差距**概念。此概念与租差理论互补,解释了租赁房转换为自有住房的压力(参见第一章有关巴恩斯伯里的案例研究)。哈姆奈特和伦道夫分析了伦敦市中心租赁房转为自有住房市场(flat break-up market)的政治经济史。这一转换在20世纪 60 年代至 80 年代盛行全英国。英国当时的市场条件创造了两种不同的住宅物业估值方法——一种是基于潜在买家或房东对某物业期望的租金收入,另一种是基于自有住宅的销售价格。"当两组价值出现差别的时候,……价值差距就形成了,在这种情况下,住宅从一种使用类型转变为另一种使用类型而让房东获利"（第 133 页）。这两种价值差距都形成于 20 世纪中叶。自有住房可以获得更多的税收和利率补贴，而租金控制和租赁条规使得房东很难从租赁房屋获得预期的投资回报。对此，房东的措施是减少维护、减少投资，直到能够通过房屋互助协会提供的抵押贷款，将公寓出售给当前租户或其他潜在自有住房的买家。由此产生的两种不同的住房细分市场在经济上的差异"削弱了私人租赁房市场的存活力"（第 133 页），并最终导致"大批租赁房转为自有住宅"（第 135 页）。

70

　　诚然，哈姆奈特和伦道夫只是用了不同的术语表达出租差理论试图解释的过程，该过程因不同地区房地产市场的治理制度的不同而有所差异。分区规划法规、不同土地用途的税率、鼓励重建的税收激励措施，以及其他相关因素都会影响一座城市、某个区域或某个国家土地的贬值方式。例如，洛蕾塔·利斯（1994b）基于伦敦和纽约的比较研究发现，两地的社区变化（参见第一章）遵循不同的路径，她把这种差异成为**大西洋鸿沟**（Atlantic Gap）。该鸿沟产生的原因在于两地的背景差异，包括物业转让规章、住房金融系统对房地产的资本化，以及历史遗产的划定和保护。她得出结论："与价值差距相比，租差理论更适合解释美国的士绅化现象，因为它更关注土地、房屋遗弃和士绅化的地方性，以及相关的法律和政治背景的差异"（第 216 页）。

　　法律和政治背景的差异是至关重要的。作为一个解释性的工具和一个政治经济分析的框架，租差理论提供了观察资本主义房产市场运作的一个视角。因此，不足为奇的是，米勒德-鲍尔（Millard-Ball 2000：1688）认为：无论是租差理论还是价值差距理论都无法有力地解释国家干预和住房分配政策如何影响着斯德哥尔摩住房和土地市场。他指出："瑞典的许多士绅化似乎都依赖非市场或准市场，而租差理论的解释对象是市场力量和理性经济行为，这不适合分析瑞典的士绅化现象。"

在其他地方,随着苏联和东欧社会主义政权的解体,"市场力量"开始改变城市环境。随着集中计划的住房和土地分配体系的崩溃,土地价值梯度的出现导致这些国家的城市发生了翻天覆地的变化。卢德科·西柯拉(1993)研究了90年代早期布拉格市场转型的影响,并测量了私有化拍卖过程中买家为每平方米土地所支付的平均价格(见下图)。从城市中心到边缘价格的巨大变化"不仅反映了区位的价值,也反映了社会主义制度下,人为均等化土地价格或租金这一非自然特征",而这种"新形成的价格梯度"导致土地用途改变的压力增加。西柯拉(1993:287—288)区分了土地与建筑利用结构的短期调整——称为**功能差距**——与长期租差压力推动的重新配置、重建或重新开发之间的差异。

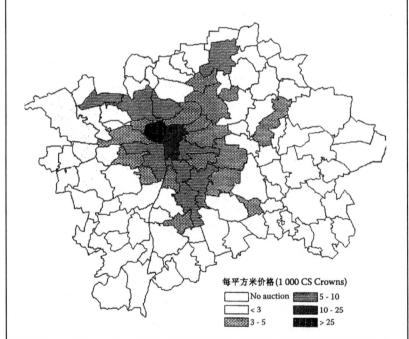

每平方米价格 (1 000 CS Crowns)

☐ No auction   ▨ 5 - 10
☐ < 3   ▧ 10 - 25
▨ 3 - 5   ▦ > 25

图表 B2.2　1991—1992 年布拉格私有化拍卖中每平米非住宅物业的平均价格
资料来源:Luděk Sýkora, City in transition: the role of the rent gap in Prague's revitalization, *Tijdschrift voor Economisce en Sociale Geografie*, 84(4), p.286, © 1993 Blackwell Publishing.

他解释道:"功能差距是由于可利用土地和建筑物相较于它们当前的物理质量利用不足而引起的。当资源不再通过集中的计划手段,而是通过市场来分配的时候,自由设定的租金会影响空间的功能分布。因此,空间利用效率低的功能可能很快就会被更激烈、强度更高的空间使用功能所取代。通过这种方式,即使没有大量投资,功能差距也会在很短时间内弥合。"

71

士绅化与不均衡发展

米勒德-鲍尔(2000:1673)指出:"生产侧的解释几乎成为士绅化各种'差距'理论的同义词"。 雷德芬(Redfern 1997:1277)指出:"通常情况下,拒绝使用史密斯租差理论的研究都或明或隐地支持着士绅化的消费侧解释。"但是,租差理论的细节辩论尽管对地租专家和实证人员很重要,但这不应该分散我们的精力,如此我们才能用更广泛的概念框架从生产侧去研究士绅化。 尼尔·史密斯(1999b:1202)强调,他最初的理论是有意简化了的:"如果租差理论有用的话,也是因为它简单而谦逊的理论主张。 它当然应该接受理论批判,但我认为,只有一开始就认真地对待租差理论,批判才是有意义的。"租差理论的核心前提涉及城市土地市场中经济权力的社会和政治维度:那些图表中表示潜在地租和资本化地租的线条(见图表2.2)都是政治斗争和阶级关系的结果。这些斗争和关系因地而异,但基本问题始终是:谁从资本化地租中获利? 这不仅仅是针对生产要素的抽象理论分析,而是涉及地产市场游戏规则的核心。 在分析20世纪70年代初巴尔的摩市中心住房市场充斥的恐怖种族主义时,大卫·哈维(1994:251)一针见血地指出租金本身的社会性与政治性:"资金实际上是支付给了活生生的人而不是土地。对租户来说,收租人仅代表一种稀缺的生产要素这一说法很难令人信服。"近期的研究中,尼尔·史密斯(2002:427)注意到市政府为了应对日益激烈的竞争压力,逐渐把建成环境作为资本积累的工具,该过程也

72

重构了社会关系：从城市尺度来看，满足当地社会再生产需求曾是城市
的要旨，而现在"占据绝对优先地位的生产性资本投资"重新定义了城
市的价值导向。 总的来说，租差理论依然存在争议，这不仅是因为它
在解释士绅化中的作用，而且也因为它把士绅化的解读融入了更广泛、
更具批判性的理论框架中——从地方尺度到全球尺度的资本主义城市化
的不均衡发展中。

空间修复和资本循环

值得注意的是，城市化需要大量资本投入，一旦投入使用，就会长
期束缚在建筑物和其他基础设施中，从而为新的地方投资造成障碍。
地理扩张就是应对此问题的一种"空间修复"（Spatial Fix）策略，使资
本转移到新的地方和新的市场中。 在那里，资本可以利用最先进的（也
是最具利润的）技术来生产空间。 但正如我们所看到的，这种空间上的
扩张加快了先前城市旧区投资的贬值。 史密斯观察到："资本流向郊
区，带来郊区的开发，导致内城资本的系统性贬值，反过来，随着租差
扩大，又导致在内城产生新的投资机会，而此前的投资为新投资造成过
障碍"（N. Smith 1982:149）。 事实证明，新的投资机会对打破资本主义
繁荣与萧条的周期性危机来说至关重要。 当主要的工业生产部门（也就
是资本的一级循环）的利润率开始下降时，投资者和金融机构会在其他
部门寻找更有利可图的机会。 此时，资本的二级循环——房地产和建
成环境——成为颇有吸引力的投资途径。 资本从商品生产和服务业转
向了建筑和房地产业，推动了房地产的繁荣，带来了快速的通货膨胀，
直至资本在这一级循环中也过度积累起来，利润率被压低（Harvey
1978；Beauregard 1994；Charney 2001，2003；Lefebvre 1991）。 在最极
端的情况下，房地产繁荣是经济衰退的主要标志，它是"找到有效实现
资本迅速积累的生产途径的最后希望"（Harvey 1985:20）。

最终，衰退和萧条使得城市经济空间出现重组。 一方面，郊区化
在 20 世纪 30 年代为摆脱经济大萧条提供了空间修复，政府补贴的高速

73

公路建设投资和廉价贷款推动了大规模的新住宅开发，也为汽车、耐用消费品和石油产品提供了新的市场（Walker 1981）。 另一方面，内城的贬值造成了租差，为资本的空间流动创造了条件，加快了 20 世纪 70 年代和 80 年代美国与加拿大经济衰退期的士绅化。 在史密斯来看来：“内城的士绅化、重新开发和郊区化的背后是同一股力量和同一种社会关系在推动”（N. Smith 1982：150）。 由此，士绅化和更广泛的城市过程紧密联系在了一起。 士绅化成为资本主义城市空间重构的前沿地带：

> 士绅化是更大尺度上的城市重建过程的一部分，目的在于提高资本的利润率。在此过程中，许多市中心的建筑物变为资产阶级的游乐场，古色古香的市场、修缮的联排别墅、精品商店、游艇码头和凯悦酒店。城市景观的视觉变化并不是经济暂时失衡的意外副产物，而是根植于资本主义的社会结构中，就像郊区化的出现一样。（N. Smith 1982：151—152）

这也意味着士绅化的负面后果——贫困租赁者的住房成本不断增加，以及失所、驱逐、无家可归等个体灾难的不断增加。 这些都不是孤立、局部的异常现象，而是资本主义房地产市场不平等的表现。 这种不平等却能创建一种城市环境以满足资本的不断积累，但该过程却往往以牺牲家庭、社区和日常生活为代价。

生产侧解释的问题

74

我们故意简化了对生产侧理论的概述。 我们试图强调消费者偏好、个人行为和良性空间平衡等主流假设面临的挑战。 但在过去二十年里，生产侧理论已经朝着更加微妙且细化的方向发展了，试图把士绅化和消费侧结合起来（Beauregard 1986；Clark 1995；Hamnett 1991；

Ley 2003；Rose 1984；N. Smith and DeFilippis 1999；N. Smith 2002）。
研究生产侧的学者和研究新中产阶级社会文化理论的学者之间对话的结
果是：努力实现了对"和解""整合"与"互补"的理解，也显示出新中
产阶级的独特价值观，他们的研究更敏锐于街区的性别、种族、性取向
和多元文化的政治。我们将在下一章更细致讨论社会与文化的理论，
它们同新古典主义理论有着明显的区别。但是，这两种理论都尊重理
解个体行动者的动机和决策，包括士绅化者。作为主流传统政治政策
的代言人，新古典主义学者觉得没必要去回应生产侧解释的挑战。当
然也有例外，例如，当批评者把贝瑞（Berry）的"衰败之海里的复兴之
岛"（Islands of Renewal in Seas of Decay）一词，改为再投资项目里公
共住房的"更新之海里的衰败之岛"一词时，贝瑞（1999）本人便毫不犹
豫地向他们挥剑（另见 Byrne 2003；Vigdor 2002）。结果便是当下这奇
怪的局面：左翼阵营围绕着士绅化展开激烈、丰富且理论精明的辩论，
这些人通常针对新古典主义方法的不足、士绅化的重要性以及代价和不
平等的问题在辩论。但分歧的关键点在于解释其中的因果关系：因何
原因？在何时？在何处？

　　总结生产侧解释面临的挑战并不难。首先，相比于记录资本转移
和经济发展不均衡的其他方面，验证和测量租差也有类似的问题，但这
些问题似乎都得到了解决。其次，马克思主义学派和新古典主义学派
都把个人理性视为公理，（有意或无意）低估了违反此公理的个体行为的
重要性。第三，对许多读者来说，当把不同地方的士绅化同全球资本
主义的整体分析联系起来的时候，人们会先入为主地认为士绅化者是一
群冷酷无情的资本积累者。有些人确实如此，但在这个阶层里也有不
少人的阶级立场是矛盾的（借用社会学家埃里克·赖特的话），这是因为
每个人的阶级立场都会受性别、种族、民族和性取向等不同因素的影响
（Freeman 2006；Rose 1984；Lauria and Knopp 1985）。因此，我们在批
评**产权**规则和不平等时，应该十分谨慎，而在将某个按规则办事的人定
为恶人之前，也要慎重（Krueckeberg 1995；Lees 1994b；Blomley 2004）。

士绅化让曾经缺乏投资的社区房价上涨时，经济困难的业主会急于通过卖房子和搬迁来获利，这很常见。 我们应该理解这种资本积累的行为，但我们也应该认识到低收入的租户并没有同等的机会。 同样，即使在最残酷的租房市场里，我们也会发现一些房东以平等的方式来对待租客，他们会主动拒绝提高租金或驱逐弱势家庭的诱惑（Newman and Wyly 2006）。 在这一点上，消费侧的理论家是正确的：个人的选择会影响士绅化社区里的事件。 但生产侧的理论家也是正确的：少数仁慈的房东收取的租金低于不断上涨的市场利率，并不会从根本上改善房东与房客之间的关系，也无助于找到一个长期的解决方案以保护"留在原地的权利"（right to stay put）——这是切斯特·哈特曼（Chester Hartman 1984）提出的著名概念；或是有效地践行大卫·因布罗西奥（David Imbroscio 1984）提出的"地方权利"①（right to place）的政治哲学。

然而，一旦使用了某个词，这种类型的对话就会变得"毫无建设性"可言（请原谅我们采用了这个双关语②）。 生产侧的理论家往往被指责为过于拥抱**决定论**。 这看上去很讽刺，因为如果我们要确定某事的成因，就需要决定论。 但批评者确实又提到了一个重要观点。 达玛丽斯·露丝（1984：56）研究发现，内城中下阶层的女性比父权制下低密度郊区的女性更支持士绅化，所以露丝委婉地提醒我们："士绅化者并不是独立于士绅化过程的简单承载者。"克里斯·哈姆奈特（1992：17）的檄文采用了更华丽尖锐的辞藻来指责史密斯："反对一切能动者的解释视角，这说明史密斯是一个结构主义者，个人的能动性在士绅化中的作用不过是资本这团熊熊烈火下闪烁的光影而已。"对于尼尔·史密斯解释士绅化时综合生产侧和消费侧所做的努力，克里斯·哈姆奈特也不认同："我试图表明，他后来的写作依然偏经济决定论，除了影响事件的

---

　　① "地方权利"所指的"地方"，包含社区、城市、城镇或者区域。 因布罗西奥认为个人生活的场所应该由个人偏好所决定，而不应该受到其他个人不可控因素的制约。 个人应该可以自由地迁入、迁出某个地方，也可以有权定居某个地方。 ——译者注
　　② "毫无建设性"原文使用了 unproductive 一词，对应生产侧（productive side）理论，因此构成英文里的双关语。 ——译者注

色调以外，他不愿承认个人在建构外在环境时所起到的重要作用"
（Hamnett 1992：117）。接着，史密斯也点燃了一枚燃烧弹，把资本的火
焰扔回给了哈姆奈特，暗示哈姆奈特已经放弃了早期关注的阶级不公，
转而支持一种亲士绅化阶层的个体主义，这或许就是："从'年轻的哈
姆奈特'到'年老的哈姆奈特'的转变"（N. Smith 1992：114）。史密斯
继续主张一种"非本质主义"的方式来解读士绅化，将阶级作为分析紧
密交融的社会关系和社会身份的"切入点"（N. Smith 1992：114；另见
Graham 1990；Gibson-Graham 1993 关于一边利用业余时间在家工作，
一边粉碎资本主义的诀窍）。尽管如此，差异和身份所带来的偶然性，
不应使我们对阶级的根本重要性视而不见：

76　　　　　让我们先暂时假设个人偏好是首要的。那我就要问：谁最有能
　　　　力实现自己的偏好？即使是最贫穷的人也能在某种程度上实现自己
　　　　的偏好，在不否认这个前提下，我认为，在资本主义社会中，最有可能
　　　　实现和满足自己偏好的，依然是拥有资本的人群，这一点毋庸置疑。
　　　　我们可能会遗憾地发现，经济能深刻地影响一个人实现偏好的能力，
　　　　否认这一点几乎是不明智的。从本质上说，偏好是一个阶级问题。
　　　　（N. Smith 1992：114）

　　许多消费侧的理论家并不服气，我们将在下一章见到原因。但我
们需要看见背景性的因素。在期刊上，学者们用迷人、睿智的理论语
言来反复讨论士绅化是一回事，但穷人、工人阶级和他们的家园、社区
生活饱受士绅化之累则又是另一回事。20 世纪 80 年代末及 90 年代
初，围绕士绅化的生产侧与消费侧的辩论达到了顶峰，之后对生产侧理
论的每次重大批判都伴随着政治背景的巨大变革。随着新自由主义成
为大获全胜的政治运动，它开启了一连串政策来推行"市场正义"的原
则——自由市场是并且始终是社会结果无可争议的仲裁者，由此新自由
主义得到了巩固，而社会不公却进一步恶化（Jessop 2002；Kodras 2002；

Peck 2007；见第五章和第六章）。 随着"文化转向"在学者中越来越有影响力，经济趋势、国家和城市政治却朝着相反的方向发展。 因此，我们见证了三个讽刺而深刻的发展趋势：

1. 消费者主权已成为一项城市政策。越来越多的学者拒绝采用决定论的经济理性观点来理解社会和文化变革，右翼政治运动则明确采纳这一观点来推行新自由主义政策（Jessop 2002；Kodras 2002；Mitchell 2003）。在全球北方（Global North），随着许多城市加入对有钱买房者和无节制消费游客的争夺赛，很多国家政府开始推行一系列政策来限制个体**公民**的权利，即，把个人作为**消费者**和**投资者**来重新界定权利。而在全球南方（the Global South），这些原则经由国际货币基金组织和其他跨国金融机构的"结构调整"命令，强加给了许多政府。消费者主权正成为一项公共政策，乔治·W.布什的"所有者社会"（ownership society）对此做了完美诠释。在此理念下，如果个人在规划他们的购房、退休甚至医疗保健开支时，若不遵循**经济人**原则，将会面临更严厉的惩罚。在过热的房地产市场中，人们越来越多地将"社区"概念视为资本积累的潜力，而新的信息来源会加剧投资地块的竞争（见图表2.3）。在试图解释20世纪60年代士绅化的原因时，指责决定论可能是合理的，而在今天的环境中，这些批评已经失去了意义。士绅化已经是城市生活的现实，在当前的政治环境中，士绅化的后果是显而易见的。在2002年美国地理学家协会会议的小组讨论中，哈维因把美国的帝国主义描述为"一套整体性（totalizing）的话语"而遭受批评，哈维也不失时机地回应道："嗯，它就是一套整体性的话语"。

2. 资本转移已经变得"令人费解"（Blackburn 2006；*The Economist* 2006）。由于租差、资本转移和其他城市不均衡发展的实证结果参差不齐，许多批判者放弃了生产侧的解释。此后，金融市场的创新浪潮推出了消费者主权原则下的金融工具。这些工具不仅改变了

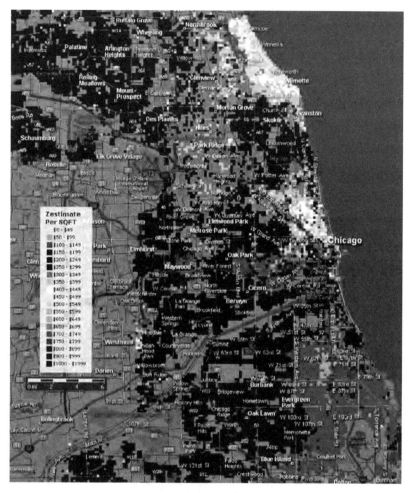

图表 2.3　租差网络

　　把士绅化和城市房地产市场联系起来总是会引发有关数据和方法论政治的讨论。这些政治议题多年来一直是学术讨论的主题,但随着互联网数据供应商提供的数据越来越多,争议的内容可能正以某种新奇的方式发生着变化。早在1986 年,大卫·莱研究了加拿大 22 个都市区士绅化的影响因素。他采用了两个指标来测量租差,即内城与都市区房价的比率,以及内城和都市区的租金比,最终研究结果却未能证实租差假说。尼尔·史密斯(1987:483—464)对此展开了犀利的评论:"把概念转变为操作化变量的过程显得十分笨拙⋯⋯这个指标并不涉及租金,甚至都不能用来代表市中心的经济差距。租差理论这道菜谱所需的两个原料都没有。然而,莱似乎并不担心他的碗是空的,他只是向我们保证了这两个指标确实'能够有效地测量租差'⋯⋯"莱(1987:468)的回应试图证明他的两个指标确实能够检验理论的核心内容,然而他接着讽刺了史密斯用租差来预测再投资最有可能开始的地点："贬值周期和神秘的租差现在都是不必要的包袱了。现在只要有潜在利润，士绅化就会出现。"二十年后，这场引人入胜的激烈争论发生在房主和地产经纪人之间。Zillow.com 是一家总部位于西雅图的初创公司网站，自 2006 年 2 月推出以来吸引了近 280 万访客。Zillow 设计了所谓的"zestimates"工具，通过当地价格趋势的模型来预测全国超过 4 000 万房屋的房产价值。居民、记者和任何对房产价值感兴趣的人都会使用这一模型。针对此现象，《圣迭戈联合论坛报》打趣说，"to zillow"已经和"to google"一样流行了（Shawley 2006）。数以百万计的人只需输入地址就可以查询自己家的房产价值。"当他们在查自己家的时候，也会去查朋友的、邻居的、前配偶的、家人的、老板的房产价值。如果他们知道名人的住址，还可以查名人的房产价值，掌握名人的一些琐事"（Blanton 2006）。但是，当 Zillow 对数据进一步分析，把 zestimates 的数据整合起来，创造出"城市热岛图"（Urban Heat Map），用以估测房产每平方英尺价值的时候，其结果非常接近资本贬值的空间分布。可以肯定的是，Zillow 的数据既不包括资本化地租或潜在地租，也不描述这两个指标在资本贬值周期中随时间而出现的变化，Zillow 的数据似乎也混合了房屋和地块的价格。然而，通过标准化的每平方英尺的房产价值这一指标所制的地图清晰地表明城市价值低洼区被价值更高，也就是更"热"的地区环绕了起来。上图是网络版彩色地图的黑白复印版，但一般来说，在更黑的地区，每平方英尺的房屋价值相对较低，而较白的区域，每平方英尺房屋价值较高。需要注意的是，在市中心和从市中心延展至西北的一块区域，是黑白相间的。目前尚不清楚个体消费者的行为是否会随着此类信息的传播而发生变化，因为这些信息迄今为止只对分析本地房产数据的专业人士和研究人员开放。"Zillow 的推出正值房主情绪高涨，而房价在多年快速升值后逐渐疲软之际"，《波士顿环球报》写道："此网站的 zestimates 工具也饱受地产经纪人的批评，因为以前只有专业人士才能获得的信息，Zillow 现在却公开提供，威胁到了地产经纪人的权威。"（Blanton，2006）

资料来源：Zillow（2006）。

大部分的住房金融系统，还为内城投资不均和士绅化引发的极化现象提供了润滑剂（Ashton 2005；Hackworth 2002a，2002b）。哈维在1978 年指出："如果缺乏一个能在实际生产和消费之前创造出'虚拟资本'（fictional capital）的货币供应信用体系"，资本转移是"无法实现的"（第 103 页）。而在当时，很难在邻里空间的动态变化中找到这样的证据。而这已经改变了。在过去的一代人中，金融工具——像新型对冲基金、房地产投资信托、风险分割的抵押贷款资产证券、自动化贷款承销系统和风险定价为基础的信用评分算法、担保债务等金融工具——不断增加，虚拟资本快速扩张，"信贷"类的词汇也越来越复杂（Blackburn 2006；Fabozzi 2001）。新一波的研究已开始关注类似资本积累的工具在士绅化中的作用,以及这些工具如何成为政治策略从而让一些人从士绅化中获利(Hackworth 2002a,2002b;Lake 1995;Hackworth 和 Smith 2001)。

3. 政治化的方法已经使人们的注意力从士绅化导致的失所现象转移开去。在早期士绅化研究中,无论学者的政治立场如何,贫困人口和工人阶级的失所都是突出的问题(Hartman 1984;Laska and Spain 1980:chs.15—19;Schill 和 Nathan 1983:ch.5)。但是,由于基于模型分析的古典城市经济学遭到了反对,很多政治经济学家就对定量研究失去了兴趣。并且随着"文化转向"集中关注士绅化社区的身份认同、彼此差异和社区感的建构,反对定量研究的趋势就更加明显了。虽然这类社会和文化的研究固然很重要,但令人遗憾的是,即使是对内城社区变化最复杂的民族志研究也不能完全揭示士绅化的后果。因为从根本上讲,社区中任何能参与到士绅化访谈或讨论小组中来的人其实都尚未被排挤出去。同时,很少有士绅化研究者能将定量与定性的研究方法整合到一起(但也有例外,参见 Lees 2003b;Ley 2003;N. Smith and DeFilippis 1999)。甚至更少有人能够具备专门的知识,可以在多元变量模型和时空纵贯分析的领域里去同新古典主义分析师展开对话。因此,当基于政府部门的住房数据开展研究,却没有发现士绅化社区里的低收入人群被驱逐时,就很少有研究者能作出回应了(Freeman and Braconi,2002;Freeman 2005;Vigdor 2002)。而这些研究又常被媒体报道,其中包括《今日美国》的一篇头条新闻:"士绅化:每个人都受益吗?"对此,许多社区活动家高喊着:"胡扯!"并提供了穷人详细的个人经历作为证据。但在主流公众的政策讨论中,这些证据都被视作"未经科学研究的个案"而遭忽视。

生产了新的不平等、新的尺度和新的斗争

士绅化无非是阶级不平等在社区中的表现。 因此,最近的社区变

化反映出全球范围内城市社会两极分化的现象。 这一点不足为奇。 在这个日益不平等的时代，生产侧的解释关注士绅化的性质和影响，以及它们的三个重要转变。

　　首先，地方租差的变化与国际趋势更加紧密地交织在了一起。 当然，从理论上讲，租差始终与全球尺度的不均衡发展和资本循环密不可分。 多年来，主要国际开发商一直是造成大规模士绅化景观的始作俑者〔最著名的是加拿大奥林匹亚与约克公司（Olympia & York）对伦敦金丝雀码头（Canary Wharf）的开发〕。 但在过去十年左右，租差已经跨国了。 绝大多数住房抵押贷款可以在世界金融市场的证券池中反复买卖，因此，地方贬值周期和租差动态会受到利率和汇率的变化、政府财政赤字和投资者情绪的影响。 这些趋势在美国尤为明显，因为美国的房屋净值贷款（home-equity loan）和多变的抵押贷款产品已经把房屋变成了虚拟自动提款机。 正如经济学家保罗·克鲁格曼（Paul Krugman 2006）所调侃的："我们国家已经变成了一个以个人卖房，并从中国借钱来买房的地方。"金融一体化影响着各种类型的社区，但有证据表明，在为内城士绅化社区提供弥合租差所需的再投资中，金融一体化是重要的润滑剂。 与此同时，大城市的本地劳动力市场也编织到了世界城市系统里：跨国企业服务部门和总部集群不仅为地方高档住宅提供了需求，而且还将这种地方需求纳入短期合同或自由职业者的跨国流动中。马修·罗夫（Matthew Rofe 2003）甚至指出，我们正在见证一个独特的中产阶级不断崛起，它是全球精英阶层的一部分，他们的身份构建日益商品化，并同全球最高等级城市里的特定社区联系在一起，该社区所处的地产市场竞争十分激烈。 他认为，这种商品化侵蚀了地方士绅化的象征意义："为了保持独特的身份，许多士绅化者正把自己的身份从地方尺度投射到全球尺度，通过这样做，这些人积极地把自己定位成全球精英阶层里的一员。"（Rofe 2003:2511）

　　其次，不均衡发展的城市前沿地带在不断士绅化城市的**内部**蔓延。换言之，再投资已经不再局限于一小撮士绅化的区域了，而是快速地深

81

入到了城市资本贬值的其他地段（见第四章和第五章）。 在许多城市里，士绅化通过媒体报道，为投资者和居民提供着源源不断的素材，告知本月翻新的具体地段在哪里。 尽管每个地段的细节有所不同，但士绅化始终沿着租差框架的逻辑在空间中延伸（见图表2.4）。 正如杰森·哈克沃斯（2002b:825）观察到的那样：“房地产市场正在发生变化，因为资本再投资的核心——靠近CBD（中央商务区）的地区，在早期士绅化浪潮中接受了大量房产投资——将曾经单一的贬值地段（土地价值低谷）由城市核心向外推移，延伸到了离市中心更远的地段，以及内环的郊区。”

　　第三，城市房地产市场的政策改变了抵制和反抗的环境。 通过对大型开发商的补贴，推出政策吸引绅士阶层，政府现已明确地站到支持士绅化的一边。 资本再投资区域的扩大造成了大量低收入租客被迫迁居别处，这样便有效地瓦解了有效的抗争（DeFilippis 2004；Hackworth 2002b；Hackworth and Smith 2001；Goetz 2003）。 但是对于某些低收入的房东或物业机构而言——他们把房子租给了工人或穷人——士绅化的扩张是苦乐参半的：这些房东和机构必须决定是否以及何时出售房产并撤离当地市场。 从这个意义上说，士绅化比以往任何时候都受到了产权政治的推动——这是支撑整个租差系统的社会关系，以及谁能从资本化地租中获利的斗争。 不幸的是，产权观念在资本主义的社会和文化传统中已经根深蒂固了，比如个人主义、自由和拥有住房的“梦想”等价值观与象征理念。 因此，房价上涨现在被视为个人权利或公民不可剥夺的权利。 因此，在任何涉及威胁地产价值的问题上，城市政治都会变得更加恶毒。 这通常意味着在美国房地产市场中，上层中产阶级和白人郊区居民会将“房产价值”作为一种话术和手段去排斥并歧视其他种族。 这些现象在老化的近郊工人阶级房东那里越来越普遍，他们现在面临着急剧的贬值和撤资（N. Smith et al. 2001）。 有证据表明，在美国衰退的工业郊区，保护房产价值的愿望正在形成一种新型的中产阶级联盟以支持士绅化。 克里斯多夫·尼德（Christopher Niedt）在马里兰

83

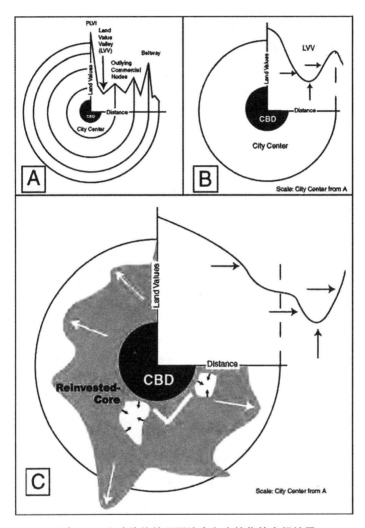

图表 2.4　土地价值的平面演变和士绅化的空间扩展

　　自19世纪把工业化和城市化联系起来之后，土地价值就与中心性密切相关（图A所示）。工业化通常会在城市的中央商务区（CBD）形成一个"土地价值峰值交叉点（PLVI所示）"，随后的郊区化会在商业节点和主要交通走廊沿线形成较小的峰值。然而，郊区化和资本贬值周期逐渐在市中心（图B所示）附近形成了霍默·霍伊特（1933）所说的"土地价值低谷"（LVV所示）。随着城市里的不同地段经历贬值，价值低谷（LVV）也会逐渐向外移动。在经历了几十年的士绅化以后，土地价值的平面由资本撤资和资本再投入构成了复杂的马赛克（图C）。

　　资料来源：Jason Hackworth，Post recession gentrification in New York City，*Urban Affairs Review*，37(6)，p. 826，© 2002 Sage Publications，Inc.。

州巴尔的摩的一个郊区进行了访谈，研究了档案，并做了参与式观察，发现这些地方的白人、房东和社区组织支持士绅化的努力，导致租赁户失所，因为"他们中的许多人从死灰复燃的国家保守主义中得出了结论，认为当地的衰退是政府补贴和'城里来的人'造成的恶果"（Niedt 2006:99）。此外，士绅化还可以生产出一种物质景观，即使坚定支持减税和反政府的保守派也认为这种景观是有魅力的。因此，即使是意识形态上反政府项目的业主也会支持财政资助下的士绅化，视其为"一种增长策略，通过清除有问题的人口，改变土地利用方式，以更好的方式来置换和改善一个地方"（Niedt 2006:116）。

我们不应低估这些冲突中的利害关系，也不应忽视那些掩盖在治理城市地产市场的中立法规背后的根本政治问题。产权是一种权力，是控制和排他的权利。随着市场正义哲学被用来为日益严重的财富与权力不均进行辩护时，那些能从士绅化中获利的人就会更大胆地提出自己的要求。安德烈斯·杜尼的主张是最为明显的，他是一位知名的建筑师，也是"新城市主义"设计运动的领导者，在美国士绅化景观生产中扮演着关键角色。在一篇发表于右翼智库的文章中，杜尼为士绅化发出了"三声欢呼"：

现在，只要有一小撮中等收入的人搬进曾经不景气的社区，他们就会被指责犯了新的社会罪："士绅化"。这个带有负面色彩的词会让人想到一群雅皮士从当地居民手中抢走了城市住房——这已经深深扎根于许多活动人士对城市演变的理解之中。而这背后的思维方式已经严重阻碍了美国城市的复兴……士绅化会通过扩大中产阶级构成的税基，传递中产阶级的职业道德并利用其政治影响力，重新消解贫困的空间集聚，并在此提高社区居民的生活质量。士绅化就像涨潮一样，能提升所有船只的水平……

我们不应该阻止人们从社区的自然升值中获利。在美国，就该这样。（Duany 2001:37，39）

这种推理方式很像应用在住房和社区里的涓滴理论，它已经成为开 84
发商、投机者、富有房主和其他支持士绅化人士最强大的意识形态武器
之一（见第六章）。 该论调之所以受欢迎，是因为它忽视或压制了生产
侧理论提出的根本问题：是什么导致之前穷困潦倒的社区最终成为了一
个受欢迎的投资和投机的地点？ 支持士绅化的人无视撤资和租差背后
的原因，实施再投资和重建，以消除租差，并把它说成是常识和良好的
规划。

不幸的是，士绅化带来的税收收益总是更多地补贴了中产阶级和服
务他们的机构。 与他们相比，穷人和工人的职业道德并不逊色。 而中
产阶级许多人的财富都主要来自房产的"自然"升值，而这样的升值其
实是社会集体——城市化——创造出来的结果。 近年来，政治上有影响
力的中产阶级更愿意将租赁户、穷人、无家可归者以及任何可能损害房
产价值的人定义为反面角色。 而对于失去社区居民权的人来说，根本
享受不到社区生活质量的改善。 近年来，随着士绅化的加剧，城市里
被边缘化租户的生存安全也变得更加脆弱。 但这些权利始终与城市环
境中的生产与消费政治联系在一起，创造出了变革的可能性。

总结

本章，我们不仅概述了生产侧解释本身，还将其置于 20 世纪 70 年
代初以来美国士绅化阶层回归城市运动的辩论中。 当然，关于中产阶
级回归城市运动的生产侧解释的发展并不是一以贯之地并列起来的，因
为不同的解释可能只在某方面有可取之处。 从一种解释到另一种解
释，不是简单的库恩式的范式转变。 直到今天依然有许多关于士绅化
的不同解释。 这一章，我们将焦点放在了最具影响力的生产侧解释
上，即尼尔·史密斯的租差理论。 我们将这个理论置于更广泛的城市
资本循环的政治经济学理论之中，特别是不均衡发展的理论之中。 我

们讨论了对租差的测量与解释，以及其他生产侧的解释如何引发了围绕社区改造意义的辩论。 我们还重点介绍了美国士绅化的生产侧理论，但我们也指出了在美国以外出现的生产侧理论，例如，哈姆奈特和伦道夫基于伦敦提出的"价值差距"和西柯拉基于布拉格提出的"功能差距"。 同时，我们指出了生产侧解释存在的问题，这会涉及下一章消费侧的解释所关注的问题。 由此，我们突出了20世纪80年代和90年代的学者在研究士绅化时反复使用的激烈言辞。 这些言辞要么攻击、要么捍卫着生产侧（或消费侧）的解释。 最后，我们通过探讨最新的生产侧理论工作来结束本章，并且我们认为，生产侧解释在今天依然十分重要，尤其是它凸显出了世界各地城市中日益严峻的社会不公正和不平等的现象。

85

延伸阅读

Badcock，B.(1989)'An Australian view of the rent gap hypothesis', *Annals of the Association of American Geographers* 79:125—145.

Clark，E.(1988)'The rent gap and the transformation of the built environment: Case studies in Malmö 1860—1985', *Geografiska Annaler* 70B:241—254.

Clark，E.(1991)'Rent gaps and value gaps: Complementary or contradictory?' in J. van Weesep and S. Musterd(eds.) *Urban Housing for the Better Off: Gentrification in Europe*(Utrecht，the Netherlands: Stedelijke Netwerken)17—29.

Hammel，D.J.(1999a)'Re-establishing the rent gap: An alternative view of capitalized land rent', *Urban Studies* 36，8:1283—1293.

Hammel，D. J.(1999b)'Gentrification and land rent: A historical view of the rent gap in Minneapolis', *Urban Geography* 20，2:116—

145.

Hamnett, C., and B. Randolph(1986) 'Tenurial transformation and the flat break-up market in London: The British condo experience', in N. Smith and P. Williams(eds.) *Gentrification of the City*(London: Allen and Unwin) 121—152.

Millard-Ball, A. (2000) 'Moving beyond the gentrification gaps: Social change, tenure change and gap theories in Stockholm', *Urban Studies* 37, 9:1673—1693.

Rose, D.(1984) 'Rethinking gentrification: Beyond the uneven development of Marxist urban theory', *Environment and Planning D: Society and Space* 1:47—74.

Smith, N., B. Duncan, and L. Reid(1989) 'From disinvestment to reinvestment: Tax arrears and turning points in the East Village', *Housing Studies* 4, 4:238—252.

Sýkora, L. (1993) 'City in transition: The role of rent gap in Prague's revitalization', *Tijdschrift voor Economisce en Sociale Geografie* 84, 4:281—293.

Wyly, E., and D. Hammel (1999) 'Islands of decay in seas of renewal: Housing policy and the resurgence of gentrification', *Housing Policy Debate* 10, 4:711—771.

图 3.1 1998 年下东区某绅士化小区内的一则广告，内容是"为你的狗提供素食"。

这张图片完美地展示了"新"中产阶级或称为雅皮士的消费文化。此时，下东区一边是无家可归和吸毒成瘾的人，一边在宣传要为宠物狗提供素食，这是多么讽刺。

来自：洛蕾塔·利斯 摄

第三章

消费侧的解释

> 关键点在于，中产阶级造成的士绅化并非与他们自己无关。他 们作为某种类型的工作者和个体，与自己生产住宅一样重要，也是士绅化不可或缺的要素。
>
> ——露丝（Rose 1984:56）

1980 年代末，当"雅皮士"一词在大西洋两岸广泛流行时，约翰·肖特（John Short 1989:174）总结了他所称的"新城市秩序"的诞生：

> 总的来说，制造业就业岗位减少，而服务业就业岗位增加，这一切都发生在失业率上升的背景下。社会影响包括传统男性工人阶级的权利减弱，女性就业增加，以及新兴中产阶级的出现。这些趋势在雅皮士和"失败的城市青年"（yuffie）这样的词语中被广泛认可。这些词语本身就是 20 世纪 80 年代的新词，像"黑人雅皮士"（buppies）、"富姐"（swell）和我最喜欢的"暴发户"（lombards）。这些词语层出不穷。"雅皮士"指的是向上流动的年轻人，其中的字母"u"也可以表示城市。而"失败的城市青年"代表被滞留和受阻的工人阶级。那其他词汇呢？"黑人雅皮士"是"雅皮士"里的黑人，而"富姐"是指在伦敦赚大钱的单身女性，这个词的出现象征着女性高管的崛起，或许也标志着男性垄断高管职位的终结。"暴发户"指的是有钱但十分讨厌的人，这是一个辱骂性的词语，只有当你知道伦敦金融城里有一条街道

叫伦巴底(Lombard)街时,你就能理解其含义了。

肖特担心他的论文会成为历史的牺牲品,担心上面的这些新词的寿命也不长。 虽然肖特列出的大多数词语确实已经消失不见了,但"雅皮士"这个词却非常顽强,这主要是因为它是反对士绅化的一个关键武器。 被用来识别社区里不受欢迎的新移民,这些人消费能力强,威胁着廉价房里居民珍视的本地设施。 然而,最著名的反士绅化批评家尼尔·史密斯或许会警告说:"由于识别新中产阶级有一定的困难,特别是在经济方面,所以我们不要把雅皮士和士绅化轻率地联系在一起"(1996a:104)。 博勒加德(1990:856—857)进一步指出:

把士绅化完全归咎于雅皮士,将忽略士绅化的复杂过程,并把焦点从不同类型的资本(如开发商)身上转移开了,而这些资本才是酿成士绅化负面效应的罪魁祸首。这种焦点的转移会忽视士绅化背后的政治结构因素。

本章将探讨消费侧的理论。 这些理论认为,士绅化是发达资本主义城市产业和职业结构变化的结果。 这就是肖特所说的"制造业就业的减少和服务业就业的增加"导致了中产阶级专业人士数量的增加,他们倾向于在市中心生活,拒绝郊区生活。 换言之,我们的目的是介绍和分析大量(仍在不断增加的)文献,这些文献探讨了"谁是士绅化阶层?""他们来自哪里?"和"是什么吸引他们居住在市中心?"等阶级构成问题。 很长一段时间以来,人们普遍认为研究士绅化时应该以阶级为主线(Hamnett 1991;Smith 1992a;Wyly and Hammel 1999),而研究的重点是了解中产阶级的行为,特别是他们为何迁居到撤资的社区。 这是一个令人惊讶的复杂问题,原因也因地而异。 多年来,许多国家都在研究士绅化阶层的行为,理论也变得越来越复杂。 这些研究试图表明,士绅化阶层是一个非常多元而矛盾的群体,不能简单地归结为保守自私的雅皮士。 主要是因为雅皮士的负面含义与一些持左翼自由主义政治(Ley 1994)立场的边缘(Rose 1984)士绅化者的形象不符。 20 世纪 70 年代围绕北美回归城市运动的辩论(见第二章)清晰地表明,如果士绅化消费侧的理论要具备解释力,那么就需要更复杂的理论去处理士绅化阶层如何产生的问题。

士绅化阶层的产生：后工业和专业化的理论

1972 年夏天,年轻的城市地理学家大卫·莱来到温哥华,开始了他在不列颠哥伦比亚大学的第一份学术职位,至今他仍在任。 那年秋天,在当地的一座教堂里,他遇到了七十多岁的寡妇艾德娜·沙克尔(Edna Shakel)夫人,她刚从美景区(Fairview District)一条街上的三居室公寓里被驱逐出来,那个地方正在经历快速的士绅化,新公寓正拔地而起。 为了能留在那个地方,沙克尔夫人不得不降低生活质量,住在只有一个房间并共用浴室的公寓里(更详细的讨论参见 Ley 1996：1—3)。 这次遭遇激发了莱对加拿大城市士绅化的长期研究,至今仍在进行中(见 Ley 2003)。 莱的职业生涯实际上就是"回归到人"(peopling)的人文地理学的缩影,后来,他被誉为"人文主义地理学"(humanistic geography)的关键人物。 人文主义地理学呼吁要把人的主观能动性纳入更侧重结构分析的地理学研究中,特别是结构马克思主义的学术研究中(Duncan and Ley 1982)。 这种致力于研究人在地理环境中"日常生活"的努力丝毫没有减弱。 莱(2004)最近撰文,试图"将人的能动性带入全球化的话语之中,这种话语常讨论空间网络和空间流动,忽视了置身其中的特定文化的人"(第 152 页)。

莱抵达温哥华的第二年,美国社会学家丹尼尔·贝尔(Daniel Bell)出版了《后工业社会的来临》(*The Coming of Post-Industrial Society*,1973)一书,该书对莱的士绅化理论的形成影响深远,以至于它经常被称为莱的士绅化"后工业"理论（见专栏 3.1）。 贝尔的研究遭到了激烈的批评，尤其来自左翼学者，他们质疑这一挑战马克思主义社会发展理论解释的政治意图。 在一篇尖锐的批评中，沃克和格林伯格（Walker and Greenberg 1982）称后工业理论是"一套相当宽泛而空洞的概括"，源自"一种经验主义的社会历史方法，在这种方法中，观察和感知到的'事实'被视为社会现实的全部，而不是因果机制或结构关系得出的产物"（第 17—18 页）。 然而今天，任何人都不得不承认贝尔的许多观点其实是非常有先见之明的。 专业与管理类就业人员的数量增长已是一个不争的事实。 甚至连最知名的马克思主义学者大卫·哈维（1989a）都承认，贝尔对文化转型的处理"可能比许多左翼学者更能准确地把握正在发生的事情"（第 353 页）。

92

专栏 3.1

贝尔的后工业社会理论

丹尼尔·贝尔认为，新的"后工业社会"有四个关键特征：

● 从制造业经济转向服务业经济

● 新科学产业的中心地位，这种新产业以"专业知识"为关键资源，高校作为主导机构取代了工厂

● 管理人员、专业技术人员的迅速崛起

● 前卫艺术家引导消费文化，而不再是媒体、企业或政府来引导

资料来源：贝尔（1973）。

从 1972 年开始，大卫·莱试图在后工业城市的背景下解释士绅化，这是一个既有历史性也有当代性的项目，其主要是关注士绅化的文化政治现象，这并非如很多研究者错误以为的那样，会忽略加拿大的城市经济变化。 莱指出，后工业社会改变了加拿大城市土地利用分配的基础，因为新中产阶级专业人士［他称之为"文化新阶层"（cultural new class）］是一个不断壮大的群体，他们有一种使命感："要提高生活质

量，而不是简简单单地追求经济"（1996：15）。 莱认为，士绅化代表了城市发展的新阶段，其中，消费品味和特殊的城市审美都来自一个不断壮大的中产阶级，体现出的"城市主义替代了郊区的意象"（第15页），而这一过程无法被侧重于分析生产和住房市场动态的结构理论所理解。

20世纪90年代，莱的论点得到了另一位地理学家克里斯·哈姆奈特的支持。 他为莱的后工业论题"植根于生产结构、劳动分工变化和地点集中的服务业阶层"而印象深刻（Hamnett 1991：177）。 正如我们在第二章中所看到的，哈姆奈特一直对尼尔·史密斯的"租差理论是理解士绅化不可或缺的"观点（Hamnett 1984，1991，2003b）持批评态度。 在哈姆奈特（1991）看来："如果士绅化理论一定要有一个核心的话，那也应建立在对士绅化阶层研究的基础之上"（第187页）。 1991年，在这篇文章发表后不久，哈姆奈特立足于士绅化阶层的崛起，对萨斯基娅·萨森（Saskia Sassen）关于全球城市的著名作品展开了持续攻击。 他对萨森全球城市中"社会极化"的论点感到困惑，该观点认为产业和就业结构的变化导致职业和收入的极化日益严重，按萨森（1991）的话来讲就是："高收入和低收入的岗位较多"（第13页），而中间层的岗位越来越少。 那么，哈姆奈特认为，这个论题以点带面地看待了纽约和洛杉矶的情况而失去了客观性。 这两座城市的经验同其他城市社会变革的研究（在他看来，更具理论和经验价值的）对照起来是相矛盾的，特别是贝尔关于后工业社会的出现的论点和莱将此论点用来阐述加拿大的城市上面。 基于伦敦（萨森所提出的全球城市之一）的经验材料，哈姆奈特 93 提出了一个所谓的"专业化论"来反驳萨森的"极化论"：

> 有证据显示，一种专业化的过程集中在一些拥有强大金融、生产服务基础的大城市中。伦敦在1961年至1981年间经历了专业人员和管理人员比例的增加，而其他所有群体的人数和比例则下降。而在20世纪60年代和70年代的伦敦，没有出现绝对两极分化的证据，1991年的人口普查也不可能揭示突然的命运逆转。（1994b：407）

哈姆奈特基于1991年英国人口普查预测出人口进一步专业化的趋势确实是准确的(Hamnett 1996)。 但这种常常令人沮丧的辩论与士绅化有什么关系呢？ 答案可以从以下事实找到：这些专业人员和管理人员都是士绅化者，他们是一个迅速壮大的群体，对住房市场和社区产生着巨大的影响。 在哈姆奈特看来，士绅化是西方城市从制造业中心转变为商务服务中心、创意文化中心的产物，进而带来了职业和收入结构的变化，导致一个不断壮大的中产阶级的兴起，该阶级已经取代(replace，而非displace)了渴望住在市中心的工人阶级。 总而言之，

> 在市场经济中，随着中产阶级规模和购买力的增加，住房市场的需求压力也在增加，这并不奇怪。这在伦敦市中心尤为明显，因为许多新兴中产阶级在这里工作，再加上他们希望尽量减少通勤时间，以便有能力承担市中心和内城的社会文化生活的成本，这些行动与渴望都与士绅化有关。(Hamnett 2003b:2424)

莱的后工业理论和哈姆奈特的专业化理论密切相关，并体现出消费侧解释的重要性[参见蒙特(Munt)1987年对伦敦巴特西(Battersea)的研究，该研究基于这两种消费侧的解释]。 越来越多的人承认，任何对士绅化的解释都必须同时包含生产侧和消费侧的解释(Clark 1992)，而只有顽固的结构主义者才会选择性地忽视这些观点！ 讨论至此，我们知道为什么新兴中产阶级是一个不断壮大的群体，而其中许多人选择从郊区返回内城，而非选择留在郊区。 然而，现在我们需要研究大量文献来解释为什么士绅化者会导致士绅化的出现。

94 新兴中产阶级

像我们这样的人，都住在伦敦郊区，但我们其实想住在一个多

元、充满活力的地方,到处都是年轻的中产阶级人士,他们正在翻新自己的房子。

——斯托克纽因顿(Stoke Newington)士绅化阶层的一员

(引自 Butler 1997:124)

1991 年,英国社会学家艾伦·沃德(Alan Warde)发现:

中产阶级的分化和流动是各种消费行为的结构基础……我们不可能把消费行为的细节与该阶层的具体部分一一对应起来。(第228 页)

虽然沃德指出不同的中产阶级之间存在不同的消费行为,但这段引述的第二部分如今看来有些奇怪,因为自 1991 年以来,许多研究都**正好**沿着沃德认为不可能的方向在发展。 初涉士绅化文献的人很快就会遇到大量关于不同类型士绅化者的特征以及他们参与士绅化原因的文献。 许多研究者都采用了定性研究方法以追踪新中产阶级的行动和愿望,并大量引述了士绅化者自己说的话。 在本节,我们会将这些研究分解为几个主题,它们相互之间并不是孤立的,而是反映出士绅化研究文献的不同侧面。

反主流文化的身份、政治和教育

2002 年 4 月,加拿大航空公司的月刊《途中》(*enRoute*)刊登了一篇名为《加拿大十大最酷社区》的文章。 这些社区由 38 位加拿大知名人士组成的评审团选出,标准如下:

当一个年轻的平面设计师离开家时,他(原文如此①)寻找的东

_____

① 原文使用了性别化的人称代词(he)。 ——译者注

西和父母寻找的东西可能不同。通常,他会寻找同龄人居住的"年
轻"地方。他会找一个"有趣"的地方,在那儿他可以尽情享受喜欢
的休闲活动。但最重要的是,他会找一个既让自己感觉独特又像
家一样的社区,一个能反映他品味的社区——一个酷酷的地方。
(第 37 页)

入选《途中》的加拿大十大最酷社区的名单如图表 3.1 所示。 如果
我们不考虑平面设计师和酷感之间的任意联系,这份名单里的社区都经
历了士绅化。 此外,可以说加拿大最著名的两个士绅化社区占据了其
中前两名。 这十个社区的士绅化都已经很成熟了,有着有趣而独特的
历史。 但就我们的目的而言,我们需要注意它们的共同之处。 从 20
95　世纪 60 年代开始,它们成为了新兴中产阶级反主流文化政治的场所。
因此,加拿大是我们探讨士绅化的合适起点,而乔恩·考菲尔德(Jon
Caulfield)和大卫·莱的作品尤其值得参考。

1. 多伦多皇后西街(Queen Street West,Toronto)
2. 蒙特利尔皇家山高地(Le Plateau Mont-Royal,Montreal)
3. 蒙特利尔老城(Vieux-Montreal,Montreal)
4. 温哥华西区(West-End,Vancouver)
5. 多伦多小意大利(Little Italy,Toronto)
6. 埃德蒙顿老斯特拉斯科纳(Old Strathcona,Edmonton)
7. 温尼伯格交流区(The Exchange District,Winnipeg)
8. 哈利法克斯下水街(Lower Water Street,Halifax)
9. 卡尔加里英格尔伍德(Inglewood,Calgary)
10. 魁北克市魁北克老城(Le Vieux-Quebec,Quebec City)

图表 3.1　《途中》杂志十大最酷社区

加拿大在 20 世纪 70 年代处于城市政治的"改革时代",士绅化加
速发展(见 Harris 1987)。 考菲尔德(1994)认为,20 世纪 70 年代和 80
年代多伦多的士绅化反映出中产阶级有意拒绝郊区生活的态度,他们拒
绝现代主义规划和大众市场原则的压迫,"旨在重建老城社区的意义,
以迎接另一种城市未来"(第 109 页)。 这一过程被描述为中产阶级对战

后现代主义城市发展的批判（他称其为"批判性社会实践"）。 多伦多不断壮大的中产阶级知识分子在重新定位城市身份方面发挥了重要作用，他们将城市的身份从郊区转向了市中心地区。 在过去近二十年里，多伦多的士绅化各个方面都是对 20 世纪 60 年代城市发展特征的有意抵抗，因此是一种"逃避社会和文化结构支配的实践，为新的社会体验创造了条件"（Caulfield 1989：624）。 在与多伦多士绅化者的访谈中，考菲尔德观察到，他们对多伦多"老城区"的喜爱，根植于他们想要逃避郊区特有的单调乏味的日常生活：

> 老城提供了差异和自由、隐私和幻想，以及狂欢的可能……这不仅仅是哲学的抽象问题，而更是一种狂欢……沃尔特·本雅明认为，这是对抗统治的一个最重要的力量。"大城市是关于性与可能性的百科全书"，这一特征应该在更广泛意义上去理解；城市是"我们与他人相遇的地方"。（Caulfield 1989：625）

我们将在第六章中讨论"我们与他人相遇的地方"这个问题。 在这里，有必要指出考菲尔德的观点是：士绅化与改革时期中产阶级对政治结构性统治的抵抗是密不可分的。

类似的观点也可以在莱（1996）对士绅化和改革时代城市政治的交织分析中看到。 1968 年以后，世界各地学生对过度管制的社会对日常生活压制的抗议达到了高峰，认为这也是一种殖民主义（Watts 2001）。 随着加拿大市中心成为反主流文化，提倡宽容、多元和解放的舞台，市中心社区的经济地位也提升了。 这发生在自由放任的国家环境中，伴随着前面所说的产业与职业结构的巨大变化（如莱所说，在向后工业城市转变的过程中，"嬉皮士变成了雅皮士"），同时伴随出现的还有福利紧缩、房地产和建筑业的热潮、后现代小众市场营销和炫耀性消费的出现（Ley and Mills 1993），以及艺术与艺术生活方式的审美化和商品化（Ley 2003）。 在 20 世纪 70 年代，多伦多的约克维尔（Yorkville）和安纳科斯

96

(the Annex)、温哥华的基斯兰奴(Kitsilano)和美景坡(Fairview Slopes),以及蒙特利尔的皇家山高地等社区变成了"嬉皮士"青年反抗政治保守主义、现代主义规划和郊区意识形态的阵地。

然而,当这些青年长大成为士绅化者以后,他们的政治主张又是什么呢? 随着社会地位的提高,他们的选举行为会发生怎样的变化? 基于美国的研究发现,士绅化阶层普遍持有"敌对的"保守主义政治立场,但莱(1994)却对此判断抱有怀疑。 于是,他研究了80年代加拿大三座最大城市(多伦多、蒙特利尔、温哥华)的选举结果,发现三座城市的士绅化社区内,绝大多数选民都支持左翼自由主义的改革政治。 加拿大的政治改革优先考虑建立一个更"开放"的政府,关注社区权利、少数族裔的权利、改善公共服务(特别是住房和交通),关注遗产、环境、公共开放空间以及文化和休闲设施的提升。 在温哥华著名的士绅化社区基斯兰奴中"改革政治成为了士绅化的一部分"(Ley 1996:283)。 而在多伦多的唐谷(Don Vale)选区,"对改革候选人的支持……也稳步提升,最集中的支持率出现在1978年的选举之后,这与士绅化第二阶段相吻合,同时,专业人士也成为了主导群体"(第288页)。 在开展调查的三座城市中"市中心的社会提升与(对抗性)保守政治之间,总体并未出现显著的相关性"(Ley 1994:70)。

简而言之,莱认为,60年代末反主流文化青年运动的价值观在"一个从善如流、格局宽广、多行业的中产阶级专业人士中不断传播,发生变化"(1996:210)。 这些价值观并不是通常所认为的士绅化阶层的自私自利,像雅皮士一样的保守价值观。 对莱(和考尔菲德)来说,郊区的单调氛围,战后福特主义大宗生产的重复性和组织性,以及对个人主义和多样性的压制(加上高速公路建设对社区的破坏),无法与**士绅化的整体解释**,特别是**士绅化者的政治**分离开来。 同时,城市社区社会地位不断发生变化,并不是加拿大才有的特征。 世界上其他城市的证据都表明,新中产阶级专业人士基本上都持左翼的自由主义政治立场,这在澳大利亚的墨尔本(Mullins 1982;Logan 1985)和英国的许多城市

(Savage 1991)都有明显体现。 蒂姆·巴特勒(Tim Butler 1997)基于伦敦哈克尼(Hackney)士绅化阶层的研究表明,受访者倾向于阅读《卫报》、为工党投票并持守左翼意识形态。 他们普遍认为:"高消费是可以接受的,但应该征税来支付社会保障。"正如一位士绅化者所说的那样:

> 我不确定自己是能否接受这种说法,也就是我必须放弃波斯地毯,才能让住在滑铁卢大桥下的人拥有自己的房子。我愿意付更高的税。当然,人们会因福利过得更好,很难想象如果没有这些钱生活会怎样。[乔治娜(Georgina),引自 Butler 1997:152]

所以,这些说法挑战了把士绅化者视为"空间侵略者"的雅皮士的假设(N. Smith and Williams 1986)。 因此,正如本章开头引用罗伯特·博勒加德的话所强调的,因士绅化的负面影响而把士绅化者妖魔化可能也是不合适的(尽管也应注意,不是所有的士绅化者都是宽容的自由主义者!)。 正如罗夫(Rofe 2003)最近在对悉尼的一项研究中所发现的那样,士绅化阶层里的精英是世界主义者,政治上是进步的,支持反种族主义,支持原住民的权利和社会正义运动——实际上,他们中的许多人"对日益高涨的偏见和排外不满,认为这源于全球一体化带来的恐惧……从而进一步疏远自己,使自己远离狭隘的澳大利亚主流文化"(第 2520 页)。

这一节开始的引语包含了伦敦(可能还有其他地方)士绅化者常说的一句话——"像我们这样的人"。 这一直是蒂姆·巴特勒研究的焦点,他对伦敦的士绅化者进行了广泛研究。 巴特勒(1997)指出,他的许多受访者都希望与"志同道合"的人生活在一起,并将自己视为由夫妇和家庭组成的中产阶级社区里的一员,他们正在寻求方法来适应全球城市生活里的各个方面。 在近期的研究中,巴特勒和罗布森(Butler and Robson 2003)调查了伦敦 6 个不同的社区,发现它们具有不同的象征意

111

义和社交网络，吸引了潜在的居民，并对定居于此的居民产生了影响，
98 他们称之为"都市惯习"(metropolitan habitus)的形成。 他们研究了士
绅化者"通过不同方式确保自己对定居地的霸权"，以及由于生活在经
济不稳定时期面临的各种结构性约束，他们将士绅化当做一种"应对策
略"来加以利用(第27页)。 巴特勒和罗布森认为中产阶级最迫切的问
题在于：

> 当不再逃往郊区后，选择住在市中心给中产阶级带来了许多问
> 题，特别是如果有孩子的话。需要面对的主要是教育问题，伦敦市中
> 心的学校都教育欠佳，尤其是在中学阶段。要应对这一问题，需要投
> 入大量时间、情感和资源。(第29页)

巴特勒和罗布森(Butler and Robson 2003)指出，士绅化社区的社会
关系通常受到当地学校优劣的影响：

> 目前能与住房市场和就业市场相比的就是教育市场了，它日益
> 决定着市中心士绅化的性质、程度和稳定性。据报道，布里克斯顿
> (Brixton)的士绅化之所以不稳定，不是因为它是国际享乐青年的中
> 心，而是因为它没有为中产家庭生活提供必要的基础设施……虽然
> 当地有一所表现优异的小学，但它未能成为中产家庭首选的学校，也
> 没有为这些家庭提供长期社交网络的基础和规划中学教育的基
> 础。……住在内城的中产家庭成功地运用了士绅化的典型策略：在
> 与其他城市群体保持空间邻近的同时，策略性地与后者保持物质和
> 文化上的距离。(第157—158页)

教育是父母的一项策略，目的是让孩子也成为中产阶级，成为"像
我们一样的人"，因此教育"在文化和社会阶级再生产过程中发挥着根
本作用"(第159页)。 巴特勒的研究帮助我们理解伦敦的士绅化，它是

中产阶级在面对住房、就业、消费尤其是教育的结构性约束中做出的反应。士绅化者通常受过良好教育。但巴特勒和罗布森的研究表明，通过观察他们子女的教育，我们可以理解士绅化的过程。在当代全球城市中，最近被巴特勒称为"四面楚歌的定居者"的人群，其住房市场轨迹受到了"日常生活（工作与消费）和代际社会再生产（学校教育和社会化）"（第2484页）的双重驱动。鉴于适应伦敦生活的困难，许多士绅化者最终选择离开城市迁往乡村地区从而导致"乡村士绅化"的出现（我们将在第四章中讨论）就不足为奇了。

性别

20世纪80年代初，人们意识到，随着日益增多的妇女就业，女性在推动士绅化的过程中也发挥着积极而重要的作用（Markusen 1981；Holcomb and Beauregard 1981），但背后的原因缺乏充分的概念化。这一点首次在达玛丽斯·露丝1984年发表的开创性论文里提出。露丝是一位社会主义女权城市地理学家，和当时许多人一样，她参与了长期的斗争，让20世纪70年代的马克思主义者［例如卡斯特尔（Castells 1977）］更加认真地对待社会再生产的问题，而不是将其与消费问题混为一谈，不然会导致"家庭成员在劳动力和人口再生产中的积极作用变得模糊不清"（Rose 1984:54）。因此露丝认为："探索'士绅化''有偿劳动的社会空间重组'和'劳动力人口再生产变化'三者之间的关系至关重要"（第48页）。她1984年的论文是首次尝试，尽管当时还很初步（她自己承认如此）。

露丝强调了单身女性专业人士和双收入家庭在士绅化中的日益重要性，并认为相比于郊区，市中心可能更有利于公平分配家务劳动。而首先提出这一观点的安·马库森（Ann markusen）与露丝持有相同的立场：

士绅化在很大程度上是父权家庭瓦解的结果。在中央商务区工作的同性恋者、单身人士和职业配偶越来越发现中心位置的吸引力……士绅化……满足了两个（或多个）收入家庭对区位的需求，该区位既能靠近市中心以缩短工作通勤的成本，又能提高家庭的效率（离商店更近）或能接近各种市场（洗衣房、餐馆、儿童保育），从而减轻家务劳动。（Markusen 1981:32）

露丝受到弗朗辛·丹塞罗（Francine Dansereau）和同事在蒙特利尔住房权研究中提出的"受过教育的男性（或女性）"概念（Dansereau et al. 1981）的影响，进而创造出了"边缘士绅化"（marginal gentrification）的概念，并应用在了蒙特利尔的实证研究里（Rose and LeBourdais 1986；Rose 1989）。边缘士绅化是指：就业机会有限的专业人员，特别是女性、单亲家庭和中等收入者，受到市中心社区的吸引，因为这些社区提供了一系列在郊区无法获得的支持服务。例如，社会网络和兼职工作可以缓解就业不稳定的压力；单身母亲可以更容易地在市中心将有偿劳动和无偿劳动（家务劳动）结合起来，从而减少时空约束，而这一点在郊区很难实现：

> 现在越来越清楚的是，士绅化阶层之所以形成，主要是因为他们不仅在负担郊区住房方面遇到了困难，而且住在传统的郊区，他们的生活安排也面临着困难。……许多现有的内城老社区……能够提供便利的服务和共享设施，为家庭再生产提供高效而非隔离的环境，也为女性拓展朋友圈和互助关系创造了机会。（Rose 1984:63—64）

露丝等学者最早注意到了"士绅化者"是一个内部存在差异的群体。她在文章的结尾呼吁，在研究士绅化时，需要探索"被归类为'士绅化者'的群体是如何被生产和再生产出来的"（第69页）。

此后，在一篇基于蒙特利尔下奥特雷蒙特区（Lower Outremont）的研究中，露丝及同事证实了作为单身母亲的职业女性在士绅化中的重要性(Rose and LeBourdais 1986)。 这之后，露丝又尝试建立一个理论框架，将更广泛的经济结构调整与都市尺度上的劳动力重组联系起来(Rose 1989)，揭示出后者是如何通过家庭与个人尺度上的社会经济关系重组来进行调节的。 这一研究与罗伯特·博勒加德(1986)的研究是相辅相成的。 博勒加德和露丝一样也认为"士绅化"是一个"混乱"的概念，有很多主题和问题需要关注，以至于一个或两个因素是不足以解释士绅化的。 博勒加德认为把士绅化者的消费实践与他们在生物繁衍方面的决策联系起来是至关重要的。 就此问题，他的观点值得引述：

> 延迟结婚促进了士绅化的消费。因为人们需要结识他人并发展友谊，所以这样的消费是必要的。大学毕业后没有伴侣的人，需要加入俱乐部并经常去一些场所(比如"单身"酒吧)同其他单身者(无论从未结过婚还是离过婚)聚集，以结交朋友。伴侣(无论是否结婚)都需要超越工作场所的友谊，并希望聚集在"公共"场所里。此外，城里的社交机会虽不一定比郊区更多，但显然在空间上更集中。相对于郊区的分区规划，城里的社交空间分布更广，结合更紧密。当这些个体靠近"消费区"，企业家也将他们作为炫耀性消费的主要人群时，消费场所的集聚就会出现。无论是在婚前的"寻偶"阶段还是保持终身的流动性人际关系，外出消费的需求、结交朋友、对性伴侣的渴望都会推动着人群对内城社区的认同，并迁居到这些地区。(第44页)

101

二十年后重温这段话，并不觉得过时。 事实上，博勒加德的这段话很像是在描述热门电视剧《欲望都市》(*Sex and the City*)的背景。这部剧集中描述了曼哈顿四位职业女性的生活和时代，她们的炫耀消费、流动的人际关系以及在俱乐部、单身酒吧里的聚会吸引了全球数百万的电视观众。 毫不奇怪，《欲望都市》引发的许多评论都集中在它对女权主义的贡献上，以及四位主演如何成为了女权主义的偶像。 二十多年前，布里亚维尔·霍尔科姆(Briavel Holcomb 1984)和彼得·威廉姆斯(Peter Williams 1986)就曾注意到，在士绅化的过程中，城市已成为女性教育、解放和自由表达的场所：

> 在 20 世纪 60 年代和 70 年代高等教育的繁荣中，许多女性(和男性)士绅化者受益匪浅。她们在很多情况下也是郊区中产阶级家庭的子女。上大学不仅让许多女性有机会选择日后扮演的角色(包括职业生涯)，还让她们体验了非常不同的城市环境。随后，熟悉了内城更充实、亲密、可达性更好的环境后，这种感受会令许多人从身体上拒绝郊区(就像在心理上拒绝郊区一样)，并选择她们现在更喜欢和接受的这个世界。对女性而言，这个决定让她们能获得相对较高的薪水和支持性的环境，并有机会将自己新的社会地位烙印在这片景观中。(Williams 1986:69)

也许最好的例子是温哥华美景坡的"后现代景观"。 在那里，米尔斯(Mills 1988)发现："人们不太可能因为性别角色的差异而出现信仰和实践上的不同"(第 181 页，参见第四章)。

随着有关性别和士绅化的文献不断增多，它们越来越将性别视为士绅化家庭里的一种**社会关系**。 艾伦·沃德(1991)认为："要解释'谁是士绅化者'，最好的办法是研究性别分工，而非阶级分工"(第 233 页)。 对沃德看来说，士绅化更少涉及阶级表达和景观美学，而更多涉及父权下的家庭构成以及女性如何适应新的就业模式。 他指出，存在两种类型的士绅化家庭：一种是单身，另一种是双收入家庭。 前者"更容易在士绅化社区里获得商业替代服务，这些服务通常由家庭妇女提供"；而后者的居住位置"能更方便地往返于家庭与工作地，把有偿劳动和无偿劳动结合起来"(第 229 页)。 简而言之，沃德认为，这两种居住安排最好被理解为女性根据家庭和劳动市场压力对自身行为的重新调整。 这也是利兹·邦迪(Liz Bondi 1991)在一篇重要论文里的主旨。 邦迪强调，对性别和士绅化之间关系的研究不能仅仅把性别视为经济上的差异，还应考虑"工作场所、社区和家庭性别分工的演变……是如何同女性和男性的文化建构产生互动的"（第 195 页），以及考虑性别立场是如何通过士绅化来表达和塑造的。

沃德的观点特别受到巴特勒和哈姆奈特(1994)的质疑，他们不能赞同沃德无视阶级在士绅化中的重要作用。巴特勒基于 20 世纪 80 年代末伦敦东部哈克尼区的研究来挑战沃德。受萨维奇等人（Savage et al. 1992)提出的教育和文化资本不均导致中产阶级内部分化观点的影响，巴特勒和哈姆奈特(1994)认为阶级（由职业和教育决定）和性别之间的**相互作用**可以很好地解释哈克尼地区的士绅化。他们指出，士绅化"不仅是一个阶级和性别的过程，它还涉及中产阶级对内城住房的消费，而这些人具有明显的阶级和文化特征，最明显的特征是女性的职业身份"（第 491 页）。在战后几十年里，中产阶级家庭的女儿因越来越多的教育机会而获益，而这些职业女性的消费能力（即使在家庭内部仍存在性别不平等的背景下）对哈克尼的初期士绅化是至关重要的。其基本观点是，社会阶级在士绅化中很重要，并深刻影响着性别的角色。

但与巴特勒和哈姆奈特相反，邦迪认为性别实践无法简单地从社会经济或人口变量中"读取"，而且伦敦内城的经验很难直接用来解释其他地区的变化（第 263 页），该论点对近期性别与士绅化关系的研究具有重要的理论意义。采用混合研究方法，以阶级和性别实践为中心的**生命历程**模式为基础，邦迪对爱丁堡三个社区（两个在内城，一个在郊区）展开了研究，并提出三个关键问题：

1. 士绅化不仅与中产阶级职业人士有关，经济独立的中产阶级 103
女性的作用也更需要重视。她们的工作虽不算为传统的专业领域，
但其生活方式与价值观同职业中产阶级男性大致相同。

2. 地方背景对分析性别与士绅化之间的关系十分重要。在所研究的社区里，只有一个社区——内城地位较高的斯托克布里奇区（Stockbridge)里的受访者认为邻近家人并不重要，因此该城的中产

阶级职业女性之间存在较大差异。

　　3. 如何看待生命历程关联着如何选择未来的住房，并以代际阶级流动为基础。在另一个内城区利斯(Leith)中，一些士绅化者出身工人阶级，向上的社会流动使他们能够在其他地方居住后返回原籍地。

　　五年前，加里·布里奇(Gary Bridge 1994)在伦敦西部一个士绅化社区的研究中指出："在社区中存在一种普遍生活方式的阶段效应(stage-in-the-lifestyle effect)，即对社会关系的依赖可能更多地由性别、年龄和家庭状况来解释，而不是由社会上或空间上相互连接的群体来解释"(第46—47页)。 邦迪(1999b)呼吁进一步研究性别和士绅化之间的关系，重视生命历程的塑造和各个地方的具体情况，而这是一个尚未深入研究的领域(参见 Karsten 2003 对阿姆斯特丹的详细研究)。

性向

　　　　在这个国家，美国，饼很大，每个人都能分到一杯羹。我们(同性恋)有钱，也喜欢花钱，这对经济是一种贡献。
　　　　　　——同性恋投机者(引自 Knopp 1990:347)

　　在内城地区，对不同生命历程的研究侧重于探讨性取向的地理变化，特别是解释同性恋者在士绅化中的作用。 毫无疑问，最著名的研究之一是曼纽尔·卡斯特尔(Manuel Castells)对旧金山同性恋社区形成的描述，收录在他关于城市社会运动的里程碑著作《城市与草根》(*The City and the Grassroots* 1993)里的一章。 卡斯特尔指出，同性恋在空间上的集中使得旧金山(和其他地方)的同性恋解放运动得以壮大。 当时该市同性恋社区的政治领袖哈里·布利特(Harry Britt)告诉卡斯特尔："当同性恋在空间上分散时，他们就不再是同性恋了，因为他们是不可见的"(第138页)。 同性恋在空间上的集中推动了旧金山某些社区的士

104

绅化。　为了解释性取向和士绅化之间的关系，我们要先简单介绍一下背景。

旧金山在"二战"时是一个重要的港口城市。　同性恋在军队中是非法的，所以许多在太平洋地区服役的同性恋都被勒令退役了。　由于同性恋被污名化，许多人没有回家，而是发现了性取向和文化身份一样的社交场所，像城镇中隐蔽的酒吧，也形成同性恋网络。　20世纪50年代和60年代是旧金山反主流文化运动的时期，以"垮掉的一代"为标志。　这是对异性恋家庭和郊区生活的反抗。　杰克·凯鲁亚克和艾伦·金斯堡等人的反叛文学创造出对同性恋宽容的社会氛围。　一旦媒体报道这种"离经叛道"的行为时，旧金山对美国各地孤立的同性恋者而言就像一块磁铁一般，另类而富有吸引力。　1969年的石墙暴动是一个重要的分水岭，当时警方突袭了纽约格林威治村（Greenwich Village）的一家同性恋酒吧，但遭到顽强抵抗，新获自由的同性恋者继续涌入旧金山，旧金山就成为一个能包容和同情他们的地方。

1969年后，卡斯特尔指出：

> 同性恋运动人士意识到，在解放和政治之间，他们必须在一系列的空间环境中建立一个社区，并通过经济、社会和文化网络来组织。（第143页）

它以卡斯特罗社区（Castro）为中心，其中有很多维多利亚式联排别墅，都是迁居郊外的爱尔兰工人腾出来的。　因此有很多平价住房可供购买或出租。　从20世纪70年代中期开始，卡斯特尔所称的同性恋"隔坨区"向四面八方扩张，"形成了一个非常密集的同性恋网络，包括酒吧、健身俱乐部、商店、企业和各种活动，这是基于人口增长发展起来的"（第156页）。　卡斯特尔认为，士绅化"在很大程度上（尽管不完全是）是由同性恋者造成的"，并且"极大地帮助了旧金山保留了其美丽的老维多利亚建筑的历史遗产"（第158页）。　他发现了同性恋参与士绅化的三种方式（第 158—159 页）：

> 1. 富裕的同性恋专业人士购买廉价的房产，并聘请熟练的装修工人来提升房产的使用和交换价值。
> 2. 同性恋房产经纪人和室内装修师利用他们的商业和艺术技能，在低成本地区购买房产，并维修和翻新以出售获利。

105

> 3. 较不富裕的同性恋组成群体，租赁或购买廉价房屋，自己装修，这是最常见的士绅化形式。

在理解这些"集体"的形成时，卡斯特尔指出："许多人都是单身的年轻男性，不需要养活家庭，这与相对繁荣的服务业有关……这使他们能够更容易地在紧张的住房市场里找到住房"（第 160 页）。 劳里亚和克诺普（Lauria and Knopp, 1985）在一篇重要文章里也提及了这一点：

> 在这个社会里，男同性恋在经济上是有利的。在各个经济领域里，男性的收入都比女性多，而男同性恋比直男的家属更少。这意味着许多男同性恋更容易进入士绅化阶层里。（第 161 页）

然而，除了人口统计数据以外，在卡斯特尔的研究中尤其引人关注的不仅是同性恋社区在极为艰难的情况下努力塑造出自己身份认同，导致了士绅化的蓬勃发展。 更富有洞见的观察在于：不断扩张的卡斯特罗区是一个矛盾而模糊的空间——对于寻求解放的受压群体来说至关重要，但随之而来的士绅化却压迫了其他群体：

> 由于同性恋的不断涌入引发了房产的投机，那些被迫从海耶斯谷（the Hayes Valley）搬出的黑人家庭并未得到生活的改善，而位于多洛雷斯走廊（the Dolores Corridor）因租金飙升而受苦的拉丁裔也没有获得多大的帮助。（Castells 1983：167）

因此，正如劳里亚和克诺普（1985）所言，同性恋导致的士绅化可以归因于他们"逃往宽容绿洲的需要……这是创造他们（同性恋）社区的机会，能最大程度享有控制权以对抗压迫"（第 161 页），但此过程也导致了另一种形式的压迫——排挤低收入少数族裔和工人阶级。如一般的士绅化一样，表面的外观（美丽的维多利亚建筑和著名的同性恋社区，现已成为旅游景点）掩盖了潜在的不公正和紧张局势。

拉里·克诺普一直走在同性恋士绅化研究的前沿，繁荣的城市土地市场是他研究的背景（如 Knopp 1990，1997）。他在研究中特别强调房地产市场开发过程中的阶级利益，这是卡斯特尔研究的一个盲区。在讨论 20 世纪 60 年代和 70 年代新奥尔良马里尼（Marigny）地区的士绅化时，克诺普（1990）解释道，该区最早的士绅化者主要是同性恋中产阶级专业人士，70 年代，马里尼地区历史保护运动的领袖是公开的同性恋者，更为重要的是，70 年代中期加速推动士绅化的投机者和开发商大部分都是男同性恋者。关于最后这一点，克诺普讲述了一家房地产公司起到的作用。该公司已成为社区机构，经常通过非法手段（贿赂金融机构雇佣的评估师）"帮助当地同性恋社区成员获得几乎整个房屋购买价格的贷款"（第 345 页）。紧接着，一家由男同性恋所有的发展公司与新奥良的保守商界联系密切，该公司试图在马里尼地区开发一个独特的富裕同性恋社区，用业主的话说："这是一个配了游泳池、按摩浴缸和……自由爱的环境……基本上是一块相当富裕的同性恋飞地"（引自第 346 页）。与克诺普预期的发现相反，新奥尔良的同性恋士绅化主要是"一种资本积累的替代策略"，是"克服在城市某些地区投资制度障碍的一种手段"，而不是对社会压迫的集体反抗（第 347 页），因此，克诺普坚持认为，对同性恋士绅化的任何解释都必须考虑阶级利益和同性恋身份建构的问题。

在卡斯特尔对旧金山的研究中一个颇有争议的观点是，他认为只有男同性恋才会在城市里形成居住集中区。然而，塔玛·罗滕伯格（Tamar Rothenberg 1995）在纽约市公园坡（见第一章）对女同性恋士绅化的研究中

106

表明，并不只有男同性恋才具有卡斯特尔所说的天生的"领土欲望"。
公园坡可能也是美国女同性恋最集中的地方。 罗滕伯格指出，当地女同
性恋社区的形成与当时的女权运动和早期士绅化都存在着密切关系。 后
来，政治活动家被"汗水产权"的住房理念所吸引。 但女同性恋持续迁
居公园坡的原因与卡斯特尔、克诺普概述的男同性恋有些不同：

> 女同性恋迁居"女同社区"是通过口耳相传的，而不是基于统计
> 信息。对于生活在社区里的女同性恋来说，重要的是她们对这个地
> 方的体验，在街上行走时的感受，以及可用的服务。（Rothenberg
> 1995：169）

尽管罗滕伯格的一些受访者并没有将公园坡描述为一个真正的女同
性恋社区，但她们都强调公园坡对女同性恋的空间意义，以及该人群数
量如何因"女同性恋社交网络的力量"而增长（第 177 页）。 为了捕捉该
社会网络，罗滕伯格引用了 20 世纪 80 年代的电视洗发水广告，里面不
断重复的一句话是："她告诉了两个朋友，她告诉了两个朋友……"，因
此，越来越多的女性了解了该洗发水。 罗滕伯格指出，这个口号呈现
出公园坡士绅化中女同性恋社交网络的力量。 但最终结果却对当地住
房市场施加了巨大压力，租金上涨导致许多女同性恋被迫迁到邻近的社
区。 因此，罗滕伯格的研究支持了克诺普的观点：对性取向和士绅化
关系的研究必须关注住房市场的动态和同性恋身份的形成。

由于理查德·弗洛里达的创意阶层论在政界的巨大影响力，经济繁
荣的城市社区里的同性恋已成为近期北美备受关注的城市政策问题。
我们在本书的前言中介绍了他的论点，解释了它对士绅化的影响。 在
此，我们要更深入地探讨弗洛里达的一个观察，即同性恋的显著存在对
城市经济发展的重要作用。 弗洛里达（2003）指出："经济发展的引擎是
三个'T'——技术（technology）、人才（talent）和包容（tolerance）。" 关
于包容，他说：

我认为一个地方的低门槛很重要。也就是说,它是新来者能够很快适应各种经济和社会环境的地方。这样的地方具有创造力的优势。在其他条件都相同的情况下,很可能吸引更多具有才华和创造力的人,这些人是推动创新和增长的人才。(第 250 页)

弗洛里达出了一本以详细的个人传记、生活方式和消费习惯为特色的书。 批评家对该书的评价是:"……缺乏分析思维,陷入自我放纵的业余微观社会学和对嬉皮士资产阶级的粗俗赞美里"(Peck 2005:744—745)。 通过这本书(2003),弗洛里达揭示了同性恋对创意运动的重要性:

我出差到各个城市演讲时,想出了一个方便的衡量标准,来区分属于创意时代的城市和不属于创意时代的城市。如果城市领袖告诉我穿什么都可以,带我去一家轻松的现代咖啡馆或餐厅吃饭,并且最重要的是鼓励我公开谈论多样性和同性恋者的角色,我相信他们的城市将能够吸引创意阶层,并在这个新兴的时代里蓬勃发展。另一方面,如果他们要求我"穿西装打领带",带我去私人俱乐部吃饭,并要求我"避免谈论波希米亚人和同性恋的事情",我可以相当确定,他们的城市和创意时代格格不入。(第 304 页)

他在书中列出了一系列眼花缭乱的指数来评估城市的创造力,其中包括一个"同性恋指数"。 这个指数由他的同事加里·盖茨(Gary Gates)开发的,它利用美国人口普查局的居住数据,按照同性恋的集中程度对地区进行了排名。 弗洛里达和盖茨指出,同性恋热衷的地方是高科技产业聚集的地方。 弗洛里达(2003)总结如下:

一个欢迎同性恋的地方也会欢迎各式各样的人……同性恋可以 108
说是"创意时代的先行指标"。因此,对同性恋群体的开放态度是人力资本开放程度的良好体现,而这对于激发创造力、促进高科技非常重要。(第 256 页)

弗洛里达的信息简单明确而吸引着城市政策制定者——对同性恋者宽容，你的城市就会取得"经济上的成功和繁荣"；相反，如果城市不开放、不包容、不多元，"就会落后"（第266页）。 但在所有这些关于同性恋与经济发展的热情言辞中，只字未提同性恋推动士绅化的作用。 在士绅化的问题上，弗洛里达显然是为了避免任何批评而表现出担忧：

> 当前的城市复兴浪潮加剧了社区里的老居民和刚搬入的富裕人群之间的紧张关系。在越来越多的城市中，城市复兴已经体现为大规模的士绅化和失所了。其中一些地方已变得只有有钱人才住得起……虽然过去几年间技术行业的衰退，缓解了一些城市住房市场的压力，但主要城市中心的士绅化却仍然威胁着最初推动城市增长的创新能力，以及多样化的创造力。（第289—290页）

在过去十年间，因为弗洛里达一直在宣传美国几座城市里的士绅化，以及这些社区的吸引力，所以上述引文令人惊讶。 其中存在明显的矛盾是：技术（高科技产业）是任何一座城市吸引创意人才的三大资产之一，但是，当技术产业衰退时，当地的住房价格就会下降，变得可以负担得起。 然而，创意阶层参与的士绅化又会威胁城市的多样性与创意能力的可持续性。 所以，该矛盾指出了弗洛里达论点里的一些严重问题（Peck 2005）。

种族

毫无疑问，对"谁才是士绅化者"这一问题的最近研究中，忽视了那些与新中产阶级有许多共性，却是非白色人种的士绅化者。 大多数人对士绅化者的印象都是：搬迁至低收入社区的白人雅皮士"先驱"，这些社区里居住着很多少数族裔。 这个形象被讽刺杂志《美国士绅化

者》(*American Gentrifier*)完美地捕捉到(见图 3.2)。 封面图是一对白
人职业夫妇和一个婴儿,配着一句幽默的话:"贝德福德-史岱文森特
(Bed-Stuy)还那么黑吗?"(Bed-Stuy 是贝德福德-史岱文森特的缩写,
这里曾是纽约布鲁克林区高度种族隔离、极度贫穷的非裔美国人社区,
如今它正在被士绅化)。

109

图 3.2　美国士绅化阶层
瞧瞧这个美国士绅化阶层家庭的健康形象。关于士绅化,这幅图传达出什
么信息?
来源:*Stay Free*! 杂志。

但黑人士绅化者又是怎样一群人呢？ 他们中的许多人具有士绅化

110 者完全相同的教育、职业和收入特征。 在美国，已经有很多关于黑人
中产人口增长的记录，但这些记录的背景通常是黑人中产阶级大规模从
隔坨区迁往郊区后，给留下来的居民带来了毁灭性的后果（参见 W.J.
Wilson 1996）。 直到最近，很少有研究关注留在或迁入内城社区的黑人
中产者，以及他们造成的士绅化，而这种情况已经在美国许多城市里出
现了。 一个例外是博斯蒂克和马丁（Bostic and Martin 2003）的研究，
他们提供了一种有用的（定量）评分技术来识别美国的士绅化社区，并发
现在 20 世纪 70 年代，黑人房主对士绅化产生了重要的影响，但在 80
年代影响较小（由于公平贷款和反歧视运动的影响，黑人房主可以迁至
更富裕的郊区，而不是士绅化社区）。 尽管从广义上来看，该研究是有
价值的，但定量的纵向研究并不能帮助我们了解黑人士绅化对当地社区
的影响，对此，我们需要转向更小尺度和更定性的研究方法。 此外，
博斯蒂克和马丁的发现与其他研究结果不太一致，后者显示出黑人士绅
化在 80 年代对一些有名的社区造成了很大的影响。

纽约市的哈莱姆区无疑是美国最著名的非裔社区。 20 世纪 20 年
代的哈莱姆文艺复兴（the Harlem Renaissance）推动了本地艺术、文学
和音乐的繁荣，也在国际上产生了影响。 随后几十年的系统性撤资在
肯尼思·克拉克（Kenneth Clark）的《黑暗贫民窟》（*Dark Ghetto* 1964）
一书里有了诗意的描述。 哈莱姆区的衰败是如此严重，以至于当理查
德·谢弗和尼尔·史密斯（Richard Schaffer and Neil Smith 1986）觉得
它也是士绅化的候选地时（尽管打了个问号）引发了一阵惊叹。 他们的
一个关键发现是：

> 很明显，尽管当前的新闻报道主要关注哈莱姆区的白人士绅化
> 者……但在哈莱姆中心区的修复和重建中，绝大多数参与者都是黑
> 人。（第 358 页）

当谢弗和史密斯的文章发表时，莫妮克·泰勒（Monique Taylor 1992）还是一名研究生，她决定研究1987年至1992年间哈莱姆区的黑人中产阶级，并发现士绅化者"强烈地希望参与定义这个臭名昭著的黑人社区的日常生活仪式"（第102页）。 泰勒发现，黑人士绅化者在从外来者过渡到内部人士的过程中，面临着她所称的"差异困境"。 在哈莱姆区，他们的阶级地位和生活方式与其他黑人明显不同。 同时，他们建构的黑人身份也与工作场所里的白人不同［斯派克·李的电影《丛林热》（Lee 1991）对此有生动描绘］。 在这项研究中，经济因素并没有被忽略。 但对泰勒来说，黑人士绅化也是"一项文化生存策略，其基础在于渴望得到黑人社区的支持以及提供的意义"（Taylor 1992：109）。 哈莱姆区的房主被视为连接种族与阶级的桥梁，种族差异决定了他们在工作场所的边缘地位，而阶级差异令他们成为哈莱姆区的"局外人"。 泰勒在一部长篇著作中讨论了这些问题（Taylor 2002）。 一位受访者描述了导致这种"局外人"身份的阶级冲突：

> 其他人（非士绅化者）……他们被骗了这么久，而像我这样的人进来了。我们挣了一些钱，住上了他们甚至都没想过的最好的公寓……所以这让他们有点生气，我能理解。在这样一个地方，在有钱人和没钱人之间，会存在这种鸿沟。……有这种摩擦。（第91页）

泰勒充分记录了哈莱姆的第二次文艺复兴（士绅化）：哈莱姆区的标志性商业地带，125号大街，拥有最先进的士绅化特征，包括一家星巴克，这在最近的记忆里是不可想象的。 特别值得讨论的是黑人中产阶级为后来更富裕的白人中产阶级加速士绅化铺平了道路，这使得谢弗和史密斯（1986）的话显得颇有先见之明：

> 不可避免的结果是，除非哈莱姆区的变迁背离所有的经验趋势，否则哈勒姆的士绅化虽最先由黑人士绅化者推动，但它的任何大规

模修缮都必然会涉及大量中上阶层白人的涌入。（第 359 页）

兰斯·弗里曼（Lance Freeman 2006）也写过关于哈莱姆区和布鲁克林的克林顿山区的黑人士绅化。 与泰勒（2002）专注于黑人精英不同，弗里曼的目标是从这些社区里原住民的角度去理解士绅化。 因此，他的重点是士绅化对非士绅化者的影响，这是斯莱特、柯伦和利斯（Slater，Curran and Lees 2004）倡导的研究策略。 然而，他也不可避免地讨论了黑人中产阶级的状况：

> 然而在某些方面，黑人社区的士绅化是有解放意义的，这是大卫·莱等人所未曾想到的。也就是说，对于黑人中产阶级折衷主义思想的一些人来说，士绅化提供了开拓自己空间的机会，而不必顺应美国白人的准则或主导着大部分美国黑人的保守伦理。如书中所考察的黑人社区那样，士绅化的空间代表着庆祝黑人身份的地方，这种身份是一种常态而非"他者"。一些观察家指出，对于一些中产阶级黑人来说，民权时代的遗产并不是融入白人社区，而是有能力创造理想的黑人社区。（第 196 页）

然而，正如米歇尔·博伊德（Michelle Boyd 2000，2005）在芝加哥南区的研究中所显示的那样，黑人士绅化可能与通常所描绘的积极力量相去甚远。 在道格拉斯/格兰德大道街区（Douglas/Grand Boulevard）（该街区因制度性种族歧视和撤资造成的破坏比哈莱姆区更为严重）黑人士绅化的民族志研究中表明，现有居民和社区机构（以及强大的地方规划委员会）对吸引黑人中产阶级到这个经济贫困区的想法持开放态度。 事实上，这被视为一种"种族振兴"策略，旨在提升黑人社区的地位和自尊心，最好的例子是将该区更名为"布朗茨维尔区"（Bronzeville），这是圣克莱尔·德雷克（St. Clair Drake）和霍勒斯·凯顿（Horace Cayton）在他们 1945 年的巨著《黑人大都会》（*Black Metropolis*）里给出的名字。　人们不仅期望黑人中产阶级与所有社区成员互动，还假定黑人中产阶级会改善税基，将使社区里的所有黑人都受益。　但正如博伊德（Boyd 2005）所指出的：

> 将黑人贫民与黑人精英的需求和利益等同起来，黑人士绅化的推动者掩盖了他们的策略会对低收入居民带来多大程度的威胁……种族振兴计划为士绅化提供了合理性，也采用了不同的话术……该话术制造出一种假象，即士绅化的策略符合黑人贫民的利益，得到了他们的认可。（第285—286页）

当地规划委员会里的一个人说的话颇具揭示性："我们并不介意士绅化，但是我们却希望士绅化造成的失所能少一点"（Boyd 2005：116）。事实上，士绅化和失所是一枚硬币的两面，这一点甚至都没有得到过足够的认识。　正如怀利和哈梅尔（Wyly and Hammel 2000）所指出的，芝加哥历史悠久的黑人贫民区，曾经以公共住房为主，但现在却被拆除用来建成混合收入的居住区。　几代人经历过种族偏见、隔离和封锁的区域目前却处于一种奇怪的状况。　这里变成了城市中最具吸引力的地方，被开发，也被中产阶级殖民，导致低收入者失所。

阶级的形成与士绅化的美学

在本章的前面部分，我们解释了大卫·莱（1996）的观点，他指出：加拿大连续几波新中产阶级都将市中心视为"与郊区地方认同不一样的标志"（第211页）。　但是，这种社会差异又是如何在士绅化社区的街道上体现出来的呢？　士绅化者如何将自己与其他社会群体区分开来？　一个正在士绅化或已被士绅化的社区会带给人一种特别的"感觉"，它有着特定的外观，是一种炫耀性消费的景观，很容易被识别出来（见图3.3和图3.4）。　这

113

就是所谓**士绅化的审美**。 正如雅格(Jager 1986)所指出的那样:

> 审美不仅展示出了士绅化的阶级维度,而且它还传达出以士绅
> 化为元素的社会阶级的动态构成……
>
> 贫民窟变成了维多利亚风格的小区,住房变成了一种文化投资,
> 建筑立面象征着社会地位的上升。(第 78—79 页)

图 3.3　多伦多市埃尔姆格罗夫
士绅化之前
来源:汤姆·斯莱特 摄

图 3.4　多伦多市埃尔姆格罗夫

士绅化之后

来源:汤姆·斯莱特 摄

雅格的论文分析了士绅化社区的外观和内部装饰的美学,这是第一篇被广泛引用的这类文献。 他对墨尔本内城的"维多利亚式"景观的研究表明,通过"消费历史",新中产阶级显示出自己与工人阶级和老中产阶级之间的社会距离。 对于前者,雅格的推理如下:

通过大规模的改建,抹除了工业时代和工人阶级的存在,消除了以往的社会污点。通过去除外部附加物、喷砂和内部挖空,实现了对"高级"维多利亚时代历史的纯粹性和真实性的追求。实际上,恢复先前的历史几乎是内城区消除污名并重新定义自身的唯一方式。维多利亚式美学的基本动力在于象征性地抹除工人阶级的历史。(第83页)

而对于后者,雅格写道:

这种新型消费的特点是……强调美学的文化主题。休闲时光与相对富裕的条件为艺术消费创造了机会,艺术日益融入中产阶级的消费模式里,成为一种投资方式、地位象征和自我表达的手段。这种消费模式与更传统的中产阶级消费模式之间有着明显的差异。(第86页)

对雅格来说,墨尔本的维多利亚式建筑作为一种城市保护的过程,通过有意识地重新利用和回收历史,实现了新中产阶级对自身身份的界定。然而,即使墨尔本的士绅化者试图通过消费历史来实现个性化历史的大规模生产,这种美学最终也会导向"媚俗的士绅化",其中,失真远远多于原真性,目的是为了满足市场的需求,并从包装过的历史中获利。随着士绅化的推进,文化差异也能被大规模地生产出来,就像尼尔·史密斯(1996a)借鉴雅格的观点所指出的:

由于最优的建筑结构被改变,在其他方面已经士绅化了的社区里,空地越来越显眼而昂贵,填充这些空地的都是新的建筑物。在这种情况下,建筑外观并不具有任何历史意义,所以无法重构出文化展示的意义,也就极其容易导向媚俗的士绅化。而当这些填充起来的现代建筑出现在士绅化的社区里……在地理、文化、建筑方面,给人留下的印象都是千篇一律、周而复始的。而这种填充起来的士绅化也正推动着城市的郊区化。(第115页)

图 3.5　布里斯托大桥附近的海港开发项目

　　请注意左侧最精美的建筑,以及最右侧的建筑,是媚俗地对周边建筑风格模仿的填充建筑。

　　来源:汤姆·斯莱特 摄

图 3.5 展示了这种现象。

不同于雅格更多关注建筑物的外观,蒙特(Munt 1987)对巴特西地区士绅化的研究更加关注该社区维多利亚式房屋的内部空间:

> 　　炫耀性的展示需要一个舞台。空间的创造和改变为此提供了可能性……所有受访者都从之前的士绅化者那里继承一个开放式的厨房和客厅,或自己打造出来。他们拆了墙壁,于是开放式客厅成为士绅化者审美和文化消费的展示之所。因为没有纱窗,外面的人就可以清楚地望见里面的一切,这样,士绅化者就能炫耀自己的财富,宣示自己的社会地位了。(第 1193 页)

116

卡朋特和利斯(Carpenter and Lees 1995)在纽约、伦敦和巴黎的研究中也有类似的观察,他们指出"在这三座城市中,真正能标志士绅化人士地位的是室内装修"(第299页)。 他们还详细总结出向上社会流动的美学符号是哪些,以及这些符号是如何促成士绅化者"重新占领"空间的。 卡罗琳·米尔斯(Caroline Mills 1988)把温哥华美景坡的士绅化美学称为"后现代景观"——通过把传统和现代建筑的风格引人注目地混合起来,或按照房产经纪人的说法:"古典与当代细节的折衷融合"(第176页)来呈现社区的风貌。 但是,这种特别的士绅化美学,以及新中产阶级的特定"品味"又是如何转化为商品的? 而一旦士绅化美学被商品化以后,又会发生什么?

117　　加里·布里奇(1995,2001a,2001b)在士绅化及其阶级构成的持续考察中详细探讨了这些问题。 布里奇在这场讨论中的主要贡献在于指出:阶级构成的效应大多数"发生在士绅化的社区之外(劳动分工以及各个工作场所之间的关系)或在士绅化之前(生活方式与生活品味的社会化)"。 基于此观点,我们需要从整个大都市区的尺度来理解何为居住,而不能局限于个别社区(1995:245)。 对布里奇来说,像雅格等学者在研究众多维多利亚风格社区的时候,忽略了先前的教育经历对士绅化美学的重要作用:

> 教育的影响可能有助于解释士绅化的美学,这与借助中产背景或中产阶级高等教育所习得的"品味"有关。士绅化美学并不是源于对工人阶级环境有着怎样的反应。(第243—244页)

在后来一篇关于悉尼士绅化的论文里,布里奇(2001a)再次分析了中产阶级的文化资本。 他研究了房地产经纪人在营造士绅化美学中所起到的作用,并借鉴了皮埃尔·布迪厄的观点,以展示这些经纪人在文化资本(品味)转化为经济资本(价格)的过程中如何"协商不同阶级之间的界线划分"(第89页)。 通常情况下,他们必须在工人阶级的卖方和中产阶级的买方之间来回周旋，正如格利贝（Glebe）社区里的一位经纪人所说：

> 我们的很多客户……都上过大学，有学术上的复杂背景，比普通的郊区住户更有文化……他们钱不多，但有知识，也有能力把这些老房子改造回二十年前的样子。二十年前，这些美丽的维多利亚式老房子被改造成只能赚钱但无特色的铝窗房子，但他们又把这些房子都改回维多利亚的样子了。这就是不同阶层之间的差异，这就是士绅化。格利贝社区的很多人并不如想象中的那么有钱，但他们在文化上却非常富有。（第90页）

然而，士绅化的美学并不是一个最终的静态现象。 对于布里奇来说，随着士绅化的加剧，它在不断变化，它的边界也在"现代商品"和"历史象征"之间不断地平衡与识别（2001b:214）。 他认为，这种平衡是理解士绅化如何能继续繁荣的重要因素，因为"美学展示乃一种能协调合理预期的途径，让[悉尼的]新策略作为更广泛的阶级运动，在很大程度上成功地把审美品位转化为了房产市场的价格"（第213页）。 受到布迪厄的影响，莱（2003）在加拿大艺术家和士绅化美学的研究中也发现，文化资本因士绅化转变为了经济资本。 这种转变不仅由房产经纪人来实现，还由"房地产、旅游、烹饪、艺术和家居装饰等领域的文化中介来实现……他们在社区中传播了士绅化的知识、规则、资源和礼仪"（第2538页）。 士绅化美学的经济后果是房价的上涨，讽刺的是，这导致了艺术家被驱逐，而恰恰是艺术家的审美才吸引了中产阶级专业人士的涌入。 在士绅化的过程中最常见的趋势是，曾经被认为是时髦、真实、潮流和反叛的地方很快就被高收入群体侵占了，并制造出了大量媚俗的东西。 因此，讨论士绅化的美学时，必须记住，这种美学绝不是静止不动的，它会因文化资本向经济资本的转化而产生出巨大的利润。

这让我们关注另一种特殊的士绅化，这种士绅化已经改变了全球许

118

多衰落的制造业基地的城市景观。 在讨论士绅化美学时，不能忽视"阁楼生活"这一现象，也就是在以前的工业区仓库里的生活。 对这种现象最有影响力的研究来自莎伦·佐金的经典作品《阁楼生活：城市变迁中的文化与资本》（*Loft Living：Culture and Capital in Urban Change*）。 该书首版于 1982 年。 在第二版中，佐金（1989）解释了 20 世纪 60 年代和 70 年代艺术家们如何被吸引到纽约市苏豪区（休斯敦南部）废弃的制造业空间里，并随后为曼哈顿下城的商业重建提供了文化动力。 可以说，这本书最重要的概念是"艺术化生产方式"（artistic mode of production，AMP），它也是佐金解释士绅化的核心概念。 简单来说，"艺术化生产方式"就是指城市大规模建设中的投资者利用文化产业来应对不稳定的投资环境，以吸引资本（第 176 页）。 佐金证明了不稳定的经济条件非常有利于采用"历史艺术保护下温和的再开发策略"（第 176 页）。 简言之，如果要从建筑环境中获取利，大规模投资者就不得不去关注文化消费的策略。 在另一个将文化资本转化为经济资本的例子中，佐金展示了资本如何整合文化，将贬值的工业土地市场开放给更多的市场力量，她把这一过程这称为"内城文化与资本之间的历史妥协"。

在讨论消费者对阁楼的需求时，佐金特别敏锐地观察到了士绅化美学的出现：

119　　　　需求因素中可能有美学的成分,是一种在旧工厂空间里传达出来的时代精神,从而以某种存在方式与古老的岁月及艺术风格产生了共鸣。如果这是真的,那么时间问题就变得至关重要。血汗工厂存在了很多年,但没人会觉得搬进血汗工厂是时髦的……因此,如果人们在 20 世纪 70 年代发现阁楼很有吸引力,那么某些价值观已经在 20 世纪 60 年代就一起发生过变化。一定有一个"审美的结合点"。一方面,艺术家的生活习惯成为中产阶级的文化典范。另一方面,旧工厂成为表现"后工业"文明的方式。人们对艺术与历史、空间

与时间的感知提升被主导性的大众传媒给戏剧化了。（第14—15页）

在同不断变化的士绅化美学保持一致的过程中，一旦这种"戏剧化"发生，阁楼住宅很快就会从波希米亚式的边缘艺术家"生活兼工作"的空间演变成一件商品，成为富裕的城市专业人士的生活方式。如今，苏豪区铺满鹅卵石的街道上那些引人注目的铸铁立面和廊柱（见图3.6）更有可能容纳炫耀的名人，而不是波希米亚的艺术家。 就像伦敦克拉肯维尔（Clerkenwell）和肖迪奇（Shoreditch）的阁楼里居住的都是企业高管，而不是音乐家。 菲尔德和欧文（Field and Irving 1999）解释说：

图3.6　曼哈顿苏豪格林尼街
观察一下这里的建筑和街景。
来源：汤姆·斯莱特 摄

虽然最早的阁楼居民是从事艺术创意的人，但阁楼里的业主很 120
快便意识到他们可以将富有表现力的艺术形象和氛围推向公众市
场，而后者极少涉足艺术领域。······从最初作为轻工业制造的场所，到"艺术"的生产场所,这些阁楼因此承担了另一种角色,满足了心理需求,按照开发商营销手册的说法,阁楼的购买者可以借此来表达自己的个性。(第 172 页)

阁楼身份的塑造取得了惊人的成功——"纽约风格"的阁楼现已风靡全球。 领军伦敦市场的是曼哈顿阁楼公司(Manhattan Loft Corporation),很讽刺的是,该公司声称要"满足个人的需求而不是市场的需求"(http://www.manhattanloft.co.uk)。 朱莉·波德莫尔(Julie Podmore 1998)在对蒙特利尔阁楼生活的研究中称之为"苏豪综合征",也就是"阁楼空间通过与苏豪阁楼的相似性,获得了'前卫'家庭空间和身份建构场所的合法性"(第 284 页)。 与佐金不同,她使用了布迪厄的"惯习"概念(阶级的产生源于美学倾向和社会实践的关系)来解释阁楼美学从苏豪区向外传播的原因。 蒙特利尔的当地媒体将苏豪区的演变经历与该市的后工业景观联系起来,建立了空间、美学与身份之间的联系。波德莫尔在调查媒体文章的时候发现了"品味、生活方式、位置和空间利用的模式,揭示了构成阁楼**惯习**的做法和评判方式"(第 289 页)。 她区分了阁楼居民和阁楼艺术家,居民只是将阁楼作为居住的空间,而艺术家住在阁楼里时也会在里面从事创作,所以,居民住在大型阁楼里只是为了日常工作,而艺术家则赋予这些空间以美学价值,并将其视为"真正的"(苏豪风格)阁楼体验中心,认为这些空间更加本真:

> 我们正在寻找一些非常大的东西,所以大小很重要。一些有大窗户的地方,有潜力的地方。那些已经装修好的地方都太贵了。这个地方实际上比我们见过的其他地方潜力小,但当时它真的很便宜,也比其他地方更有潜力。而且,这也是一个真正的阁楼。我们把一个血汗工厂改造成了阁楼。不是说你把一些墙拆掉就能称为阁楼。这是一座真正的工业建筑。它有一个很有特色的电梯,直接通到里面的空间,这是一个很酷的特色。(阁楼居民,引自 Podmore 1998:297)

也许上段文字展示了阁楼惯习和士绅化美学的力量——工业历史被浪漫化了(也有人说是被抹去了),建筑物在某种程度上来说是原真的,因此具有"潜力"(可能是市场潜力)。 但是正如佐金(1989)指出的:"只有不了解真实的工厂蒸汽和汗水的人,才会觉得工业空间是浪漫有趣的"(第 59 页)。

121

消费侧解释的问题

到目前为止,可以很清楚地看到,已经有大量文献研究了新士绅化阶层的产生,以及他们选择居住在市中心的原因。 近年来,尤其在英国,这方面的文献爆炸式地增长起来,《城市研究》(*Urban Studies*)杂志 2003 年 11 月出版的题为《绅士与城市》(The Gentry and the City)的特刊就是其中一例,而围绕士绅化者的讨论占据了中心舞台。 但是,我们应该用批判的眼光来看待这类的文献。 消费侧的解释淡化了空间生产的核心问题,即房地产开发商、金融机构和国际资本所扮演的角色,以及地方和国家的润滑剂作用。 除了这些批评之外,我们在此提出一个关键性的问题:由于中产阶级士绅化者是士绅化的**受益**者,因此,关注他们的构成和实践时就容易忽视士绅化造成的负面影响。

例如,研究住房和教育市场对士绅化的影响(如 Butler and Robson 2003;Hamnett 2003b)时并没有过多关注工人阶级的状况,包括士绅化和教育之间的关系,对工人阶级造成了怎样的影响。 即使提到了工人阶级,通常也是站在中产者的视角去看待"他们"如何,或把他们看成与中产者不同的邻居。 正如蒂姆·巴特勒对伦敦巴恩斯伯里士绅化的研究所证明的,这些感受相当令人沮丧:

在巴恩斯伯里(可能还有伦敦),士绅化显然是在玩一场相当危险的游戏。从受访者的话中可以看出,士绅化重视其他人的存在,但

却不与他们互动。可以说,其他人的价值只是像社会背景的墙纸而已。(Butler 2003:2484)

尽管巴特勒在学术上十分严谨,并且对士绅化的文献做出了重要贡献,但他把士绅化者视为"处境艰难的定居者"是否同样是在玩一场危险的游戏? 因为与许多在过去二十年里被迫离开伦敦的贫困居民相比,他们的生活方式与偏好所面临的结构性约束远远没有那么令人担忧。 同时,我们还应当质疑巴特勒与罗布森(Butler and Robson 2003)用来描述全球城市士绅化的语言——"中产阶级的应对策略"(a middle class coping strategy)。 虽然毫无疑问,中产阶级在教育、住房、工作和消费领域确实面临困难,但在伦敦却有许多群体不得不面对士绅化的**恶果**,例如,平价住房的紧缺,以及被驱逐和失所的可能性。

在此,我们提出这些批评并不是说不去理解更优越群体的城市体验,也不是说要把士绅化者妖魔化,事实上,他们的身份是多元的,他们的政治立场常常与打算将低收入者赶出社区的假想不同(Bridge 2003;Ley 2004)。 所以我们只想指出,大量研究在关注国际化中产者涌入的社区时,很少去关注非士绅化阶层[Freeman(2006)最新的研究是一个例外]。 所以,研究士绅化的时候,这些文献分析了中产者各式各样的择居问题,就好像中产者才是士绅化舞台上的唯一演员,而工人阶级永远在幕后被长期忽视,这尤其令人失望,其实,中产士绅化者其实只是宏大叙事里的一部分而已(Slater,Curran and Lees 2004)。 更令人担忧的是,这样的研究最后只会让人去同情士绅化者,而不是去审视他们的特权,而正因这些特权,他们才能进入城市的理想地段。

还有一些学者对有关嬉皮士、工匠和波希米亚风格的描述提出了异议,这些描述未经批判地接受了"城市先驱"(urban pioneer)和"士绅化先驱"(pioneer gentrification)的说法,在不胜枚举的文献中屡见不鲜。 当中产阶级的士绅化者被视为勇敢的先驱时,尼尔·史密斯(1996a)总结了其中的问题:

就像把"先驱"这一概念运用于美国西部一样,"城市先驱"的概念应用在当代城市中也是令人反感的。这意味着先驱者的所到之处都是无人区——至少,那里的当地人不值得关注。(第33页)

史密斯表明,"先驱"往往与"复兴的前沿"交织在一起,只是为房地产和政策利益服务的说法,是一种意识形态,它为城市中心的残忍行为(第18页)——如士绅化、阶级征服和社区动荡——提供了合理的理由。 相应地,英国的城市"再生"和"复兴"与美国"混合收入社区"的鼓吹,都混淆了视听,借助"美国住房和城市发展部希望之六"(HUB HOPE VI)项目,令士绅化、再投资和公租房里租赁户的失所变得模糊不清(见第六章)。

消费侧解释的另一个问题,特别是颇具影响力的后工业社会理论,在于它暗示城市缺乏工业用地和工人阶级,而它们仍然支撑着当今产业的发展。 这也是威尼弗雷德·柯伦(Winifred Curran 2004)近期研究的焦点。 她研究了纽约市威廉斯堡地区工作岗位(而非居住)的转移,并认为士绅化成为城市工业生产景观被创造性破坏的理由:

123

> 该理论创造出一种叙事,其中,工业用地和蓝领工人已经过时了,这使得移除工业岗位、取代工人阶级在政治上是合理的。由于工业空间被视为过时,那么,清除市中心的工厂和仓库以及相关的工作机会……成为面临全球经济变化时的务实应对……残留的工业空间不仅被认为过时,而且被视为阻碍进步和城市美化的障碍……而士绅化……正取代着城市里残留的工业空间,它们是未来的理想之地。(第1245页)

柯伦指出,尽管纽约市通常有"后工业"的称号,但它仍然有25万个制造业岗位,雇佣的工人受教育程度较低,比其他行业的工人更加脆弱,特别容易受到士绅化和失所的影响。 在威廉斯堡,由于制造业空间转变为其他用途(通常是高端阁楼住宅),小型企业被迫搬迁,岗位流失。有趣的是,在柯伦采访的被迫搬迁的企业主中"除了一家外,所有人被迫搬迁的原因要么是房东收回了房子,要么是没有负担得起的空间来扩张业务"(2004:1246)。柯伦的主要论点是,丹尼尔·贝尔和大卫·莱提出的后工业化理论中的消费侧解释往往掩盖了仍然存在于市中心的工业活动(融入全球城市经济带来的区位优势)。柯伦认为,如果不了解士绅化如何导致工作机会与居住空间的消失,就无法完全理解这一过程。

抵制士绅化?

消费侧解释关注的是新中产阶级的实践和政治,所以它在抵制士绅化方面没有产生很大影响力。很多反士绅化的抵制行为往往集中于对"雅皮士"的简单诽谤,而这样的诽谤似乎忽视了一个经常观察到的事实,那就是新的士绅化者是一个极其多元化的群体,不能简单地用一个标签来概括。所以,当消费侧理论在分析士绅化者决定居住地点和孩子上学的地点时会最终导向去同情这个群体,所以,它对抵制士绅化的意义不大。因此我们认为,对士绅化者的研究必须是批判性的,同时理论上也要精细。我们这样说,并不是邀请大家去批评士绅化者,指责他们是罪魁祸首,这是"错误的指责"(Ley 2003:2541)。而是希望能揭示出更广泛的社会机制,这些机制使一些人成为士绅化者,而另一些人则永远无法成为专业人士,只能被动地承担专业人士搬入低收入社区带来的负面影响。

目前,消费侧解释所支持的抵制并不是真正在抵制士绅化,而是抵制郊区生活的单调性、一致性、父权制和异性恋文化。从本章的讨论来看,很明显有一个共同的主题,那就是在新中产阶级看来,市中心是郊区的对立面,它成为了反主流文化、反体制的场所,是女性解放、同性恋表达的场所,也是审美创造和艺术实验的场所。购物中心被拒之门外,但精品店和熟食店却广受欢迎;家庭不再是女性家务劳动的场所,而城市则成为女性打入了男性主导世界的地方;封闭社区营造的隐蔽空间不复存在,同性恋也在自己的社区里集体出柜。 毫无疑问,这些都是士绅化在不平等的资本主义城市化的历史中带来的影响,它出乎意料地推动了社会的解放和进步。 然而,问题的核心依然在于:谁没有从士绅化中受益? 在这个过程中,住房市场和租金会发生什么变化? 对于那些不属于(哈姆奈特划分的)专业人士的成千上万的居民来说,会发生什么? 对于那些不属于(莱所说的)新中产阶级的成千上万的工人来说,又会发生什么?

总结

本章回顾了关于士绅化者的大量文献。 我们首先分析了大卫·莱和克里斯·哈姆奈特的研究,他们的后工业化和专业化理论将士绅化解释为发达资本主义城市产业职业结构的重大变化,导致中产阶级专业人士的增长。 然后,我们把"新中产阶级"的研究分解为几个主题:反主流文化身份(以加拿大城市为例)、政治、教育、性别、性取向和种族。 其目的在于辨别这些主题和士绅化之间的关系,将士绅化与社会中的重要变化联系起来,这些变化在不同地理背景下有所不同,并展示这些变化与城市社区经济上升轨迹的关系。 然后,我们探讨了阶级构成和士绅化美学,解释了士绅化社区的"外观"如何帮助我们认识士绅化,尤其是士绅化者。 最后,我们介绍了消费侧文献中的问题,特别是对士绅化者的同情如何掩盖了士绅化的不公正现象,并展示了消费侧解释对士绅化的抵制远远不及对郊区生活的抵制。

延伸阅读

Bondi, L. (1999b) 'Gender, class and gentrification: Enriching the debate', *Environment and Planning D: Society and Space* 17:261—282.

Boyd, M.(2005) 'The downside of racial uplift: The meaning of gentrification in an African-American neighborhood', *City & Society* 17:265—288.

Bridge, G.(2001a) 'Estate agents as interpreters of economic and cultural capital: The gentrification premium in the Sydney housing market', *International Journal of Urban and Regional Research* 25:87—101.

Butler, T., with G. Robson(2003) *London Calling: The Middle-Classes and the Remaking of Inner London*(London: Berg).

Castells, M.(1983) *The City and the Grassroots: A Cross-Cultural Theory of Urban Social Movements*(London: Arnold). (See Chapter 14.)

Caulfield, J.(1994) *City Form and Everyday Life: Toronto's Gentrification and Critical Social Practice* (Toronto: University of Toronto Press).

Freeman, L.(2006) *There Goes the 'Hood: Views of Gentrification from the Ground Up*(Philadelphia: Temple University Press).

Hamnett, C. (2000) ' Gentrification, postindustrialism, and industrial and occupational restructuring in global cities', in G. Bridge and S. Watson (eds.) *A Companion to the City* (Oxford: Blackwell) 331—341.

Jager, M.(1986) 'Class definition and the aesthetics of gentrification: Victoriana in Melbourne', in N. Smith and P. Williams (eds.) *Gentrification of the City*(London: Unwin Hyman) 78—91.

Knopp, L. (1990) ' Some theoretical implications of gay involvement in an urban land market', *Political Geography Quarterly* 9:337—352.

Ley，D.(1996) *The New Middle Class and the Remaking of the Central City*(Oxford：Oxford University Press).

Rothenberg，T.(1995)‘And she told two friends：Lesbians creating urban social space’，in D. Bell and G. Valentine(eds.) *Mapping Desire：Geographies of Sexualities*(London：Routledge) 165—181.

Taylor，M.(2002) *Harlem：Between Heaven and Hell*(Minneapolis：University of Minnesota Press).

Zukin，S.(1989) *Loft Living：Culture and Capital in Urban Change* 2nd ed.(New Brunswick，NJ：Rutgers University Press).

128

图 4.1 泰晤士河畔的新建士绅化

这张图展示了泰晤士河畔的新建士绅化与建筑风貌（从建筑风貌上来说）士绅化。

来源：马克·戴维森（Mark Davidson）摄

146

第四章

士绅化的变异

最初,人们将士绅化理解为中产阶级外来者在中心城区对破旧和低收入住房的改造。到了20世纪70年代末,士绅化的内涵越来越广泛;80年代初,新的学术研究已经发展出对士绅化更广泛的理解,把它跟空间、经济和社会的重组联系起来。而士绅化是该重组过程里的可见部分。像滨水区的开发、市中心酒店、会议综合体、大型豪华办公与住宅开发,以及高端购物区都体现了士绅化的过程。

——萨森(1991:255)

在本章中,我们会考察士绅化的演变,解释它的时空变化。 同时,也将介绍"士绅化"这一术语的最新衍生词,及其内涵的扩展,包括中产阶级迁居到乡村(质疑内城士绅化的空间决定论)、新建筑的开发(质疑士绅化的历史建筑环境)以及超级士绅化(质疑士绅化阶段理论中的终点假设)。 我们还将展示当代评论家的担忧,即许多研究都把"士绅化"这一术语延伸得过于宽泛了。 由此,我们将探讨:随着士绅化内涵的不断扩展,它的政治意义是否会逐渐消失。

不断变异的过程

随着时间推移,士绅化出现了很多变化,解释和描述士绅化的术语也在变化。创造出来的很多术语都是"士绅化"的衍生词。也许最早的衍生词是"乡村士绅化"（rural gentrification），最近更常被称为"绿色士绅化"（greentrification）（Smith and Phillips 2001）。"乡村士绅化"这一术语可追溯到帕森斯（Parsons 1980），它是指乡村地区的士绅化，关注新中产阶级定居乡村，给乡村带来社会、经济与文化的转型，以及低收入群体的失所和边缘化。乡村士绅化的研究表明，乡村地区的空间转型与城市背景下的类似过程存在相似之处。鉴于城市的扩张（不仅是物质上的，还包括社会和文化上的；参见 Aminand Thrift 2002），乡村士绅化具有城市士绅化的特征。城乡之间的辩证关系一直存在着，正如我们在第一章所见到的，"士绅化"一词，讽刺了18和19世纪英国的乡村士绅。而露丝·格拉斯也说："城市、郊区和乡村开始融合起来，它们失去了一些能彼此区分的特征"（1989:137）。

　　另一个派生词可能是"新建士绅化"（new-build gentrification）。莎伦·佐金（1991:193）解释道：随着房地产开发商"基于地方产品"之机进行开发，士绅化的概念便迅速扩展到各种建筑形式上面，包括新建的联排别墅与公寓。这些建筑显然不符合经典士绅化的概念内涵：修缮"老旧"的物业。而在荷兰，这种新建住房项目是"住房再定位"政策的一部分，这无疑是士绅化的一种政策（参见 Uitermark, Duyvendak and Kleinhans 2007；另见第六章）。然而，并非所有研究者都同意内城的新建开发项目都属于士绅化，有些人更喜欢将其称为"再城市化"（reurbanisation）（如 Lambert and Boddy 2002；Boddy 2007；Buzar, Hall and Ogden 2007）。

　　一个更新的衍生词是"超级士绅化"，或金融化（financification）[①]（Lees 2000, 2003b；Butler and Lees 2006）。在讨论这一现象时，我们发现了更高层次的一个士绅化过程，它叠加在已被士绅化的社区上，它涉及更广的金融或经济投资，比以前的士绅化需要更高质量的经济资

---

　　① 原著中并未使用 financialisation 这一当下更通用的词，但 financification 指代类似的过程。——译者注

源。 推动这种士绅化的人几乎都在伦敦金融城、华尔街工作，是能够在全世界流动的员工。

在本章，我们将重点关注士绅化的这三个方面，因为它们似乎与经典士绅化的内涵不同，因此有必要讨论它们。 然而"士绅化"这一术语还有更多派生词，大多数都是近期才出现的，它们是第三波士绅化浪潮大规模扩张和变化的产物（第五章详细讨论了第三波士绅化浪潮），因为在第三次浪潮中，士绅化已经远离了它的经典参照对象，即大都市中心的历史建筑环境。

在介绍乡村士绅化、新建士绅化和超级士绅化之前，我们会先讨论一下士绅化的其他演变，以展示"士绅化"这一术语的动态性。

达伦·史密斯（Darren Smith）首先提出的"学生士绅化"（studentification）是其中之一。 它是指大量学生涌入热门高校所在的城镇，引起的社会、环境和经济的变化过程。 在过去十年中，英国高等教育的大规模扩张已经导致了这一过程。 尽管"学生士绅化"起源于英国，但最近也出现在了美国，许多美国的大学城因人口过多也引发了类似的问题。 学生士绅化被视为"士绅化的工厂"，因为学生群体"代表着未来士绅化的潜在群体"（D. Smith 2005：85），这也是达伦·史密斯和霍尔特（D. Smith and Holt 2007）所称的"士绅化学徒"（apprentice gentrifiers）。 这些研究对士绅化者生命历程的分析延伸到了他们成长的年龄，并考察了他们的文化与居住偏好随着时空的变化。

到目前为止，所有关于士绅化的讨论都是关于居住区的，但士绅化也常常涉及商业领域。 在第一章的案例中，巴恩斯伯里的上街（Upper Street）和公园坡第七大道在士绅化先驱搬入后不久便开始了士绅化。 "商业士绅化"（commercial gentrification）指的是商业场所或商业街道以及整个区域的士绅化，也称为"精品化"（boutiqueification）或"零售士绅化"。 在公园坡早期的士绅化阶段（见第一章），纽约市政府在商业士绅化过程中扮演了重要角色。 通过后来所谓的"商店开荒"（shopsteading）（住宅版本称为"homesteading"；参见第一章），纽约市政府以

131

名义价格出售了公园坡第七大道沿线的空置店铺，条件是新业主需要翻新这些场所并开设新的业务。佐金(1990)也提到，街道沿线的消费空间明显体现出了士绅化的空间形式，它们的改变是为了迎合士绅化阶层的品味。莱(1996)讨论了"嬉皮士"零售业最初在温哥华基斯兰奴区早期士绅化中的重要作用，因为士绅化先驱为寻求个性化商品而刺激了工艺品的需求。布里奇和道林(Bridge 和 Dowling 2001)讨论了悉尼四个内城街区的零售结构，指出当地的主要消费模式是餐馆就餐和个性化消费而非大众式消费，这便是当地社区士绅化的主要消费方式。因此在这里，消费者的个性化需求才是关键。

"旅游士绅化"(tourism gentrification)是戈瑟姆(Gotham 2005)在新奥尔良市法语区(Vieux Carre)社会空间转型案例研究时使用的一个术语。他将"旅游士绅化"定义为一个街区转变为相对富裕的排他飞地的过程，其中娱乐业和旅游场所不断增加。戈瑟姆的研究指出，旅游业的增长提升了居住空间中以消费为导向的活动，从而鼓励了士绅化。进而，戈瑟姆挑战了士绅化的消费侧解释，像大卫·莱就认为士绅化是消费者的需求带来的结果(参见第三章)。士绅化既涉及住宅也涉及商业，正如戈瑟姆所说，它

132　　　　　反映了当地机构、房地产行业和全球经济之间新的制度联系。因此，旅游士绅化对传统士绅化构成了挑战。传统士绅化的观点认为：需求侧或生产侧的因素驱动了士绅化。但是，士绅化既不是群体偏好的结果，也不能反映市场的供求规律。之前的神话声称，消费者的欲望是资本的力量源泉。其实恰恰相反，消费者对士绅化空间的欲望是被创造和营销出来的，并取决于资本家提供的各种选择，而资本家最感兴趣的只是能获得高额利润的建筑环境。(Gotham 2005:1114)

通过不同侧面，戈瑟姆勾勒出第三波士绅化错综复杂的轮廓(见第五章)。这一波士绅化不仅关系着全球化还关系着新的制度。戈瑟姆总结道：

人们武断地认为士绅化是由"创意阶层"和"文化中介"推动的，它忽略了全球社会经济转型复杂而多维的层面，也掩盖了企业资本在组织和推动士绅化过程中的强大作用。（第1114页）

其实很多方面都和旅游士绅化有关，格里菲斯（Griffith 2000）讨论了沿海城市的文化特色如何面临"沿海士绅化"（coastal gentrification）的威胁。因为沿海城市的建筑业和旅游业颇受资本青睐。在过去十年左右，英国南部海岸的布莱顿（Brighton）和霍夫（Hove）都已经士绅化了（见图4.2）。事实上，当地政府一直积极参与地方建设，试图将当地打造成"彬彬有礼"的中产阶级渴望居住的地方。

图4.2 布莱顿的士绅化

布莱顿的士绅化始于距海滨不远的商业和住宅中心的血汗资产，如图所见到的样子，但市议会目前正采用一种更引人注目的"重建"方式，在当地名册上列出了诸多此类项目。

来源：达伦·史密斯 摄

戈瑟姆(2005)将新奥尔良的旅游士绅化与全球社会经济转型联系了起来。 实际上，尼尔·史密斯(2002：80)认为，士绅化是一种"密切关联着全球资本和文化循环的全球城市战略"。 这种"全球士绅化"，或阿特金森和布里奇(Atkison and Bridge 2005)所称的"新城市殖民主义"，是新自由主义-城市主义的前沿阵地(参见第五章)，世界各地的城市正受到这种城市主义的影响。 正如尼尔·史密斯(2002)所说，士绅化的过程已经全球化了，不再局限于西方城市。 这一点在阿特金森和布里奇(2005)编著的文集里有很好的佐证。 该文集汇集了世界各地士绅化的论文。 尽管最近断言士绅化与全球化之间确实存在着关系，但对这些关系的分析实际上相当有限，也往往是推测性的，缺乏实证支持。 本章后面概述的超级士绅化的研究会迫使我们详细地思考士绅化与全球化之间的关系。

133　　与最新文献强调士绅化的全球性相反，也有学者试图坚称全球城市(如伦敦和纽约)的士绅化不同于地区性城市的士绅化。 围绕"地区性城市士绅化"[①]的争论在英国尤为突出，因为英国是一个由首都伦敦为主导的国家(直到最近，大多数士绅化的研究都集中在伦敦)，也因为"地区性城市士绅化"出现在新工党的城市复兴议程中，这在本书的序言里也有所概述。 现在，有许多关于伦敦以外地区的士绅化研究，例如保罗·达顿(Paul Dutton 2003，2005)对利兹的研究和加里·布里奇(2003)对布里斯托的研究。 英国学者认为，地区性城市的士绅化是在伦敦的士绅化之后出现的，并且伦敦的士绅化向英国各地的小城市蔓延。 从这个意义上说，伦敦是士绅化的孵化器。 然而在美国，士绅化沿着城市等级向下蔓延的观点却是站不住脚的。 例如，在缅因州波特兰市的案例中，利斯(2006)指出，处于城市等级低端的这座小城市，它的士绅化进程几乎与附近规模更大的波士顿和纽约同时发生，甚至还要

134　更早。 到目前为止，关于地区性城市士绅化研究所存在的问题在于：

────────

①　作者讨论的是 provincial cities 出现的士绅化，故译为"地区性城市士绅化"，有别于当前地方化(provincialising)的讨论。 ——译者注

常常混淆全球城市和大都市的概念。 一座城市可以是大都市但不一定是全球性城市，例如英国的布里斯托和爱丁堡。

最近，英国的地区性城市士绅化通常是"国家主导的士绅化"（state-led gentrification）或"市政管理的士绅化"（municipally managed gentrification）（参见第五章）。 正如我们在第一章的巴恩斯伯里和公园坡的案例中所看到的那样，国家会在第一波士绅化浪潮中给予支持，因为在这个阶段，私营部门的投资风险过高，因此吸引力不大。 最近，随着本书前言提及的对新工党的英国城镇复兴愿景的讨论，国家再次介入了第三波士绅化浪潮。 在这个阶段，国家的介入是为了吸引中产阶级回归中心城市，使他们留下来。 卡梅伦（Cameron 2003）和斯莱特（2004b）等学者分析了地方政府在士绅化中扮演的重要角色。 斯莱特（2004b）认为，多伦多市出台的某些条例，例如禁止旅馆和单身公寓的发展和改建，在很大程度上和政府推动的多伦多南帕克代尔（South Parkdale）地区的士绅化有关。

在曼彻斯特北部衰落的老磨坊镇，像伯恩利（Burnley）、布莱克本/达尔文（Blackburn/Darwen）、海恩德本（Hyndburn）、潘德尔（Pendle）和罗森代尔（Rossendale），当地政府更深入地参与了士绅化的过程中。 这些地方已成为文化名流从事空间改造的实验场！"提升东兰开夏郡"（Elevate East Lancashire）是由政府资助的一家公司，负责住房市场的更新方案。 其业务是寻找解决方案来应对低需求、负资产和住房市场崩溃等问题。 该公司聘请了安东尼·威尔逊（Anthony Wilson）和他的伴侣伊薇特·利弗西（Yvette Livesey）来为英格兰北部这一地区的重建提供方案。 安东尼·威尔逊是传奇的"工厂唱片公司"（Factory Records）的创始者，推动了众多乐队的发展，像快乐小分队（Joy Division）、新秩序（New Order）和快乐星期一（Happy Mondays）等乐队。 他还在曼彻斯特开设了传奇的庄园夜总会（Hacienda Nightclub）（因电影《24小时狂欢派对》而广受关注）。 他们的报告《奔宁山脉兰开夏郡的梦想》（Dreaming of Pennine Lancashire）提出的方案有：一座"时尚塔楼"

（一幢讲述工业革命故事的建筑，用来吸引话题，为新的时尚企业提供孵化器，以及一所时尚设计学院）、由菲利普·斯塔克（Philippe Starck）设计的"别致棚屋"（给年轻的创意人士分配园艺棚屋，使园艺成为时尚）、像曼彻斯特那样位于运河边的咖喱大道，和一个足球主题公园。作者声称，Pennine Lancashire 可以使用缩写"PL"，就像洛杉矶缩写为"LA"一样。 这并不是一份普通的城市复兴报告，它是"警句式的、自嘲的、偶尔自负的、机制的、博识的、有趣的、令人惊讶的，还能鼓舞人心"（Carter 2005）。 作者完全采纳了理查德·弗洛里达的观点，正如威尔逊所说："只有通过波希米亚文化，你才能为创意阶层创造出有吸引力的生活环境——对于老旧的烟囱镇来说，这是唯一的出路"（Carter 2005）。 关于这份报告和东兰开夏实际重建活动的更多细节，请参考网页 http://www.elevate-eastlancs.co.uk。

正如我们所看到的，随着时间推移，士绅化已经演变出了不同的类型，并且学者们以"士绅化"一词来描述和解释这些不同的类型。 它们都有一个共同之处，那就是：由于中产阶级在空间上的殖民与再殖民，引发了社会经济和文化的转型。 接下来，我们将更详细地研究其中三种类型，重点关注它们与第一章中概述的经典士绅化之间的区别，以及它们与第二章和第三章中概述的士绅化理论之间的区别。

乡村士绅化

尽管士绅化一直是广泛关注和激烈辩论的话题，但辩论中最引人注目的特征之一是城市的性质（urbanity），但关于城市的性质几乎找不到任何的评论。

——菲利普斯（Phillips 2002:284）

对许多人来说，"士绅化"一词只与城市有关。 它最先是在对城市环境的观察中产生出来的，并且已经在城市社区中展开了广泛研究。涌现出来的有影响力的理论和反抗其负面影响的斗争，都植根在城市环境里。但士绅化不应该局限在城市里。正如达林（Darling 2005）指出的："研究城市和乡村的学者在很大程度上倾向于只关注自己的一亩三分地，恪守自己学派的理论，舒适地固守在自己的正典中，尽管这两种景观之间有着无数的本体论联系"（第 1105 页）。帕森斯（1980）首先在英国观察到了"乡村士绅化"的过程。并且在那十年间还进行了其他研究，以解决英国乡村的阶级转型的问题（例如 Pacione 1984；Little 1987；Thrift 1987；Clokeand Thrift 1987）。达林（2005）指出，研究乡村士绅化的文献集中于英国，并列出了这些文献都在关注的四个"转变"：

  1. 英国乡村阶级结构的转变。着重于远郊或近郊中产阶级对英国乡村的殖民，他们追求"田园牧歌"的生活方式和"自然主义的消费"（Thrift 1987），由此导致房价上涨，乡村工人被迫搬离。

  2. 乡村资本积累过程的转变。其理论转向去关注"后生产主义"的乡村景观，其中，工业和农业被服务导向型的发展模式（通常是房地产的转换）所取代。

  3. 英国乡村住房存量构成的转变，包括所有权模式和不断变化的住房政策。

  4. 乡村士绅化如何与城市士绅化展开理论对话。主要集中在生产侧和消费侧理论的辩论上（参见第二章和第三章）。

136

马丁·菲利普斯（Martin Phillips）研究了第四种转变。例如，他在南威尔士的高尔半岛（Gower Peninsula）研究了四个村庄，并将研究结果与城市士绅化文献进行对话（见 Phillips 1993）。在这项研究中，他发现："城市和乡村的士绅化之间可能存在显著差异，至少表现在家庭内部阶级地位的整合和父权性别身份的影响方面"（第 138 页）。与露丝

(1989)和邦迪(1991)(见第三章)的论点相反，通过实地考察，他注意到家庭内部劳动分工的不对称，这实际上促进了中产阶级家庭迁入这些村庄：女性选择了家庭再生产类的劳动(养育家庭)，并希望在其中营造一个安全、支持性的乡村社区来养育孩子，由此能让家里的男性外出从事专业劳动。 因此，与安·马库森(1981)声称士绅化是"父权制家庭崩溃"的观点相反，菲利普斯认为，在乡村的背景下，士绅化是父权制家庭的延续。

但乡村士绅化不一定完全和城市士绅化不同。 在后来的研究中，菲利普斯(2002，2004)记录了乡村士绅化和城市士绅化之间的一个关键相似之处——它们二者都试图与郊区疏远。 在对伯克郡两个村庄的研究中，他注意到，就像城市士绅化者一样，乡村士绅化者也会有意识地拒绝战后大规模生产的郊区住宅，并与其保持社会距离：

> 我想住在 20 世纪初或一战时期留下来的房子里，因为我觉得那些房子更有特色。……任何二战以后的东西，我通常会觉得，缺乏个性和特色。是的，"二战"以后，人们喜欢搞大规模的住房建设，它们的风格都是重复的。(受访者，引自 Phillips 2002:301)

在对约克郡西部赫布登桥区(Hebden Bridge District of West York-shire)("奔宁山脉乡村"的重要堡垒)的研究中，达伦·史密斯和黛博拉·菲利普斯(Darren Smithand Deborah Phillips 2001)发现了乡村和城市士绅化之间的另一个相似之处。 虽然关键**区别**在于乡村士绅化者强调对"绿色"居住空间的需求(和感知)(史密斯和菲利普斯将此过程称为"绿色士绅化")，但是乡村士绅化者和城市士绅化者之间却有着很多共同之处：

> 赫布登桥区之所以吸引人，很大程度上是它与当地的历史意蕴密切相关，它因激进主义、不受传统约束并对"他者"宽容而名声在

外。这个地方长期以来一直吸引着追求"与众不同"的人，包括过去
的"嬉皮士"，以及最近的艺术家、手艺人和"新时代的旅行者"（new
age travellers）。（第 460 页）

因此，奔宁山脉的"绿色士绅化者"似乎与大卫·莱和乔恩·考菲
尔德在加拿大城市环境中讨论的士绅化者之间有很多共同之处（见第三
章）。虽然他们搬迁到这个地区有很多原因，从"本真性"的农场工作
到田园牧歌（第 460 页），几乎囊括了乡村生活的方方面面，但这些多样
化的士绅化者几乎都反对主流文化——许多人"逃离"大城市——这表
明乡村士绅化不应被视为城市士绅化的对立面，而可能是一个在乡村-
城市连续体上运作的变异过程。

史密斯和菲利普斯的论文非常倾向于从消费侧来解释士绅化——事
实上，他们明显忽视了把消费侧和生产侧结合起来的路径，认为："在
士绅化的理论框架内，消费侧解释提供了一个有效的起点，来阐明乡村
内部和不同乡村之间士绅化的差异。"（第 466 页）因此，在纽约州阿迪
朗达克州立公园（Adirondack State Park，一个备受欢迎的旅游胜地）的
乡村士绅化研究中，伊莉莎·达林（Eliza Darling 2005）针对这种片面的
观点（以及把士绅化等同于"复兴"这一令人尴尬的做法）提出了一个明
智的补救措施。在不忽视消费侧因素的同时，她填补了英国研究留下
的空白。她研究了"在国家对景观进行管理的情况下，对自然展开物
质生产的重要角色，从而造成农村建筑环境的投资和撤资"（第 1018
页）。达林更喜欢用"荒野士绅化"（wilderness gentrification）一词（以
区分英国的"乡村士绅化"）。她解释说，虽然荒野士绅化与城市士绅
化有根本的共同之处，但阿迪朗达克州立公园的士绅化会因当地租差
（见第二章）的特征而有所不同：

　　在荒野地区，情况就不同了，主要是因为资本化租金的类型不
同。城市士绅化生产出了住宅空间，而荒野士绅化产生出了娱乐性

的自然环境。（第 1022 页）

达林解释说，因为没有游客，该地区的大部分住房都是空置的，因此，租差的地理表现是不同的：在荒野中，资本化不足的土地可能被定义为未开发的湖滨物业，或全年以低租金租给本地劳动力的已开发的湖滨物业，而非季节性以较高房租出租给游客的物业（第 1023 页）。 值得注意的是，研究指出了在见不到大量撤资的情况下，当地的租差是如何弥补的。

对于通常在纽约市汉普顿进行高价地产交易的开发商来说，阿迪朗达克公园的地产价格之低，一定会让整个地区看起来像是撤资了，但事实上，新泽西州快餐大亨罗杰·雅库博夫斯基（Roger Jakubowski）却称阿迪朗达克地区的房地产是"美国最后的便宜货"。（第 1028 页）

达林的研究表明，虽然城市和荒野地的士绅化特征有所不同，但资本积累的基本逻辑却将城市和乡村的士绅化统一了起来。

同样在美国，瑞娜·戈斯（Rina Ghose 2004）研究了蒙大拿州西部的乡村士绅化［她极富想象力地把博士论文（1998）的题目取作"一个地产经纪人的奔波"！］。 她发现，地产经纪人——士绅化中的关键代理人——"不仅在卖房子，还在兜售'蒙大拿梦''一处原木木屋的度假胜地''乡村生活的安逸'以及'有马厩的空间……乡村，但离城市只有几分钟的路程'"（第 537 页）。 以这种方式推广的密苏拉镇荒野地区的新建房屋导致房价急剧上涨（20 世纪 90 年代，市场上最底端房屋的价格翻了三倍），以至于密苏拉的普通居民"几乎无法承担如此高昂的价格，被挤出了住房市场"（第 538 页）。 她的研究呈现出一个很有趣的讽刺：向士绅化者推销的荒野梦想，正受到所有新建筑的威胁！ 多年居住在这里的居民提到：开放空间的丧失、无序的扩张、人口过密、野生

138

动物栖息地的破坏等问题，让这个地方看起来不再像荒野的环境了！此外，士绅化还破坏了社区，侵蚀了地方认同，引起当地人的愤怒，因为他们无法承担士绅化带来的昂贵消费。所以，这一研究再次呼应了城市士绅化的恶果。总之，戈斯和上述一些学者的研究表明，最好将乡村士绅化看成城市士绅化的近亲，而非远亲。

新建士绅化

当豪华公寓建在回收的工业用地上时，算不算士绅化？这些并不是老房子，也没有驱逐低收入居民。士绅化的研究者长期以来一直意识到这个问题，但很少有人试图总结彼此冲突的观点和它们的影响。在本章中，我们将分析新建开发项目与早期士绅化之间的关系，并借鉴加拿大温哥华、英国纽卡斯尔和伦敦的新建士绅化的案例。

大多数研究士绅化的学者会同意某些新建开发项目也属于士绅化，但仍有少数人不同意。今天，士绅化者的住宅"很可能是时髦的新式联排别墅，也可能是翻新过的工人小屋"(Shaw 2002:42)，这样的现象使得尼尔·史密斯等人改变了对士绅化的定义（参见第一章他对士绅化的早期定义），因此他们现在认为，很难再区分经典士绅化和新建士绅化了，士绅化发展到今天已经不再是格拉斯描述的经典士绅化了，它已经成为一种更广泛的现象：

> 在不断变化的社会地理背景下，我们如何才能充分区分19世纪住房的修复、新建公寓大楼、开设节庆市场以吸引各地游客、雨后春笋的葡萄酒吧和精品店，以及雇用了成千上万专业人士的现代和后现代办公大楼，这些人都在寻找一个居住的地方？……士绅化已经不再是房地产市场上的奇特现象了，而已经成为了住房市场的主导现象：中心城市景观的阶级重塑。(N. Smith 1996a:39)

然而，新建住宅开发项目与经典士绅化中翻新的维多利亚和乔治时代的景观形成了鲜明对比（例如，Glass 1964；N. Smith 1982）。由此，克里斯汀·兰伯特和马丁·博迪（2002:20）等住房研究者对市中心新建的住宅景观是否属于士绅化提出了质疑：

> 我们要质疑，布里斯托和其他二线城市以及伦敦码头的新建住房的开发和改造，是否仍可称为"士绅化"。在经济衰退之前或之后都存在类似情况：社区变化带来了地理空间的变化，新中产阶级占据了中心城区，以及对独特生活方式和城市美学的依恋。但是，"士绅化"最初指向一类特别的"新中产阶级"，他们购买有"历史"价值的老房子，将其翻新自己居住，导致房价升高，原住民（低收入的工人）搬离。关于士绅化的研究文献确实是对上述的现象进行分析的基础。然而，我们却认为将新建项目的开发视为士绅化却过分延展了士绅化的概念和它试图描述的对象。

140

在讨论这些观点时，戴维森和利斯（Davidson and Lees 2005）提出了支持和反对新建士绅化的理由（见专栏 4.1）。他们发现了更多支持新建士绅化的证据。他们认为，如经典的士绅化那样，资本被重新投入被忽视的市中心区，其结果便是新项目的开发，进而吸引了寻求城市生活的新中产阶级。最终的结果也是相同的：低收入人群被新中产阶级取代，即使取代的过程可能不太明显。戴维森和利斯认为，尽管此过程不会导致居民的搬迁，因为开发项目都在棕地①上，因此没有居民人口，但可能会导致附近低收入者的间接失所。间接失所可能是"排斥性失所"（exclusionary displacement）或"阴影价格"，即，由于士绅化导致低收入者无能力进入当地房地产市场。它也有可能导致社会文化上的失所，因为新来者控制了当地的社区机构。重要的是，戴维森和

① 棕地：一些废弃的、具有一定污染的工业用地。这种土地通常需要进行环境清理和改造，以便重新利用，比如建设住宅、商业区或者公共设施等。——译者注

利斯（2005）指出：与传统士绅化导致的直接失所不同，新建士绅化导致的间接失所不受相关法律的保护，但这类法律（规划或其他立法，如反移民法）都旨在保护内城贫民免受失所之苦。

专栏 4.1

支持和反对新建士绅化概念的理由

支持的理由：

● 新建士绅化会引发失所，虽然是间接的和/或是社会文化层面的。

● 迁入者是城市化的新中产阶级。

● 产生了士绅化的景观/美学。

● 资本重新投入到了被忽视的城市地区（通常是在棕地，但也有例外）。

反对的理由：

● 先前的居民没有被迫搬迁。

● 该过程不涉及个人修复旧房屋。

● 这是一种不同版本的城市生活。

资料来源：戴维森和利斯（2005：1169—1170）。

反对的理由是：新建士绅化并不是由社会文化资本富足而经济资本 141
不足的士绅化者（例如士绅化先驱）出于对旧房屋的喜爱而进行的修缮。相反，在新建士绅化中，开发商生产了一种产品和生活方式，供那些有足够经济实力的人群购买。兰伯特和博迪（2002：21）认为，他们购买的是一种不同的城市生活方式，其核心论点（2002：18）是：由于这些新房屋建在了棕地上，不存在对原住民的驱逐，因此，就新建开发项目而言，将其等同于"传统士绅化的'入侵和取代'之类的社会变迁，是不恰当的"。相反，他们认为这样的发展最好被称为"再城市化"（reurbanisation）。然而，事实证据却支持了戴维森和利斯（2005）[以及戴维

森(2006)]的观点,即新建项目的开发同样会导致居民失所。 并且新建
开发项目作为滩头阵地,可供士绅化的触角蔓延至周围的社区,此过程
会因各个社区的历史条件而有所差异。

　　正如本章开头萨森的引言以及卡罗琳·米尔斯关于加拿大温哥华新
建士绅化的研究(见下文)所示,尽管新建士绅化在经济衰退后或士绅化
的第三次浪潮中才真正发展起来,但新建士绅化最早出现在 20 世纪 80
年代。 这两个时期的区别在于,在 20 世纪 80 年代,国家只是新建士
绅化的幕后参与者,而在第三波士绅化浪潮中,国家成了其中的关键角
色。 而且,新建士绅化项目并不总是位于已废弃的工业棕地上,一些
项目也位于现有的住宅用地上,如加拿大温哥华的美景坡和英国纽卡斯
尔的案例所示。 此外,新建士绅化的行动者通常比传统的士绅化者更
加多样,包括建筑师、开发商及政府。

案例一:加拿大温哥华美景坡的后现代景观

　　卡罗琳·米尔斯(1988,1989,1993)分析了温哥华市中心小区美景
坡新建的后现代景观。 它位于一座陡峭的山坡上,俯瞰福溪南部和温
哥华市中心(见图 4.3)。 在那里,开发商、建筑师和营销代理创造出一
种新的士绅化景观,展示了再投资、社会升级和中产阶级殖民的过程。
在 20 世纪的第一个十年里,美景坡兴建了一些简朴的木结构房屋,供
专业人士、手工业者,以及福溪沿岸造船厂、锯木厂和钢铁厂的工人居
142　住。 该地区成为住宅和工业用地的混合区。 在 20 世纪 60 年代,随着
温哥华的去工业化进程,许多房屋被改建成出租公寓。 大部分房屋都用
来出租,该地区因此被认为是反主流文化区,或者在有些报道中还被称
为贫民窟。 但在随后的十五年里,这个社区进行了重新开发。 1972 年
市议会对邻近的福溪南部进行了重新开发,把工业用地转变为住宅和休
闲用地(参见 Cybriwsky, Leyand Western 1986; Ley 1987b)。 当时,新当
选的中间党 TEAM(The Electors Action Movement)成员是受过良好教育
的自由派人士,他们提倡"宜居城市"的理念,并改变了市政厅的规划理

念，使之在政治上更为进步，在审美上和社会上更具包容性。 美景坡也因此重新规划为中等密度的住宅兼商业区，投机活动不断增加，开发商也被吸引参与了进来，因为好的设计可以获得额外许可，增加开发密度。

图 4.3 温哥华美景坡
当美景坡还处于士绅化的初期时，温哥华市中心和温哥华北岸的大规模再开发才刚刚开始。
图片来源:洛蕾塔·利斯 摄

米尔斯的研究关注了士绅化中具体的文化问题(见第三章)。 米尔斯(1989:390)追随科斯格罗夫和杰克逊(Cosgrove and Jackson 1987:95)的看法，认为:"文化不是一个剩余的范畴，不是经济分析中主导部分不能解释的表面变化;它是社会变革被体验、争论和形成的媒介。"米尔斯受到了"新文化地理学"的影响，在这一流派中，文本的隐喻突显了景观的象征意义。 米尔斯采用格尔茨(Geertz 1973)的民族志方法，把美景坡的景观作为一种文化形式来分析。 她指出美景坡士绅化文本的材料来自:(1)广告意象;(2)后现代的士绅化景观;(3)士绅化景观的生产者和消费者的文本。 在此过程中，她研究了如广告、规划和建

143

筑设计等文化"文本"，以及从居民的采访中获得的日常生活细节。　她从社区规划开始分析，然后扩展到社区的后现代设计，以及景观生产者与消费者的个人经历。

米尔斯是最早研究士绅化者的生活方式营销的学者之一，从"开放参观"日的房间展示到广告宣传册都有所涉及。　在对广告图像的讨论中，米尔斯认为广告是文化意义流动的渠道："从文化构成的世界，意义被转移到消费品中；时尚和广告是实现这一过程的两种策略。　然后，个人通过各种仪式，包括拥有、交换和装饰，从商品中获得那个意义。"（Mills 1988：170）从广告图像中，米尔斯剖析了生活方式表征上的微妙之处，并指出如何从资本积累和居住在市中心社区的文化意义角度来理解士绅化。

米尔斯仍然是少数几位详细研究士绅化建筑的学者之一。　根据米尔斯的观察，开发商在政府的鼓励下，正在创造一种具有独特品味的新商品。　在分析新建筑的风格时，米尔斯发现 20 世纪 70 年代和 80 年代第一阶段开发和第二阶段开发之间的差异。　在米尔斯看来，这些差异代表了后现代主义的两个方面——一方面是日常生活的建筑（在人类尺度上，这些建筑展现了历史与时代的背景，并有机地环绕在庭院的周围）；另一方面是对消费文化的迎合（本土风格与外来风格相互对比；古典细节与当代风格融合；圆柱、拱门和帕拉第奥式的窗户①）。　之所以有上述差异，是因为开发商背离了 TEAM 党派的"宜居城市"议程。

在对美景坡的研究中，米尔斯对"真正的士绅化者"的生活很感兴趣。　受格尔茨影响，她采用了"深描"（thick description）方法去审视"文本与语境、文化实践与社会生活之间的对话"，旨在"挖掘社会行为对社会行动者的多重意义"（Mills 1988：171）。　通过两轮采访，她获得了士绅化景观的生产者和消费者的大量数据——首先是与士绅化景观

---

① 帕拉第奥式窗户：得名于意大利文艺复兴时期建筑师安德烈亚·帕拉第奥（Andrea Palladio）。　这种窗户设计通常由一个大的中央拱形窗户，两侧有较小的矩形窗户组成，中间由矩形柱子或支撑物分隔。　帕拉第奥式窗户常见于古典建筑中，尤其是 18 世纪的欧洲建筑，被视为一种优雅和精致的设计元素。　——译者注

的主要生产者(设计师、开发商、房地产经纪人等等)的访谈;然后是与美景坡新居民的访谈。米尔斯发现美景坡的新景观并非由开发商单独"生产"出来;相反,她发现这是一个生产者和消费者在不断变化的心态中相互谈判的过程(1988:180)。144

有趣的是,米尔斯对美景坡的重建是否算士绅化也提出了质疑:"然而,美景坡并不符合士绅化社区的一般形象。它是一个重新开发的景观,租赁和业主自住这两种形态都很普遍。"然而她又肯定地说,这确实是士绅化,但它是从经典士绅化发展而来的士绅化美学,如她所言:

> 就像蓝色牛仔裤成为新阶层的国际制服一样……士绅化的住宅成为了国际社区的标杆。具有讽刺意味的是,就像蓝色牛仔裤普及变成新常态一样,士绅化社区景观的独特性也是如此。(1988:186)

案例二:纽卡斯尔的再开发

最近在围绕新建士绅化的讨论中,斯图尔特·卡梅伦(Stuart Cameron 2003)讨论了纽卡斯尔市政厅名为"追求增长"(Going for Growth)的全市重建战略。该战略旨在"改造"纽卡斯尔市中心的低需求住宅区。其明确目标是通过在这些地区建造吸引中产阶级的住房,来重新平衡贫困的污名化社区的人口结构。这些新建士绅化没有发生在棕地上;相反,就像美景坡一样,它出现在现有的住宅用地上。纽卡斯尔的新建士绅化是人为改造社会的一项社会工程——试图吸引中产阶级到纽卡斯尔内城的一些地区,以实现这些地区的社会再平衡。因此,它与国家政府的城市政策相关联,例如在前言中讨论的《城市白皮书》(DETR,2000A)旨在吸引中产阶级回到市中心,希望通过社会混合使社会资本从富有者向贫穷者转移(见第六章关于"积极的士绅化"的内容)。

《追求增长》的目标是弥合拥有工作的郊区居民和没有工作的内城居民之间的鸿沟,并应对中心城市人口流失对地方经济和税基的影响。

在许多方面，纽卡斯尔衰落的故事就像美国的"甜甜圈效应"一样——城市核心区的经济、社会和文化功能出现空心化。长期以来，美国的市政府一直试图通过一系列举措来解决这些问题，从节日市场到体育场、滨水区开发，以及最近的社会住房的士绅化（见第六章）。事实上，卡梅伦（2003:2372）指出，"追求增长"似乎更符合 20 世纪 50 年代与美

145 国城市重建相关的士绅化模式。英国城市在对抗"甜甜圈效应"方面远远落后于美国城市——事实上，直到最近五到十年，像曼彻斯特、谢菲尔德和纽卡斯尔这样的城市才积极采取政策，把中产阶级吸引到中心城市生活和娱乐。有趣的是，在早期有关纽卡斯尔新市中心和滨水地重新开发的论文中，卡梅伦（1992；另见 Cameron and Doling 1994）认为，这些项目不应该算作士绅化，因为它们没有引发低收入居民的外迁和其他负面影响。但他后来改变了看法。相比之下，卡梅伦（2003）在谈到《追求增长》时认为，现有的低收入居民将被迫搬离，对那些有反社会行为不良记录的人来说尤为严重，因为他们更不容易重新安置：

> 这可能意味着特别严重的失所和排斥，影响着那些所谓威胁到吸引中产阶级政策的人。从这里可以看出史密斯的"复仇城市"概念，即对穷人采取了惩罚性措施。另一方面，当地一些居民和新来者很可能会支持驱逐反社会行为的人。（第 2372 页）

事实上，纽卡斯尔最古老的工人阶级社区已经从 21 世纪的城市规划中消失了。然而，幸运的是，"追求增长"计划刚一起步，就受到审计委员会的批评，称它可能会使纽卡斯尔市中心的空置房问题变得更加严重。2004 年 5 月，由工党领导的纽卡斯尔市议会被自由民主党取代，而在 2005 年 1 月，自由民主党推出了《本韦尔斯科斯伍德地区行动计划》，大幅缩减并取代了"追求增长"计划，新的计划旨在将城市的富裕区向西扩张到市中心，以达到共同富裕的目的。

卡梅伦（2003）推测纽卡斯尔的"追求增长"战略类似于荷兰的"住

房再定位"政策（见第六章），该政策计划在低收入区增加更昂贵的住宅，以实现社区人口结构的多样化。 他认为，对于"追求增长"战略来说，"住房再定位"这个词可能比"士绅化"更合适。 然而，他也发现了一个关键区别——荷兰的低租金社区也会有一些中产阶级甚至高收入的居民，而纽卡斯尔被定位的社区只有低收入群体。

卡梅伦（2003）的论文带有一定的推测性，因为它并不是基于士绅化的实证研究，而只是对"追求增长"战略的解读，以及对其影响的预测（如果说该政策继续实施下去的话）。 卡梅伦强调了政策的文本内涵："追求增长"的文本是如何参考或借鉴了其他政策文本，比如《城市白皮书》（DETR 2000A）和《团结英国》（*Bringing Britain Together*）(Social Exclusion Unit 1998)。 尽管卡梅伦参考了一些与"追求增长"战略制定相关的报刊记者采访，但他本人并没有开展任何访谈。 如果卡梅隆在他的文本分析中加入话语分析（不仅关注文件本身，也关注制定文件的人员），我们或许可以对"追求增长"战略有更多的了解。 而这正是米尔斯（1988）所做的。 赖丁（Rydin 2005）关于话语分析在政策研究中的作用中提供了一个有趣的解释，即解释了话语分析如何能帮助我们分析和理解公共政策：

> 利用话语分析来解读某一领域的具体政策，能让分析者理解政策制定过程中不同参与者的观点和自我呈现。它能够让人们更充分地理解不同行动者参与政策时的互动，这种互动基本上是沟通性的，因此也是话语性的。它可以将参与者的话语使用与社会话语联系起来，揭示参与者的话语如何从更广泛的社会资源中汲取话语权。同时，它还能帮助分析者识别出参与者如何利用语言来追求自己的利益。话语分析的方法可以揭示出决策组织中主导的规范与惯例，以及组织内部的偏见是如何产生的。同样，这有助于解释路径依赖，可以为管理沟通和政策制定者的实践提供话语策略，以破坏这种路径依赖。（第 16—17 页）

146

随着如今研究士绅化与公共政策之间相互作用(Lees 2003c)的影响力不断增加,对新工党领导的纽卡斯尔市议会是如何提出这一(令人不安的,但几乎侥幸成功的)战略进行详细调查,将会非常有趣。

案例三:伦敦河畔的复兴

戴维森和利斯(2005)讨论了伦敦泰晤士河沿岸棕地的新建士绅化。他们认为,最近泰晤士河沿岸新建楼盘是第三波士绅化成熟后的一种变异(有关第三波士绅化的更多细节,参见第五章)。 追随尼尔·史密斯(2002:390—392)的观点,他们认为,迄今为止,士绅化研究未能"充分将士绅化的地点视作研究的问题所在",因此,需要扩大士绅化研究的"空间视角"(Phillips 2004 也持类似观点)。 因为在第三波士绅化浪潮中,士绅化已蔓延到城市的不同地区,不再总是聚集于中心城市,而是扩展到了乡村地区、沿海地区和发达国家城市以外的地区。 在戴维森和利斯看来,国家主导的新建士绅化浪潮是第三波士绅化的一种变异。他们讨论了其他学者的类似发现。 例如,哈克沃斯(2001,2002a)也指出边缘地区存在新建企业开发项目。 相比之下,露丝(Rose 2002)则讨论了蒙特利尔已经发生士绅化社区中新建填充式住房的建设。

戴维森和利斯(2005)对伦敦河畔的案例研究非常重要,因为伦敦河畔正在发生翻天覆地的变化。 在大伦敦管理局(the Great London Authority)制定的政策影响下,整个泰晤士河畔的棕地正被重新开发。 大伦敦管理局的《伦敦计划》(2004:xii)

希望将伦敦打造成为可持续发展的世界城市典范。它有三个相互交织的主题:

● 强大、多样化的长期经济增长

● 包容的社会,让所有伦敦人都有机会分享伦敦未来的成功红利

● 对伦敦的环境和资源利用进行根本性改善

在计划书的后面部分，大伦敦管理局展示了一个隐含的城市复兴议程，与英国政府社会问题排斥小组促进社会混合和平衡社区人口的政策相关（详见第六章关于"积极的士绅化"的内容）。这些河畔棕地的新建项目与伦敦码头区的开发项目有相似之处，但也有明显区别，正如戴维森和利斯（2005:1171）所说：

> 码头区重建涉及大规模的商业（城市）搬迁，（最终）通过财政补贴的大规模重建得以实现，与之同步的是居住结构的重大变革，以经典的撒切尔模式消除城市工人阶级的历史和地理，使得每个人都成为了中产阶级。……相比之下，泰晤士河沿岸当今的新建项目并没有涉及城市里的搬迁与重新安置，它们规模较小，由私人资助，多位于城市的传统零售区和商业中心，本质上与新工党的尝试密切相关，即吸引中产阶级回归中心城市来鼓励社会混合，战胜社会排斥、解决社会弊病。

正像前面提到的纽卡斯尔的新建士绅化那样，社会混合也是当地政府议程中的重要内容。但尽管卡梅伦的讨论是推测性的，戴维森和利斯（2005）提供的经验证据也表明，新建开发项目不利于社会混合；相反，这些开发项目会导致士绅化、社会隔离和排斥（更多细节可参考Davidson 2006）。戴维森和利斯（2005）利用英国人口普查、调查和访谈数据来支持自己的观点，即那些沿泰晤士河新建的开发项目确实是士绅化。尽管2001年的人口普查数据（国家统计局 2001）仅捕捉到这一过程的初期阶段，但很明显，社会升级正在泰晤士河沿岸悄然进行。1991年至2001年间，在所调查的泰晤士河畔周边行政区范围内，专业人士的数量增加了42.9%，准专业人员和技术人员的数量增加了44.5%，经理和高级官员的数量增加了20.9%。相比之下，相同行政区内的中低收入和低收入职业群体数量却减少了：行政和秘书职位减少了11.4%，熟练工种减少了12.8%，个人服务减少了29.5%，加

148

工、装配和机械工人减少了 6.9%。 戴维森和利斯(2005:1184)认为，初级工作者(如清洁工、厨房工作人员、保安和搬运工)的数量增加是不足为奇的，因为这些群体最有可能为新来的中产阶级提供服务。 问卷和访谈数据显示，长期居民认为这种新建士绅化带来了负面影响——新建开发项目服务的多是年轻的上班族，而几乎没有为工人阶级建造住房。 沿河新建住宅的居民与邻近社区居民之间并没有出现社会混合。如果说有的话，那也只是新建居民对沿河的邻居有恐惧感。 因此，新建项目助长了社会排斥而非社会包容。 总之，戴维森和利斯认为(2005:1187)：

> 考虑到伦敦市中心，特别是在泰晤士河沿岸地区，中产阶级的再度殖民化日益严重，以及相应的社会较低阶层的失所，拒绝用"士绅化"的标签来定义新建开发项目是愚蠢的。

超级士绅化

巴特勒和罗布森(2003)指出，伦敦的巴恩斯伯里正在"经历第二次(再)士绅化"。 它主要由金融业和金融工作者推动，他们几乎都在伦敦金融城工作。 通过观察纽约布鲁克林某社区的变化，利斯(2000，2003b)称其为"超级士绅化"或"金融化"(financification)。 超级士绅化是进一步增强了的士绅化，出现在伦敦和纽约等全球城市中的特定街区里。 最近，巴特勒和利斯(2006)共同合作，提供了有关伦敦巴恩斯伯里第三波士绅化——超级士绅化的详细证据，我们将在下一节进行概述，以此读者能了解巴恩斯伯里士绅化(见第一章)的最新进展。 然后，我们将目光聚焦到大西洋的另一侧，将伦敦的案例与纽约布鲁克林高地的超级士绅化案例进行比较。

"超级士绅化"之所以叫"超级"，不仅是因为它是一种更高级别的

149

士绅化，而且它还发生在已经被士绅化的社区里，与全球社会、经济与文化都有联系。 与之前的士绅化相比，它涉及更复杂的金融与经济投资，需要更高质量的经济资源。 而"士绅化"一词则隐喻了社会变革。 在此过程中，一个更加精英化的士绅化阶层正在进入社区，其关系网遍布全球（Butler and Lees 2006）。 此论点围绕着萨森（1991）有关全球城市的观点而展开。 经济全球化创造出一个新的金融工程师阶层，他们将金融业成功地商品化，生产出新产品来为自己创造巨大财富。 超级士绅化的高端服务人员范围很广，如市场营销、信息技术和至关重要的法律服务等行业部门。

超级士绅化是一个有趣的现象，因为它不符合士绅化的阶段模型，该模型假设士绅化有一个终点——成熟的士绅化（见第一章）。 因此，超级士绅化提出的重要问题涉及当前士绅化的表现形式与前几轮社区变化的历史连续性。 正如利斯（2003b：2491）所认为那样：

> 就像现在饱受诟病的植被入侵和演替生态学模型一样，士绅化阶段模型也假设士绅化最终会进入一个稳定、自我延续的"成熟士绅化"的阶段。 超级士绅化的例子表明，不管是士绅化的潜在过程还是它的模式，假设它会稳定下来的想法都是错误的。

超级士绅化还挑战了新马克思主义解释士绅化的租差模型（见第二章），租差模型侧重撤资和再投资之间的关系，忽视了已经士绅化社区的变化。 传统的士绅化研究关注社区从缺乏投资到再投资的转变，但是超级士绅化的过程乃是一个已被士绅化的中上阶级社区再次发展为更加排外的昂贵飞地。 此过程不涉及对租差的利用。 士绅化仍在继续，但采取了不同的形式，从所谓成熟的士绅化转变为了超级士绅化。 在此过程中，某些社区成为新一代富豪"金融精英"的密集投资并炫耀消费的场所，他们从全球金融企业和服务行业中获得财富。 值得注意的是，超级士绅化不同于再士绅化，后者可能发生在任何社区里，而超级

150

士绅化只能发生在全球城市的社区里，这些社区靠近全球金融总部，如伦敦金融城（"黄金广场"）或华尔街。 超级士绅化也会发生在旧金山这样的城市里，因为这类城市的环境特殊，像硅谷或 IT（信息）公司的聚集。 超级士绅化不是丹斯哈特（Dangschat 1991）提出的"极度士绅化"（ultra-gentrification）。 但如果内城的士绅化不断发展的话，那么"极度士绅化"很可能就是世界各地士绅化社区的命运。 正如阿特金森和布里奇（2005:16）所说：

> 随着士绅化的不断蔓延，它在起源的社区中不断强化，许多社区房价变得极高，成为精英的飞地，而不再是 20 世纪 60 年代或 70 年代苦行僧般的士绅化先驱的居所了。

克里斯·哈姆奈特（1984:314）早些时候也指出：

> 很明显，士绅化只是居住区历史演变中的一个阶段。普遍的或暂时稳定的居住模式是不存在的。

尼尔·史密斯（2002:441）认为，士绅化进入最新阶段的标志是："全球资本的影响延伸到了当地社区的尺度。"然而，阿特金森和布里奇（2005:7）认为："全球化的研究并没有关注社区尺度……社区一直被低估，而它实际上是地方、城市、区域和国际层面不同权力关系再生产的场所。"下面，我们通过一个超级士绅化的案例，来解释全球经济与城市尺度之间的抽象关系。

案例一：伦敦巴恩斯伯里

巴特勒和利斯（2006）研究了全球士绅化者中的精英人士，他们侵入了已经被士绅化的社区——巴恩斯伯里（见第一章）。 他们认为，这些超级士绅化者积极地将全球资本流与社区联系起来。 罗夫（2003）在士绅化跨国精英的研究中认为，为了保持独特身份，士绅化者作为新兴的精英分子将身份从本地投射到了全球。与之相反，巴特勒和利斯（2006）则认为：超级士绅化的精英分子是将身份从全球投射到了地方。所以我们在这里看见的不是全球化对空间的侵蚀（大部分全球化文献都持该观点），而是（精英）空间在社区尺度的重建。

巴特勒和利斯（2006）揭示了在伦敦金融城工作的一群新型的超级富豪专业人士正慢慢地在伦敦内城的住房市场上留下自己的印记，这样就使自己和传统专业人士和传统的上层阶级有所区别。在过去十年里，这第三代士绅化者已开始取代一些最初的士绅化者了。巴特勒和利斯认为，精英教育，特别是牛津和剑桥的教育与新兴的、全球化的金融服务行业之间存在密切的互动，并且居住地在巴恩斯伯里，这与伦敦内城大部分的士绅化地区非常不同。正如麦克道尔（McDowell 1997a）所指出，这个新的服务业阶层对构建伦敦内城住房市场产生了巨大影响。该群体多从英国社会的特权阶级脱颖而出，主要来自公立学校和受青睐的大学——牛津大学、剑桥大学、布里斯托大学、杜伦大学和伦敦大学学院（McDowell 1997b）。正如马西（Massey 1993）所指出的，全球化巩固了既有精英阶层的权力。巴特勒和利斯（2006）关于超级士绅化者职业重要性的研究与大卫·莱（1994，1996）关于自由公共部门工作者的研究，以及莎伦·佐金（1982）关于艺术家作为先驱士绅化者的研究一脉相承（见第三章）。

巴特勒和利斯（2006）认为，如果不是20世纪80年代发生的第二波士绅化带来的稳定效应，超级士绅化就不可能在巴恩斯伯里出现。在第二波士绅化（见第五章）中，巴恩斯伯里的主要商业街上出现了明显升级。旧农业大厅被改造成商业中心的地标后，更多以企业为主导的士绅化随之而来。在这个阶段，尽管许多士绅化者仍在公共部门就职，但越来越多的人转向私营部门，尤其是金融行业就职，因为政府放松了管制，增加了就业机会。巴特勒和利斯（2006）还讨论了20世纪90年代中期以来，这些行业的岗位数量、工资和奖金显著增加的原因。

金融人士涌入巴恩斯伯里最典型的例子，是托尼·布莱尔（英国前首相）和切丽·布莱尔在 1993 年第二波士绅化的末期搬到了巴恩斯伯里。 事实上，他们是巴恩斯伯里新兴的第三波超级士绅化的受益者，因为当他们 1997 年要搬到唐宁街时，就卖掉了里士满新月街（Richmond Crescent）的房子（见图 4.4），售价几乎翻了一倍（达 61.5 万英镑）。 这幢房子在 2001 年再次出售时，价格为 125 万英镑！ 当布莱尔刚搬进来

图 4.4 托尼·布莱尔位于里士满新月街的家
尽管这栋房子的后花园很小，而且离大片的公共住宅区只有一步之遥，但是现在的售价可能超过了 200 万英镑。
图片来源:洛蕾塔·利斯 摄

时，对于成功但传统的专业人士来说，仍有可能在这里置业。 可到他们出售时，就只有那些在法律行业和金融服务业的顶级人士和其他富人才能买得起这样的房子了。 巴特勒和利斯之所以将第三代士绅化者称为"超级士绅化者"，因为他们在如此稀缺的住房市场中的运作能力几乎完全依赖于 20 世纪 90 年代中期在伦敦金融城发生的金融革命。 今天，如果新工党的政客要在巴恩斯伯里购房的话，他们就不得不接受自己是否清廉的灵魂拷问。 152

巴特勒和利斯(2006)使用人口普查数据研究了 1991 年至 2001 年间巴恩斯伯里管理人员和其他专业人员的增长，这两个群体都覆盖了伦敦金融城的主要人群。 数据显示，近年来，巴恩斯伯里的高收入群体有所增长，重构了士绅化的过程。 与下文布鲁克林高地的情况不同，当地中等收入专业群体的数量正在减少，而在巴恩斯伯里，人口普查划为 153 5.1 类的社会群体正在大规模地增长，该群体推动了伦敦市中心的士绅化，尤其是在伊斯灵顿(Islington)北部和南部的行政区。 该群体在巴恩斯伯里和伊斯灵顿的持续增长，表明巴恩斯伯里的超级士绅化是一种相对而非绝对的变革。 我们可以见证三个阶层的分化：富豪专业人士和管理人员；中产阶级专业人士；以及工人阶级或经济非活跃人员。 这种阶级分化又引发了社区中关于社会混合的有趣问题。 巴特勒和利斯(2006)采用人口地理统计软件 Mosaic 研究了巴恩斯伯里的人口变化，揭示了当地的阶级变革。 研究发现：巴恩斯伯里的受访者中，三分之二属于 A 组，即成功组，其中，51%属于全球联系组，16%属于文化领导力组。 其余 30%的受访者都属于 E 组，即城市智力组，它通常与伦敦内城的士绅化相关。

案例二：纽约市布鲁克林高地

不同于之前的士绅化研究，利斯(2003b)以一幢褐石建筑的传记开始了她关于布鲁克林高地超级士绅化的研究。 她先讲述了士绅化先驱的故事，一位年轻的律师和他的妻子购买了一幢有租户的褐石建筑。

随着时间推移,他们赶走了这些租户,从而控制了整栋房屋,并利用业余时间翻新了房屋。 夫妻俩在 20 世纪 90 年代中期卖掉了这栋房屋,搬到了两条街外的一套马房改建的小别墅里,由此,超级士绅化的故事揭开了序幕。 购买他们褐石建筑的买家是一位在华尔街工作的英国女士,她是一名专门从事日本证券交易的经纪人,直接开了一张 59.5 万英镑的支票,全款买下了这栋房子。 正如利斯(2003b:2489)所述,之前的(第一次和第二次)士绅化者需要抵押贷款:

> 与之相比,在纽约,全球金融和企业服务业给新一代士绅化者带来了高额回报……他们能够筹集前所未闻的巨额资金来满足家庭生活。这些"金融家"与前几代士绅化者相比,不仅能动用的资产量和来源有所不同,我认为他们的生活方式和价值观也不同。

超级士绅化者的生活方式和价值观与传统士绅化者大不相同。 之前的士绅化者自己动手翻新房屋,而超级士绅化者则雇用了承包商来彻底改造房屋(这个故事里的英国女士在翻修期间,在附近临时租了一套非常昂贵的公寓)。 承包商完全改变了房屋的布局,并安装了一个带按摩浴缸的大理石浴室。 他们拆掉了房子后面多年的城市花园,并以郊区风格重新绿化。 她对这个社区没有任何依恋,在搬进来不过四五个月,就把房子卖了,搬到了亚利桑那州!

在分析 1970 年至 2000 年的人口普查数据时,利斯(2003b)发现布鲁克林高地居民的收入大幅增加,并且低收入家庭逐渐被高收入家庭取代。 值得注意的是,过去十年中,社区中仅存的少量低收入家庭数量保持稳定,而中上收入家庭的数量则下降了9.7%。 与此同时,收入排在纽约市所有家庭前10%的家庭数量增加了同样的比例。 因此,在这个超级士绅化的社区中,现在超过一半的家庭属于纽约市最富裕家庭的前10%(见图表4.1)。 利斯的调查表明,居民几乎认为这是华尔街的资金浪潮席卷了他们的社区。

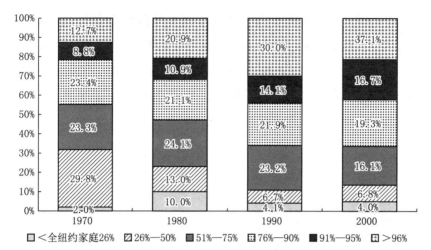

图表 4.1　1970 年至 2000 年间布鲁克林高地人口收入的变化
该图表展示了布鲁克林高地家庭按年收入百分位类别在纽约市所有家庭中的分布情况。请注意,在 2000 年,布鲁克林高地超过一半的家庭属于纽约市所有家庭中最富裕的 10%。
来源:利斯(2003b)

过多的定义和士绅化的政治内涵

现在,已经有大量术语来描述完全相同的现象[如城市再生(urban regeneration)、城市复兴(urban revitalisation)、士绅化、社区更新(neighbourhood renewal)、修缮(rehabilitation)、翻新(renovation)、回归城市运动(back-to-the-city movement)和重新侵入城市(urban reinvasion)],这并非仅仅是毫无意义的术语创造。知识社会学的一个教训是,词语并非被动的;事实上,它们会影响并创造我们对周围世界的认知。因此,我们在选择记录或描述事件的术语时,必须传达出适当的内涵或形象,以避免严重的误解。

——帕伦和伦敦(1984:6)

155

1991 年，萨斯基娅·萨森宣称："新的学术研究已经扩大了士绅化的定义，将其与空间、经济和社会重组过程联系了起来"（第 255 页）。士绅化是一个"与发达资本主义深刻转变联系在一起的广泛过程"（第 255 页）。然而，近年来却多方呼吁要放弃"士绅化"这个术语。例如，邦迪（1999a：255）警告称，士绅化一词有泛化的危险，因此需要重新界定这个概念：

> 我认为，创造性地处理学术知识的途径涉及概念化和重新概念化的循环过程。在此情况下，露丝·格拉斯（1964）创造的"士绅化"一词，引发了关于城市变化的新问题。但是，研究人员越是试图厘清这一概念，这一概念就不得不承担越多的负担。当前讨论士绅化的势头已弱，这或许反映出此概念已无法提供新的洞见了，也许现在是时候放弃它了。

但我们不认为应该让这个术语在这些负担下解体。当然，将上述所有变种和衍生物都包含在"士绅化"这个术语之下，我们确实面临着破坏"士绅化理解城市变化的价值和独特视角"的风险（N. Smith 2002：390—392）。然而，这是我们必须承担的风险。

许多人之所以将各种新类型的"翻新"（如绿色士绅化和金融化）与"士绅化"联系起来，是因为这个术语的政治性。在城市地理学和城市研究中，没有一个词比士绅化更具有政治性、政治化和政治色彩了。正如第七章中讨论的反士绅化团体所表达的，如果不能反对"士绅化"及其所引发的阶级驱逐和压迫，他们将很难在政治上获得影响力。毕竟，正如我们在序言中提到的，反对复兴、重建或振兴很难，但反对士绅化则要容易得多。政府和市政当局也意识到了这一点，所以政策文件也刻意采用了振兴、再生或复兴这些词语，而避免使用"士绅化"。正如戴维森和利斯（2005：167）所指出的：

如果我们试图质疑中产阶级对市中心日益增强的再殖民,那么将伦敦河畔的新建开发项目定义为士绅化则有着重大的政治意义。

1985 年,纽约市房地产委员会(Real Estate Board of New York City)曾购买了《纽约时报》的版面,整版刊登了"士绅化是一个不雅之词吗?"(见图表 4.2)的文章,这清楚地说明了"士绅化"一词的政治意义。 正如尼尔·史密斯(1996a:30—34)所解释的: 156

> 1985 年 12 月 23 日上午,《纽约时报》的读者醒来发现,他们的晨报中最显眼的广告位置被一则赞扬士绅化的社论给占据了。几年前,《纽约时报》将其观点栏右下角四分之一的版面卖给了美孚公司(Mobil Corporation),后者一贯赞扬全球资本主义的社会和文化价值。到了 20 世纪 80 年代中期,随着纽约房地产市场的火热,士绅化的负面影响显现出来,越来越多的人认为它推高了房租,威胁了社区,因此,美孚公司不再能左右《纽约时报》观点栏的意识形态了。而"纽约房地产委员会公司"购买了这一版面,为士绅化正名。社论的开头写道:"对纽约人来说,很少有词语像'士绅化'这样充满感情色彩的了。"房地产委员会承认,不同的人对士绅化有不同的理解,"简单来说,士绅化引进了私有资本,提升了社区的住房和零售业"。社论还暗示,士绅化是城市多元文化的贡献者,而这正是城市大熔炉的标志,如此才"让社区生活蓬勃发展"。委员会建议,如果社区私人资本的"修缮"不可避免地导致一些家庭的搬离,"我们相信"……"应对这一问题,必须通过促进中低收入住房建设和翻新的公共政策来解决,并改变分区规划,允许在临近的低租金地段开展零售业"。最后,它得出结论:"我们也相信,纽约的最大希望在于那些愿意为需要他们的社区做长期贡献的家庭、企业和贷款机构。这就是士绅化。"

确实,由于"士绅化"一词的政治内涵得到了广泛认可,"士绅化"成为

IS GENTRIFICATION A DIRTY WORD?

There are few words in a New Yorker's vocabulary that are as emotionally loaded as "gentrification."

To one person, it means improved housing. To another, it means unaffordable housing. It means safer streets and new retail businesses to some. To others, it means the homogenization of a formerly diverse neighborhood. It's the result of one family's drive for home ownership. It's the perceived threat of higher rental costs for another family.

In simple terms, gentrification is the upgrading of housing and retail businesses in a neighborhood with an influx of **private** investment. This process and its consequences, however, are rarely simple.

Neighborhoods and lives blossom.

Examples of gentrification are as varied and distinctive as New York itself and reflect the city's enduring vitality. That vitality is expressed in terms of change...for neighborhoods **and** people. We see immigrants from Asia transforming the Flushing community in Queens with their industriousness, while recent arrivals from Russia are bringing new flavor to the Brighton Beach area of Brooklyn. Over a decade ago, painters, sculptors and fledgling dance companies looking for loft space turned SoHo, then a manufacturing "ghost town" on Lower Manhattan's northern border, into a world-renowned artistic center. Today a new generation of artists is creating a similar colony in Greenpoint, Brooklyn. Elsewhere, middle class pioneers have bought brownstones in dilapidated areas and enlivened their districts—such as the portion of Columbus Avenue north of Lincoln Center for the Performing Arts—with energy and style.

Different neighborhoods throughout the city have undergone similar changes at different times: Park Slope, Chelsea and the Upper West Side, for example. In each case, neighborhoods that were under-populated and had become shabby and/or dangerous were turned into desirable addresses by families and merchants willing to risk their savings and futures there.

Who has to make room for gentrification?

The greatest fears inspired by gentrification, of course, are that low-income residents and low-margin retailers will be displaced by more affluent residents and more profitable businesses.

The Department of City Planning's study of gentrified neighborhoods in Park Slope and on the Upper West Side concluded that some displacement occurs following a community's decline as well as after its rehabilitation. The study also found, however, that residential rent regulations gave apartment dwellers substantial protection against displacement. In addition, the study pointed out that the mix of retail stores and service establishments has remained the same in both areas since 1970.

In this regard, it should also be noted that tenants of residential rental buildings that are converted to cooperative ownership remain protected by non-eviction plans if they decide they don't want to buy their units. A survey conducted by the Real Estate Board of New York found that 85 percent of such tenants thought the conversion process had been a fair one.

A role for public policy.

We believe that whatever displacement gentrification causes, though, must be dealt with with public policies that promote low- and moderate-income housing construction and rehabilitation, and in zoning revisions that permit retail uses in less expensive, side street locations.

We also believe that New York's best hope lies with families, businesses and lending institutions willing to commit themselves for the long haul to neighborhoods that need them.

That's gentrification.

 The Real Estate Board of New York, Inc.

图表 4.2　士绅化是一个不雅之词吗？
来源:《纽约时报》,1985 年 12 月 23 日,纽约市房地产委员会授权复制。

媒体用来讨论中产阶级殖民化的术语，无论是在中心城市还是乡村
地区。

然而，戴维森和利斯(2005:1187)指出，如果我们要保留士绅化这
个词(及其政治内涵)，"士绅化的学者就要让这个词具有足够的弹性，
'从而提出新的见解'，并能够反映 21 世纪以来士绅化蔓延中出现的各
种变异"。 他们认为，虽然格拉斯(1964)对士绅化的定义是当时那个时
代的产物，但作为一个"展开定义的跳板而不是限制性的东西"，仍然
是有用的(Davidsonand Lees 2005:1187)。 他们建议我们坚持抓住士绅
化的核心要素：(1)资本的再投资；(2)高收入群体的进入，社会地位的
提升；(3)景观变化；以及(4)直接或间接导致低收入群体搬离，所以，
我们不要把士绅化与某个特定的景观或背景直接对应起来。 因此，
"'士绅化'应该可以作为一个重要术语来分析 21 世纪城市的变化"
(第 1187 页)。

早在 20 世纪 80 年代，许多学者认为士绅化的是一个混乱的概念，
它常被用来描述以不同方式运作的社会过程，而它们的空间表现也大相
径庭。 例如，露丝(Rose，1984)认为，绅士概念过于混乱，需要进行细
致分解。 她敦促研究人员质疑现有的分类，并探索被归类于"士绅化
者"的群体是如何被生产和再生产出来的："我们不应该提前假设所有
的士绅化者在阶级地位上都相同，认为他们'在结构上'与失所人群相
对立"(第 67 页)。 同样，博勒加德(1986:40)也主张：

> 我们必须认识到"士绅化"是一个"混乱的概念"，包含了许多不
> 同但似乎又相似的过程……费城社会山(Society Hill)城市重建项目
> 导致历史排屋的重建……旧金山地区由同性恋改造的维多利亚式房
> 屋的工人社区……巴尔的摩费尔斯角(Fells Point)地区废弃房屋的
> 重建，以及波士顿滨水区的仓库改建为了富人住房。每一个例子不
> 仅涉及不同类型的个体，开展的方式也不一样，也有不同的后果。必
> 须认识到士绅化的多样性，而不是将不同的方面混为一谈。

博勒加德还认为：

> 认识到这些复杂的过程，能使我们对"士绅化"概念的混乱更加敏感。在士绅化过程中，没有哪一个或两个因素是决定性的。相反，也没有哪一个因素是士绅化缺一不可的。（第 53 页）

在最近的一篇文章里，克拉克（2005：256—257）强烈反对将注意力集中在士绅化的混乱和复杂性上，他认为：

> 在混乱的士绅化中寻求确定性和简单性，不等于还原主义或简单思维，而坚持批判思维，也不是说要教条式地关注混乱和复杂性，这都是不正确的。士绅化研究中出现的这种主导趋势与社会科学中更一般的趋势不无关系。在这与更广泛的激进政治敏感性的变化有关。这种趋势强调研究对象是如何由社会因素构建而成的，而不是简单地从其他理解方法出发进行研究。

克拉克（2005）正确地指出，研究人员在关注概念的混乱和复杂性时忽略了博勒加德（1986：35—40）说到的"士绅化的本质"，它的"本质含义和根本原因"以及它的"一般形式所需的结构力量"，因此，陷入狭隘和离奇的定义里。克拉克认为，我们需要一个更广泛的定义。此观点与利斯（2000）的相似，他们都主张用更包容的视角看待士绅化的时空演变。克拉克（2005）对士绅化的定义确实很宽泛而松散，它包括了士绅化的根本原因——"空间的商品化，极化的权力关系和对未来愿景的支配"（第 261 页）。克拉克（2005）提出了一些有价值的观点：如果我们要保留"士绅化"的政治意涵，那么就必须坚持采用广泛、简单但宽松的定义。与戴维森和利斯（2005）一样，他认为该术语需要有足够的弹性，能够纳入尚未出现但可能出现的士绅化过程，同时又能传达出政治主张。因此，它必须是"一个既有弹性又有针对性的定义"（Clark

2005:258)。

总结

随着时间推移，士绅化出现了变异，它不仅包括露丝·格拉斯
(1964)的经典定义，现在还包括乡村士绅化、新建士绅化、超级士绅化
等许多衍生形式。因此，士绅化的定义变得更广泛、更开放，能把很
多新的变异纳入了其中。例如，大卫·莱(1996:34)主张，将士绅化的
定义扩展至"居住和非居住用地的翻新和再开发"；而尼尔·史密斯
(1996a:39)则将士绅化定义为中产阶级对中心城区全方位的重塑。克
拉克(2005:256)也主张扩大士绅化的定义："过于狭隘的定义让偶然性
和必然的关系混为一谈，让此概念变得混乱起来。这实际上干扰了我
们对其成因的分析，使目光专注于特殊性上去了。"克拉克(2005)提出
了"有弹性也有针对性的定义"，即"士绅化是一个改变土地使用者人
口的过程，新使用者比旧使用者的社会经济地位更高，同时，因固定资   160
本的再投入，建筑环境也发生了相应变化"(第258页)。这个"有弹性
也有针对性"的定义正是我们希望保留下来的。同时在本章中，我们
也呼吁希望能"少一些对定义的讨论，多一些批判性、进步性的学术研
究"(Slater，Curranand Lees 2004:1145)。

延伸阅读

Atkinson，R.，and G. Bridge（2005）'Introduction'，in R.
Atkinson and G. Bridge(eds.) *Gentrification in a Global Context*：*The
New Urban Colonialism*(London：Routledge) 1—17.

Beauregard，R. A.(1986) 'The chaos and complexity of gentrification', in N. Smith and P. Williams (eds.) *Gentrification of the City* (Boston: Allen and Unwin) 35—55.

Butler, T., and L. Lees(2006) 'Super-gentrification in Barnsbury, London: Globalisation and gentrifying global elites at the neighbourhood level', *Transactions of the Institute of British Geographers* 31:467—487.

Butler, T., and D. Smith(guest eds.)(2007) 'Extending gentrification', *Environment and Planning A* 39, 1(special issue).

Cameron, S.(2003) 'Gentrification, housing redifferentiation and urban regeneration: "Going for Growth" in Newcastle upon Tyne', *Urban Studies*, 40, 12:2367—2382.

Clark, E.(2005) 'The order and simplicity of gentrification: A political challenge', in R. Atkinson and G. Bridge(eds.) *Gentrification in a Global Context: The New Urban Colonialism* (London: Routledge) 256—264.

Davidson, M., and L. Lees(2005) 'New-build "gentrification" and London's riverside renaissance', *Environment and Planning A*, 37, 7:1165—1190.

Lees, L. (2003b) 'Super-gentrification: The case of Brooklyn Heights, New York City', *Urban Studies*, 40, 12:2487—2510.

Mills, C.(1988) ' "Life on the up-slope": The postmodern landscape of gentrification', *Environment and Planning D: Society and Space*, 6: 169—189.

Mills, C.(1993) 'Myths and meanings of gentrification', in J. S. Duncan and D. Ley(eds.) *Place/Culture/Representation* (London: Routledge) 149—170.

Phillips, M.(2004) 'Other geographies of gentrification', *Progress in Human Geography*, 28:5—30.

Podmore, J.(1998) 'Re-reading the "loft-living" habitus in Montreal's inner city'，*International Journal of Urban and Regional Research*，22：285—302.

　　Rofe，M.(2003)‘"I want to be global"：Theorising the gentrifying class as an emergent elite global community'，*Urban Studies*，40，12：2511—2526.

图 5.1 莫斯科奥斯托珍卡的士绅化

从社会主义城市变成士绅化的城市。

来源：奥列格·戈卢布奇科夫（Oleg Golubchikov）摄

第五章

当代士绅化

在第一章里，我们对经典士绅化或先驱士绅化展开了描述。 在第 二章和第三章，我们讨论了士绅化的理论，这些理论大多是用来解释经典士绅化的。 在第四章，我们看到了士绅化因时空变化产生的变异。而在本章，我们将更细致地考察当代士绅化的情况。 我们将讨论全球化、新自由主义和政府角色的变化对士绅化造成的影响；我们将评估一些文献，它们重新界定了士绅化的尺度。 我们将引用哈克沃斯和史密斯（Hackworth and Smith 2001）提出的纽约士绅化的历史模型，来构建士绅化的新阶段模型（针对纽约市，但也会尝试举一反三），其中包含了士绅化的第四次浪潮；同时，我们也认为很有必要提出士绅化的地理学。 最后，我们将以一个问题来结束本章，即，第二章和第三章的士绅化理论（大部分是为了解释经典士绅化或第一波士绅化）能否用来解释和分析当下的士绅化状况？

全球化、新自由主义和国家角色的转变

尼尔·史密斯（2002）首先关注了当代士绅化里的全球化、新自由主义和国家角色转变之间的关系。 他认为士绅化在今天已是"一种全球性城市策略"，关联着新全球主义和新城市主义。 就新城市主义和全球化之间关系的变化而言，他提出了两个核心论点：首先，新自由主义的

国家现在是市场的推动者，而非调节者。因此，新一代的复仇城市主义（见第六章关于"复仇城市"的讨论）已经取代了发展中国家城市的自由主义城市政策，同时，新自由主义城市政策目前呈现出资本生产的动力，而不是社会再生产的动力。其次，他认为，当今的士绅化已经全球化了（见第四章），它不仅出现在北美、欧洲或大洋洲，它还和全球资本循环和文化流通网络关联起来，成为一套普遍的策略。

"新自由主义"这一术语广泛出现在 20 世纪 80 年代的流行话语里，用来描述发达国家的机构和组织（像国际货币基金组织和世界银行）出现的结构性政策调整，它们被强加于发展中国家和城市。它们削减164 了社会开支和政府监管、促进了自由贸易、消除外国投资与利润回流里的障碍。当然，发达国家城市也很快明显感受到这类政策带来的压力，尽管发达国家的城市化有着非常不同的工业结构特征。在过去十年左右，新自由主义已经成为了共识，但也常常被误解。学者和政策分析师们常用新自由主义这一术语来简短隐晦地提出一种趋势，体现为消除政府干预、促进商业化、私有化、灵活的劳动力市场，以及公私合营的发展，同时，还要减少市场化过程中的政府扶贫规模，并缩减对少数族裔和其他边缘群体的扶助规模。但这个术语也变成一个战斗口号，号召人们去质疑企业全球化及其造成的不平等。由此，就像"全球化"成为概括 20 世纪 90 年代加速发展的跨国流动与融合的关键词一样，在 2000 年以后，"新自由主义"也成为了政治角逐和理论辩论的焦点。

但这场辩论也并非什么新鲜事。虽然士绅化这个词流行起来也不过二十来年，但它的哲学内涵却可以往前推到更早的时期。正如"新古典主义"经济学其实是 18、19 世纪古典政治经济学在 20 世纪的再现一样。那么，新自由主义则代表了复兴最纯粹、最残酷的政治经济学的努力。就像尼尔·史密斯（2002:429）所说：

　　说起新自由主义，我想，它是指一个具体的东西。18 世纪的自由主义——从约翰·洛克到亚当·斯密,围绕两个主流假设:个体利益的自由和民主会带来最优的集体社会利益;以及,市场才知道什么是最好的;换言之,私有财产是个人利益的基础,而自由市场交换是最理想的手段。20世纪美国的自由主义,从伍德罗·威尔逊到富兰克林·罗斯福再到约翰·F.肯尼迪都强调了对市场和私有财产过度的社会补偿——这并非一种不恰当的说法,因此——它并没有废除自由主义的这些公理——但在回应如何挑战社会主义的时候,它试图规范其中的影响力。当进入21世纪,新自由主义开始回归自由主义的原始公理,尽管它不仅受到民族国家权力的推动,还受到不同地理范围内组织起来的国家权力的策动。

不同地理尺度的权力策动不仅涉及长期的战略规划,还涉及短期的当务之急。 杰米·派克(Jamie Peck 2006)研究了英国和美国有权有势的保守商业人士和他们的历史。 这群人早在20世纪50年代就开始致力于建构右翼智囊团的网络,并努力推进自由市场的哲学和政策。 派克(2006:682—683)集中研究了美国右翼城市主义的胜利历程——这场运动始于罗纳德·里根总统(1980年当选),之后便很快废除了旨在帮助城市贫困人口的联邦项目。 现在,已经过去了四分之一个世纪,

> ……很难否认,"新城市右翼"在思想战争中取得了一些重大胜利。因此,他们重构了围绕美国城市的一套模式,包括所谓的问题原理和假设出来的解决方案。虽然已经过去了一代人,保守派知识分子仍然将自己宣传成唯一的理性声音来源,仿佛唯有他们才是站在这个分崩离析、背道而驰的世界之外坚守原则的旁观者,但他们所处的环境和他们的支持者其实都和以前大不相同了。向着自由市场战略的意识形态转变,不仅包括简单的放松管制或市场化,还提倡国家干预主义的新方式,所以这已然是一次地动山摇的变革……如果说,在这一时期刚开始的时候,城市还是政府制定政策的特定领域和受

益者,那么在该时期结束的时候,城市就沦为经常被诟病的政治目标;如果说城市政策曾经是为城市制定的一系列计划,被认为是渐进式改革和政策创新的中心,那么今天的主流观点则是,城市本身才是需要被改革的对象。

所有这些因素都改变了士绅化的背景。 在 20 世纪 70 年代和 80 年代,学者们注重在生产与消费的动态平衡里去探讨士绅化的原因,还能见到为数不多的公共政策缓冲着不断肆虐的士绅化及其引发的极度不公平,所以,人们在知识界还能获得一丝慰藉。 但是在最近,很多国家层面的公共政策已经发生了明确的转变。 士绅化被视为欣欣向荣的房地产市场里的积极结果;而房地产市场也被人们当成了一剂解药而非病症。 由于经济上的激烈竞争,以及来自国家联邦政府的政策指令,城市现在到处充斥着老于世故的企业家,他们的所作所为都只是为了诱惑那些财大气粗的投资人、有钱的居民和游客到他们那里去(Harvey 1989b,2000)。 在美国,政府推出的任何一项大型支出计划都会经过投资方的详细审查(他们购买的市政债券将作为学校建设和其他重大支出的资金来源),同时,还会接受债券评级机构的审查,后者会从字面上对城市预算和信誉进行评级。 这样,所有这一切就同资本市场的运作、公共部门的私有化、全球市场的竞争、福利的削减和工作福利的需求更紧密地纠缠在了一起,同时,也和其他新自由主义城市化的各种纽带交织在一起。

166　地理上不可预知的变化

在不同的国家、区域和城市环境里,上述趋势又会体现出差异性。在城市尺度上,士绅化的全球蔓延关联着以服务业为主的经济增长和中心城市的功能转变,也关联着城市治理、城市再开发中强行传播的新自由主义模式。 史密斯认为士绅化已经从 20 世纪 60 年代少数几个西方城市才有的边缘现象演变为了日益流行、四处蔓延的"全球城市策略"

(N. Smith 2002)。 在发达国家，城市策略已经成为一场除旧革新的竞赛，旨在打造富有魅力、新颖别致、妙趣横生，但舒适安全的、由单一阶层主导的富人区和游乐场。 这些有钱人都在各种全球资本机构中效力，并从中分得蛋糕（Mitchell 2003）。 在此过程中，贫穷落后、尚未士绅化的内城区则沦为新自由主义城市政治斗争的一个战场。 例如，大量的公共住房，实际上代表着新自由主义的对立面——凯恩斯主义的平等自由主义。 就像我们将在第六章里看到的那样，这样的公共住房在当今已经成为不少国家"积极的士绅化政策"盯住的目标。

　　但在发展中国家，作为城市策略的士绅化则有着不同的形态。 虽然，欧洲和北美的城市思想和后工业的社会轮廓有着千丝万缕的联系，但发展中国家的城市化却被同一时期蔓延的新旧交错的空间经济转换而驱动着；制造业、重工业、不断增长的高科技离岸外包，以及服务业创新领域的挤压共同重塑着发展中国家的城市。 这样，在大尺度的肌理中，发展中国家城市空间的阶级转换被系统性地重构出来。 其背后是跨国投资和国家政策在驱动，由此，本土居民沦为了不受欢迎的穷鬼。

　　综合起来，这些趋势都暗示出：新自由主义的城市主义意外地导致一种复杂的地理后果。 新自由主义呼吁一种基本而普遍的观念，包括个体观念、私人市场关系和国家适当角色的观念。 但这场政治运动的具体原则在实施的过程中，却有着法律和实践上的巨大差异。 今天的新自由主义政策是建立在以往的政治和经济规则、传统、规范和制度基础之上的。 因此，国家和区域背景的差异，以及新自由主义政策各要素之间的相互作用都会造成今日不同于以往的士绅化地理现象。 这些要素包括：积极的城市企业家精神，地方政府重组以创造出有利的商业环境，公共部门的私有化，从事新自由主义城市政策的专业人员数量的增加，以及城市空间和激进主义本身日益成熟的监管。

新殖民主义？

167

　　然而，认识到其中的复杂性和偶然性，并不意味着忽略其中的共同

线索和相似之处。 事实上，罗兰·阿特金森和加里·布里奇（2005）做
了一种特别引人注目的分析，为我们理解当今士绅化的多种表现形式提
供了历史的视角。 阿特金森和布里奇认为，新自由主义在城市生活中
的胜利，简直就是 16 世纪的欧洲紧随"大发现时期"而来的大规模社
会变革的现代城市版本。 他们编撰的文集《全球语境中的士绅化》
（*Gentrification in a Global Context*）的副标题，即《新城市殖民主义》
（*The New Urban Colonialism*），意思相当明确。 阿特金森和布里奇认
为，当代的士绅化——基于财富和权力的巨大差异——类似于早期的殖
民和商业扩张浪潮，它们不断利用国家和区域之间经济发展的差异来运
作。 它已从北美、西欧和大洋洲的大都市蔓延到了世界各地前殖民地
领土中。 它青睐的是财富和白人，支持盎格鲁白人对城市空间和历史
记忆的侵占（W. Shaw 2000，2005）。 它让新自由主义的城市治理原则盛
行开来，强迫贫民和弱势居民接受士绅化。 所以，这是一个特权阶级
殖民的过程：

> 那些占据著名中心城市地段的人往往具有殖民地精英的特征。
> 他们多住在专属的住宅区里，雇佣当地人来为自己服务。他们都是
> 中产人士，在……"新阶层"的职业里工作，并以他们的世界性而著
> 称。事实上，在许多地方，特别是在前共产主义欧洲和东亚国家，他
> 们经常是外国侨民，受跨国公司雇佣来开发新兴经济体的市场。
> （Atkinson and Bridge 2005：3）

巴迪纳和卢布奇科夫（Badyina and Golubchikov 2005）不仅刻画了
士绅化的全球扩张，还分析了在非西方背景下，士绅化和新自由主义之
间的关系。 他们集中分析了莫斯科市中心居住区奥斯托珍卡（Os-
tozhenka）的士绅化（见图 5.1）。 他们认为，虽然市场力量在驱动士绅
化，但莫斯科政府也在其中推波助澜。 他们把共产主义时期的莫斯科
同自由主义时期的莫斯科做了对比：

市场经济的引入,引发了市场逻辑同社会主义城市功能与形态之间的错位。其结果便是,出现了很多新的城市发展过程,迅速改变了城市的外观与功能。(第 114 页)

莫斯科市政府通过将奥斯托珍卡社区的住宅指定为"破旧状态",因此居民必须搬迁,从而促进了奥斯托珍卡的士绅化: 168

市政府要么把这些租赁户安置在其他公寓中的非私有(市政)房间里……要么,对于私人住户而言,就给一些现金作补偿。这种安置机制已经是一个有效的工具了,能够令大量的居民立刻失所。(第122 页)

但正如巴迪纳和卢布奇科夫进一步揭示的,一旦企业开始对社区感兴趣,开发商就会立刻通过公私合作的方式来强行推行安置措施。 在此过程中,它们会支付安置费,以换取土地。 但大多数居民都不愿意搬家。

他们总结道:

住房建设环境投资不足是苏联的后遗症,虽然目前市中心的物质改善与苏联不同,但日益增长的社会空间极化则破坏了苏联体制下的社会成果,并标志着莫斯科新自由主义城市政权的胜利。(Badyina and Golubchikov 2005:113)

巴迪纳和卢布奇科夫的研究揭示了一个事实,即不同的士绅化浪潮正在奥斯托珍卡活跃着。 类似于巴特勒和利斯(2006)对巴恩斯伯里的研究,他们指出在不同的士绅化浪潮中,人与人之间存在着哲学和意识形态上的冲突。 他们还讨论了新殖民主义:

奥斯托珍卡的推动者常言,这是在将社区"欧洲化"。借着"欧洲化",他们能想象出繁荣的最终形态是怎样的,同时还流露出对俄罗斯其他地方社会的轻蔑。(第 124 页)

投资、购买和居住在这些新士绅化社区里的人,与世界大城市精英里的新上层阶级有着相同的身份,他们都是商业高管、商业精英、媒体精英以及海外商人和外交官。 更昂贵的内部区域会安设闭路电视持续监控。 巴迪纳和卢布奇科夫注意到,整个社区可能都有门禁,不让外面的人进入。 但与尼尔·史密斯(2002)的论文所认为的"新自由主义似乎已经赢得了一切"有所不同,巴迪纳和卢布奇科夫总结认为:

随着俄罗斯社会政治环境的变化,莫斯科政府的运作会面临越来越多的挑战。现有的政权制度可能会终止,而未来的秩序轮廓尚不清晰,能否产生一条解放性的道路,仍有待观察。(第 127 页)

169

士绅化的(再)扩展:向外和向下

士绅化已不再局限于西方大城市了,就像莫斯科的案例所展示的,它已经蔓延到了全球(N. Smith 2002;Atkinson and Bridge 2005)。 近来还有研究者认为,士绅化会沿着城市等级制度不断向下传递(Dutton 2003;Atkinson and Bridge 2005)。 士绅化蔓延的这两种情况都表明,士绅化始终会在它(相对)尚未触及的边缘地区寻找"租差"(见第二章;另见第四章),无论是在莫斯科还是在兰开夏郡的伯恩利都会如此。所以,我们会围绕士绅化的这两种扩展进行更细致的讨论。 首先,来思考一下士绅化与全球化的关系。 阿特金森和布里奇(2005:7)完全正确地指出:"今天的士绅化必须放在全球化的背景下来看待";但是,他们却没有揭示出全球化与士绅化之间的因果关系。 与尼尔·史密斯

(2002)(见上文)一样，他们对全球化与士绅化的关系讨论集中于：新自
由主义的城市政策与制度、全球资本与劳工的过度流动，世界主义阶层
的扩张及财富的增加，等等；但是，他们的分析里却缺少细节性的经验
论据和概念化的分析。 由于全球化和士绅化的文献迄今为止都很少放
在一起来对照分析，所以这项工作很有挑战（Butler and Lees 2006）。 所
以当务之急是，沿着阿特金森和布里奇（2005）的研究，我们要把这两类
文献联系在一起来分析。 其次，我们会思考：士绅化沿着城市等级不
断向下传递的过程。 该过程在英国已经出现了，也正在进行中；而士
绅化从一开始就一直活跃在美国低等级的城市里。 就像第四章里所提
到的，像在缅因州的波特兰①，士绅化开始于 20 世纪 60 年代（Lees
2006）。 然而，士绅化似乎还正沿着美国的城市等级继续向下传递，直
传递到像缅因州的肯特堡（Fort Kent）和马基亚斯（Machias）这样的小
镇。 在那里，州政府和地方官员希望把当地重新打造成创意阶层主导
的中心区。 当代的士绅化地理是本章展开讨论的视角，最后一部分将
表明，环境、时间与空间都是需要考虑进来的重要因素。

士绅化与全球化的细微差异

在士绅化与全球化的文献里，中产阶级被视为全球资本流动的传导
者。 例如，罗夫（2003）将士绅化阶级定义为一个新兴的全球精英社
群，认为全世界的著名城市里涌现出了大量士绅化阶级，进而呈现出该
群体的全球地理现象（第 2512 页）。 罗夫（2003）认为全球-本地的二元
性是人为造成的，他引用了 M. 史密斯（M. Smith 2001:157）的观点，认
为此二元性"建立在错误的对立之上，它将'本地的'等同于……停滞
的空间……'全球'等同于变动的场所。"相反，罗夫认为全球和本地
是相互交织在一起的，通过全球化，把遥远的本地空间连接起来，造成
了"尺度的跳跃"（N. Smith 2001:5），创造出跨国网络。 在研究士绅化

170

① 波特兰（Portland），位于缅因湾岸，是美国缅因州最大的城市。 根据美国 2000
年人口普查，人口为 64 249 人。 这个数字于 2020 年上升至 68 408 人。 ——译者注

与全球化的文献时,他发现了跨国精英与士绅化阶级之间的惊人相似之处(两者都接受过高等教育,是社会地位高的富裕专业人士,以白领为主),但也存在差异(跨国精英服务于全球扩张的利益,而士绅化阶级则对他们选择居住的内城更感兴趣。 参见 Ley 1996)。 罗夫(2003)发现,他调查的澳大利亚悉尼和纽卡斯尔这两座城市里,有相当数量的士绅化者都认为自己是融入全球化的人;因此,他得出结论:这些人构成了一个新兴的全球精英社群。

阿特金森和布里奇(2005:7)认为,

> 全球化的文献缺少对社区尺度的探讨。然而,在像士绅化这样的社区变化的背景下,越来越需要承认社区尺度才是专业人士和管理群体建立交流网络,协调国家与次区域治理模式的集中地。所以,研究者低估了社区尺度,但它才正是本地、城市、区域和国际层面各种权力关系再生产的场所。

为了回应此观点,巴特勒和利斯(2006)将士绅化与全球化的文献放在一起来研究,分析了伦敦巴恩斯伯里的超级士绅化、全球化以及全球精英相互之间的关系(另见第四章)。 罗夫(2003)研究了具有全球身份的精英人士中高速流动的人群,他们构建起了属于自己的身份认同,不同的是,巴特勒和利斯则研究了相对缺乏流动的全球精英(也是高中产者)——例如,他们很少环游世界,并相对固定于一个社区。 因此,这样的研究质疑了全球化的文献(也质疑了最近大量出现的士绅化文献),后者往往强调(高)移动性、非固定性、流动性、脱位(dislocation)、跨国主义和世界主义这些概念;而在巴特勒和利斯的研究中,那些高中产阶级,作为新兴全球精英的一部分,却不具有上述这些特征。 他们以巴恩斯伯里的居住休闲空间为中心,形成了"个人化的微观网络"。 他们的工作环境是一个彼此密切接触的亚文化圈,在其中,同城的面对面交往显得非常重要,就像与自己的同伴生活在一起彼此交往一样。 因

171

此，巴特勒与利斯(2006)对以下两种人做了区分，一种是全球精英中真正跨国流动的那部分人(超级富豪)，在全世界到处流动的管理人士；另一种是长期待在曼哈顿或伦敦，属于 B 级城市里的那些专业人士，他们的工作也是维护全球金融机器的运转。 他们研究的那些高中产人士同罗夫(2003)研究的满世界马不停蹄流动的管理人士有所不同，后者被视为是在全球化中，空间消解后的产物。 相比之下，巴恩斯伯里的空间并没有被全球化所消解；相反，它还被超级士绅化——作为全球化的副产物——再生产了出来。 巴特勒和利斯也同意罗夫(2003:2517)的观点，认为：“如果要合宜地批评全球化的影响和全球精英社区的出现，那么，认识到全球化造成的空间碎片化和社会碎片化是十分重要的。”

沿着城市等级向下传递的士绅化？

在士绅化的文献中，长期存在着一种偏见，那就是只关注国际大都市里的士绅化。 就像达顿(Dutton 2003:2558)所指出的：“20 世纪 80 和 90 年代初的许多经验性和理论性的研究，都或隐或现地站在了国际城市等级战略地位的背景下在思考士绅化的问题。”但这种偏见正在发生变化，因为“研究地区性城市的士绅化为分析全球大都市以外的士绅化提供了必要的指南”(Dutton 2005:223；另见 Bridge 2003)。 因此，这就使得人们开始关注尺度更小的地区性城市和国际大都市士绅化之间的差异，尤其是在英国。 所以，人们开始关注沿城市等级向下传递的士绅化。 然而，最近一些文章(例如，研究向下传递效应的文章，见 Atkinson and Bridge 2005:2，11；另见 Dutton 2003，2005)的观点也有错误之处，那就是，它们认为只有在高等级的城市出现饱和时，士绅化才会传递到低等级的城市里。 其实，达顿(2003)也反驳了自己的观点，在另一些章节里，他认为：“到 20 世纪 80 年代，英国的士绅化已经在除伦敦以外的其他许多城市里出现了”(第 2558 页)，他还引用了威廉姆斯(1984:221)的一些观点，后者研究了布里斯托、牛津、巴斯等地的士绅化。 在接下来的章节里，他说："虽然士绅化的进程始于少数几个高等级世界城市的活跃环境，但在更低级的地区性城市，也同样是全球化的城市里，也出现了适宜于士绅化的条件"（第 2559 页）。 这表明，理解传递效应中的具体作用机制，以及考虑其所处的环境和时间因素，对于理解士绅化现象的发展和影响是非常重要的。

172　　　　利斯（2006）认为有三种可能的机制会导致传递效应。 第一种是经济的机制——这一点在上文里已有论述，即，在纽约和伦敦那样的大都市里租差已经缩小，所以，资本会去到等级更低的城市里去寻找新的资源。 这里的前提假设是，有一个统一的房地产市场，而且，与投资机会相关的信息很容易在全国范围内传播开来。 例如，达顿（2003，2005）阐述过士绅化从伦敦和英格兰东南部朝利兹传递的过程。 达顿（2003:2559）指出，更多的企业在投资的时候可能会利用这一点。 在更小的城市里，士绅化的风险反而更大，而参与到士绅化的机构和企业里可能比单独的先驱家庭更有能力承受风险。 第二种传递机制是文化——士绅化的生活方式从中心向边缘传递。 例如，波德莫尔（1998）研究过大众传媒从一个大都市传播到另一个大都市，让士绅化的价值观不断复制，包括阁楼的生活方式从纽约传递到蒙特利尔的过程。 事实上，本书已经谈过，在今天，士绅化已然成为全球新兴城市生活的一个蓝本，是一种"大一统的士绅化"（N. Smith 2002）。 最后，第三种机制是政策——小城市从大城市那儿借鉴了如何改造城市的点子和规划政策。 想想滨水区的开发，那些人先在波士顿设计了法尼尔厅（Faneuil Hall），然后又设计了纽约南街和巴尔的摩内港，之后，他们又把滨水区融进老城的规划观念打包销售给了别人。 就像第四章里提到的，这样的过程甚至传递到了更低级的城市那里，像兰开夏郡的伯恩利，它正在尝试学习大城市如西雅图、曼彻斯特的改造方案来重塑自身。

利斯（2006）关于缅因州波特兰小城市士绅化的案例研究，在至少三个方面让传递效应变得复杂起来。 首先，如前面所说，在历史上，波特兰在城市复兴中并不落后于纽约和波士顿，而是与它们并驾齐驱，甚至可能领先。 其次，虽然波特兰不是高等级的城市，但它已经为新英格兰地区其他城市的再生提供了蓝本。 第三，但波特兰的成功，就其城市复兴而言，是由一系列历史和地理上的偶然因素造成的——它是州（区域）这一等级的城市；它有强大的当地企业家为基础；它在区域服务型经济和吸引波士顿的后勤服务方面十分成功；加上它还是缅因州唯一的大都市——这些都构成了一个坚实的经济基础，也为艺术发展提供了支撑。 这个案例显示出分析士绅化的背景、时间和规模是很重要的，换句话说，士绅化的地理学至关重要（见本章后面）。

接下来的部分将更详细地探讨时间性的问题，将对哈克沃斯和史密斯（2001）研究的纽约士绅化的历史展开图解性的描述、补充（参考其他士绅化的探讨）、扩展（不局限于纽约，而要举一反三，使其普遍化）和更新（提出第四波士绅化）。 我们将分别立足于四个明显的阶段来观察士绅化的进展。

173

通往士绅化的新阶段模型

> 我们不应该忽视士绅化的阶段模型带给我们的启示。尽管它是一个带有明显瑕疵的预测，即所有正在经历士绅化的地方最终都会到达相同的终点。
>
> ——K. 肖（K. Shaw 2005:172）

在第一章的末尾，我们提到，早期的士绅化阶段模型是在研究者并未充分了解此过程的时候设计出来的。 而我们现在对这一过程有了更多认识，所以目前的模型比之前的更有阐释力。 最近，用此模型刻画士绅化做得最好的研究者里有哈克沃斯和史密斯（2001），他们跟随利斯（2000:16）的观点，认为："现在的士绅化同20世纪70年代初和80年代末，甚至90年代初的士绅化差异很大。"哈克沃斯和史密斯（2001）刻画

了纽约士绅化的历史图解，其演变的机制是新马克思主义的租差模型
（见第二章）。 他们的这个图解（模型）（见图表 5.1）划分出三波不同的士
绅化浪潮，其中穿插着两个过渡期。 这两个过渡期都是经济衰退引发
的制度环境和机制的重组所导致的，它们也是造成士绅化的机制。 然
而，该模型过于依赖新马克思主义的租差模型，因此低估了卷入士绅化
的人口规模。 其实，在露丝（1996）的士绅化阶段模型（见本章总结）和

174

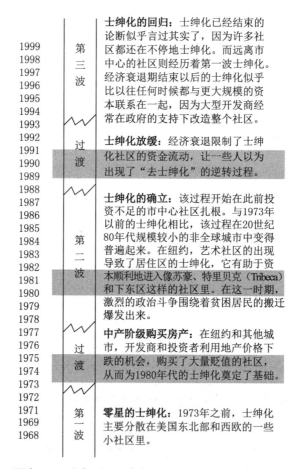

图表 5.1 哈克沃斯和史密斯（2001）的士绅化阶段模型

资料来源：Jason Hackworth and Neil Smith，The changing state of gentrifi-
cation，*Tijdschrift voor Economische en Sociale Geografie*，22：464—477. © 2001
Blackwell Publishing。

早期的阶段模型（另见第三章对机构的论述）里都已经揭示过巨大的人口规模。此外，该模型多少有些过时了，因为，我们观察到在 2001 年后的美国确实出现了第四波士绅化的浪潮。

专栏 5.1、5.2 和 5.3 概述士绅化的第一、二、三波浪潮，充实了图表 5.1 的框架。建议读者先仔细阅读其中的内容，再进入后文对第四波士绅化的讨论。

专栏 5.1

第一波士绅化

　　第一波士绅化开始于 20 世纪 50 年代，持续至 1973 年的全球经济衰退。它表现为"零星分散和政府主导"的特征。美国、西欧和澳大利亚内城撤资的房屋，再次成为投资的目标（Hackworth and Smith 2001：466），其背后的原因很大程度上是因为士绅化先驱的拓荒行动（见第一章　第一波士绅化的案例分析）。这一波士绅化得到了公共部门的资金支持，而少有私有部门加入，因为士绅化的风险太大，"政府会积极地协助士绅化顺利地进行下去，若没有某种形式的国家担保，市中心的投资风险会太大……由于宣传政府的行为是为了让城市的衰退迹象有所改善，由此，政府的介入看起来就是合理的了"（Hackworth and Smith 2001：466）。戈瑟姆（2005）认为，美国的第一波士绅化源于 1949 年与 1954 年的住房法案，此法案为衰颓区的再开发提供了联邦资金。利斯（1994b）也注意到了联邦政府与地方政府的资金对公园坡士绅化有着重要的意义（另见第一章）。而在英国，仅家庭改善补助金（正如第一章巴恩斯伯里的案例所表明的）这一项，就动用了英国的全部补助金。1973 年至 1977 年间，蔓延多个国家的经济萧条"促使资本从颗粒不收的部门转向有产出的部门，这为市中心的办公、娱乐、零售和居住活动的发展铺平了道路（Harvey 1985）"（Hackworth and Smith 2001：466）。

专栏 5.2

第二波士绅化

20 世纪 70 年代和 80 年代萧条期结束后的第二波士绅化,被描述为"扩张与抵抗"。士绅化进入确定阶段,激发出积极进取的企业家精神。它的特点是"士绅化编织到国家与全球这一更大尺度的经济文化过程里"(Hackworth and Smith 2001:468;另见 Wyly and Hammel 2001)。

在这一波士绅化中,巴恩斯伯里(见第一章和第四章)的士绅化者也变得更加企业化,社区更加稳定。巴恩斯伯里的社区变化被伦敦的整体变化所包围。伦敦在 20 世纪 60 年代一跃成为全球城市,比纽约稍早。这是由于伦敦较为温和的管理环境,使得"许多金融业务在 20 世纪 60 年代中期从纽约转移到伦敦,同时,现有的国际外汇交易设施也帮助伦敦在 20 世纪 70 年代成为欧元债券市场的中心"(Zukin 1992:196)。伦敦的外国银行数量从 1970 年的 163 家增加到 1989 年的 521 家(King 1990)。1968 年至 1987 年间,在外国银行与证券公司上班的员工一下子增加了八倍,从 9 000 人增加到 72 000 人。伦敦成为了国际欧元货币业务、欧元债券交易、外汇、保险、基金管理和企业金融咨询的主要中心(Pryke 1991:205)。随着 1986 年伦敦证券交易所放松管制和证券交易的全面国际化,伦敦金融城作为银行和金融中心的功能更加突出:

> 伦敦将不再是一个文化亲切、节奏缓慢、以帝国为导向的贸易金融中心了,而是一个资本主义快速发展的新中心,其本身也将变得国际化。随着资本在全球范围的扩张,支撑其增长的金融体系也必将发生变化。(Pryke 1991:210)

会计、法律、商业和世界各地信息的总清算中心的功能都集中在了英格兰银行周围的"黄金一英里"地段。但自从 1984 年以来,这些功能

都随着金丝雀码头的重建而向东、向西扩展开去。伦敦作为一座全球城市促进了周围地区的发展,像巴恩斯伯里,提供了就业机会和大量的资金用于房地产投资,其中很大一部分都还来自海外。第二代士绅化者在某些方面有第一代和第三代的过渡特征。和第一代比起来,他们是一群更富裕的专业人士,他们大多数在顶级的社会经济机构里任职(像中央与地方政府、工业和商业大型机构里的雇主和经理职位)。正如第四章所说,新工党的托尼·布莱尔正是第二波士绅化者的典范,他搬到了巴恩斯伯里居住。搬进来的基本上都是上层专业人士,就像萨森(Sassen 1991:265)所说:

> 伦敦市的核心区已经变得和曼哈顿差不多了。……布林特(Brint 1991)描述的高级专业人士阶层也出现了同样的增长,他们大多数人从事企业服务和金融业。在伦敦市中心任职的新兴高收入专业人士和经理人数的迅速增长,是过去十年间的一个重大变化。

戈瑟姆(2005)认为第二波士绅化有两个特征:首先,士绅化与新的文化战略结合起来进行经济重建,意味着对博物馆和艺术画廊的新投资。例如,20 世纪 80 年代和 90 年代,西班牙的毕尔巴鄂延续了美国匹兹堡和苏格兰格拉斯哥等城市的设计模式,采用了旗舰式的房地产再开发项目(像古根海姆博物馆),作为核心要素来进行城市再生。城市再生基于六个关键要素:(1)后工业时代的城市愿景;(2)改变城市形象;(3)改造物质环境,集中于文艺复兴的象征物(像展览中心和音乐厅);(4)市中心和荒废区域是再生的重点;(5)重视城市休闲经济——古根海姆效应(Gugenheim effect);(6)基于公私合作关系的新城市治理体系(Vicario and Martinez Monje 2005)。毕尔巴鄂的例子在很多方面都代表了第二波士绅化。

其次是士绅化和全球房地产、银行金融之间联系的增多。这使得波士顿的法尼尔厅(Faneuil Hall)、巴尔的摩的内港、纽约的南街海港,

177

以及下东区出现了以艺术为主导的士绅化（见 Bower and McBurney 1991；Deutsche and Ryan 1984；Lees and Bondi 1995）。第二波士绅化的特征在于：公私合作伙伴关系的形成，开发商的角色日益加强，以及自由放任的补贴政策。在第二波士绅化中，全球化在一定程度上促成了"新城市政治"的出现（Cox and Mair 1988），其特点是从福利制度转向了更积极的地方经济发展制度。哈维（Harvey 1989b）把这样的变化说成是从"城市管理主义"朝"城市企业家精神"的转变。例如，80 年代，撒切尔式的城市更新主要强调经济增长，并利用公共资金撬动漫无目的的投资，伦敦码头区就是这样的例子（见 Brownill 1990；Ogden 1992）。其结果便是两极分化的景观，一边是富裕人口，另一边是被剥夺的工人阶级。就像法伊夫和肯尼（Fyfe and Kenny 2005：157）所指出的："码头区富人和穷人毗邻而居的现象是一个很重要的提醒：地方经济增长政策不能同地方福利政策和社会供给政策分开。"就像尼尔·史密斯（1996a）在讨论下东区汤普金斯广场的骚乱时所说的（另见 Abu-Lughod 1994）。那时候，在纽约和其他地方，抵抗士绅化的力量（见第七章）正在增强。

178

专栏 5.3

第三波士绅化

第三波士绅化的特点是私营部门与政府的干预结合起来促进士绅化，这很不同于支持第二波士绅化的力量所具有的被动特征。

——K. 肖（2005：183）

第三波士绅化，或者说后经济萧条期的士绅化，始于 20 世纪 90 年代中期，它被描述为"衰退期结束后的继而扩张"。在围绕 90 年代初全球经济萧条期士绅化是否在衰退的辩论之后（Bourne 1993a；Badcock 1993；见前言和第七章），人们普遍认为，假定士绅化已经消失为时过早，因为士绅化已经进入了后萧条期的第三波浪潮中。在围绕第三波士绅化的讨论里,哈克沃斯和史密斯(2001)认为,士绅化演变为资本积累的普遍策略,如同第二波那样,只是在第三波中程度更强、范围更大:

> 后经济萧条期的士绅化——第三波士绅化——更纯粹地表现出其背后的经济因素,这些因素再次注入资金缺乏的内城区,诱惑着源源不断的投资者。(Hackworth and Smith 2001:468)

士绅化变得比以往任何时候都与大规模的资本更紧密地联系在了一起。哈克沃斯(2002a)认为第三波士绅化有四个特征:(1)企业开发商成为士绅化的发起者,而不再是由士绅化先驱来推动;(2)联邦政府和地方政府正以更开放和自信的姿态推动着士绅化;(3)反士绅化的运动变得越来越边缘化;(4)士绅化扩散到了更偏远的社区。哈克沃斯(2002a:839)认为,总的来说,在第三波浪潮中,士绅化变得"更加企业化,也更多由国家驱动,遭遇的抵抗也更少"。从许多方面来看,国家在士绅化的公共政策和投资中发挥着越来越重要的作用。然而,士绅化中的国家因素也不是什么新鲜事,在士绅化刚被人认识的时候就已经有国家因素在内了,就像第一章里两个案例所表明的。然而,在接下来连续多年自由放任的士绅化之后,国家又在第三波士绅化里再次扮演起推动者的角色,并展现出更加自信的姿态:"在很多地方,国家都比以往更加直接地推动着士绅化的进程,这在很大程度上源于权力下放的增加。"(Powell and Spencer 2003:450)

然而,在不同的社区里,第三波士绅化的表现也有所不同。在布鲁克林高地和巴恩斯伯里这样的全球城市社区里,它采取了"超级士绅化"的形式(见第四章);而在其他大多数已经士绅化和正在士绅化的社区里,这一过程已经加剧,更加稳定,且已达到了饱和状态;在更偏远的地区,士绅化已经崭露头角,就像第四章里所讲到的"新建士绅化",以及本章前面所提到的地区性城市的士绅化一样。

179

第四波士绅化浪潮？

自从哈克沃斯和史密斯(2001)设计出纽约士绅化的历史图解以来，已经过去了六年。自从第三波士绅化退潮以来，也已经过去了十年。在研究纽约社区的时候，哈克沃斯和史密斯(2001:475)强调，政府的干预在当地的士绅化中不断增强，它是更广泛的政治经济转型的一部分——事实上，它是"一种系统性的转变，其中，政府的角色同资本与城市化都紧密地联系在了一起"。然而，21世纪头几年的发展表明，我们看到美国正出现一种新且独特的第四波士绅化浪潮（见图表5.2）。在这一波浪潮里，房屋的金融化加剧，支持士绅化的政治力量日益巩固，导致社会极化的城市政策也愈益明显。

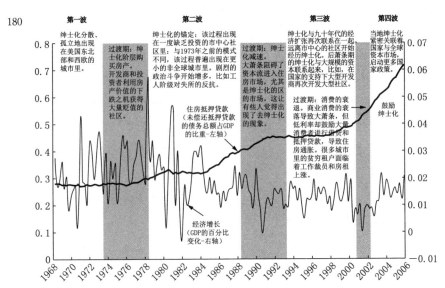

图表 5.2　美国士绅化历史示意图，包括第四波士绅化
资料来源：改编自 Hackworth and Smith(2001)，美国联邦储备系统资金流动账户，国家经济研究局。

在过去几年里，士绅化已经被卷入住房金融转型的总体趋势中。当2001年初美国的经济开始衰退时，美联储的标准反应是快速降息，但却产生了意想不到的后果。此次经济衰退的不同寻常之处在于：它是由企业支出的崩溃所引起的，而持续的消费借贷和支出则有助于缓解经济的衰退。 在过去十年里，金融服务的竞争和公共政策已经改变了抵押贷款的方式，放宽了书面标准，降低了首付要求，扩大了二级市场。 在二级市场里，借款人的债务交易方式同股票和债券的交易方式非常相似。 因此，当地社区的资本就同国家市场和全球市场更紧密地结合在了一起。 20 世纪 90 年代初，经济的衰退和住房市场的崩溃使得人们相信"去-士绅化"的过程开始了，但这样的预期并没有实现，2001 年后，有大量的资本涌入住房领域。 仅在两年内，抵押贷款就突增了 8 500 亿美元，而一年之内，美联储的降息使得再融资的贷款又翻了一番，达到 1 100 多万美元(Deep and Domanski 2002)。 低利率和宽松的承销使得购房者能够在经济衰退期抬高房价。 有迹象表明，越来越多受挫于股市的富裕家庭，开始将房地产当做一种投机的手段。 从 1999 年底到 2001 年的第一季度，股票和共同基金里的家庭财富总额从 12.3 万亿美元下降到 8.7 万亿美元，而住房净值则从 5.4 万亿美元上升到了 6.2 万亿美元(Baker 2001)。 1999 年后的四年里，家庭从公司股票中提取了净额 1.02 万亿美元，而净抵押贷款的借款额则增加了 3.30 万亿美元(见图表 5.3)。 20 世纪 90 年代末曾对股市泡沫发出警告的分析师们，现在又为住房市场敲响了警钟。 而一天之内房屋销售量的不断增加，被称为"21 世纪初期的日内交易"。 以保证金购买股票演变成了不用首付购买房屋(Rich and Leonhardt 2005)。《经济学人》杂志估计——它很少预测可怕的危机——世界上所有发达经济体住宅地产的总价值在五年内增长超过 30 万亿美元，相当于这些国家的 GDP 总和，也超过了 20 世纪 20 年代和 90 年代的股市泡沫："换言之，这似乎是有史以来最大的泡沫"(*The Economist* 2005)。 各种指标都表明，房地产市场从 2005 年底开始出现了温和降温，大大加剧了低收入租赁者的负担能力危机，尤其是生活在士绅化社区里面的人。

经济发展中的这些整体趋势，让士绅化深入了资金缺乏的城市核心区里。 与早期士绅化浪潮中金融机构规避风险的做法相比(见第一章关

181

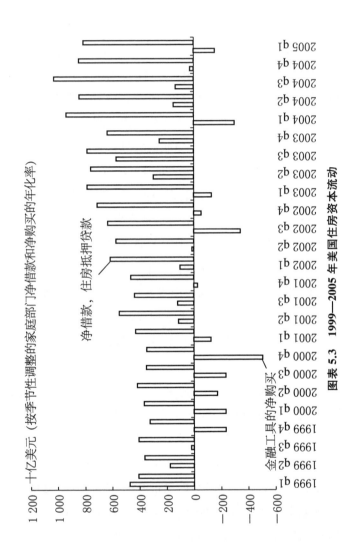

图表 5.3 1999—2005 年美国住房资本流动

于巴恩斯伯里和公园坡的红线的内容），银行现在正竞相争夺着发放各种贷款；此外，新的承保技术，也使得银行能更精准地往具体地区的具体借款人发放贷款，风险也更小。 现在，很普遍的是，主流银行几乎都拒绝给合格的少数族裔申请者提供贷款，因为富有的士绅化者从大型国家贷款机构那里获得了各种富有竞争力的贷款，而低收入者则成为了高风险的掠夺性放贷人涉猎的目标，他们其实常住在同一个社区里（Howell 2006；Squires 2003，2004）。 撤资、再投资和租差的动态正以更复杂的地理条件发挥着作用，并在城市社区里密密匝匝地刻下了阶级和种族不平等的印记。 就纽约而言，公寓和单间住宅的抵押贷款承诺总额从 2000 年的 140 亿美元激增至三年后的 469 亿美元，购房者正在搬进城市贫困区和种族边缘区里那些剩余的低成本租赁房里，像哈莱姆区、南布朗克斯区，以及贝德福德-史岱文森特区（见图表5.4）。 当然了，哈莱姆区的士绅化也不是什么新鲜事（见 Freeman 2006）——二十多年前，德国的《明镜周刊》刊登了一篇文章，标题是《哦，宝贝，天呐，这是怎么一回事？》（Kruger 1985，引自 Smith 1996a：140）。 即使在今天，再投资的过程都还远未结束，哈莱姆中心区有 10.7 万人口和 5.3 万套住房，贫困率是全国平均水平的 4 倍；图表 5.4 显示，阴影最深的人口普查区——哈莱姆区在 2003 年仅有 190人融资了抵押贷款，不同地区的贷款中位数在 30.2 万美元到 40.5 万美元之间，换言之，在未来的许多年里，士绅化带来的张力会在这类社区里持续存在。

如果说像哈莱姆区这样明显的两极化也是士绅化漫长历史的必然结果，那么，其背后的政策环境也确实发生了变化。 第四波士绅化浪潮最显著的特征在于，国家政策开始支持最富裕家庭的利益了，而且，这些政策越来越得到巩固（见 Dumenil and Levy 2004；另见第六章），同时，还大胆下架了 20 世纪 60 年代以来的最后一些社会福利计划。 克林顿政府奠定了这个新阶段的基础工作。 当时，"重塑政府"的意识形态推动了公私合营伙伴关系和其他面向市场的应对城市问题的策略，这

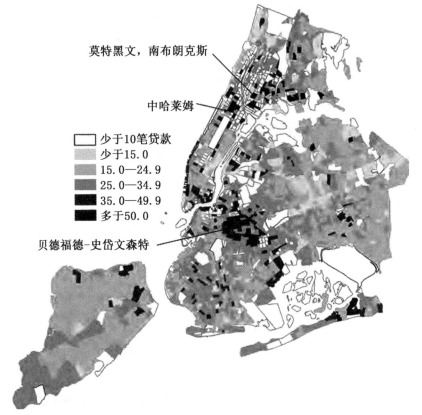

莫特黑文，南布朗克斯

中哈莱姆

- 少于10笔贷款
- 少于15.0
- 15.0—24.9
- 25.0—34.9
- 35.0—49.9
- 多于50.0

贝德福德-史岱文森特

图表 5.4　纽约市社区的抵押贷款资本化比率，2003 年

这张地图显示了每个人口普查区的抵押贷款中位数与年租金中位数的比率。该比率类似于用来做股票市场研究的市盈率。比率最高的人口普查区是那些租金低廉的地区，其周边的房屋销售价格也越来越高。在这张地图上颜色最深的区域，抵押贷款的中位数是当地租金的五十多倍。

资料来源：美国人口普查局(2002)，摘要文件 3，人口普查区数据，2000 年人口普查；联邦金融机构检查委员会(FFIEC 2004)，房屋抵押公开法(HMDA)原始数据。

184　样，就使得私人市场的士绅化得到了蓬勃发展，而国家则愿意花成本，来消除阻碍士绅化的残余障碍（例如，政府所有权的公共住房项目中，那些最贫困的居民；Goetz 2003）。 在英国新工党的领导下，抵抗士绅化的运动仍在继续，有点讽刺的是，尽管有社会公正议程的影响（见

Imrie and Raco 2003；另见第六章），这些运动在美国却还是断断续续、分分合合的。 乔治·W.布什政府延续了克林顿时期的很多计划，来鼓励低收入和中低收入家庭拥有住房；克林顿的"赋权"口号在布什这里已经演变为了"房产普及的社会"的口号，由此，国家退让开去，而个人则需要为自己的行为承担所有的风险，当然也可以获得相应的回报。 但布什政府过度强调为投资者减税。 发动反恐战争，已经使国内政策完全靠边站了，尤其在 2001 年后，更是无暇顾及城市这方面的政策。 地方政府一直想要制定有利于士绅化的经济发展政策和住房政策，但这些努力是在全国范围内推广的，其标志是联邦政策在税收、私有化和社会福利削减等方面对城市产生了附带的影响。 士绅化正是在这样的环境中发展起来的，而且它在全国成千上万个社区里表现出来的样子，正是 20 世纪 90 年代第三波浪潮时的样子；但是，保守派的城市智库却通过多年努力，高举一套政治经济学来支持士绅化。 杰米·佩克（Jamie Peck）认为，这是从"福利主义的城市治理模式"转向了一套新的保守派城市主义的模式，后者渐渐占据主导地位，而且它还以"对穷人进行侵犯式的道德刑事监管为基础，同时在国家的协助下宣称，城市是为了商业、中产阶级和市场的利益而存在的"（Peck 2006：681）。

美国第四波士绅化的特征使我们看到了士绅化的地理学意义之所在，因为这波士绅化在美国之外并不是特别明显。 例如在英国，围绕这波士绅化的观点更多涉及国家城市政策的扩展和巩固，就像戴维森和利斯（2005）近期发布的《大伦敦规划》（*Greater London Plan*）中所表明的那样，英国也存在类似的趋势，例如以出租为目的的住房投资的增加（该计划于 1996 年实施，并已彻底改变了私人租赁部门获得的抵押贷款；2006 年中期，购房出租抵押贷款达到了 840 亿英镑），抵押贷款额增加了 120%。 同时，抵押贷款的负债也增加了（2006 年 8 月，购房出租的抵押贷款总额达到 327 亿英镑），但也可能有夸大的成分。 购房出租只是市场很小的一部分，但它相当稳定，且有助于维持需求而不是推高市场。120%的抵押贷款仅是大约4 000种金融产品里的一种，尽管市场负债已经增加了，但房屋的价值也在上涨。英国银行和抵押贷款公司不会拒绝少数族裔申请贷款，高成本掠夺性的贷款机构也不会去狩猎低收入的房主。此外，相比之下，英国政府则一直奉行干预主义：比方说，它力图增加住房供应、遏制房价，以稳定通货膨胀的住房市场。读者如果想获知更多英国住房市场的数据信息，可以浏览抵押贷款协会网站（Council of Mortgage Lenders）的网站：http://www.cml.org.uk。

卡特尼娜飓风和美国的第四波士绅化

在2005年8月的卡特尼娜飓风之后，美国的政治轮廓变得清晰了，当时的保守派政府官员和评论员迅速采取行动，把焦点从种族主义和城市贫困这类不平等问题转移开去，去指责自由主义和福利主义援助政策的失败。他们指责美国这个自由主义的福利国家制造了新奥尔良的下层阶级和"危险的犯罪团伙——是的，很可能就像我们现在看见的那些正在穷凶打劫的非裔美国人"——以及出现在路易斯安那超级圆顶体育场周围的无助妇孺和老人"期待能从政府那儿分得一杯羹"（Gelinas 2005：2；另见Peck 2006）。保守派的解决方案是"重建新奥尔良的道德藩篱"（Sowell 2005），使它成为一个在小政府、低税收、保障财产神圣权原则下的一个自由市场的城邦。因此，卡特尼娜飓风后的城市政策为更加纯粹而严酷的第四波士绅化提供了一个前所未有的机会。《纽约时报》著名的保守派专栏作家大卫·布鲁克斯（David Brooks 2005：A29）清晰地宣布了第四波士绅化的原则，发表在飓风过后一周写的《卡特尼娜的一线希望》一文里：

> 卡特尼娜飓风是一场自然灾害，它中断了一场社会灾难。它使得成千上万的穷人从破败孤立的社区里分离出来。……它把所有人、事、物都一笔清空了，又给我们提供了一个机会去重建一座无法

正常运转的城市。

布鲁克斯支持"文化整合",目的是"把不具有中产阶级素质的人整合进中产阶级的社区里,这些社区有一套行为标准"(见第六章关于作为"积极公共政策"的士绅化;以及英国通过社会混合转移社会资本的政策倡议),同时让流离失所者"分散到全国各地的中产阶级地区"。对于新奥尔良来讲,"关键在于要吸引中产家庭搬入重建的城市里,这些城市应建造得富有魅力,他们才会搬进去,即使他们知道有一定数量的穷人也会搬去那里"(Brooks 2005:A29)。

这些观点扭曲并简化了有关收入混合政策效果的社会学辩论(见第六章)。 但以保守的姿态去解释这些迹象,则代表了华盛顿政府的主流政策共识,而布什政府也有能力破坏、拉拢和包抄国会中的软弱对手。因此,卡特尼娜飓风以后的新奥尔良市成为了城市重建计划的政策模板和实验场。 政府非常重视先例,拒绝使用现有的计划,即住房选择代金券(Housing Choice Voucher)的计划(见第六章),来帮助数十万流离失所的居民;联邦政府愿意提供相当高的费率给酒店和卖地的承包商,避免让自己想废除的代金券计划变得合法起来。 不幸的是,当时著名的社会学家和城市贫困专家威廉·朱利叶斯·威尔逊(William Julius Wilson)领导了数十名研究者签署了一份请愿书,倡导"要抓住卡特尼娜飓风过境后带来的这次机会",由此,新奥尔良的第四波士绅化获得了相当大的合法性,尽管这波士绅化带来的都市重建造成了大量的流离失所。 签署请愿书的专家支持把不同收入阶层的人分散并混合在一起的政策——这些人的政治立场都是中左翼的,他们的研究也具有公信力——与华盛顿政府在 20 世纪 90 年代的政策完全相同。 但整个第四波士绅化所处的整个政治环境是不同的,里德和斯坦伯格(Reed and Steinberg 2006)指出,威尔逊和他的同事们,

奇怪地对自己可能被那些倒退的政治力量所利用的情况毫不知

情。……利用他们来为流离失所做辩护。……他们用自由主义掩护了那些践行安置政策的人,而那些人本质上都是反动的种族主义者。

　　那么卡特尼娜飓风过后的新奥尔良市,会对其他城市的士绅化造成怎样的影响? 现在下判断还为时过早。 或者说,是否真的有一个与哈克沃斯和史密斯(2001)提出来的基本趋势大为不同的第四波士绅化?这样的迹象并不明确。 在路易斯安那重建局主席所吹嘘的"历史上最大的重建项目"(Eaton 2006:A1)中,流离失所的租户几乎完全被忽视了。 将近一百亿美元的联邦援助会直接进入到房屋业主那里,在特定条件下,业主可以决定是否重建房屋,或在哪里重建,是否离开本州并接受较少的补偿。 有一位国家要人安德烈斯·杜尼,受当地邀请来帮助并讨论如何领导墨西哥湾沿岸社区和新奥尔良社区的未来设计,他在2001 年的一家右翼智库的杂志上为"士绅化点赞"。 五年后,杜安尼向《纽约时报》侃侃而谈自己在新奥尔良市的工作:

> 　　对于一座规划中的城市,它必需先摧毁自己;也就是说,它先要脱胎换骨一次才行。……这通常要花二十年时间。但一场飓风过
> 后,只需要五年就可以了。人们在有生之年就可以见到这座城市的
> 未来成真。(引自 Pogrebin 2006:B1)

187

通往当代士绅化的地理学

　　关于当代士绅化、新自由主义、全球化、尺度变化和第四波浪潮的讨论,就像在不同地理背景下对士绅化的内涵进行的一次快速浏览。我们同意尼尔·史密斯(2002)的观点,即士绅化已经成为一种普遍化的全球城市战略。 但在全球不平衡发展的情况下,新自由主义和全球化在不同的地方以不同的方式表现了出来(Tickell and Peck 2003;Harvey

2006b），因此，士绅化的表现方式也不同。 考虑到士绅化的大量文献，以及士绅化在20世纪90年代的快速扩张，地理学家是该领域主要的研究群体，那么令人惊讶的是，学者们直到最近才意识到建构一种士绅化地理学的重要性，特别是当我们想要全面地理解士绅化的时空过程时更是如此。 大卫·莱(1996)在他关于士绅化的一本书的开头做了重要的观察：

> 内城的"小资化"……即使在它很突出的社区里也尚未彻底实现，但它还是借助市中心高端服务业就业率的提高，重构了城市的住房市场。"小资化"这一修饰语让人意识到一种士绅化的地理状况，它重构了多伦多、旧金山或伦敦的内城，而该过程与温尼伯、底特律或利物浦不同。(第8页)

莱在解释这种士绅化地理现象的时候，评价了整个加拿大跨都市区与跨社区的士绅化。 他在书的总结处提醒道，关于士绅化的理论发展不能脱离加拿大城市的实证经验；他还指出了一条新的研究方向："士绅化的地理特征提醒我们，提出观点的时候，不能仅局限于美国"(第352页)。 利斯(2000)综述了20世纪80年代和90年代大量士绅化的文献，在莱的研究基础上，呼吁创造出"士绅化的地理学"。此地理学将详细考察环境、区位和时间要素。 但在研究进展的过程中，会有很多理论上的张力(已在第二、三章里讨论过)，它们都会造成永不停止的解释过程，因为这些张力会出现在每一次新的地理考察中。

利斯认为，士绅化的地理学"会体现在不同的层次上——国际间的比较，国家内的比较，和城市间的比较"(第405页)。 莱对开展国际间 188 的比较是很谨慎的，他认为"在国际间，其实没什么可相互比较的数据用来评估国家对内城再投资的变化"(第81页)。 所以，国际间的比较是相当罕见的(但也有这方面的例外，见 Cybriwsky, Ley and Western

1986；Lees 1994b，1996；Carpenter and Lees 1995；N. Smith 1996a；
Eade and Mele 1998；Slater 2004a；Sýkora 2005；Krase 2005；Petsimeris
2005）。 必须指出的是，莱认为没有现存的数据可用来开展严格的比较
分析，但我们还是可以用其他数据来做比较评估，就像上面列出的这些
例外的研究一样。 一个国家内部的比较通常是可行的，尤其是在美
国，根据研究者采用的方法和观点，就能得出各种结论（Nelson 1988；
Wyly and Mammel 2004，2005；Freeman 2005）。 而在城市这一尺度
上，利斯发现在单个城市里，不同地点的士绅化会同时体现出不同的状
态，这在蒂姆·巴特勒和加里·罗布森的研究里体现得很明确。 他们
尝试梳理伦敦的中产阶级与伦敦不同社区达成协议的方式有哪些微妙的
差异。 他们的研究动机很明确：

> 对现有的士绅化研究进行批评的一个方面是，它们往往把士绅
> 化视为同质化的过程。……而我们的假设却是，不同的中产阶级群
> 体会被吸引到不同的地区，除了他们自己的购买力以外，还会受到其
> 他很多因素的决定。（Butler and Robson 2001b：2146—2148）

他们对电报山（Telegraph Hill）、巴特西和布里克斯顿的士绅化者展
开了访谈，以验证这样的假设，然后发现了在每个地方士绅化构建的中
产阶级身份差别很大。 他们总结道："士绅化在任何时候都不能理解为
一个统一的现象，而应该放在具体的情况中去理解，根据它自己的逻辑
和结果来考察。"（第 2160 页）他们的研究刻画出在伦敦相距不远的社区
之间士绅化的本质差异（或更确切地说是士绅化者之间的差异）——与早
期的研究不同，早期的研究采用了更广泛的定量方法，因此往往会提到
整个伦敦的士绅化（例如 Williams 1976；Hamnett and Randolph 1984；
Munt 1987）。

乍一看，"士绅化的地理学"貌似不复杂。 士绅化的过程是因地而
异是理所当然的！ 尽管，在资本流动、地产投机和社区居民专业化里

可能有相同的潜在规律，但士绅化也会体现得非常不同，例如旧金山的士绅化就和首尔的不同，而巴黎的士绅化也会有自己的经验和轨迹！任何一个新的观察结论都很难说脱离具体的背景来解释士绅化，因为士绅化正是从特定的背景里脱胎而出的，但现有的士绅化文献却很少关注背景（见 Slater 2002）。此外，如果说"士绅化的地理学"看起来过于简单，那我们则认为，刻意的简单也是有必要的。只有这样，研究者才能诠释出雅各布斯和芬奇（Jacobs and Fincher 1998）所说的"流经了'地方'的复杂空间尺度：由此，这个地方才既是当地的，也是全国性或国际性的空间"（第 21 页）。所以，当我们能更敏感地意识到当地的、国家的、全球的城市变化相互间的构成时，才既有利于士绅化的研究，也有利于所有的城市演变过程的研究（Brenner 2001）。

建构"士绅化的地理学"需要关注士绅化脱胎而出的环境特征，特别要敏锐地注意在环环相扣的地理尺度中该过程是如何展开的，同时还要对士绅化背后的构成机制和要素保持一种批判性的目光。就像利斯（2000）所说的："士绅化的地理学也具有政策相关性"：

> 对士绅化的地理现象做更细致的研究……将使我们考虑城市等级中低等城市在采用上等城市的士绅化实践时面临的优势和风险，而这些城市具有非常不同的地理环境。（第 405 页）

本章，我们已勾勒出当代士绅化的复杂性和细微差异，即，士绅化会不均匀地向外和向下再扩展；美国和英国第四波士绅化之间的差异，以及新自由主义-城市主义造成的士绅化地理现象——而这一切都表明"士绅化地理学"的必要性。

在下一章，我们将讨论士绅化的解放主义和复仇主义话语，这些话语源于非常不同的研究背景。正如研究者最近才意识到的（像 Lees 2000；Slater 2002），研究士绅化的视角常常出于不同的地理学理论、意识形态和方法论。纽约与下东区呈现出来的士绅化景观，与温哥华、福溪的不同。我们将在第六章更深入地探讨这些重要的地理现象。

生产和消费的新士绅化？

当代士绅化的地理现象似乎变得更加复杂，涉及本地与全球、旧与新、文化与经济之间错综复杂的张力。鉴于这种复杂性，第二章和第三章分别从生产侧与消费侧的视角展开了描述，这种描述在当代是否还有用？换言之，把生产和消费分开描述是否已过时？

190　　　今天，大多数研究者都承认从生产侧与消费侧的视角去解释和处理士绅化的问题至关重要。但对很多分析家来说，这种承认也只是点到为止，而没有严肃认真地去处理这两种视角之间的本质差异。而对其他很多人来讲，"生产-消费"的二元视角却已经因完全不同的原因被搁在一边了。这种二元视角在 20 世纪 70 年代和 80 年代为城市理论的发展做出了贡献，但在接下来的几年里，人们逐渐意识到这两个阵营之间的差异被夸大了。尽管如此，我们也不能忽视"租差""文化生活方式"和"后工业经济基础"这些抽象概念和它们各自的解释路径相互之间是不可比较的（Clark 1994）。但这些理论的核心要素在今天仍然像二十五年前一样重要。只是说，它们已不再被用来分析士绅化的最终原因了，也不再当成研究士绅化的"唯一正确的方法"。而越来越少的人感到："我们**可以**将它们整合成一致的统一体，一幅宏大的图景，并且**应该**把所有的努力都投入到这一崇高的任务中来"（Clark 1994：1040，强调为原文所加）。

但这不仅仅是后现代主义对不确定性的认知，以及对所谓稳定的外部现实环境的表述不足？更实际地看，问题已经发生了变化：越来越多的研究者已经不再会从**因果关系**入手进行分析了，因为这样总是会导致彼此不一致的解释，而是开始研究**后果**。这也意味着生产与消费理论之间的张力从未得到解决（见 Clark 1994）。但全球许多类型的城市在持续了四十年的士绅化以后，人们也不会再孜孜以求地渴望绘制"一幅宏大的画面"来解释背后的成因了——"是什么导致了士绅化？"相反，越来越多的研究者开始关注士绅化"意味着什么"？由于问题导向的变化，许多研究者便很少受困于生产侧视角与消费侧视角之间的张力。其实，这两种视角都能为理解当代士绅化提供至关重要且截然不同的路径。

在意识到某些过程和实践的持久性和连续性时，这两种视角都需要不断修正，才跟得上当代城市主义的变化。这种新旧之间的平衡适用于文化和经济领域：例如，什么样的职业才算是"后工业的"，该问题的答案已不同于往日；而新中产阶级青睐的品牌和风格也不同于过去；同样，将世界金融市场和本土租差的运作联系起来的金融工具及革新也不同于以往。阿特金森和布里奇（2005：8）阐述了士绅化理论中众人皆知的一些方面是如何以新的方式彼此结合在一起的：

> 史密斯的租差公式（1979，1996）现在看来似乎支持着社会精
> 英广阔的认知地图，不论这些人属于政治圈、文化圈还是经济圈，
> 他们都在不断地搜索居住地、不断地搬迁。从某种意义上看，他们
> 选择定居的西雅图已不再是和伦敦各自分开的世界了，不管是在
> 便利设施上还是环境氛围上，甚至两地的距离都因喷气式飞机而
> 缩短了。而在较低等级的城市和职业选择上，在雅典和奥克兰、马
> 德里和孟买之间做选择其实也是一回事。国际服务和通信技术的
> 发展、城市服务的不断同质化、城市感知的趋同性，以及快速的交
> 通，都意味着会产生更多的新社区。这些新社区会同当地的贫困
> 社区、系统性的不平等和肮脏的公共场所隔离开来。（Atkinson 和
> Bridge 2005：8）

也许，要处理士绅化文献里生产和消费理论最进步的方法是认识

到：经历了过去三十年的研究，理论的成熟度已经显现出来了，与此同时，这些理论的细节很容易沦为历史的牺牲品，所以，我们要将它们引入当代士绅化的地理环境中来。 而最落后的方法，则是去延续 20 世纪 90 年代潜隐在士绅化文献里的一些假设——这些假设阻碍着我们去理解士绅化社区里正在发生的各种事情；而且，也会让生产理论和消费理论站在彼此对立的立场上。 由于哈姆奈特（1991）对史密斯和莱的研究做出的颇有影响力的评论，让城市规划师们将士绅化看成了一种非此即彼的选择：要么是供给、要么是需求；要么是资本、要么是文化；要么是结构、要么是行动。 整整一代学生，在"生产侧"和"消费侧"这两个单独的标题下，读到的全是强制性而不留余地的解释，但他们却用当下最好方式做出了回应：很多学生都说，这两种解释都很重要；而有些学生则根据个人经验或自己觉得最有说服力的写作风格选择了其中的一方。 而新古典主义对士绅化的看法则被忽视了，或被视为20 世纪 60 年代后过时的方法而失宠。 围绕着"后士绅化"时代的讨论也让许多城市规划师将目光转向了别的主题。 他们中的很多人都从横扫整个人文地理学及相关领域的"文化转向"里去汲取灵感，继续研究士绅化。

　　而在 20 世纪 90 年代中期，倘若我们不去关注城市街道上发生的事情，不去注意会议室里制定的企业发展决策，那也是不对的——正是在走廊里、智囊团的研究室里，这些政策正被构思、讨论和论证着。 正如我们在第三波士绅化的讨论里所看到的，该过程即将经历一次复苏，也将加剧前一波士绅化浪潮所造成的不平等和紧张关系。 但是，这次复苏背后的经济政治环境已经发生了变化，使得社区倡议者和低收入居民更难去抵抗或适应士绅化（见第七章）。 此外，生产侧与消费侧的二分法在根本上是有缺陷的，它掩盖了新古典主义城市思想对公共政策的影响。 在大半个欧洲、整个美国、加拿大和澳大利亚，新古典主义的原则对制定城市政策来说具有很大的影响力。 政策制定者们会选择性地利用城市贫困和住房市场来支持城市政策的突变。 在不同的政策形成过程中，的确需要照顾具体的环境差异，但总的趋势则是要去支持市场运行和公共干预，目的是为了推动士绅化向前迈步。 所以，生产侧与消费侧已经不再是一个简单的二分法了。 但还有一个趋势，那就是在过去十年政治经济的发展过程中，生产侧和消费侧核心理论的两极化越来越严重。 为了应对这一点，研究新一代士绅化的人已经超越了这些有限的二元对立，转而去研究世界各地城市中持续的不平等现象及其新的表现形态。

总结

在本章，我们讨论了当代士绅化的主要特征，并与之前的士绅化进行了对比。 我们考察了最新的士绅化模型，并尝试提出第四波士绅化的概念，以补充该模型。 我们还讨论了全球化、新自由主义和国家角色的转变在当代士绅化中的作用，认为士绅化的地理学是一个可行的研究方向。 士绅化在今天是一个全球现象；在本章，我们不仅考察了它的扩散——在世界范围内沿着城市等级向下蔓延——我们还考察了士绅化与全球化的关系及其概念与案例。 总的来说，第二章和第三章概述的生产侧与消费侧的视角——用来解释第一波（经典）士绅化的视角——在今天依然具有影响力，即使在某些方面它们需要调整或大刀阔斧地更新。

延伸阅读

Atkinson，R.，and G. Bridge（eds.）（2005） *Gentrification in a Global Context：The New Urban Colonialism*（London：Routledge）.

Brenner，N.，and N. Theodore（eds.）（2003） *Spaces of Neoliberalism*：

Urban Restructuring in North America and Western Europe (Oxford: Blackwell).

Butler, T., with G. Robson(2003) *London's Calling: The Middle Classes and the Remaking of Inner London*(Berg: London).

Davis, M.(1990) *City of Quartz: Excavating the Future in Los Angeles*(New York: Verso).

Hamnett, C.(1996) 'Social polarization, economic restructuring and welfare state regimes', *Urban Studies*, 33, 8:1407—1430.

Hamnett, C.(2003a) *Unequal City: London in the Global Arena* (Routledge: London).

Harvey, D.(1989b) 'From managerialism to entrepreneurialism: The transformation in urban governance in late capitalism', *Geografiska Annaler*, 71B:3—17.

Harvey, D.(2000) *Spaces of Hope* (Edinburgh: Edinburgh University Press).

Harvey, D.(2005) *A Brief History of Neo-liberalism* (Oxford: Oxford University Press).

Imrie, R., and M. Raco (eds.) (2003) *Urban Renaissance? New Labour, Community and Urban Policy*(Bristol: Policy Press).

Kearns, G., and C. Philo(eds.)(1993) *Selling Places: The City as Cultural Capital, Past and Present*(Oxford: Pergamon Press).

Raco, M., G. MacLeod, and K. Ward(guest eds.)(2003) 'Negotiating the contemporary city', *Urban Studies*,(special issue): 40, 8.

Sassen, S.(1991) *The Global City: New York, London and Tokyo* (Princeton, NJ: Princeton University Press).

Uitermark, J., J. Duyvendak, and R. Kleinhans(2007) 'Gentrification as a governmental strategy: Social control and social cohesion in Hoogvliet, Rotterdam', *Environment and Planning A* 39, 1:125—141.

Wyly, E., and D. Hammel(2005)'Mapping neoliberal American urbanism', in R. Atkinson and G. Bridge(eds.) *Gentrification in a Global Context*: *The New Urban Colonialism*(London: Routledge), 18—38.

图 6.1 社区就在眼前：多伦多

照片拍摄于圣三一贝尔伍德公园，多伦多，2001 年。

来源：汤姆·斯莱特 摄

第六章

士绅化——积极还是消极？

作为新的前沿，自 20 世纪 80 年代以来，士绅化的城市充满了乐观情绪。不堪入目的景观被清理和重建，注入了中产阶级的感性。房地产价格飙升，雅皮士的消费风靡，精英风度渲染到大规模生产的民主风格里。那还有什么不让人满意的呢？其实，在这样的景象中，矛盾并没有消除，它们仅以巧妙的方式被平滑地铺陈到一个可以接受的轨道上。

——尼尔·史密斯（1996a:13）

在本章里，我们将对比两种观点，一种认为（公共政策推进的）士绅化是一个积极的社区建造过程，另一种观点则反之。当然，士绅化既有积极的一面，也有消极的一面；我们权衡了这些不同的方面（见专栏6.1）。我们还将讨论士绅化文献里的两种主要论述，利斯（2000）称其为"解放城市论"和"复仇城市论"，它们分别代表了士绅化积极和消极的方面。这些方面有时间的维度，可以说，先驱式的士绅化在意识形态和实践上比后来的士绅化体现出更多的积极方面。例如，先驱式的士绅化者渴望社会混合，而第二波，尤其是第三波的士绅化者更崇尚个人主义（见 Butler and Lees 2006，他们对比了巴恩斯伯里第一、第二、第三波士绅化浪潮）。然而，恰恰又是先驱式的士绅化者引发了失所的过程，尽管不是有意而为之。

专栏 6.1	
士绅化的利与弊	
利	弊
	房租/房价上涨造成失所
	失所带来的次生心理成本
衰退地区变得稳定	社区怨恨与冲突
房产价值上涨	平价住房的减少
	不可持续的投机性房地产价格上涨
空置率降低	无家可归
地方财政收入增加	通过游说获取更多地方支出
鼓励和增加进一步发展的可行性	商业/工业被置换
	当地服务的变化与成本的增加
减少郊区扩张	对周边贫困地区造成住房压力与失所
增加社会混合	社会多样性减少(从社会多元演变成富人集聚)
房产修复(有/无国家资助)	低利用率且人口流失到士绅化地区

资料来源:Rowl and Atkinson and Gary Bridge, eds., *Gentrification in Global Context: the New Urban Colonialism*, p.5, © 2005 Routledge。

一个积极的社区建造过程?

在一篇名为《为士绅化点两次赞》的文章中(这篇文章对士绅化的负面评价提出了质疑),华盛顿特区国会山的一位士绅化者,乔治敦大

学法学中心的教授 J. P. 伯恩(J.P. Byrne 2003:405—406)表示:

> 这篇文章对士绅化的负面评价提出了异议。不可否认,士绅化确实让许多人失去了他们负担得起的公寓。然而,受过良好教育的富裕居民越来越多,这对城市来讲显然是有好处的,这增加了纳税人的数量,增加了当地商品和服务的消费能力,也增加了联邦政治进程中支持城市建设的居民数量。我的观点还更进一步认为:士绅化对于穷人和少数族裔来说,也是有好处的。其实,所谓最大的坏处,也就是减少了负担得起的住房这一点,这其实并不完全是士绅化造成的,而是因为政府的失败所致,它一直未能为大家提供便宜的平价住房。所以文章的标题是"点两次赞",而不是点三次,是因为士绅化提高了大家的政治和经济地位,却加剧了对穷人的伤害,而这是因为国家平价住房政策的失败导致的。

伯恩(2003)引用了弗里曼和布拉克尼(Freeman and Braconi 2002)在 20 世纪 90 年代对纽约市失所现象的研究,来支持自己认为士绅化是一个积极过程的观点。 弗里曼和布拉克尼考察了 20 世纪 90 年代对搬迁者的调查,那些人刚搬到新的住宅,而其中 5.47% 的居民可算作失所者。 当他们对比两类低收入人群——来自士绅化社区的低收入人群和非士绅化社区的低收入人群时,发现,越贫困的家庭从士绅化社区迁出去的可能性越小。 此外,他们还发现,租金上涨导致迁出的可能性更低而非更高。 他们辩称:

> 我们为士绅化的研究提供了新的视角。虽然这并不能避免第二波贫民的失所(因租金上涨)出现在士绅化的社区里,但却能说明,失所并不是人口结构转变的原因。与其他社区相比,低收入家庭从士绅化社区搬迁出来的可能性还要更小一些。社区住房条件的改善反而会鼓励低收入家庭留在原地,这足以弥补租金上涨造成的任何损

失。(2002:4)

伯恩(2003:419—420)还以相当傲慢的态度认为(我们会在本章后面看到,这是士绅化先驱的意识形态,也是政策制定者想将士绅化定义为一个积极的公共政策时所具有的态度)士绅化还将改善穷人的经济机会:

> 显而易见的是,通过为当地富裕的居民提供商品和服务,老居民还能扩大自身的就业机会。研究表明,穷人在郊区还能找到比在市区里更好的工作。问题却在于,市中心的居民由于距离的缘故,没有私家车,无法到达郊区的工作岗位。虽然人们会担心,中产阶级为低收入者创造的工作机会往往是餐馆和商店里低薪资、非技术的职位,但低收入者可能正需要这些工作,因为这些岗位不要求太高的学历。……士绅化也能促进整座城市低收入者的就业增长。城市人口的增加将带动市政服务的需求,从而增加市政就业。这将进一步增加市政税收,从而带动公共就业。

他接着指出:"士绅化还创造出了城市政治论坛,在这些论坛里,富裕的和贫穷的市民必须以一种民主的方式处理彼此的优先事项"(第421页),而士绅化可以缓解穷人遭遇的社会隔离,减少犯罪,提高穷人的教育程度(第422—424页)。 由此,作为一名律师,他认为:

> 因为我对士绅化保持乐观态度,所以我反对大多数法律作家想要限制士绅化的观点。他们错误地阻止了一个看起来能对整个城市及贫民都有益的事情,阻止富人取代穷人,这注定会让社区甚至整座城市走向贫困。……城市政策应当在总体上支持士绅化,哪怕是在处理其可能带来的危害之时。(第424—425页)

198

这样的城市政策已经实施了，但其中很少有伯恩所说的保护性措施，像应对失所的保护政策，例如，控制租金、对房地产税的年度增长设上限，为城市贫民提供平价住房，等等。

作为积极公共政策工具的士绅化

比以往任何时候，士绅化都更进入了公共政策当中。它要么用来服从市场力量和私营部门的企业家精神，让它们看起来更合理；要么用来指导市场进程，给人们灌输一种希望，即它会以稍微仁慈一点的方式来重构城市景观。在"再生""更新"或"复兴"的友好旗帜下，看起来很安慰人的这些政策并没有兑现自己的承诺：主流经济学家和政策分析师都一致认为，有针对性的振兴策略——从税收抵免，到企业园区的税收增量融资——对大城市权力下放塑造出来的整个土地市场结构都只起到了很小的边际影响。但士绅化的政策和企业能对城市造成重大的影响，而当它成功地利用私人资本时，会增加人们对地方政府实施再分配时残余资本的需求，进一步加剧人们的住房负担。（Wyly and Hammel 2005：35）

近年来，在英国已经明显出现了第五章概述的新自由主义议程：当地的城市更新计划一直试图采用斯图尔特·卡梅伦（2003：2373）的政策，来诱使更多的富裕中产阶级人口进入低收入地区，并称这样的政策为"积极的士绅化"或"作为积极公共政策的士绅化"。这些基于地方的"积极的士绅化"政策，同样会支持士绅化的话语建构，也会支持《城市工作组报告》（Urban Task Force report，DETR 1999）和《城市白皮书》（Urban White Paper，DETR 2000a）所倡导的社会混合理念（见前言）。该理念旨在促进社会混合，缓解士绅化造成的贫困人口在内城过于集中的现象。

《城市工作组报告》声明：

若不开展社会混合,城镇的发展就会失败。然而,我们可以确立一些原则,以确保财富和机会在城市社区中更均衡地分布。

199 在回应社会问题时,要避免重蹈覆辙。在一个地点开发大量的社会住房是行不通的。现有的很多社会住房都有很强烈的社区意识——往往比更富裕的社区更强烈——但这些社区缺乏长期运作的经济动力,就业和投资都流到了别的地方,加剧了这些社区在物质上的孤立。未来,我们必须基于不同的土地利用权和收入来发展社区。(DETR 1999:45)

而《新工党城市白皮书》(英格兰和威尔士当前发布的国家城市政策文件)则认为:

我们的目标是让城市生活成为大多数人而不是少数人的积极体验,将所有地区都提升到最佳水平,并实现持久的城市复兴。(DETR 2000a:John Prescott 作序)

在许多改善生活质量的规划里,很重要的一条就是要朝着更加多样化和可持续的社区迈进。(DETR 2000a:8)

英国政府明确表态要将中产阶级带回中心城市(即"士绅化"),其动机看起来是为了减少社会空间隔离,进而加强贫困社区的社会组织性。 但其实,它是把士绅化当做一种积极的观念兜售给了我们,里面还夹杂着社会混合或社会包容的提议,于是就十分狡猾地中和掉了士绅化的负面形象。 他们认为,社会混合和改善社会平衡是降低"邻里效应"(Neighbourhood effects)的关键。 所谓"邻里效应"是指:当地弱势群体在空间上的集中,形成一个越来越劣势的环境,并使个人摆脱贫困的能力不断降低。 英国政府社会排斥问题小组认为,社会混合可以重建被排斥社区的社会资本,让穷人接触到惯常圈子以外的人,扩大视

野,从而提高自己的期望值。 正如加拿大地理学家达玛丽斯·露丝(2004:281)所说:

> 自从"宜居城市"的形象成为一座城市在全球化和知识经济中的关键竞争力以来(Florida 2003),后工业城市推销自己的兴趣就越来越浓,它们都声称能建立包容性的社区,将不同收入、文化、年龄和生活方式的人融合在一起。

卡梅伦(2003)谈到了纽卡斯尔市议会于 1999 年通过的城市更新政 200 策,其名为"追求增长"(第四章里已讨论)。 这可能是英国第一个积极的士绅化政策的例子,它涉及的范围很广,目标也很明确,就是为了吸引富人到市中心居住,重新平衡当地的弱势群体,消除被污名化的社区。 正如卡梅伦(2003:2369)所述,该政策关系着"经济发展、城市复兴、将居民留在城里和促进人口增长,其目的是应对人口衰减、低住房需求、社区贫困与污名化的问题。"《城市白皮书》(DFTR 2000a)和英国新工党的许多城市政策都是针对这类城市编写的,认为这种城市的特征是:社区经济极化、区域经济疲软、人口外流、市中心住房需求量低。 纽卡斯尔就属于这类城市,就像英格兰东北和西北部的城市一样,它们与伦敦不同。 在纽卡斯尔,中产阶级试图远离污名化的内城社区,希望能聚集到少数几个安全且高档的社区里。 为了应对这一现象,新工党领导的纽卡斯尔市议会决定推平内城的一些低收入社区,设计新的住房以吸引中产阶级入住。 卡梅伦(2003)认为"追求增长"的策略明显驱逐了现有的低收入者,并非所有人都能得到轻松安置(见第四章更详细的讨论)。

一个规模较小的"积极士绅化"政策的例子,是伦敦市中心象堡(Elephant and Castle)的城市再生项目——"象链"(Elephant Link)。在这个项目里,居民不得不和一个隐藏的社会清洗议程作斗争。 在 20

世纪 90 年代，人们认为南华克区（Southwark）有太多遭到社会排斥的人，他们没什么抱负，缺乏社会资本。复兴南华克区的主管弗雷德·曼森（Fred Manson）曾说过一句臭名昭著的话：

> 我们要让更多人搬到这个地方来住……社会住房会吸引低收入者，导致这里的学校越来越差，中产阶级更不愿来。（DeFilippis and North 2004:79）

理事会就复兴象堡的计划回答道：

201

> 管理有序且包容的士绅化，能吸引更多富裕的居民，他们拥有更高的社会资本，也能提升劳动力市场的参与度，地方税收也能增加，这些税款可以造福当地居民（前提是这些居民在此过程中没有被迫搬离）。（DeFilippis and North 2004:79）

像海盖特（Heygate，见图 6.2）和爱斯勃雷（Aylesbury，欧洲最大的公共住宅），这两栋住宅都拆除重建了。这个耗资 15 亿美元的规划项目的核心是一栋四十二层高的住宅塔楼，只有 30% 是平价住房。它是一个综合开发项目，包括酒店、219 套住房、电影院、餐厅、商店和繁华的商业广场。目前的法律要求在启动任何一项重建计划之前都要有公众参与，所以，理事会就自豪地宣称该计划得到了 80% 当地居民的支持〔但见 DeFilippis and North（2004），他们讨论了该案例中公共参与的复杂性和反士绅化的行动〕。

最近，《伦敦规划》（GLA 2004）已经融入"积极士绅化"的大潮。它以类似《城市白皮书》的方式，推动着城市复兴和社会混合的议程：

> 新住房的开发，包括因改建而产生的额外准备金，应该……有助于促进社区的融合与平衡。（GLA 2004:59）

图 6.2 伦敦的象堡

海盖特,20 世纪 60 年代的大型市政住宅,也是象堡最主要的两栋地产之一,即将在"象链"城市重建项目里拆除。

来源:洛蕾塔·利斯 摄

伦敦的河滨和城市水道,被大伦敦地区管理局称为"蓝丝带网 202络",它有自己的空间策略。 主要有两个目标:

> 一是,促进社会包容;二是,解决贫困和歧视问题。政策应确保蓝丝带网络作为伦敦公共领域的一部分对所有人开放,并确保文化资产和环境资产都能用来刺激城市的再生和发展。(大伦敦地区管理局 2004:194)

以及

> 蓝丝带网络不应再作为私有化资源来开发了,否则,就只有特权人士才能负担和享受得起。(大伦敦地区管理局 2004:207)

我们可以从中看出伦敦市长肯·利文斯通的印记，因为大伦敦地区管理局的《伦敦规划》比《城市白皮书》更加清晰地体现出了社会正义的议程。然而，尽管说得天花乱坠，但马克·戴维森（Mark Davidson 2006）却发现泰晤士河沿岸新建住宅区的居民（见第四章关于新建士绅化的内容）和附近低收入居民之间并未出现社会混合。所以，社会资本并未从高收入群体流向低收入群体，也未出现预期的中产阶级人口进入市中心河畔区的迹象。部分原因是新建区的居民都只是暂时居住在这里，同时新建区的开发项目对于临近的低收入人群来讲，在空间上也是隔离的。新建开发项目确实也让低收入者可以在泰晤士河边散步，但其实他们很少去那里，因为新建住宅的宏伟外观和安保设施都让他们望而生畏。就像达玛丽斯·露丝（2004：280）所说，士绅化和社会混合之间存在"不稳定的共存关系"。

由于士绅化与社会混合的观念属于全球新自由主义城市政策（见第五章）的前沿，因此，以此方式推动积极士绅化的国家不止英国。例如在荷兰，还有"住房重新分化"的政策（见 Hulsbergen and Stouten 2001；Mustered，Priemus and van Kempen 1999；Priemus 1995，1998，2001；Salet 1999；Uitermark 2003；van Kempen and van Weesep 1994）。这类政策自1996年之后一直在推行（英国城市特别工作组对此政策兴致勃勃）。它主要通过拆除廉价住房，出售和升级现有住房，在低收入区增加昂贵住房的比例，通过士绅化来提高社区人口的社会多样性。自2002年以来，由于皮姆·福图恩党（Pim Fortuyn Party）的崛起和它宣扬的口号"宜居的鹿特丹"，社会混合的观念越来越强。如今，荷兰国内强烈呼吁要分散穷人和移民，建立混合型社区。伊特马克、杜伊文达克和克莱因汉斯（Uitermark，Duyvendak and Kleinhans 2007：129）认为，在鹿特丹：

今天，这座城市积极宣传自己是一个适合有钱人居住的好地方，尤其适合创意阶层居住（见 Florida，2005）。该市一面推动私有住宅的建设,一面拆除社会租赁房。每年,开发商都会在 25 万套住房总量的基础上新增约 3 000 套自有住房,同时拆除 4 000 套社会租赁房。……鹿特丹政府几乎不需要语言上的任何修辞,而是直接宣称,目的就是要把"理想的家庭"吸引到这些充满问题的地区来……因此,把私有住宅同宜居性联系起来,并使这样的关系政治化。这种论调已经不再局限于 2002 年以来执政的右翼党,就连 2006 年 2 月赢得了地方选举的工党也支持类似的政策。在工党获胜后,一份由高级公务员起草的文件便阐明了一个新的愿景,明确指出需要进一步推动士绅化……

在美国,"住房和城市发展部希望之六"项目则用来推动公共住房的社会混合(或曰"士绅化"),以打破穷人的文化隔离和社会孤立:

> 虽然围绕这些问题的争论仍在继续,但决策者的共识是,空间的集中可以从根本上改变贫困现象:(原文如此)当社区的贫困率超过了关键的临界点时,病态行为就会在同龄人之间传播开来,集体的社会化过程就会被侵蚀,因为儿童不会再将成人视为积极的榜样了,无论这些成人是教育工作者还是父母。(Wyly and Hammel 1999:740)

目前,美国住房再开发的趋势是用低密度、不同收入居民的混合社区,来取代现有的高层、高密度的项目,例如位于芝加哥的项目卡布里尼-格林(Cabrini-Green)(见图 6.3)。 尽管卡布里尼-格林位于芝加哥最昂贵的楼盘附近,但在 1994 年,根据美国住房与城市发展部的标准,卡布里尼-格林被列为美国最糟糕的公共住房案例,并花了 5 000 万美元来重新开发其中的一部分。 在拆除原有的住宅单元,并向公租房租赁户发放了代金券(居民通常获得代金券来补贴租赁户的私人成本)之后,居住密度降低了,进而,导致低收入租赁户的严重失所。 当然,这些地方肯定是士绅化了(见 J. Smith 2001)。

204

图 6.3 芝加哥,卡布里尼-格林

照片显示芝加哥著名的公共住房在士绅化以前的样子。

来源:埃尔文·怀利 摄

在高度依赖房产税作为收入来源的城市，像美国的城市，增加财政
收入的务实做法就是增加市中心中产阶级业主的比例来提高税基。 通
过"制造"混合型社区，士绅化

> 就可以改善穷人的社会隔离。新来的富裕居民走在街上，可以
> 和现有的贫困居民擦肩而过。富人和穷人还可以在商店里，当地一
> 些机构像公立学校里碰面。新来的富人会表现出更强的社会流动
> 性，也能带来更充分的公共服务需求，这样就为原住民做出了榜样，
> 建立起了更多的社会联系。威尔逊（W. J. Wilson 1987）认为，如果
> 缺乏这些榜样和社会联系，贫民区只会越来越衰落。（Byrne 2003：
> 422）

但是，坎宁安（Cunningham 2001）却批评华盛顿特区推行的"希望
之六"项目，认为在士绅化的社区里推行此项目并不能帮助衰败社区复
兴，反而会减少租金和价格飞涨区的平价住房数量：

> 大约有 20 000 个低收入家庭在等待华盛顿住房局（DCHA）供
> 应的住房以及 8 号住房优惠券（section 8 voucher），所以这似乎是这
> 些地区士绅化者手中的另一个工具，用来减少平价住房的数量。（第
> 357 页）

尽管没有让萧条地区复兴起来，但怀利和哈梅尔（1999）却承认，取
代传统的大型公共住房项目可能会使得现有的市场需求刺激该地区的投
资。 就像伯恩（2003：429）所断言的那样：

> 在一个士绅化社区里，"希望之六"计划的成功，其实代表了政府
> 第一次成功地按照收入来整合居民社区，这与过去百年来大都市发
> 展的典型模式形成了鲜明对比。

但戈瑟姆(2001:437)却不同意上述观点，他说：

> 公共住房的再开发是一种排他性的发展模式，目的是将极度贫困的人排斥在复兴的空间之外，并为有钱人的好处把他们悄悄安置起来。

其实，怀利和哈梅尔(2001)已经注意到了，华盛顿特区国会山目前正面临严重的平价住房短缺问题，而"国会山是美国士绅化程度最高的社区之一"(第24页)。"希望之六"项目拆除了艾伦·威尔逊公共住房综合体(Ellen Wilson Dwellings)，紧接着士绅化了这个区域。它采取了"混合收入的再开发模式，其中有153个联排别墅单元，按照典型的历史街区风格来进行设计，该综合体是其中的一部分"(第240页)。伯恩(2003)对这样的发展模式感到十分满意，并以社会混合的大团圆来结束自己的文章：

> 在最近一个周六，我和妻子、十几岁的女儿在国会山附近一栋联排别墅的庭院里，参加了由许多家庭组织起来的拍卖活动。这次活动是消费合作项目里的一位成员以"社区日"的名义组织的。我们在人行道上散步，和当地居民聊天，聊聊他们是如何享受这里的生活的，还参观了他们出售的小商品。我们买了很多平装书，有很多是黑人作家写的。我的女儿买了一个相当漂亮的粉色皮箱，有点破烂，但也很符合她耍酷的样子。我的妻子，性情之下，帮助一些居民把出售的商品重新布置了一番，展示起来就更加美观了，这让卖主们都很满意。我买了琼斯太太在自己公寓里卖的炸鱼三明治，狼吞虎咽地吃着。像这种微不足道的事很难登上新闻，当然也不能消除城市里的不公正。在这里，既无官员出席，也无未来声明，然而，这却是一个睦邻友好、货币流通、相互学习的美好地方。如果这样的地方能多一些，那么，社区的未来将会变得更加美好。(第431页)

兰斯·弗里曼(2006:2)也同样认为,士绅化确实能给原住民带来好处,"但这些好处比消除贫困理论所暗示的要有限得多"。 他明确指出,收入混合并不能保证向上流动。

在对温哥华市中心东区(另见第七章)的研究中,尼克·布罗姆利(Nick Blomley 2004)评析了在面对长期缺乏投资和贫困的问题时,社会混合的观念具有多强的道德说服力:

> 社区更新项目通常会鼓励人们拥有自己的住房,因为它鼓励经济上的自力更生、企业家精神和社区自豪感。所以,士绅化是值得提倡的,它意味着业主不断增加的负责任的活跃社区将取代边缘化的社区(非自住房、临时居住问题层出不穷)。(第 89 页)

但布罗姆利的研究也帮助我们进一步思考,谁才应该为社会混合腾出空间的问题。

> 然而,"社会混合"的问题在于它在等级制度面前承诺平等。首先,正如人们经常指出的,它在社会上是单方面的。就像当地活动家认为的,如果社会混合是好的,那为什么不干脆让穷人住进富人的社区呢? ……其次,事实证据表明,社会混合还改善不了租房者的社会经济状况。在混合型社区里,业主和租赁户之间的互动似乎很有限, 而且,还可能导致社会隔离和孤立。(第 99 页)

社会混合的过程终究是中产阶级进入工人阶级地区的过程,而不是相反。 它基于这样一种假设:社会混合是为了追求社区平衡,其特征是各阶层之间的积极互动。 虽然市中心的中产阶级"可能比郊区的中产阶级更能接受与穷人毗邻而居"(Freeman 2006:206),但很少有政府会去支持穷人搬进郊区的富人区。 例如,美国广泛讨论的"迁往机遇"(Moving to Opportunity)的计划并不是一个单纯的住房计划,而是

207

一个小型示范和研究实验。 它涉及五个大都市区里的5 000个家庭，每
个都市区里至少有150万人口。 然而，围绕社会混合而开展的各种规
划和政策上的乐观情绪，都极少能打造出真正幸福的士绅化社区。 例
如，在多伦多的南帕克代尔，1999年刻意推行的社会混合政策，在业主
群里催生了NIMBY(not in my backyard，"不在我的后院")主义，并导
致租金上涨和租赁户的失所(Slater 2004b)。 伊特马克、杜伊文达克和
克莱因汉斯(2007)认为，中产阶级居民进入弱势群体社区并不能提高社
会凝聚力，相反，高收入家庭同低收入家庭的接触，往好里说是浮于表
面的，往坏里说是充满敌意的。

　　士绅化一旦打上"社会混合"的幌子，就展示出士绅化的言辞和其
本质是如何被一套不同的话语、理论和政策辞令所掩饰的，并持续地转
移着各界的批评和抵制。 在英国，社会混合(尤其是权属混合)近十年
来一直是"社区更新"和"城市复兴"政策的前沿，但除了一两篇众所
周知的文献外(N. Smith 2002；Lees 2003a；Davidson and Lees 2005)，
也没有多少批判性的文献能察觉出政策话语里隐藏的士绅化。 为了理
解国家主导的士绅化，未来的研究更需要关注国家治理网络的性质及演
变。 治理网络的目的正是为了促进城市贫困社区结构的调整，换言
之，即促进士绅化。

作为一种解放性社会实践的士绅化

　　然而，并不只有政策领域才会把士绅化看成是一个积极的过程。
士绅化先驱(见第一章)同样会追求多样性、差异性和社会混合，这些观
念在前文都有所论述，如"士绅化作为积极的公共政策"一节(另见第
五章)。 事实上，士绅化是作为社会混合的代名词而诞生的。 在伦敦伊
斯林顿自治区的巴恩斯伯里(见第一章)，士绅化先驱属于左翼的新中产
阶级，他们积极地寻求社会混合。 他们是综合学校改革的拥护者，像
玛格丽特·梅登斯的伊斯林顿·格林(Islington Green)①就是这样的典

---

① 伊斯林顿·格林：是位于伊斯林顿中心的一个小公园。 ——译者注

型。 正如巴恩斯伯里的士绅化人士玛丽·霍尔（Mary Hall）在写给《纽约时报》的一封信中所说的（1977年致编辑的信）：

> 先生，社会主义者决心让我们肩并肩坐在一起接受教育，生病时也肩并肩地躺在一起。那我们为什么不能肩并肩地在一起生活呢？

而建筑师肯·普林（Ken Pring）也表示（在第一章里也有引用）：

> 中产阶级人口的比例将继续上升，这将更好地平衡社区结构，而少数能言善辩的专业人士的知识最后也将惠及弱势群体。（引自 Pitt 1977：1）

为什么人们始终渴望多样性的社会文化呢？ 欧文·艾伦（Irving Allen 1984：31—32）总结并解释了这种对社会和文化多样性的渴望：

> 市中心社区风格和品位的主旋律其实就是社会文化的多样性。据说，在高密度城市里生活的一大便利，就是能接触到多种族的文化。所以，综合多方观点，我们可以总结说：相比于"同质的"社区而言，多样性的环境对培养儿童来讲更有优势，因为孩子接触了社会现实后，就能与不同的人在社会和文化上相互适应。对于成年人来讲，多样化的城市氛围，更是激励创新的源泉，并提醒自身生活方式的文化相对性。据说，这还能将人从郊区生活"无聊"的文化同质性中解放出来。

但是，士绅化的早期学者却怀疑，士绅化的中产阶级和原有的低收入社区能否和睦共处，以及，

> 政策是否能促进不同社会经济和种族的群体融合，以及加强公

民对社区的主导地位。过去,当种族和社会经济地位不平等时,新来
者和原住民往往相处不好。目前,实现社会混合的前提条件还不明
确。……当种族差异同社会经济差异相互叠加的时候,若强行融合
在一起,只会让情况越来越糟糕。(Clay 1979:70)

这在很大程度上反映出先驱士绅化的意识形态,大量围绕士绅化的
209 研究都视其为一种积极的解放。 利斯(2000)将这些文献归入"解放城
市论"之下,这与下一节讨论的"复仇城市论"形成鲜明对比。"解放城
市论"和"复仇城市论"反映出士绅化文献里需求方和供给方解释的二
分(见第二、三章),但这两种城市论并不仅仅是这两种解释的简单
结果。

在很多士绅化的文献里,都隐含着解放城市论,它们多关注中产者
的行为方式。 例如,大卫·莱(1980,1994,1996)和蒂姆·巴特勒
(1997)的研究。 但在加拿大社会学家乔恩·考菲尔德的研究里,解放
城市论体现得最为明显。 在他的观点里,士绅化是将市中心的人团结
在一起的过程,并创造出社会互动、包容和文化多样性的机会。 通过
士绅化,中产者和与其接触的人都能经历解放的体验。 考菲尔德
(1994)分析加拿大多伦多先驱士绅化时集中关注了内城,认为内城是一
个解放的空间,士绅化是一个"批判性的社会实践",进而他把士绅化
界定为"人类努力抵制制度化的支配模式和压迫的过程"(第 xiii 页)。
因此,在考菲尔德看来,(先驱)士绅化是对郊区压迫性制度的一种回
应,是创造宽容的过程[参考上文 Irving Allen(1984:31—32)的引述]。
考菲尔德认为,通过重新定居老旧的内城社区,中产者颠覆了霸权文化
的主导地位,为社会活动创造了新的条件,也为开发商的到来开辟了道
路。 在考菲尔德看来,旧城区提供了多样性,这从中产者的多样性中
就可以看出:"同性恋者可能是律师或裱糊工人,教授既可能住在破旧
的平房里,也可能住在高档的联排别墅里,女权主义者可能有孩子,也
可能是丁克。"(1989:618)然而,利斯(2000;另见 Lees 2004)却批评了

考菲尔德把内城视为解放性社会空间的观点。她问道："内城社区的老旧建筑有什么东西能让人们变得宽容？""这些旧建筑的新用途和社会多样性有什么联系吗？"考菲尔德认为，城市里"不同"人之间的相遇是令人愉快的，在本质上，也是有解放意义的，但利斯却发现其他研究者持有不同的观点。例如，杨（Young 1990）认为，陌生人之间的互动常常是冷漠的，梅丽（Merry 1981）认为，城市生活的匿名性常常对人来讲构成一种威胁，而非什么解放。其实，佐金（Zukin 1995）认为，正是对陌生人的焦虑反而推动了私营警察部队和封闭式社区的增长。总之，利斯（2000:393）认为，

> 多伦多市中心呈现出的解放色彩，仿佛一道玫瑰色的愿景，也是对当代都市体验的刻画。拥有社会差异的陌生人实际的相互接触，经常被许多研究者看成是城市里的解放源泉，但这却需要更深入地评估才行。

她接着推测，考菲尔德赞美内城的社会多样性和个人言论自由，无意间却让一些人的地位、文化和阶级拥有了特殊性［见 Pratt and Hanson (1994)关于安置地理学（placement）意义的讨论］： 210

> 尽管考菲尔德对士绅化者并不抱有什么幻想，但他的观点却掩盖了一个事实，即反对士绅化的团体主要是由工人阶级和少数族裔组成的，他们并不总是会与士绅化者拥有相同的愿景。一些人希望借助士绅化来实现宽容和平等，但他们却难以容纳那些异见人士，后者并不觉得应去平等地保护所有的价值观。（第 393 页）

这种情况在伦敦和纽约这样的世界城市里尤为如此，当地的士绅化者正在与不同文化背景的生活在一起。就像简·雅各布斯（Jane Jacobs 1996）谈到伦敦东区斯皮塔菲尔德（Spitalfields）重新安置的不同愿景时

所指出的那样："来自孟加拉的居民、安家落户的士绅化者和大型开发商激活了常常冲突的种族和国家政治。"（第72页）利斯（2000：394）总结道：

> 通过抽象地庆祝法律下的形式平等，"解放性的城市"这样的修辞往往掩盖了士绅化带来的财富和经济状况的极度不平等。

与乔恩·考菲尔德类似，大卫·莱（1996）和蒂姆·巴特勒（1997）各自在关于士绅化的著作中认为，"新"中产阶级的标志之一就是他们有力量去解放内城，切实地创造出一个崭新的、具有高度文化复杂性的阶层区域，它没有"旧"中产阶级所在的区域那样保守（见第三章）。 人们认为士绅化是新文化价值观的一种空间表现。 莱（1980）认为，加拿大城市里的士绅化其实源于边缘群体的反主流文化，它以"富有表现力的意识形态"搜罗着市中心的一些空间，来抵抗盛行于20世纪五六十年代的"工具意识形态"（第242页）。 正如第三章所讨论的，莱（1994）在最近的研究里表明，在加拿大三座最大的城市——多伦多、蒙特利尔和温哥华的核心士绅化街区里，选民们都支持更加自由、更具社会包容和改革性的政策。 在莱（1994：59—60）看来，这些改革政策表现为：

> 增强对经济增长和发展的管理；改进公共服务，特别是住房和交通的改善；由于不同程度的对社区赋权，因此产生了更为开放的政府；对社区问题关注更多，包括遗产问题、公共开放空间以及文化和休闲设施的问题，等等。

211　　在《新中产阶级与中心城市的重构》（*The New Middle Class and the Remaking of the Central City*，1996）这本书里，莱认为士绅化先驱将内城社区视为抵抗的场所："对立的空间，社会多元，欢迎差异、宽容，重视创造，重视旧物、手工艺品和个性化，反对等级权威。"（第210页）

虽然莱也意识到了失所的情况,但加拿大的内城却描绘成"各种感官可以相互碰撞,能体验和拥有丰富感知的地方"(第208页),在那里"各种艺术、精神和社会科学的碎片汇融贯通成了一锅集锦荟萃"(第182页),在"一场盛宴"里相互碰撞出斑斓的火花来,并"时时刻刻都在锐化和成长,在触觉、视觉、听觉等感官里流贯充盈着"(第338页)。这些语言描述确实能让人们不自觉地去拥抱士绅化,但其实,它掩盖了一些真相,那就是并不是所有的居民都能在这样一场盛宴里分一杯羹。

蒂姆·巴特勒对伦敦市中心哈克尼的士绅化者研究和莱的研究差不多,尽管少了一些感性和精神性的描述。他解释了哈克尼的中产阶级和其他地方中产阶级的差异,体现在他们选择居住在伦敦内城的贫困区。他认为,哈克尼的士绅化者会寻找拥有相似文化与政治观念的人一起居住。他们认同内城的生活方式,像文化基础设施,社会文化多样性,以及古老的维多利亚式排屋。正如他的受访者所言:

> 这里已经形成了很好的社会混合。那头住着一个正统的犹太教家庭,再过去两扇门就是一个英国人的家庭,他们夫妻人很好。我们这边还有一个很不错的黑人家庭,另一边还住着一个英裔法国人的家庭和一个新西兰人的家庭,整条街都很和谐。……我不喜欢住在全是中产阶级的地方,或住在任何单一型的社区里,因为我觉得,一旦你处在一个同质化的环境中,就会产生摩擦,出现攀比心和无聊的小心思,比如"我要比邻居过得更好"。(第117页)

> 我讨厌住在(现代)乔治时期风格的联排别墅里:我从未想过要住在那种地方,那简直让人感到强迫。我喜欢像北伦敦的排屋那样的住处,它的布局和装修让我觉得很有共鸣,但对强加给我的"乔治时期风格"没有任何共鸣。为什么他们不设计出一些新的东西来改造一下,而总是要走老路?(第128页)

但是巴特勒(1997)也指出了一些有趣的矛盾。他认为:"中产阶级

在职业和居住上越来越体现出空间分隔的现象。"（第161页）因此，尽
管哈克尼的新中产阶级向往多样性和差异性，但他们却有自我隔离的倾
向！ 多样性的观念多停留在他们的头脑中，而无法体现在行动中。 这
反映出他们将自己定义为一个特殊的阶级，定义为世界公民（Butler and
Robson 2001b）。

212

　　正如利斯（2000）所指出，许多关于性别、性取向与士绅化的文献也
可以归到解放城市论的名下（另见 Ray and Rose 2000），因为市中心被视
为女性和同性恋获得解放的空间，就像莱（1996：208）所说的：

　　　　市中心鼓励了不同的、多元的生活方式，一种途径就是重构性别
　　和家庭关系。

　　内城环境在一定程度上会促使异性恋家庭重新协商父权家庭的模式
（见第三章）。 内城为中产阶级的女性和男性提供了更为灵活的家庭身
份。 达玛丽斯·露丝（1984）的"边缘士绅化者"（marginal gentrifier）
概念，在很大程度上受到20世纪70年代性别关系和社会再生产变化的
影响：

　　　　通常归入"士绅化"概念的一些变化，可以将不同的生活方式引
　　入现有的社区，这些生活方式如果不是"中产阶级"和"专业人士"首
　　先刻意引入的话，是不会有人接受的。（第68页）

　　正如我们在第三章所见，露丝（1984）认为，单身职业女性，不管有
无孩子，处于劳动力市场的边缘地位，都能发现内城其实可以为她们自
己提供各种有用的社会支持、服务和社交网络。 同样，安·马库森也
指出，双收入家庭的女性可能会发现，在内城实现公平的家务分工要更
容易一些（Mills于1989年在研究"后父权制士绅化家庭"的时候，发现
这一点确实如此）。 我们还关注了罗伯特·博勒加德（1986）对士绅化消

费实践和生育计划之间的关系分析(多关注单身户和丁克家庭)；同时，
我们还关注了布里亚维尔·霍尔科姆(1984)和彼得·威廉姆斯(1986)的
研究，他们指出内城是女性获得教育、争取解放、实现自由表达的场
所。 如果我们把这些研究放在一起，就能看到它们的主题是：士绅化
如何在中产阶级女性身上起着积极的解放作用，这些女性的身心排斥着
郊区生活父权制带来的压迫。 但是，尽管打破性别的藩篱，将女性从
男权下解放出来是令人鼓舞的，然而，此现象也表明了士绅化所依赖的
资本主义条件——它往往只能惠及那些受过良好教育的中产阶级职业女
性。 事实上，很少有人去研究工人阶级和少数族裔女性的生活状况。
只有维姬·穆尼兹(Vicky Muniz 1998)研究过布鲁克林日落公园里波多
黎各妇女的生活，她们抵抗士绅化并失所。 这样的研究才算真正直面
了我们的问题。 所以，如果要进一步研究士绅化与性别的问题，那么
关键的问题是："内城的士绅化是否为**所有**女性都提供了解放的空
间？"，这个问题也是邦迪(1999b)认为我们在研究性别与生命历程时需
要思考的。

213

　　研究者还注意到内城为同性恋社区提供了同样的解放空间。 正如
莱(1996:208)所说：

> 　　人们自觉地去研究内城的包容性，为同性恋的身份建构提供了
> 一个有利的环境。

莱继续引用了乔恩·考菲尔德(1994)研究多伦多的案例中一位受访
者的话：

> 　　郊区受到了性别监管，这是他们的功能——将异性恋制度
> 化。……(但在内城)女同性恋者可以与代表她们生活方式的组织取
> 得联系，她们可以活得更像自己，而不用担心监视或威胁。……这里
> 的接受度更大。(第188页)

男同性恋和艺术家往往是士绅化的先驱（见第三章）。 同性恋的士绅化常常具有解放和批判的意义。 同性恋的士绅化社区往往被构建为一处包容的绿洲，能满足人们对地方和归属感的需求（见 Forest 1995；Knopp 1992，1997；Lauria and Knopp 1985）。 人们在城市里保持匿名性是有好处的，城市里的居民已经期待着能够和"异类"群体打打交道了。同性恋的士绅化社区往往是同性恋者抵抗压迫、发展经济与政治影响力的空间，也是获得国家机构支持空间。 这是曼纽尔·卡斯特尔（1983）研究旧金山同性恋士绅化的主题，他是从积极的角度来看待士绅化的：

> 他们为自己的身份认同付出了代价，这样做无疑使他们的地区士绅化了。他们也生存了下来，学会过上了真实的生活。与此同时，他们恢复了外墙的彩色，修复了建筑物动摇的地基，点亮了街道的节奏，并让城市变得美丽充满生机。这一切都发生在对美国大多数城市而言都十分严峻的时代里。（第 161 页）

同性恋渴望生活在社会文化多样化的内城社区，这一点很重要。
214 首先，这样的社区正是政策制定者想要推广的社区，就像前面"作为积极公共政策的士绅化"里所讲到的。 其次，理查德·弗洛里达（2003）也指出，同性恋社区也是经济增长的推动者，并通过同性恋的指数来衡量城市的创造力（见第三章和第五章）。

有趣的是，迄今为止人们似乎还未研究过士绅化与年龄之间的关系（有一个例外，参见 D. Smith and Holt 2007）。 而毫无疑问，年龄会影响人们生活在内城的意识形态立场。 内城对儿童（见图6.4）和老人来讲也是解放的空间吗？ 直到最近，英国等地的政策制定者才意识到，他们不能只吸引年轻的中产阶级进入市中心，他们还需要吸引一个个家庭和老年人，以创建可持续发展的社区（另见 Karsten 2003 关于荷兰的研究）。 此外，在年轻人的问题上，虽然"多样性"这一说法旨在寻求年龄的混合，但儿童和青少年往往不受欢迎，就像利斯（2003d）研究缅因州波特兰的多样性规划时所揭示的那样。

**图 6.4 2001 年,纽约布鲁克林高地,一名儿童在经历士绅化的
一条小巷子里骑自行车玩耍**

这名儿童骑车经过巷子里的马车房(在英国被称为"马厩房"),这栋房子虽
已废弃,却值数百万美元。他是一名中产阶级家庭的孩子。在这样的物质与社
会环境下,小孩子通常会长成什么样子?

来源:洛蕾塔·利斯 摄

消极的邻里变化?

和伯恩(2003)的观点(有人认为他的观点是在捍卫市场经济)相反,
鲍威尔和斯宾塞(Powell and Spencer 2003)在回应伯恩时认为,士绅化
是一种消极的社区变化。 他们先引用了芝加哥大学政策分析师约翰·
贝坦库尔(John Betancur 2002)的话。 贝坦库尔研究了芝加哥西镇 215
(West Town)的士绅化,认为士绅化其实是共同体与资本积累之间的斗
争,我们必须为此承担责任:

主流的定义没有看到士绅化的一个方面。不管是把士绅化描绘为市场过程,它可以按最优利益分配土地;还是刻画为高收入群体不断置换低收入群体的过程,其实都没有真正解决士绅化涉及的阶级、种族、民族和隔离等破坏性难题。……社区权利反映出某个群体的经济与政治权力。……事实上,士绅化里的权力因素并没有隐藏得太深……我们还是能看见它,它是一种力量,能够在阶级和种族的因素中实施操控,以左右市场的结果。……最坏的情况……恐怕是它破坏了低收入群体、移民和少数族裔至关重要的社区结构,而没有任何补偿。(第 807 页)

贝坦库尔对士绅化里种族不平等的分析,有助于理解鲍威尔和斯宾塞的观点。 他们拒绝接受伯恩的说法,即这一进程对穷人和少数民族有利,相反,他们认为,不管怎么去定义士绅化,我们"都必须对白人的特权展开反思。 ……作为白人,可以很轻易地从'白人'主导的士绅化特权里获利"(第 439 页)。 在贝坦库尔看来,士绅化并不能带来社会混合、激发创造力、提高包容度,而只会引发遗弃、犯罪、失所、"投机和虐待",以及少数族裔租赁户的生活困难和阶级冲突。 所有这些都只会带来伤痛、悲哀、挣扎和损耗,最重要的是"这会造成士绅化者心照不宣的敌意和种族主义,他们的组织一直在针对波多黎各人"(第 802 页):

西镇的大部分地区都士绅化了。即便是在当地扎根很久的少数族裔、低收入群体,都看见了士绅化穿透他们的边界。教会、服务组织、学校和各种机构都受到了影响。它们的数量逐渐减少,选区也发生了变化。在大部分士绅化区域里,很多小教堂都关闭了,公立学校的入学率下降了,高收入家庭的儿童陆续进入当地的私立学校。(第 792 页)

贝坦库尔对士绅化的批评在他论文的尾声达到高潮，他描述了当前令人沮丧的情况：

> 多年来设法坚持下来的少数族裔聚居区正沦为士绅化的牺牲品——特别是随着这些老年人逐渐去世。随着士绅化的继续推进，社区继续抵抗着越来越强烈的来自士绅化的冲击。（第805页）

鲍威尔和斯宾塞(2003)也认为，士绅化并不是一个自然的过程——国家通过"不作为"和"法院制裁"助长了士绅化。例如：

> 根据西雅图一项短命的条例，市内任何一位房东拆除低收入的住房，都必须更换相同数量的住房，或者向州住房信托基金捐款；但在1992年，该条例被州最高法院驳回。最近一次是在"美国住房与城市发展部对洛克(Rucker)案[2002]"中，最高法院裁定，当家里有人或客人违反了禁毒政策时，即便租赁户不知道身边有毒品活动，住房当局都可以驱逐公租房里的租客。
>
> 此外，由于剩下的容易被士绅化的社区越来越少，那么国家就通过重新开发混合使用的地块，开发偏远地区，实施公租房项目来扫除士绅化的障碍。这些变化以国家来背书，使"内城大部分地区都以令人不安的新状况面临着士绅化的压力。"（第450—451页）

在很多学者看来，士绅化并不像伯恩的研究和一些乐观的报道所传达的，它能拯救城市。阿布-卢哥德斯(1994)对纽约东村的详尽叙述就是一个典型的例子。她将关于该社区的文章汇集到了一本文集里，她的严肃结论哀叹着抵抗士绅化的重重困难、社区的破坏，以及20世纪80年代发生在那里的复仇士绅化引发的失所：

> 并不是每次对社区的防御都是成功的，我们也必须承认，并非每

216

次所谓成功的防御在各个方面都能取得成功。……如果攻击太过强大，社区就会失去活力。……政府摧毁社区也比培养人类精神这一无形元素更容易。在某种程度上，虽然开发商和纽约市的法律通过扶持和怂恿，没能将老城区变为雅皮士的天堂，但至少在目前，他们成功地扼杀了社区的大部分宝贵精神。1991 年，笼罩在社区头顶的丧葬气氛就是他们努力的成果。（Abu-Lughod 1994:340）

乔恩·梅（Jon May 1996）和安迪·梅里菲尔德（Andy Merrifield 2000）等人研究了士绅化中的不同社会群体之间存在的专属关系和窥探关系。该研究在最近关于士绅化者的社会互动的实证研究中得到了推进。蒂姆·巴特勒和加里·罗布森（2001a；2003）采访了伦敦的士绅化者，发现他们和低收入者并没有形成社会混合。士绅化者之间的互动才是最频繁的，而其他人都得靠边站；如果不是这样的话，那么，士绅化还会造成一种结构性的并置，是两极分化的社会群体之间的并置，而绝不会形成一个融合起来的社区。巴特勒和罗布森关注了中产阶级本身的再生产过程，所以他们很少关注非中产者，但他们的发现却揭示出通过士绅化去实现包容城市存在的问题。

值得记住的是，"士绅化"这个词是露丝·格拉斯带着批判性的意图提出来的一个术语，旨在描述中产阶级进入工人阶级社区所造成的负面影响。并且多年来，她一直秉持这种批判态度进行研究，特别是其中的一个负面影响，即工人阶级和少数族裔的流离失所。正如鲍威尔和斯宾塞（2003）在芝加哥的研究中所呈现的：

我们发现，1980 年到 1990 年间，芝加哥士绅化社区种族构成发生了逆转，白人居民正在增加，黑人居民正在减少。例如，芝加哥近西区（Near West Side）黑人和白人的比例从 6 比 1 下降到了 3 比 1；同时，无子女的年轻专业人士增加了；25 岁以下居民的比例下降了；高学历的人数增加了。虽然犯罪率大幅下降，零售场所数量增加，但

有色人种的居民正在被驱赶。那么,究竟谁会来享受士绅化带来的好处呢?(第 432—433 页)

让我们来看看士绅化研究中,关于上述问题的最近研究进展,包括失所的研究。

失所

> 失所是一种令人崩溃的经历。最坏的情况下,它会导致无家可归,即使在最好的时候,它也会损害社区感。普遍认为,公共政策应该把失所降到最低。然而,各种各样的公共政策,尤其是助推士绅化的公共政策往往会导致失所。(Marcuse 1985a:931)

长期以来,有一种观点认为士绅化会导致失所,因为持续抬高价格,工人阶级和少数族裔被排斥在士绅化区域以外(例如,LeGates and Hartman 1986;Marcuse 1986;N. Smith 1996a;Wyly and Hammel 2004)。 早期关于士绅化的文献,如拉斯卡和斯班(Laska and Spain 1980),希尔和南森(Schill and Nathan 1983),帕连和伦敦(Palen and London 1984)以及 N. 史密斯和威廉姆斯(1986)都关注了失所现象。 事实上,他们更多关注士绅化对工人阶级的影响,而非新迁入的士绅化者的影响。 虽然,人们没有对失所的严重程度达成一致意见(Sumka 1979),但失所无疑是一个鲜明的主题。 甚至,对士绅化持较少批评态度的学者也会关心失所的问题。

> 失所的程度现在还不清楚……尽管人们已经注意到改造、拆迁和公寓转换的规模……意味着在过去二十五年里,仅在多伦多、蒙特利尔、温哥华和渥太华,就有成千上万的家庭因各种形式的士绅化而被迫失所。(Ley 1996:70)

218

然而，失所的程度很难量化。 阿特金森（2000）认为，测量失所就
是在测量一个看不见的东西。 而纽曼和怀利（Newman and Wyly 2006）
总结了量化失所的过程中存在的问题：

> 简单来说，其实很难找到失所的人，尤其是穷人。……当研究
> 者和人口普查员前往寻找他们的时候，他们已经消失不见了。（第
> 27 页）

特别是在 20 世纪 90 年代，由于定量研究失所存在大量障碍，就使
得研究者不再关注失所问题了。 在新自由主义的背景下，公共政策建
立在可靠的（即定量的）论据的基础上，而缺乏失所的数据就意味着没有
相应政策来关注这个问题。 似乎，失所的问题消失了。 实际上，这正
是克里斯·哈姆奈特（2003b）在他的一篇论文里得出的结论，他研究了
1961 年至 2001 年疯长的士绅化。 在缺乏失所数据的情况下，他重申了
自己的论点，即伦敦的劳动力已经"专业化"了：

> 伦敦职业阶层结构的变化，与阶层之间的替代有关，而与大规模
> 的失所没有直接关系。（第 2454 页）

但是，在读到这些话的时候，我们必须怀疑，士绅化与失所的惊人
规模是否已经表明，在内城的职业阶层结构里，工人阶级已所剩无几！
哈姆奈特的论点同米哈儿·莱昂斯（Michal Lyons 1996）以及罗兰·阿特
金森（2000）的研究结论不符，后者采用了纵向调查方法，在伦敦找到了
士绅化导致的失所现象的证据。 戴维森和利斯（2005）还发现了泰晤士
河沿岸新建士绅化导致失所的证据（见第四章）。

219　　　 不同于 20 世纪 90 年代的是，由于前面提到的兰斯·弗里曼和弗兰
克·布拉克尼（2002，2004）的研究，失所成了人们关注的对象。 但他
们的研究却让媒体和政策制定者发现（令人担忧的是），他们对士绅化和

失所的最终判决居然是:失所是可以忽略不计的,那么士绅化也不是什么糟糕的事情(见 Newman and Wyly 2006:29)。 他们的研究在其他人那里已经有了详细的总结(Newman and Wyly 2006)。 但简单来说,弗里曼和布拉克尼(2002)考察了三年一度的纽约市住房和空置调查(其中包含与人口特征,就业,住房条件和流动性有关的问题),他们发现,1996 年至 1999 年间,低收入者和受教育程度较低的家庭搬离七个士绅化社区的可能性比其他地区还要低 19%,因而得出结论:失所并不严重。 他们认为,这些家庭之所以留下来,是因为他们喜欢社区公共服务水平的提升,所以就尽量留了下来,尽管会遭遇更高的租金压力。这就是为什么 2005 年 4 月 20 日《今日美国》用"士绅化:普益大众"的头条来形容士绅化(见图 6.5)。

但最近,弗里曼有所退却,并写道:

> 士绅化的主要缺点是推动了士绅化社区的房价上涨。⋯⋯以前能在士绅化社区里找到住房的家庭现在必须去其他地方寻找。⋯⋯此外,虽然在士绅化社区里,失所现象可能相对少见,但它带来的创伤经历仍足以引起广泛关注。(Freeman 2005:488)

在减少低租金住房数量这一点上,我们有必要回顾彼得·马尔库塞(Peter Marcuse)提出的士绅化过程中"排斥性失所"(exclusionary displacement)的概念。 它指的是由于房产被士绅化,一些家庭无法获得住房:

> 当一个家庭自愿搬出一个地方,那个地方随后被士绅化了⋯⋯使得另一个类似的家庭无法搬入,在住房市场中能为第二个家庭提供住房的数量就减少了。因此,第二个家庭被排斥在了本可以居住的地方之外。(Marcuse 1985b:206)

图 6.5　弗里德曼和布拉克尼的媒体报道（2002，2004），士绅化研究

弗里德曼和布拉克尼发现低收入和低收入家庭历经住进士绅化的社区，因此也不太可能出现失所。而士绅化的乐观图景则助长了国家推动的士绅化和新自由主义的议程，也吸引了许多媒体的关注。来源：《今日美国》2005 年 4 月 20 日

正如马尔库塞(2005)最近指出的,弗里曼和布拉克尼的研究只是刚触及这个关键问题:人们并不是因为热爱士绅化才决定留下的,而是因为在紧张的住房市场环境下,没有更多的合适住房提供给他们(例如,城市里的很多地方都士绅化了,所以人们被困住了)。 马蒂厄·范·克里金根(Mathieu van Criekingen)在一篇关于布鲁塞尔的论文中经过仔细考虑也得出了同样的结论:

221

> 布鲁塞尔的证据表明,资源匮乏的家庭不太可能搬离边缘的士绅化地区,因为他们被"困"在了私人租赁住房市场的最底层,除了贫困社区外几乎没有其他选择,即使在经历士绅化的边缘区也是如此。(van Criekingen 2006:30)

最近,柯伦(2004)、斯莱特(2004a),尤其是纽曼和怀利(2006)在研究纽约市的时候,记录了失所带来的创伤经历(见第一章关于巴恩斯伯里的拉克曼式剥削的内容)。 他们对失所的租赁户进行了访谈,并采用弗里曼和布拉克尼同样的数据集,以证明失所并非一种"较罕见"的现象,反而是一种远比弗里曼和布拉克尼所认为的更频繁、更严重的现象。 所以,在研究失所的时候,要混合运用多种方法:

> 直接量化失所会存在着难以克服的困难,甚至数据里也会有干扰因素。在更加细微的空间尺度上,采用定性方法开展研究,可能更有效。(Atkinson 2000:163)

阿特金森(2004)在回顾士绅化文献的证据时发现,不管有没有失所,士绅化几乎都被视为"消极的社区变化"(见专栏6.1)。 不幸的是,前文提到的地方政府和政策制定者在推动士绅化的时候并没有关注这些批判性文献(参考Lees 2003a)。 阿特金森和布里奇(2005)对此进行了总结:

在社区层面,贫穷和弱势的居民常常会感到士绅化其实就是特权阶级殖民的过程。流离失所、无家可归的故事、不断膨胀的社会网络、不断提升的服务与当地需求脱节,也不关乎失所与否,这些一直都是士绅化被人诟病的地方,而对于城市支持者来说,这却代表着后工业城市的某种救赎之道。(第2页)

一位著名学者进一步认为,士绅化是对穷人的报复,因为这些穷人从中产阶级那里"偷走"了城市社区。这已经被证明是一个非常有影响力的论点,我们现在转而来看看其中的观点。

222 复仇城市

20世纪60年代和70年代,进步主义的城市抱负在于促进社会正义的观念,并关注社会不公的现象,然而,这一切都已经随着自由主义的残余一同被冲走了。在同一时期,从马克思主义衍生出来的狭隘观点也破产了。新的城市主义正是为了填补这一空白而在政治和文化的急速变迁中产生的。

——尼尔·史密斯(1996c:117)

1989年6月,一位在曼哈顿长期从事低收入租户组织工作的活动家布鲁斯·贝利(Bruce Bailey)被谋杀,并被肢解在几个垃圾袋里,遗体被弃于布朗克斯区(Bronx)。贝利尤其令那些大城市中贫困社区的大型公寓楼贪婪的房东们感到害怕。尽管警方怀疑这些房东与他的谋杀案有关,但从未有人被正式指控。1995年,有证据表明,与黑手党有联系的两兄弟,杰克和马里奥·费兰蒂,涉入此案。两人经常在自己辖区的建筑中恐吓租赁户。他们牵着大狗,有时还带有枪支。后来,他们因纵火和谋杀未遂而被判无期徒刑。贝利之所以遭谋杀,仅仅是因为他试图在杰克·费兰蒂管辖的公寓里将租赁户组织起来,这是他非常擅长的工作。据检察官称,贝利的行动违反了杰克·费兰蒂和贝利之间的一个据称通过贿赂达成的默契,即贝利不会在费兰蒂的建筑中组织租户。 杰克·费兰蒂命令他的兄弟恐吓并杀害了贝利,而马里奥·费兰蒂据称还是肢解尸体的元凶。

这起凶杀案和 20 世纪 90 年代纽约的士绅化有什么关系呢? 尼尔·史密斯认为,自 20 世纪 80 年代末以来,他在该市街头看到的一切显然令他感到不安,于是他在 20 世纪 90 年代将注意力从解释士绅化的原因转向解释这一过程中的暴力。 在《新城市前沿》(*The New Urban Frontier*)一书的开篇处,他集中关注了下东区汤普金斯广场公园(Tompkins Square Park)里的争斗,并认为贝利谋杀案表明了他生活和工作的这座城市正在上演着什么。 简而言之,他认为,右翼中产阶级和白人正在报复那些"贼",认为后者从他们的手中"偷走"了这座城市,而士绅化正是报复的一种策略。 贝利当时正准备把低收入租户组织起来,这些人正好是那群"贼"。 在史密斯看来,贝利的谋杀案只是众多事件之一。 从这些事件中,我们可以觉察到他所称的"复仇城市"正在浮出水面。

这个令人不安的词源于 19 世纪后期的法国——"复仇主义者"(法文是 revanche,意思就是"复仇")是一群资产阶级民族主义反动派,他们反对第二共和国的自由主义,也反对没落的君主制,无法接受在普法战争中被奥托·冯·俾斯麦打败,他们尤其反对巴黎公社的社会主义起义。 在那次起义中,巴黎的工人阶级取代了被打败的拿破仑三世政府,并控制了这座城市数月之久。 诗人出身的士兵保罗·德鲁莱德(Paul Deroulede)和爱国者联盟(Ligue des Patriotes)领导的复仇主义者决心恢复资产阶级秩序,其策略是"在四处搜捕敌人的同时,将军事主义、道德主义和街头公共秩序的观念混为一谈"(N. Smith 1999:185)。 这便是以复仇为目的的右翼运动,意图报复那些"偷走"了法兰西愿景的贼。

史密斯指出了两种复仇主义的相似性:一种是 19 世纪后期法国的复仇主义,另一种是 20 世纪 90 年代初在纽约出现的政治风气,这种风

223

气是在自由主义城市政策的毁谤中出现的。 20 世纪 60 年代以后的自由主义时代以再分配政策、平权行动和为反贫困立法为其特征，而 90 年代初拉开帷幕的新自由主义的复仇主义时代（见第五章关于新自由主义的内容）则体现出一种公共话语的特征，表现为：

> 报复少数族裔、工人阶级、女性、同性恋、移民，并为环境立法……反对平权行动和移民政策，以街头暴力的方式来打击同性恋和流民，抨击女权主义，发起公开运动来反对政治正确和文化多元主义。（N. Smith 1996a:44—45）

史密斯认为，这是"对抗城市里那些'贼'的措施，是对受到挑战的特权阶级的绝望捍卫，披上了民间道德、家庭价值和社区安全的民粹主义话语外衣"（1996a:211）。 就像 19 世纪 90 年代的法国，复仇主义者认为资产阶级秩序受到了威胁一样，史密斯解释道，20 世纪 90 年代的纽约，"白人中产阶级假设的公民社会变成了一套狭隘的社会规范，而其他人则被视为危险分子，想要对抗这些规范"（第 230 页）。 一种特定的排斥性的市民社会愿景正在以复仇的方式生长，而史密斯则向我们介绍了当代复仇主义及其排斥地理。

有两种因素助长了复仇主义的火焰。 首先是 20 世纪 80 年代乐观主义的逐渐瓦解，转而变成 90 年代初期衰退的暗淡前景（见第五章介于第二和第三波士绅化之间的情况），这引发了白人中产阶级前所未有的愤怒。 史密斯认为，这种愤怒需要一个宣泄的目标，而最容易受到攻击的目标就是那些居住在内城被压抑的边缘人口。 他解释道：

224
> 复仇主义城市最主要的表达是白人中产阶级和统治阶级感受到来自种族、阶级和性别的恐惧。 房地产市场的萧条，失业的威胁，社会服务的削减，少数族裔、移民群体和女性却变成了强大的城市行动者，这些都让白人深感恐惧。（第 211 页）

其次，史密斯指出，一些电视和媒体也采用象征方式来再现城市的困境，并"过度地刻画了日常生活里的暴力和危险"，复仇主义被反反复复地强调（第211页）。 这就是那些偏执狂们的恐惧（不断）制造出来的反城市力量。 他们在大批中产阶级群体和郊区选民中放大了这样的偏执和恐惧，并在公共场所和城市街道上寻找替罪羊。 1993年，鲁道夫·朱利安尼之所以能当选市长，是因为他承诺要为"保守的社会成员"提供"更高质量的生活"。 这样的承诺对当时的很多人来讲都不意外。 正如史密斯在往后的研究（N. Smith 1998，1999，2001）里指出的，20世纪90年代，在朱利安尼市长执政期间，由于扶助弱势群体的自由主义政策遭遇失败、备受批评，因此他推崇的新自由主义的复仇主义便得到了巩固：

> 朱利安尼没有起诉资本家的资本外逃，没有起诉房东将建筑物废弃，也没有起诉公共领导者因阶级和种族利益的不同而狭隘地缩小了他们的优先事项，反而，朱利安尼引发了另一种复仇的声音。他将无家可归者、流浪汉、妓女、擦车人员、违章居住者、涂鸦艺术家、"横冲直撞的自行车手"和不守规矩的青年视为敌人，这些人是城市衰颓的罪魁祸首，引发广泛的恐惧。（Smith 2001:73）

朱利安尼的警察部队实施的"零容忍"政策（见Fyfe 2004）就是为了对付这些"罪犯"们采取的卑鄙压制手段，在纽约体现为种族压制和阶级压制。 随着20世纪90年代城市经济复苏，犯罪率有所下降，时代广场（见Reichl 1999）和布莱恩特公园等公共场所被私有化和商品化，纽约成了重要的旅游目的地和奢华的中产阶级消费天堂——然而，为了实现这一切而被驱逐或监禁起来的人，已经被公众无视了，这全拜这位魅力超凡的市长大力鼓吹所赐。

上述这些现象和纽约士绅化又有什么关系？ 尼尔·史密斯对下东

区士绅化尤其是汤普金斯广场公园发生的冲突，展开了一次义愤填膺且引人入胜的分析。 尼尔·史密斯敦促他的读者要把士绅化看作复仇者的反城市主义在空间上的表现。 他撕开了城市"开拓"（在传媒中无处不在）的华丽修辞，以及房地产和艺术产业共同打造的城市前沿神话，指出中产阶级进入下东区是有产者计划的一部分，其目的是从那些"贼"的手中夺回社区：

> 穷人和工人阶级很容易被定义为"不文明者"，常归入错误的人群里，要么是野蛮人，要么是共产主义者。城市前沿的意象以及它的实质和结果就是要驯服一座野蛮的城市，将一套全新且具挑战性的过程社会化，实践一套新的模式，成为安全的意识形态。因而，城市前沿的意识形态就是要纠正市中心的野蛮粗俗。（1996a:17—18）

225

图 6.6　下东区的"阶级战争"和"有钱的猪滚蛋"涂鸦，1988 年
　　1988 年夏，类似的涂鸦在下东区流行开来，尤其是在汤普金斯广场公园进入字母城的闹市区。
　　来源:洛蕾塔·利斯 摄

史密斯的观点是,下东区被卖给白人中产阶级时,在公众的眼里它就变成一处没有历史和地理可言的荒芜而危险的地带,被不受欢迎的人占据着,等待着"勇敢的"都市拓荒者把它从"衰颓的"境地里拯救出来,变成适宜之地。 这些社区里的士绅化也经历过反反复复的抵抗(见Abu-Lughod 1994),但在史密斯看来,把这样的社区改造成资产阶级游乐场的动力,完美地体现出从自由的城市主义向复仇的反城市主义的转变过程:"复仇城市的口号可能就是:'谁失去了这座城市? 要对谁展开报复?'"(N. Smith 1996a:227)。

在史密斯看来,复仇主义最令人不安的一方面在于它没有党派界线。 复仇主义始于纽约大卫·丁金斯(David Dinkins)所谓自由派的市长政府(更保守的朱利安尼政府只是将现有的复仇主义推向了极端)。 226就像唐·米切尔(Don Mitchell 2003)所指出的那样,丁金斯对汤普金斯广场公园无家可归者的强硬立场,也表现在了西雅图的保罗·谢尔和旧金山的威利·布朗等其他市长那里。 20世纪60年代自由城市政策的失败导致同情心和包容心的消失,这远非自由主义可以解释的。 米切尔解释道:

> 正在发挥作用的是城市的监管制度与合法的意识形态。该监管制度适应了全球化新自由主义的政治经济,它发展于20世纪70年代的全球经济衰退和80年代初的美国(90年代的亚洲)债务危机,期间还经历了苏联的解体。……"复仇主义"描述了一个能跨越党派界线的城市制度,它甚至也成了人们的共识。(第164页)

米切尔(1997)研究了相关法律,包括一些市政法律,像禁止在人行道等公共场所乞讨、睡觉或小便。 如此,便将当下无家可归的现象同全球化的实际需求联系了起来,当然,里面包含着必要的修辞。 他指出,许多相关的法律政策,都越来越强调公共空间的清洁干净,认为这些空间是留给游客、中产阶级和富有的居民使用的。 随着许多城市纷

	富裕中心城区选择绅士化社区的购房者比例，1995—2002	能负担大都市两居室公寓租金居中位数的小时工资，2001	禁止的行为+									上榜脏乱差城市	理查德·弗洛里达创造力指数排名
			未成年人宵禁	随地吐痰	随地大小便	乞讨	强迫性乞讨	沿街睡觉	露营	游手好闲	阻挡人行道或其他公共场所		
波士顿	49.9%	$18.80	X				X	X			X		5
费城	23.9%	$14.52		X	X		X				X		35
芝加哥	22.5%	$15.15								X		2002	39
密尔沃基	18.8%	$12.17	X				X			X	X		124
华盛顿	17.5%	$16.60	X				X			X			11=
旧金山	16.5%	$33.60	X		X	X	X				X	1996, 2002	2
西雅图	14.8%	$15.56		X	X		X				X	1996	3
巴尔的摩	13.3%	$12.71	X	X	X		X			X	X	2002	11=
明尼阿波利斯-圣保罗*	11.7%	$13.50	X	X		X	X		X	X	X		10
圣路易斯	9.7%	$12.02		X		X				X	X		113
底特律	5.7%	$12.81									X		68=
辛辛那提	4.9%	$10.71									X		68=
达拉斯	4.5%	$15.02	X		X		X	X					21
新奥尔良	3.6%	$10.13		X	X	X	X				X		147
圣地亚哥	3.5%	$19.46	X	X	X	X	X	X			X		19
奥克兰	3.4%	$15.29	X	X			X		X		X		15
丹佛	2.5%	$23.90		X				X	X				n/a
堪萨斯城**	2.3%	$14.71	X	X		X	X			X	X		14
印第安纳波利斯	1.1%	$11.48	X	X			X				X		32
圣何塞***	0.6%	$10.75			X	X				X	X		98
圣何塞		$30.60							X		X		n/a
凤凰城	0.1%	$14.62	X				X	X	X		X		28

图表 6.1 美国城市复仇主义的等级和弗洛里达的创造力指数

+ 禁止乞讨，沿街睡觉，露营，以及游手好闲，仅限于全市范围的条例。
* 禁止的行为只指明尼阿波利斯，圣保罗未进入全国无家可归者联盟/全国无家可归者和贫困法律中心的调查。
** 禁止的行为只指明尼阿波利斯，圣保罗未进入全国无家可归者联盟/全国无家可归者和贫困法律中心（Kansas City, MO），堪萨斯城（Kansas City, KS）未进入全国无家可归者联盟/全国无家可归者和贫困法律中心的调查。
*** 禁止的行为只指密苏里州的堪萨斯城（Kansas City, MO），塔萨斯州的堪萨斯城（Kansas City, KS）未进入全国无家可归者联盟/全国无家可归者和贫困法律中心的调查。

资料来源：联邦金融机构审查委员会（1994—2001）；全国无家可归者联盟（2002）；怀利和哈梅尔（2005）。

纷想成为魅力十足的居住地和吸引投资的场所，就会对不受欢迎的人群施加严厉的惩罚措施，后者在富有的访客、游客、购物者、通勤者和投资者眼里都是不受欢迎的。他们还援引市政条例，把富有的居民和中产游客眼中视为不愉快的行为界定为刑事犯罪。怀利和哈梅尔(2005)尝试根据对穷人和无家可归者施加的不公正行为，对城市进行分类，并在士绅化的内城中分析无家可归者的遭遇同富有特权阶层新景观之间存在的关系。我们更新了"复仇城市的等级"(revanchist urban hierarchy)并将它和理查德·弗洛里达的创造力指数进行比较(见图表6.1)。

特别要注意的是，旧金山和西雅图这两座城市采用了"最卑鄙"的政策去对付那些无家可归的边缘人群，在理查德·弗洛里达的创造力指数表位居第二和第三。这就引出一个关键问题，即为了给他的创意阶层让路进入城市，就部署了人心惶惶的条例。正如蒂克尔和派克(2003)所说的那样，当20世纪80年代倒退的新自由主义崩溃后，取而代之于90年代出现的并不是新的意识形态，而是新自由主义的重现，它对自由市场有着同样的追求，但这次更加注重的是：去监管和惩罚在早期经济和社会失败中突然沦为替罪羊的人。 228

> 当代新自由主义的国家在资本监管方面，体现出了很强的推动力和市场管理能力。但在监管穷人方面却体现出更为激进且侵略性的家长制态度。(Tickell and Peck 2003:178)

米切尔关于"常识"的观点在这方面至关重要。因为自20世纪90年代的经济衰退以来，我们可以看见许多城市(尤其在美国)都呈现出彼此竞争的态势，经济高速复苏，同时也在排斥那些既不能为自身福祉承担个人责任，也无法为他人福祉带来好处的人。于是，福利制度渐渐式微。怀揣着各种技能、教育和培训经历的失业者开始到处找工作。而贫困现象往往归因于低能或精神病。如果市场机制不能顾及这些麻烦人群，那么惩罚机制将会承担起这一任务：

　　减少福利支出并不意味着政府会减少对社会生活的干预……反
而是以一种更具排斥性和惩罚性的方式去管理边缘群体。（Beckett
and Western 2001:47）

　　很多评论员都感叹，虽然凯恩斯福利国家备受赞誉的福利"安全
网"当初设计出来的目的是为了在经济动荡时保护弱势群体。 但新自
由主义的"后福利"精神却把它抛弃了，并认为，经济之所以动荡正是
因为这些弱势群体酿成的。 此外，对付这些弱势群体的惩罚性和复仇
性策略被其设计者视为常识，而不必进行任何讨论或反对（Keil 2002）。
　　20 世纪 90 年代，建立在丁金斯政府打下的基础上，朱利安尼政府
在纽约市聚集起一股复仇的声势。 尼尔·史密斯进一步阐述了他的复
仇主义观点。 在一篇更为尖锐的文章里，史密斯（1998）揭露了朱利安
尼，说道：

　　这是针对受压迫最深的人群施加的报复,包括工人、依赖福利的
母亲、移民、同性恋、有色人种、无家可归者、擅自占屋者以及任何在
公共场合游行示威的人。（第 1 页）

　　朱利安尼和他的前任警察局长威廉·布拉顿（William Bratton）提出
了著名的零容忍政策，以此为例，史密斯解释了这种极端复仇策略针对
受压迫群体的原因：

　　并不是因为经济的起起伏伏才导致这种粗鄙的复仇主义,而是
因为经济的不确定性、经济的转变和不安全感才导致内心燃起复仇
主义,这促使国家机构在许多方面,如社会再生产的环节里出现结构
性放弃,就像做手术一样。从各个方面来看,复仇主义在新自由主义
的全球化里,都是一种丑陋的文化政治。在不同层面,它代表了从白
人和中产阶级利益群体出发的反应,针对他们认为偷走了他们的世

229

界和权力的那些人。(第 10 页)

值得注意的是,关于纽约市零容忍政策、非法入室罪和犯罪率的涨落,已经有了大量的文献(为了更好地回顾这些文献,参见 Bowling 1999;另见 Fyfe 2004,该文献探讨了对逾矩行为、边缘行为和犯罪行为的管控),由于这些文献超出了本书的聚焦点,在此不赘述。 我们主要在此解释,史密斯如何将士绅化视为中产阶级把城市街区从敌人那里夺回来的手段(另见 N. Smith and DeFilippis 1999;Papayanis 2000)。

复仇主义地理学

参观马尔默时,尼尔·史密斯要我带他去看看当地士绅化的战场。当时,我不知所措地说,马尔默确实有士绅化,但没有战场。确实有利益冲突、被迫搬迁、个人悲剧,但没有绝望的战场。

——克拉克(2005:263)

史密斯的"复仇城市论"是近年来城市研究里最具影响力的理论之一。 就像他在 1979 年提出租差理论一样,史密斯引入了一些全新的东西,并在士绅化的研究里引起了广泛讨论(这些讨论还超出了士绅化的范围)。 而史密斯更具说服力和启发性的观点在于,能让其他领域的研究者也开始思考在自己的城市里,是否也能见到复仇主义的现象——史密斯指出复仇主义不仅出现在纽约或其他美国城市里,还出现在了所有后资本主义的城市里。 你越思考他的观点,你就越赞同:

如果说美国在某种程度上最集中地体现出了城市的复仇主义,那么,此现象更是在全球到处存在……在后资本主义城市地理的重构过程中,"士绅化"与"复仇城市论"找到了它们的契合之处。尽管每场冲突的具体情况确实有细节上的差异,但其背后的条件与过程却有很大的共性。(N. Smith 1996a:46—47)

不得不承认，在地方与国家的尺度上，复仇主义确实存在差异性。显而易见的是，复仇主义肯定不局限于美国境内。在《新城市前沿》一书里，我们可以发现复仇主义的不同之处。在这本书的前言里，史密斯认为：

230

> 虽然我接受这样的告诫，即在不同的国家、地区、城市甚至社区环境中，士绅化会截然不同，但我也会认为，在这些差异背后，总有一条相同的线索贯穿在大多数士绅化的经验里。（第 xix 页）

通过对比三座欧洲城市（巴黎、阿姆斯特丹和布达佩斯）的士绅化，史密斯认为：

> 如果从一般的差异出发，我们并不能得出一个稳定的论点，即这些士绅化体现出完全不同的过程。……存在差异与否同归纳概括是否合理是两回事。我认为，把所有的士绅化都解释成完全不同的现象，这样做没有意义。（第 185—186 页）

所以，令人困惑的是，史密斯在书的前言里说自己能接受"截然不同的差异性"，但却在后面又拒绝这样的差异性，认为去描述这样的差异是毫无意义的。他还拒绝了利斯（1994b）在研究士绅化时提出的"大西洋差距"（Atlantic Gap）概念（在伦敦和纽约之间进行对比，选择的案例是巴恩斯伯里和公园坡，参考第一章），认为利斯错误地将两者解释成二元对立（N. Smith 1996a:185）。就像史密斯所说的，尽管"欧洲和北美的士绅化是存在很多差异"（第 185 页），但并没有本质上的差异。虽然优先考虑士绅化的一般性能提醒我们，士绅化既是一个理论上的连贯现象，一个广泛存在的城市现象，并且在我们对其过程进行争辩时具有政治的重要性，但史密斯却不太愿意去关注士绅化社区在地理环境中的特殊情况，正如许多学者所主张的那样，这些特殊情况能帮助我们理解士绅化的影响。 事实上，或许更重要的一个地理主题是：对比两个或更多的士绅化案例，寻找可能一致的或不同的因素，进而揭示出士绅化的背景和偶然性。

戈登·麦克劳德(Gordon MacLeod 2002)在一篇论文中，对复仇主义在其他城市环境中的适用性展开了实证分析。 他追踪了苏格兰格拉斯哥市中心复苏背后，复仇主义对地方市场和企业精神的渗透过程。麦克劳德认为，在20世纪90年代经济复苏期间，格拉斯哥对无家可归者的冷漠态度表明，这座城市"带有很明显的复仇主义政治印记"（第615页），但他并未明确表示那里已经有完全成熟的纽约式的复仇主义：

> 我完全承认，将格拉斯哥同纽约这样的城市进行对比时需要谨慎。因为格拉斯哥正在对所谓"不守法纪的乞丐"展开例行逮捕，这 231 与纽约和一些英国城市形成了鲜明对照。……斯特拉斯克莱德警察部队的观念是，零容忍政策是预防犯罪的不恰当的短期手段。相反，该警察部队成立了一个街头联络小组，它没有立刻将街上晃荡的人像妓女一样定为刑事罪犯，而是努力改善边缘人群、警察和广大民众之间的关系。（第626页）

除此之外，麦克劳德还提出了一系列旨在帮助格拉斯哥边缘人群的政策方案。

> 似乎不同于纽约地方政府的压制性报复策略。如果进一步讨论的话，我们能否看到格拉斯哥的士绅化战争？或者说以军事化的方式扫荡那些阻碍生活质量提高的人，以及对城市大学的报复性政治攻击呢？到目前为止，这些问题的答案仍是一个谨慎的"不能"。（第616页）

最重要的是，麦克劳德敦促我们要看见"复仇主义的政治经济在不同的环境中会有不同的表现方式"(第617页)。 格拉斯哥的案例表明，麦克劳德所称的"选择性地采用复仇主义的政治套路……这与纽约的大本营比起来，只是一个很小的阵营"(第603页)。 因此，他并未完全否定复仇城市的论点，同时，他认为这个观点"很有启发性，可以用来重新评估城市不断变化的地理轮廓"(第616页)。 但和史密斯相比，麦克劳德在评价复仇主义的普遍性时显得更加谨慎。

罗兰·阿特金森(2003b)在一篇论文中采用了更广泛的地理学视角来分析英国的公共空间是否会出现复仇的公共政策。 阿特金森从一开始就对复仇主义的广泛性持怀疑态度：

> 难道我们真能断言，英国出现了复仇主义的迹象吗？ 这些迹象的现实情况可能是平淡无奇的，各个组织和工作人员只是尽其所能地做好自己的本职工作，并力图为客户创造更安全的场所而已。 即使这意味着出于功利目的会排斥某些人，但这也会让大多数人能使用这些空间。 (第1830页)

在思考复仇主义城市时，阿特金森区分了复仇主义相互竞争的四条线索，它们在分开分析时，能帮助我们分析不同国家背景下对公共空间的控制和管理(见专栏6.2)。 阿特金森选取了两个极端的公共政策案例来说明公共空间的控制：汉密尔顿(苏格兰)儿童安全倡议(对生活在贫困区里的年轻人事实有效的宵禁)和苏格兰的"零容忍"警务政策，这两者都对英国城市产生了广泛的影响，形成了各自的迹象。 他的结论如下：

> 在英国的城市空间政策中，是否有明显的复仇主义迹象？ 对此问题很难做出明确回答。 ……可以判断的是，在英国的城市里，复仇主义能用来有效地应对社会混乱。 但这一观点必须受到以下事实的限制：这只是一个极端案例的探索性分析。 (第1840页)

> **专栏 6.2**
>
> **复仇主义相互竞争的四条线索**
>
> 1. 它有一种治理模式,体现出不同层次上不同机构之间的联系,这些机构试图控制公共领域,并规定和批准使用这些公共领域的方式。
>
> 2. 它有一系列旨在保障公共空间并规范空间使用者行为的计划,例如零容忍的警务政策,或政府的反乞讨运动。
>
> 3. 它有一种反乌托邦的图景,预言社会关系会螺旋式地衰败。公共空间或城市本身等同于萎靡不振的痛苦,而复仇政策乃是一剂良药。
>
> 4. 它会提到经济目标,通过美化城市、确保城市空间的安全来推销该地的生活质量,从而确保能吸引并留住四处流动的投资。
>
> 资料来源:阿特金森(2003b:1833)。

阿特金森认为,需要更多的研究来揭示复仇主义在多大程度上影响了公共政策,因此,这篇文章的真正贡献不在于它对地理问题的关注,而在于它指出了一条路径,可以去研究纽约市以外的复仇主义体现出怎样的方式和程度。 在整篇论文中,阿特金森显然担心复仇主义在英国成为消费者占领公共空间的手段。 关于复仇主义的地理扩散,怀利和哈梅尔(2005)总结了令人担忧的影响,特别是对无家可归者的影响:

> 简而言之,新自由主义的胜利改变了士绅化的背景和后果,创造了新的不平等和具有地方特色的复仇主义。但即使地方的差异很重要,根本的困境仍是相同的。中产阶级都渴望生活在一个舒适、有魅力的城市里,没有无家可归的乞讨者、睡在马路上的人、随处大小便的人、乱扔垃圾的人,换言之,没有在公共场所里过活的人。今天的政策风气容不下那样的人。有钱的市民们为了自己的生活,越来越支持这种政策了,他们将无家可归者的任何行为都视为犯罪。(第36页)

然而，不仅仅是美国的研究者将士绅化视为复仇性的。尽管美国的研究者以最令人不安的方式描述了内城区的排斥性投资，但来自其他国家（包括加拿大）的士绅化研究也展现出它复仇主义的色彩。例如，研究温哥华市中心东区士绅化的学者，几乎没有人（如果有的话）不将士绅化视为复仇政策造成的严重问题（例如，Sommers 1998；H. Smith 2003；N. Smith and Derksen 2003；Blomley 2004）。伦敦的住户骚扰"不受欢迎者"而导致的失所也部分被归咎于此（Atkinson 2000）。这类文献太多了，难以在此——概述，但综合来看，阿特金森（2002）进一步阐述道：

> 关于社区影响的问题，大多数士绅化的研究证据都显示其负面的影响。……这些研究都分析了士绅化造成的影响，发现了其中的问题，及其消耗的社会成本。它们都指出其导致的失所现象和层出不穷的社会问题，而不认为会产生什么净收益，不管它们来自地方税收的增加、物质环境的改善还是城市蔓延的缓和。即便存在积极的效应，但和负面后果比起来，也是小巫见大巫。（第 20—21 页）

最后，在最近一篇关于士绅化的文章里，作者明确地权衡了士绅化的正面和负面影响。弗里曼（2006）得出了与阿特金森及我们类似的结论。弗里曼聚焦于纽约市克林顿希尔（Clinton Hill）和哈莱姆（Harlem）的两个士绅化社区里的土著居民。弗里曼认为：

> 士绅化带来的好处，原住居民也很感激。然而，这种复兴也有潜在的害处，包括平价住房的流失，新来者和原住民之间的冲突，以及感觉自己无足轻重而产生的怨恨感。这些社区之所以改善，都只是为了"他们"。（第 207 页）

他找到充足的理由来警惕士绅化的负面影响，不仅仅是失所的现象。他也对贫困人口分散安置、搞社会混合的包治城市病的万灵药持

怀疑态度。在弗里曼看来,恰当的观点应当是该如何去减轻士绅化的危害,再识别出它有什么样的好处。正如他所说:

> 当我们同时确认士绅化的解放意义和复仇性质时,会显得很矛盾。但……士绅化就是一个很复杂的过程,不同的人站在不同的立场上,就会看见不同的东西。(第 201 页)

234

总结

在本章中,我们概述了两种看待士绅化的观点。一种观点把士绅化看成积极的过程,另一种观点把它看作消极的过程。一些政策制定者忽略了士绅化的消极影响,进而以一种积极的态度来助推它的发展。他们把士绅化作为促进社会混合、平衡和稳定社区的方式来推动,其背后的意识形态是士绅化先驱想要住在内城,追求社会文化的多样性。这些先驱者很多是女性(包括女同性恋)和男同性恋。这些"边缘"人群选择居住在内城,是为了逃避郊区异性家庭与核心家庭的制度。内城在他们眼里就是一个解放的空间。但与此相反的是,很多研究者将士绅化视为消极的过程。它会直接或间接导致失所,这看起来似乎是净化市中心的过程。还有人认为,这是资本主义粗暴的复仇手段。当然,不管是积极还是消极的,都有各自的道理。但我们认为,士绅化的消极影响在政策制定者那里往往被忽视了,或不够重视。就像阿特金森和布里奇(2005:16—17)所说:

> 对于政策制定者而言,他们依然需要去理解,如何才能在实现公平公正发展的同时,避免自由泛滥的士绅化造成的种种恶果,因为士绅化本来就是中产阶级利己动机下的一种投资过程。简而言之,士绅化是有钱人投资和迁移的一个过程,它可能会对城市的发展带来

积极影响,其背后的基础在于完善的福利制度、更高的产权调解机制,以及对住房资源更低的竞争效应。

延伸阅读

Atkinson, R.（2003a）'Introduction: Misunderstood saviour or vengeful wrecker? The many meanings and problems of gentrification', *Urban Studies*, 40, 12:2343—2350.

Atkinson, R.(2004) 'The evidence on the impact of gentrification: New lessons for the urban renaissance?' *European Journal of Housing Policy*, 4, 1:107—131.

Caulfield, J.(1994) *City Form and Everyday Life: Toronto's Gentrification and Critical Social Practice* (Toronto: University of Toronto Press).

Freeman, L., and F. Braconi(2002) 'Gentrification and displacement', *The Urban Prospect: Housing, Planning and Economic Development in New York* 8, 1(January/February): 1—4.

Gotham, K.(2001) 'Redevelopment for whom and for what purpose', in K. Fox Gotham(ed.) *Critical Perspectives on Urban Redevelopment*, vol.6 of *Research in Urban Sociology* (Oxford: Elsevier) 429—452.

Howard Law Journal (2003) 46, 3 (http://www.law.howard.edu/dictator/media/229/huljvol46_3.pdf).

Johnstone, C., and M. Whitehead(eds.)(2004) *New Horizons in Urban Policy: Perspectives on New Labour's Urban Renaissance* (Aldershot, UK: Ashgate).

Lees, L.(2000) 'A reappraisal of gentrification: Towards a "geography of gentrification"', *Progress in Human Geography*, 24, 3:389—408.

Ray, B., and D. Rose(2000)'Cities of the everyday: Socio-spatial perspectives on gender, difference and diversity', in T. Bunting and P. Filion(eds.) *Canadian Cities in Transition: The Twenty-First Century* 2nd ed.(Oxford: Oxford University Press) 507—512.

Rose, D.(2004)'Discourses and experiences of social mix in gentrifying neighbourhoods: A Montréal case study', *Canadian Journal of Urban Research* 13, 2:278—316.

Slater, T.(2004a)'North American gentrification? Revanchist and emancipatory perspectives explored', *Environment and Planning A* 36: 1191—1213.

Smith, N.(1996a) *The New Urban Frontier: Gentrification and the Revanchist City*(London: Routledge).

Uitermark, J.(2003)' "Social mixing" and the management of disadvantaged neighbourhoods: The Dutch policy of urban restructuring revisited', *Urban Studies* 40, 3:531—549.

Wyly, E., and D. Hammel(1999)'Islands of decay in seas of renewal: Housing policy and the resurgence of gentrification', *Housing Policy Debate*, 10, 4:711—771.

238

图 7.1 "库伯广场将永远存在，滚开吧，投机者"下东区，1988 年

20 世纪 80 年代下东区的反士绅化者，社区运动人士和遭受失所威胁之人对士绅化作斗争。

来源：洛蕾塔・利斯　摄

第七章

士绅化的未来?

士绅化未来

    如果目前的趋势是在加速发展,那么在城市学者看来,19世纪工业城市的社会地理也只是一段插曲而已,其背后具有历史持久性的模式是,更高的社会阶层与市中心的周边地区不断隔离开来。

——莱(1981:145)

    一些专家说,在城市的某些角落,士绅化可能与垃圾债券、加长轿车和电视布道一起被人们记住,如同20世纪80年代的另一场大规模过剩而已。……随着尘埃落定,我们可以看到,那些经历了剧烈变化的地区有着严重的局限性。有钱人根本不会住在公屋的周围。

——卢克(Lueck 1991:1)

    在20世纪70年代和80年代的文献里,士绅化的影响力被夸大了。……而随着我们走出90年代初的经济衰退,士绅化将不再那么重要。

——博尔内(Bourne 1993b:183)

    士绅化带给我们的记忆和它的好处都将难以抹去。我们可以毫

> 不夸张地说,今天宣告士绅化结束,就像 1933 年预测郊区化结束
> 那样。

——尼尔·史密斯(1996a:230)

预测未来是出了名的危险,尤其在人文科学和社会科学领域里。然而,从 20 世纪 60 年代以来,它一直是学术界和大众对士绅化的核心兴趣所在。 士绅化从来就和当时主流的城市模型的未来预测相左。 此模型叫邻里生命周期理论,当公共机构接受并运用此理论时,就创造出了它自己的物质环境(Metzger 2000)。 而阿隆索-穆特(Alonso-Muth)的交通-土地价格权衡模型在如今被人们视为"城市理论的杰作"(Glaeser,Kahn and Rappaport 2000:7),它能预测"高收入的郊区化"这一不可逆转的过程。 因此,我们不应该感到惊讶,士绅化的未来会怎样,同样会引发激烈的讨论,就像围绕士绅化的原因、规模和后果的讨论一样激烈。

240   士绅化会一直继续下去吗? 它会变得更加重要,还是会像过去时代里的过时问题那样消失? 这些问题已经持续了两代人,并且现在也不太可能得到清晰的共识了。 展望士绅化的未来,我们提出的问题与得到的答案同样重要:从本书对士绅化的知识与政策的概览中,在日常生活和街头抗议中,我们可以清楚地看到,就连提及"士绅化"这个词都会引发阶级、文化、社会平等和正义等方面的问题。 在关于社区生活的辩论和斗争中,许多人使用"士绅化"这个词,这已是相当显著的事实了。 四十年来,围绕士绅化的原因与后果的讨论已经使这个词成为了城市话语里的标志性战斗口号,这样的说法并不夸张——对这个词的使用同"全球化""新自由主义""(新)殖民主义"一样感觉熟悉(见第四章对政治的界定)。 对任何一位关心穷人和工人阶级生活社区未来的人来说,"士绅化"动员、组织并催化出来的社会运动有时能够成功地创造出小规模的乌托邦与希望的空间(Harvey 2000)。 从这个意义上来说,我们或许能在模糊的概念定义和经验测量中去发现意想不到的可

能性,这或许会让博尔内这样的人失望。 也许士绅化的概念就像空间的概念一样,将成为一个新的**关键词**:

> 结果,士绅化成为一个极其复杂的关键词。它作为一个复合词来运用,具有多重确定性。因此,它的任何一个特定含义都不能与其他含义分开来理解。但这正是这个词的魅力所在,尤其是当它与时间结合时,它充满了丰富的可能性。(Harvey 2006a:293)

尽管这种情况很复杂,但有几个方法可以回答一些简单的问题,关乎着士绅化的未来规模和相关性。 首先,我们可以遵循研究人员制定基准测量并开展后续分析的经验。 这类经验研究最早的案例是在 1975 年,城市土地研究所(Urban Land Institute,ULI)对美国总人口超过 50 000 人的中心城市进行了调查,主要调查了城市里的行政官员,发现将近一半的官员见证了"老旧恶化地区里私有住房市场的改造";在后续四年里的调查里,他们记录了城市官员在这方面报告数量的增加——在人口超过 150 000 人的城市里,从 65% 增加到 86%——但每个城市里受影响的家庭数量仍微不足道(Black 1980)。 人们普遍认为城市土地研究所的调查是基于小数据表现出来的未来显著增长率,但随后很少有人去开展系统性的预测。 制定衡量士绅化程度的基准测量是很困难的;并且要提供一些可相互比较的方法也很有挑战(Bourne 1993a,1993b;Hammel and Wyly 1996;Wyly and Hammel 1998)。 然而,最近梅利格拉纳和斯卡布尔斯基斯(Meligrana and Skaburskis 2005)结合了 1971 年至 2001 年间加拿大十个大都市区的人口普查数据与住房变量数据,同时也把每座城市核心消息人士的访谈记录结合进来分析。 因此,他们不仅能对士绅化社区里的总人口和住房单元的数量进行估计,同时,还能将他们的研究同莱(1988,1992)的早期开创性工作匹配起来。 他们估计,从 1971 年到 2001 年间,蒙特利尔市中心有 11.9% 的住宅单元被士绅化了,多伦多有 21.1%,温哥华有 19.9%。 如果将测量范围扩大

241

到统计阈值之内与核心消息人士的范围之外的话，那么这些社区的数值将分别上涨到23.4%、40.5%和34.5%。 这些数据说明"内城已经出现了显而易见的变化"（第1581页），并表明随着未来人口的增长（即使家庭规模缩小同时住房消费增加）和土地市场的发展，内城的边界会进一步向外扩展；然而，从大都市不断去中心化和郊区化的情况来看，该过程仍有一定的局限（Kasarda 1999；Berry 1999）。 按照最乐观的估计，蒙特利尔大都市区有6.4%的人口居住在已士绅化或潜在士绅化的社区里，大多伦多地区有7.1%，大温哥华区有7.3%。 索默和朗（Sohmer and Lang 2001)采用了不同的方法来测量20世纪90年代美国24座城市的市中心人口的变化，发现人口会在西雅图、芝加哥、休斯敦、波特兰、丹佛和亚特兰大市中心快速增长（每平方英里增长超过1 000人）。此外，他们的研究还表明，有超过一半的城市，市中心人口占整个大都市区人口的比重有所增加；但反过来，几乎所有中心城市的人口占比都下降了。 这不得不让人怀疑，市中心人口的增长是否会带来士绅化的扩张。 尽管如此，索默和朗（2001:9)认为："市中心的独特历史，加上其中心位置和靠近公共交通、工作地点和便利设施的优势，为20世纪90年代的增长提供了延续到下一个十年的潜力。"

　　第二种方法涉及思考士绅化的未来趋势更明确的理论。 不出所料，这种理论预测方法与生产侧和消费侧解释之间的差异有关。 例如，拉里·博尔内（Larry Bourne，1993a)对"后士绅化时代"的预测主要是基于需求方的消费视角。 博尔内预见到随着人口结构的变化、经济的增长、教育水平、生活偏好和公共部门支出优先事项的变化，需求会降低。 当然，博尔内也考虑过供给侧的过程，他预测，在士绅化的时期，"资本会涌入城市房地产"，而在后士绅化的时期，"泡沫开始变小"，而"资本将从房地产市场里转撤出"，价格会稳定下来，也可能会下降，同时还会造成高空置率增高，抵押品赎回权丧失的情况增多。 但是，生产侧的解释却表明，地方性和区域性的资本将流入房地产市场，将与不断增长的跨国流动和二级市场制度交织在一起。 而持续的贬值与租差则为大

242

面积投资收缩的城市区域推动士绅化带来了有利可图的激励效应(尽管这一点不是很明确)。 杰森·哈克沃斯(2002a)针对第三波再投资的理论与实证分析指出会有持续强劲的力量来推动士绅化。 而我们在此讨论的第四波士绅化浪潮则是对他思想逻辑的进一步延续(见第六章)。

然而，住房人口统计学家和城市经济学家则为我们提供了最有趣的理论预测和证据。 他们试图重新设计经典的选位和竞租模型。 道威尔·迈尔斯(Dowell Myers)和他的同事们(2001)将调查结果和人口预测结合起来，绘制出美国人对密集性和适于步行的生活环境在未来的需求图景。 这些环境不仅包括内城的士绅化社区，还包括以"精明增长"或"新城市主义"为原则建设的郊区。 他们发现，老龄化家庭对居住密度的需求更大，因着美国老龄化婴儿潮群体的放大效应，预计2000年至2010年间家庭总数将每年递增1.11%。 但是

> 年龄在45岁及以上的房主中,更换住处且偏爱密集型社区的群体每年会增加2.46%。2000年至2010年不断增加的更换住处的房主群体市场将占到31.0%。而在20世纪90年代,该群体仅占增长量的15.4%。(Myers et al. 2001:1)

城市经济学家简·布鲁克纳(Jan Brueckner)和斯图瓦特·罗森塔尔(Stuart Rosenthal)对士绅化展开了更直接的评估。 他们致力于重新构建竞租模型，从而为尼尔·史密斯的贬值周期(devalorization cycle)的政治经济学结论提供一条新古典主义的分析路径。 布鲁克纳和罗森塔尔(2005)错误地相信自己发现了一些**概念上**的新东西——"本文识别出一个新因素，即住房存量的年龄，它影响高收入社区和低收入社区所在的位置"(第 i 页)——但他们的模型和实证结论确实提供了一些新的见解，评估了1980年至1990年间美国所有大都市地区中各社区(由美国人口普查区测量)的平均收入变化，作为对新住房偏好的主要影响。 他们对2020年的预测表明，住房存量的持续老化(生产侧理论家将以贬

243 值和撤资的过程为背景来测量持续老化的情况），将导致较小都市区里中心城市的相对衰退，而如果目前的住房年龄偏好保持恒定的话，

　　和郊区相比，中心城市的经济地位会随着平均收入 20% 的增加而有所上升，这次影响会很大。但是，虽然这种变化意味着大都市区里中心城市持续的士绅化，但和郊区的平均水平相比，中心城市的社区仍然是贫困的。（Brueckner and Rosenthal 2005:29）

　　换言之，士绅化会持续下去，同时会伴随着不平衡的发展、投资减少和中心城市的持续贫困。

"它就在我眼前"

　　然而，无论是经验推断还是理性预测，都无法全面把握士绅化未来的意义。当然，话语分析也很重要。士绅化的物质现实将继续建构世界各地新一代居民的生活方式，不管是富人、穷人还是中产者，他们都位于城市的士绅化区。新城市和新社区正面临士绅化的张力，而二十五年前首次经历了士绅化的社区，今天仍在转型。因此，人们开始讨论新的士绅化产生的原因和后果。不久前，华盛顿特区很多学校开展了一项私人课外活动，名叫"更好的成绩"，是一场关于士绅化的全市作文比赛。一位 12 岁的获奖者莫妮克·布里瓦德说："士绅化真的就在我们社区里发生着。……它就在我眼前，只是我不知道它叫什么"（引自 Layton 2006:B1）。莫妮克想起一些同学因承担不起哥伦比亚高地不断上涨的租金而不得不搬走的情况。但另一方面，她也喜欢社区的更新，她写道："以前社区里住的全部都是非裔美国人，现在住进了亚洲人、西班牙人，还有一些白人。……现在社区变得更有多样性了"（引自 Layton 2006:B1）。

　　围绕家庭与社区意义的重大社会对话，莫妮卡的声音是其中之一。并且有各种迹象表明，围绕士绅化的讨论正在增加。原因部分在于如

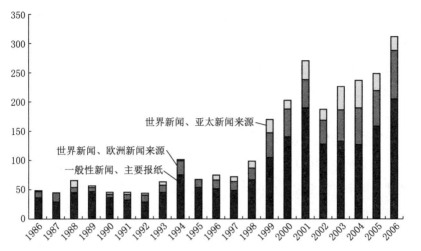

图表 7.1　带有士绅化的文章。文章的标题、导语或主题词里含有士绅化的文章数量。统计始于前一年的 6 月到次年的 7 月。(所以 2006 年的统计是从 2005 年 7 月 1 日开始到 2006 年 6 月 30 日为止)

来源:Reed Elsevier 公司(2006)。

何去定义士绅化,这是在前面几章我们讨论过的。 截至 2006 年 9 月,谷歌学术搜索引擎仅发现了 793 本学术著作的标题里带有"士绅化"。 但谷歌的开放搜索却能找到 3 090 000 个和士绅化有关的网页。 而更系统的搜索则能发现士绅化的媒体报道正在大幅度增加(见图表 7.1)。 而在 1985 年到 1986 年间的主要报纸里,在一般的新闻里面,只有 37 篇标题、导语或主题词里出现了"士绅化";另外,欧洲新闻里的士绅化 术语被世界新闻的 10 篇文章所采用,还有 2 篇文章采用了亚太新闻里的术语。 2005 年 7 月至 2006 年 7 月间,士绅化在这些新闻里的引用率分别达到 204、82 和 24。 2005 年到 2006 年间,聚焦于士绅化的普通新闻的数量超过了"下层阶级"的数量,后者也是让人关注的术语,该术语还具有自己的政治理论和传统。 值得注意的是,随着媒体持续关注下层阶级,新自由主义和保守主义对福利国家的攻击,加上领取福利的母亲谜一样地开着凯迪拉克,以及严苛的工作福利计划提倡个人的责任,这一切都造成了非常真实的政策转变(见 Peck 2006)。 士绅化仍然是一个引发阶级冲突和公正问题的术语。 因此，重要的是，我们要去挑战某些人的政治运动，他们试图取消这个词，转而去支持一些委婉的称呼，像再生、振兴、复兴、再城市化、住宅化等，例如，安德烈斯·杜尼之流就试图将士绅化定义为绅士们的荣誉勋章。

"富人搬入，穷人迁出，租金上涨"

不管是新闻业还是大众话语都低估了士绅化的未来，因为在很多情况下，该术语都没有出现在再投资、再开发和社会文化变革等更有意思的领域里。 例如，纽约的合作公寓城（Co-op City）是 1966 年在北布朗克斯区建造的一个大型的中产阶级开发项目，即使在今天也是"美国乃至世界最大的合作住房综合体"（Frazier 2006：54）。 它最初设计的目的是为了防止中产阶级城市居民（以白人为主）搬到郊区去，然而，合作公寓城后来有四分之三的居民都变成了黑人和拉丁裔，逐渐老化成董事会主席说的"世界上最大的自然形成的退休社区"（第 64 页），并且随着市政保障性住房补贴限制的到期，现在可以考虑把这个地方私有化。2005 年，合作公寓城有 55% 的居民认为应该对这些问题展开调查，几年后做出决定，而有 45% 的居民反对。 一名退休居民感叹道："我们将失去老年人的福利，然后富人搬入，穷人迁出，租金上涨。 而我每个月只能得到 86 美元的养老金！"（引自 Frazier 2006：65）。 但一位前董事会主席提出了更为复杂的观点：

> 有趣的是，如果实行私有化，那么，人们所说的这里有七万两千个房间，如果每个房间估价五万美元的话，那么对现在住在这里的人而言，这将是美国历史上最大的向有色人种转移地产财富的事件了。（Frazier 2006：65）

合作公寓城看起来完全不像格林威治村、切尔西和威廉斯堡的传统士绅化环境，也不像哈莱姆区之类的士绅化拓荒区。 但是，任何关心士绅化的人都不能忽视越来越多的城市、郊区和乡村出现的"富人搬入，穷人迁出，租金上涨"的现象。

要么再看一个例子。2006年年中的时候，《纽约时报》头版刊登了一篇文章，里面通篇没有出现"士绅化"这个词。它报道了房地产热正在改变米切尔平原（Mitchell's Plain）和其他南非乡镇的情况。南非的第一国民银行（FNB）在当地做了一项调查，发现约翰内斯堡每栋代售的乡镇住宅吸引了7名潜在买家，而在开普敦，会吸引8名，在德班，买家数量还要再翻一倍。南非最大的两家房地产公司已大举进军乡镇市场，部分原因是因为现有的高档住宅区价格持续上涨："现如今这些价格已经达到了顶峰，投资者正在寻找下一个便宜货。有些投资者在收入谱带的另一端找到了机会"（Wines 2006：A14）。士绅化的生产和消费都在这个案例里都呈现了出来。一家以出售豪宅而著称的公司代理人宣称："这是一座金矿，米切尔平原，一座金矿，买家比房源还多。"而《纽约时报》的记者总结说："城市乡镇还有其他一些优势，那就是在黑人中产阶级里，这些地方正在成为首选居住地，尤其是在购物和其他服务都有配套的情况下。简而言之，这些地方变得越来越时尚了"（Wines 2006：A14）。

这是士绅化吗？合作公寓城未来可能出现的私有化能否和士绅化等同起来？这些问题比答案更重要。而且在更多地方，越来越多的人开始关注文化与资本是如何互动以重构曾经被忽视的家庭和社区。士绅化将会持续下去，围绕它的学术分析、政策座谈、组织运动和街头抗议也将持续进行下去。康特拉·伯恩（Contra Bourne，1993a）说道："士绅化的时代才刚刚开始。"

社会正义与反抗

在非自愿的情况下，强迫人们搬家是错误的。无论是由于政府还是私人市场的行为,强制失所都是有权力和资源的人排挤那些缺乏政治和经济权力的人,前者认为他们可以"更好"地使用某栋建筑物、土地或某片社区。推动该过程的人会受益,而被动方则招损。

——哈特曼、基廷和勒盖茨

(Hartman、Keating and LeGates 1982:4)

倘若……士绅化正成为未来城市中不断蔓延的一种趋势,那么我们需要思考,如何才能管理好士绅化,以建造一个更加公平公正的社会。

——弗里曼(2006:186)

247　　上面两段文字反映出 20 世纪 80 年代初以来,尤其在美国,围绕士绅化的论辩已经出现了很大变化。 那时的语气往往是愤怒、急迫和紧张的。 记得,第一次引述士绅化的出版物叫《失所:如何与之抗争》(*Displacement: How to Fight It*)。 然而到今天,我们知名的研究员兰斯·弗里曼(因媒体报道了他早年与布拉克尼的合作而出名)认为,士绅化很可能会成为我们的未来,与其同它对抗,不如管理好它(就像我们在第六章里所看到的那样,借助社会混合的政策,我们很难走上一条公平公正的道路)。

虽然弗里曼运用了多种方式贡献出有价值的士绅化文献,并通过实证数据支持了士绅化的积极意义,但我们认为他的言论还是有些令人不安。 毕竟,士绅化造成了巨大的动荡和损失,就像他在书里(和其他许多地方)所讲的,也如我们在本书里所论证的。 我们要如何管理已经造成社会两极分化的士绅化呢? 的确,南非的种族隔离有利于经济增长,但非洲人国民大会是否愿意对此过程施加管理呢? 这并不是把士绅化和种族隔离不恰当地等同起来,而只是想说明,当人们面对一些不公正的事情时,不应当考虑"管理"与否,而应当考虑"抵抗"与否。

在本书前言中,我们主张对士绅化进行批判地理学的研究,它以社会正义为目标,并在必要时抵抗士绅化。 我们支持霍尔科姆和博勒加德(1981)的观点,认为研究士绅化的动机必须是为了解决不公正的社会现象。 事实上,这也是我们三名学者着手研究士绅化的原因所在。 我们还在前言里说过,我们都在北美参加过反抗士绅化的运动。 因此,我们亲身体会过抵抗某些事物的复杂性,这些事物常常被当做城市社区自然而然的结果,也越来越让人感到事情"理应"如此。

尼尔·史密斯(1996a)详细描述过下东区汤普金斯公园里的斗争。那场斗争代表了他提出的"复仇城市"和"阶级战争"的概念。 尽管"阶级战争"的概念很有名,但也只是抵抗士绅化众多故事里的一个。这一章,我们将着重讲述不同地方的人和社区组织起来抵抗士绅化的努力。 这些努力也是为了阻止失所的发生,并鼓励一种不以经济利益为导向的更具社会正义的社区变革。

在我们总结抵抗士绅化的案例之前,需要意识到,抵抗士绅化的策略与强度一直都在不断变化。 近年来,士绅化研究前沿领域的学者一直在思考,第二波士绅化的抵抗运动为何会在第三波士绅化中减弱?　248在最近一篇评论美国为何缺乏有效的"城市再开发运动"一文里(我们可以将"重建城市的运动"解读为社区组织的代名词),威尔逊和格拉梅诺斯(Wilson and Grammenos 2000)解释了 20 世纪 60 年代的激进主义和"群体意识"已被侵蚀的原因:

> 如今,后工业化和全球化一道摧毁了城市再开发运动。组织者的人数创下了历史新低,而地产资本已经表明其对底层社会的压力具有抵抗力,投资者已具有了流动性,并能利用大量的市政资源,推动国际范围的资本积累,同时,人们也越来越难理解超快速且复杂的符号世界。(第361页)

毫无疑问,新自由主义的城市主义已占据主导地位,让社区活动家感到沮丧,因为后者的关注点在于能否留在士绅化的社区里。 十五年前，城市研究中的两位知名学者解释说：

> 社区组织的有效性，取决于领导者的自身能力和政治关系，也取决于社区本身的特点和所在街区里的活动家人数。（Fainstein and Fainstein 1991：321）

从这些方面来考虑第三波士绅化的背景是有意义的，哈克沃斯（2002a）指出以下几点：

> 对内城进行持续再投资产生的空间效应，把社区的反对派置于棘手的政治立场中。随着士绅化的继续，工人阶级越来越难以承担中央商务区附近的租金，所以，抵抗士绅化的集体意识并没体现出很好的前景。（第824页）

因此，如果哈克沃斯的观点是正确的，那么纽约抵抗士绅化的前景看起来就不乐观。此外，如果我们思考一下尼尔·史密斯的观点，就会发现这个问题并不局限于纽约：

> 从阿姆斯特丹到悉尼，从柏林到温哥华，从旧金山到巴黎，士绅化的第二波浪潮伴随着众多无家可归者、非法占房者和其他反士绅化的组织和运动，它们都围绕着一重重的问题松散地联系在一起。它们很少形成全市范围的运动，但它们确实对士绅化构成了足够的挑战，因此，它们常常成为城市政客和警察的目标。不管怎样，20世纪80年代和90年代打击反士绅化运动的力度在增强，这证明房地产开发在新城市经济中的越来越具有核心性的地位了。……复仇城市不只出现在纽约，20世纪80年代阿姆斯特丹打击非法占房的运动也可见一斑，此外，巴黎警察袭击无家可归者（主要是移民）的露营地，世界各地警方对纽约零容忍技术的引进，都可以看出这一

249

点。……新兴的威权主义不仅压制了反对者的声音,还让条条大街都为士绅化敞开了大门。(2002:442)

哈克沃斯和史密斯(2001)指出:"社区里反对士绅化的声音大大减少"(第 475 页),这是 20 世纪 90 年代士绅化复苏的一个表现,这同 20 世纪 70 和 80 年代围绕失所展开的"激烈政治斗争"(第 467 页)形成了鲜明对比。 总之,从近期对士绅化性质的判断中可以看到,抵抗力量的削弱主要有两方面原因:(1)工人阶级的长期失所剥夺了政治活动家立足的城市空间;(2)对城市展开的新自由主义的威权治理使得抵抗士绅化的运动极难发起。

在新自由主义时代,想要组织进步的社区确实会面临很多困难。社会福利从联邦向城市不断下放,加上市政府越来越同非盈利组织、慈善组织和社区发展公司合作,意味着会有越来越多的社区活动家参与地方政府的工作,而不能再像过去那样冒着风险去抵抗士绅化了(DeFilippis 2004;Newman and Lake 2006)。 我们也相信,如同 20 世纪 80 年代那么激烈地在全球范围内对抗士绅化的运动已经不可能再在今天大范围出现了。 然而,我们还是认为有必要谨慎地去分析一下,抵抗运动衰弱的原因。 由于抵抗变得衰弱其实就差不多等于放弃抵抗了,所以,就很容易产生一种心理暗示,觉得士绅化并不是什么问题。这并不是说哈克沃斯和史密斯在引导我们走上这条道路,而是说,抵抗运动的减少很容易被士绅化者所利用,巧妙地将士绅化变得合理,就像"存在即合理!"之意。 但是,抵抗士绅化的冲突减少并不意味着士绅化变得无关紧要,也不意味着低收入者和工人阶级不再担忧士绅化。相反我们会看到,士绅化仍然是一个很强烈的政治焦点。

如今,尽管在某些地方,斗争的声音很难发出,且形式因地而异,它们其实都或多或少地正在创造着或破坏着士绅化。 如果我们遗忘或拒绝承认阶级斗争是士绅化的一种内涵,那我们就要提出质疑:这到底 250 符合谁的利益。 很多社区的工人阶级都消失了,而这正是士绅化成功的标志(当下,士绅化正在对城市空间展开历史性的斗争)。 但斗争本身也会不断发生变化。 今天,你可以在伦敦东区看到最激烈的社会斗争,该地正经历 2012 年奥运会的综合重建计划。 或者,在洛杉矶的市中心,士绅化正从各个方面对贫民窟的无家可归者的露营地施加压力。 崇尚复仇主义的警长威廉·布拉顿(以"零容忍"的态度著称)和当地的业主们都想"清理"掉这些露营者,好取悦打算进入这里的开发商和创意阶层。 这些斗争仍在继续,需要进一步分析它们。 在后面,我们总结了最近出现的斗争,观察了它们的战术与策略,总结了它们的经验与教训。

案例一:纽约布鲁克林区的下公园坡:第五大道委员会和"不存在流离失所的区域"

> 最近,我和街区的一个门卫聊天。……问他住在哪里。
>
> 他说:"住在布鲁克林区的公园坡。"
>
> "住在公园坡的哪个位置?"
>
> "第四大道,第 23 街。"他回答说。
>
> "那里已经不是公园坡了,而是日落公园(Sunset Park)。"
>
> "不对,"他说,"别人现在都说那里是公园坡。"
>
> 现在,公园坡已经从展望公园里延伸出来了,就像我一个朋友说的:"一直延伸到了埃及。"
>
> ——文斯·帕萨罗(Vince Passaro),《纽约时报杂志》,
>
> 2001 年 11 月 11 日

> 社区增长的问题不再是单纯的支持和反对的问题了,而是如何正确地增长。
>
> ——费恩斯坦和费恩斯坦(Fainstein and Fainstein 1991:317)

在第一章,我们总结了纽约布鲁克林区公园坡的士绅化,最后发现该社区最早经历士绅化的部分最近正在经历超级士绅化，导致社区里的下层社会空间出现了广泛的士绅化。正如我们在案例一里所看到的，对抗士绅化的斗争并非不存在，反而这些斗争已经成为引人注目且最具影响力的运动之一了。但在讨论它们之前，还需要更多的背景信息。

当上公园坡(Upper Park Slope)在20世纪60年代、70年代和80年代经历剧烈士绅化的时候，下公园坡(见地图7.1)只经历了零星的士绅化(Gelb and Lyons 1993；Lees 1994b；Carpenter and Lees 1995；Lees and Bondi 1995)。然而，从20世纪90年代中期开始，已士绅化的公园 251 坡的售价和租金都高得让人难以接受，以至于中产阶级都觉得唯一负担得起的住所是在下公园坡。而其他地方的"溢出士绅化"效应已经出现(Dantas 1988)，它正好出现在下公园坡和纽约其他尚未士绅化的社区里，目前，这些地方已经成为"士绅化溢出的蓄水池"(《纽约杂志》，2001年3月12日，第51页)。

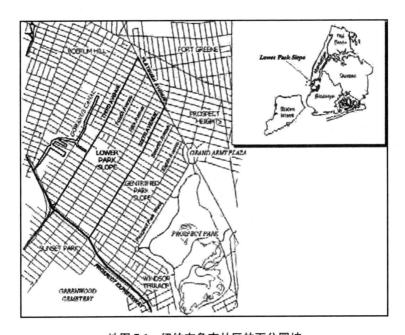

地图7.1 纽约布鲁克林区的下公园坡

1997 年，纽约州租金监管改革法案(New York State Rent Regulation Reform Act)的出台加剧了布鲁克林的溢出效应，此法案让空置房完全不受监管，导致向新租户任意收取高租金。 这就意味着月租在 2 000 美元以上的稳定出租公寓可以完全不受租金系统的监管。 一旦这些公寓空出来了，房东就能向新租客任意收取费用。"这减少了曼哈顿租金管制公寓的存量"(Hevesi 2002)。 这些昂贵的公寓大多数位于曼哈顿，这让年轻的股票经纪人、出版商、互联网和新媒体的企业家，甚至青年医生和律师都离开了曼哈顿的"硅谷"，搬到了租金更低的区域，像布鲁克林区、皇后区和布朗克斯区的外围社区，而那些社区也在经历士绅化(Phillips-Fein 2000:29)。

和 20 世纪 70 年代和 80 年代相比，下公园坡的士绅化已经出现了很大变化。 过去长达三十年的撤资让这里的房屋破败得似乎难以修复，再加上经济与税基被侵蚀，社区的整体腐坏，更让情况积重难返，就像一则评论(Lawson 1984:248)所说的，这里没有政治协商权来吸引任何惠及本地居民的投资。 这里的房屋貌似有吸引力，但却没有上公园坡的那样壮观，因此没有一栋房子可以像地标那样被保护起来。 但地标也是一剂催化剂，让展望公园的附近都士绅化了(见第一章)。 相比上公园坡的"成功"，下公园坡在各个方面都落后了。 最好的证据便是，第七大道摇身一变成为繁华商业区，而第五大道"却在 20 世纪 70 年代犯罪剧增，毒品走私猖獗""各种相关问题赶走了原住民和零售商"(Merlis and Rosenzweig 1999:13)。

20 世纪 70 年代，纽约面临严重的财政危机，住房成为关键问题，很多社区荒废得无以复加，纵火案也变得猖獗起来，于是，市政机构接管了部分建筑的所有权，这些建筑物的房主无法支付服务费或税款。到 70 年代末，市政机构变成了纽约的最大房东，接管了四万多套公寓(Plunz 1990:325)。 但手握这些摇摇欲坠的社区，缺乏有效的政策和应对措施，会出现怎样的情况呢？ 看看下面这则记录：

随着房东放弃他们的建筑,市政府接管了这些建筑,但却没能很好地维护这些建筑。许多建筑被宣布为危房,而其他建筑则实际上被遗弃。在全市范围内,社区组织了罢工、抢占并接管住房的运动,还跑到市政机构抗议、静坐,反对市政府把越来越多的住房纳入到自己的所有权下。于是,纽约市政的回应则是将大部分住房转交给社区一级的组织来管理。(Lander 1997:8)

1977 年,在这个充满危机、到处撤资的年代,居民在下公园坡成立了名为第五大道委员会(FAC)的非营利组织。 1977 年或许是下公园坡撤资最厉害的时候,当时,持续不断的红线管控加上废弃,导致周边地区两百多栋建筑和 159 块地闲置起来,其中还有很多是市政府所有(Slater 2004a)。 所以那时候,就必须采取措施来改善这个几乎自生自灭的地方的物质和社会条件。 而当地却只有一个城市管理部门来处理各种事情,既缺乏资金,它自己也无动力来改善当地的条件。 第五大道委员会和社区发展公司不同,后者主要关注基层空间的再开发,而第五大道委员会则充当了召集人、倡导者、组织者和技术援助的角色,并扮演承包者和开发商。 这样的雄心壮志当然是考虑到长期的利益冲突,也就是组织方和开发方相互间的社区政治冲突(Katznelson 1981)。 或许,自从 20 世纪70 年代纽约出现毁灭性的财政紧缩后,这种雄心壮志也许是必要的。

第五大道委员会刚成立的时候,由公共和私人资金混合资助,举办 253 的活动也平平无奇,包括建造社区花园,零星修缮一些建筑,改造一下当地企业的外墙,倡议改善公共卫生,创建社区家庭中心,等等。 到 20世纪 80 年代,这类模式得到了进一步发展,特别是以"汗水产权项目"的形式翻新老旧住房。 同时还有"公园坡村"(Park Slope Village)的规划,计划在一块巨大的空地上建造 44 栋,一栋三户的平价住房。 该组织还举办游行示威反对房东骚扰,抵制地产商的不道德手段(他们把租赁户驱赶了出去),同时还启动就业计划,让年轻人不要在街上闲逛,而是去找工作。

自 1977 年以来,最显著的进步体现在住房供应上。 二十多年来,第五大道委员会已经筹集了数百万美元修缮周边地区一百多栋建筑里的六百多个住房单元，使其成为南布鲁克林区最大的平价住房供应渠道。所以，20世纪70年代以来，第五大道委员会的发展规划极大地改善了社区的物质条件和社会状况，当然矛盾也出现了。随着社区改善，士绅化也拉开了序幕，因为下公园坡与上公园坡间的差距已经不再明显了。虽然，溢出士绅化才是下公园坡士绅化的真正原因所在，但那个时候，溢出士绅化还不具备持续动力。但不幸且讽刺的是，第五大道委员会在不知不觉中成了给下公园坡士绅化铺路搭桥的制度性力量——而在今天，它又成为抵制士绅化的主要机构！正如第五大道委员会的前主任所说："撤资问题变成了过度投资和士绅化的问题"（Dulchin 2003:29）。他们越为现有居民改善社区，就越能对排斥在高端士绅化社区以外的新来者产生吸引力。随着新居民的到来，下公园坡原本低迷的租金开始飙升，而本应从第五大道委员会的改善措施中受惠的居民，反而间接受到了威胁，因为房东意识到，萧条期结束后，他们终于可以利用这个社区赚钱了。

第五大道委员会最近的使命是：

254　　　　　开发和管理平价住房、创造就业机会、组织居民与工人、为成年人提供教育机会，并与士绅化导致的失所作斗争，来促进社会和经济的公平正义。（第五大道委员会，2007年）

由于下公园坡的很多公寓都是在1947年之前建造的，这些公寓都不足六个住宅单元，因此，失所的威胁变得更加严重，于是下公园坡就不受纽约租金稳定法的约束。1999年，第五大道委员会对1996年至1999年间更换过所有权的小型住宅数量进行了调查。他们担心在不受监管的小型建筑中，所有权的变更会导致租金大幅上涨。因为新房东试图收回按揭和维护费用，并通过吸引更富裕的租户从溢出士绅化中获利。他们发现21%的建筑都已经变更了所有权，这一惊人的周转率表明房地产活动的活跃。

为了对抗越来越多的租户被驱逐的现象，第五大道委员会在1999

年制定了一项叫做"没有失所的区域"（Displacement Free Zone，
DFZ)的战略。 委员会人为划定了一个区域，声明在这个区域内，中低
收入的租户不会遭到驱逐。 最初他们划出了 36 个街区，2002 年的时候
开始向南北扩展，达到了 108 个街区，覆盖了整个周边地区，最后穿过
了南部边界连接到日落公园。 DFZ 的目的是为了保护社区的种族与阶
层的多样性，让人们可以负担得起房租，让居民留在当地，并尊重长期
居住在此的租赁户，尤其是少数族裔，同时还能满足老年人的需要。
他们积极抵抗任何"牺牲我们的社区来牟取暴利"的行为。 这种行为
主要是指一些人在这里买房，然后驱逐那些长期只能付低租金的租户，
并吸引有能力支付高租金的新租户入住，或者干脆收回建筑以为他用。
第五大道委员会将图表 7.2 中符合标准的租户都考虑在内。 租户要自
己主动呈报，因为委员会无法即时掌握租金大幅上涨或租户收到驱逐通
知的事件。 如果他们获知了这类情况，就会和宗教领袖合作起来，努
力唤醒房东的良知。 如果行不通，就会把这个事件递交法庭，借助法
律部门的背书来为租户辩护，租户会延长案件时间，这样就可以提高房
东的诉讼成本。 但如果还是失败，那么第五大道委员会则试图让房东
公开声明对自己的行为负责。 比如，到房东家门口或上班的地方举行
示威，或者引起媒体对驱逐不公的报道——所有这些措施，都是为了让
房东坐到谈判桌前，达成协议，让租户留下来。

- 居住在 DFZ 区域里的租户
- 居住在不受出租稳定政策保护的小型住宅里的租户
- 低收入租户
- 由于房东猛涨租金而被驱逐的租户

会优先考虑以下情况的租户

- 房东在有其他房产或资金来源的情况下，涨租金只为牟利
- 房东长期不经管房屋
- 租户是长期租户，和/或是老年人
- 租户面临住房紧急状况而无其他选择

图表 7.2 获得第五大道委员会 DFZ 援助的资格标准

255 该策略的强大之处在于它让更多人看见了失所现象，并将社区的弱势群体组织起来。对于失所的强烈反对和公众抵制，还能阻止房东仅为投资目的在附近购房。但另一方面，有人可能会指责该策略对业主不友善，或者阻碍了有"社区意识"的高收入的租户入住，而且，因为全州范围内都还不具备稳定出租的政策，房东就可以按自己的想法任意而为。那么，第五大道委员会就可能找错敌人，这是最棘手的问题。但是，令人鼓舞的是，这项运动还是减少了租户被驱逐的情况：

> 我们查看了这项运动开始前一年和后一年法院提供的驱逐记录，并将 DFZ 的区域同附近人口相似的区域进行了比较。我们发现，虽然这两个区域的驱逐人数都有所下降，但 DFZ 区的下降是非 DFZ 区的两倍多。(Dulchin 2003:31)

由于很难对失所的情况展开定量研究，所以，很难精确知道激进主义究竟在减轻失所的方面起到多大作用。但正如杜尔钦（Dulchin）所说："失所情况的减少还是部分和 DFZ 有关系。"（第 31 页）

在这次有目共睹的运动中，第五大道委员会收获了很多，并为抵制士绅化的社区组织者提供了建议（见专栏 7.1）。第五大道委员会及其 DFZ 战略最大的收获是，以承担得起住房的道德权利为基础开展运动，这能有效地对抗自由市场。如果一个社区能够传达出这样的信息，即如果房东要以牺牲社区成员的利益为代价寻求不合理的利润，那么他们就会遭遇一场威慑性的抗议运动，那么，这个社区就有能力对抗士绅化。

案例二：士绅化互联网：旧金山传教区的繁荣与萧条

[给读者的提示：当地居民汤姆·韦策尔（Tom Wetzel）整理了一篇关于传教区士绅化的精彩在线讨论（见地图 7.2），附有时间线、分析和照片，见网站：http://www.uncanny.net/~wetzel/macchron.htm]

专栏 7.1

第五大道委员会对抵制士绅化的建议（改编自 Dulchin 2003：31—3）

（1）要享受抵制士绅化和建造社区的乐趣。不要带着愤怒去示威，而应该像过狂欢节一样，同时，还可以邀请围观的人来参加。

（2）要多讲故事。要围绕租户的个别案例开展运动，这些案例要体现出士绅化的不公平，这比任何房地产的数据都更能说明问题。

（3）要经常举行庆祝社区的活动，要占领道德的制高点。不要发表反房东的言论，而要多讲促进社区和谐的话。培养社区的自豪感可以团结任何对斗争有利的人。

（4）要让地方领导发挥领导作用。除非与社区的文化和价值观保持同步，否则任何组织活动都没有效果。

（5）要形成网络，不要原子化。要获得广泛的支持，最好的办法是利用已经相互认识的人形成的非正式社交网络（例如教会、学校、老年组织）。

几十年来，旧金山一直是政治激进主义、艺术表现和多样性的温床。随着房租和工资水平的飙升，许多政治活动家、艺术家和有色人种都被迫离开这座城市。同样，随着零售空间成本的不断攀升，当地商人的生意已被连锁店挤垮。像嬉皮区、日落区和传教区这类过去很有风格的社区也逐渐沦为平淡无奇的社团主义文化的产物。可悲的是，旧金山生活成本的增加导致无法支持多样化的抗议活动、艺术发展和移民文化，这些事物曾让这座城市变得闻名遐迩。（Roschelle and Wright 2003：164—165）

如果你阅读这篇悲哀的评论，可能会原谅近年来旧金山没有出现抵制士绅化的运动。但正如罗谢尔（Roschelle）和赖特（Wright）所指出的，其实那里还是有抗议运动的，最著名的是在传教区发生的对抗士绅

地图 7.2　旧金山传教区

化的斗争。 这可能是弗朗辛·卡瓦诺（Francine Cavanaugh）、A.马克·利夫（A. Mark Liiv）和亚当斯·伍德（Adams Wood）拍摄的纪录片《轰鸣：驱逐的声响》（*Boom! The Sound of Eviction*）里令人印象最深的场景，描写的正是那场战斗。 20 世纪 90 年代末，随着互联网的兴起，各种各样的获益者不断涌入社区，导致当地艺术家戈登·威尼姆科（Gordon Winiemko）因为失所而深感挫败。 于是他化名为 E. 维克多（E. Victor），穿着西装提着公文包，到传教区的各个餐馆和酒吧散发自

257

已收到的那封驱逐令，好让中产者们知道自己的消费对生活在这个社区里的大多数人来讲都太高了。下面这段话是威尼姆科的讲述，当地的变化如何让自己变成了 E.维克多：

> 不太容易引起注意的是……某家新餐厅的开业，似乎就能取代 258
> 某家杂货店或一家车身修理铺……当白雪公主、完美无瑕的吸血鬼
> 巴菲和肯在夜里出来玩时，他们闪亮豪华的新坦克车列在街道中
> 央……当你步行十英尺的时候，就一定会遇到一家正在被开发的艺
> 术家阁楼……当所有能支持你的朋友和社区组织都被撵走，或者无
> 法负担这里的房租而被迫离开时。在今天的旧金山，似乎每三人中
> 就有一个人会被驱逐。传教区的情况尤其糟糕，各种小型时髦企业、
> 非营利组织、拉丁裔家庭和艺术家都陷在这样的境况里。有一天，当
> 你醒来，发现这座城市正经历一番粉饰，而它本身的波希米亚多语种
> 特征正经历手术般式地被企业化的、消费致死般的单一文化取代的时
> 候，你觉得自己应该为此采取点行动了。（http://cometmagazine.
> com/cometsite4/cometsite3/comet2/artstrikes.html）

然而，这段对士绅化的生动描述需要进一步解释。传教区究竟发生了什么？人们是如何对抗士绅化的？结果如何？

传教区以多洛雷斯传教所（Mission Dolores）命名，那是一座临时搭建的小礼拜堂，也是旧金山的第一座教堂，由西班牙神父帕卢（Palou）于1776年创建（1783年，该教堂搬到了现在的位置，也就是第十六街和多洛雷斯街所在的位置）。有趣的是，失所现象在这里有着悠久的历史。多洛雷斯传教所的建立标志着第一次出现了人口从传教区失所而迁出的现象，因为之前住在这里的科斯塔诺印第安人（Costanoan Indians）被西班牙殖民者赶走了（Alejandrino 2000：16）。因淘金热的到来和交通的发展，比如开通了马拉铁道和旧金山市政铁路（又称 MUNI，1851年开始载客），越来越多的居民和商人来到了这里，直到1890年。

　　大部分内传教区都已建成,土地利用的基本模式也已形成,该模式延续至今。混合用途建筑排列在第十六街和巴伦西亚街的两边,整个街区遍布着为旧金山中产阶级打造的单户和多户住宅,除了东北工业区以外,整个街区都已发展了起来。(Alejandrino 2000:16)

　　继1906年旧金山发生毁灭性的地震和火灾之后,传教区涌入大量无家可归的贫民,很快成为爱尔兰和意大利工人阶级的家园。 20世纪50年代和60年代的联邦住房补贴让这些家庭离开传教区去往郊区,随之而来的又是来自中美洲和南美洲的移民。 拉丁裔社区的人口迅速增长,由新兴的移民服务网络、社区组织和当地企业为他们提供服务。259 正在这个时候,系统性的撤资伴随着歧视不断加剧。 到了60年代末,传教区里充斥着贫穷、犯罪、不断紧张的住房供应,使得"城市更新"成为当时的核心政治议题。 然而,传教区联盟组织(Mission Coalition Organization)成功抵制了城市更新。 该组织在传教区"建立起了基层组织,发动了社区行动,这成为后来的政治传统"(Alejandrino 2000:17;另见 Castells 1983:106—137)。 今天,传教区依然是旧金山拉丁裔工人阶级社区的核心象征(该市约有三分之一的拉丁裔居住于此)。 这里也是城市艺术发展的中心。 70年代,有一个艺术家社区在这里发展了起来,社区东北部廉价的工作室和仓库空间吸引了很多艺术家落户。

　　20世纪90年代,另一群人——士绅化者——来到了传教区,引发了当地巨大的冲突和紧张局势。 以南部硅谷高科技产业为基础,蓬勃发展起来的区域经济,极大地影响了旧金山的房地产市场。 丽贝卡·索尔尼特(Rebecca Solnit 2000)这样描述这些变化:

　　士绅化只是鲨鱼露出水面的鳍而已,下面才是整条鲨。这意味着美国的新经济会让我们大多数人更穷,少数人更富,一切都将变得更快、更同质化、更受控制。科技繁荣和随之而来的住房危机让旧金山快速步入了最新版本的美国梦。(第14页)

对于索尔尼特和这座城市的许多中低收入租户，尤其是在传教区里的租户而言，未来其实并不看好。就业增长远远超过了住房的供应量。从 1995 年至 2000 年，旧金山湾区出现了 50 万个就业岗位，而从 1990 年到 2000 年间，每 3.14 个就业岗位只配备了 1 个住房单元（Alejandrino 2000：14）。旧金山"都市栖息地计划"（Urban Habitat Program，2000）的一份报告预测了其后果：

> 高薪人士和低薪打工者之间的差距会越来越大，住房会越来越稀缺，尤其是平价住房。这会造成有色人种社区里的低收入者渐渐被中高收入者取代。（第 iii 页）

传教区正好面临这些问题。这里相对低的房价吸引了年轻的中产阶级（很多人都受益于 20 世纪 90 年代互联网的发展）。这里独特的文化认同、便利的交通、靠近市中心的位置和时髦的夜生活吸引了他们。时尚餐厅、酒吧和俱乐部推高了这里的租金，使当地一些服务业和非营利组织遭到了排挤，而这些部门曾服务着社区里的移民。在传教区的主干道瓦伦西亚街上，1990 年的企业中有超过一半的都在 1998 年消失了；短短两年内，社区的商业租金上涨了 42%（1997—1999；Solnit 2000：62）。由于新住房的开发推高了房产价格，房东也趁着传教区人口的增长提高租金获取更高利润，这样，很多拉丁裔租户被赶走了。

在 1997 年至 1999 年间，传教区两居室公寓的租金平均上涨了 26%，比全市平均涨幅高出了 10%（Alejandrino 2000：21）。此外，大量移民都是租赁户，由于语言和文化上的障碍，他们对自己可以享受的权利不熟悉，这样就更容易被驱逐。在这短短的时间内，旧金山出现的"业主迁入驱逐"的情况仅在传教区就占到了 16%。直到 1998 年，只要租户在一栋楼里住满 12 个月，业主就有权将他们驱逐出去，之后，业主们便将自己的房子重新投入市场，以摆脱租金管制（1998 年以后，该期限延长至三十六个月）。与此同时，加州的埃利斯法案（Ellis Act）

260

导致的驱逐现象愈演愈烈——它允许业主将房产退出租赁市场，并驱逐所有租户（只要给每名被驱逐者微不足道的钱——给低收入者 4 500 美元，给老年人或残疾人 3 000 美元）。所以，20 世纪 90 年代末的传教区经历了一场驱逐风波。

20 世纪 90 年代传教区士绅化的另一个主要原因是，工业化程度更高的东北角雨后春笋地出现了"居住兼工作"（live-work）的阁楼开发项目。早在 1988 年，城市艺术家就成功地游说通过了一项市政"居住兼工作空间"的法案，让工业空间朝生活兼工作空间的转变过程合法化。该法案有两个关键特征，一是免除了平价住房的配额（因为"居住兼工作空间"从技术上来讲并不是"住房"，它不受全市范围内平价住房配额的限制，即住房开发项目里的 10% 必须是平价住房），二是能享受较低的学校税收缴纳率。当时，艺术家们并不知道这项法案是如何为开发商牟利的，其背后是住宅建筑协会（Residential Builders Association）在主导，最终导致他们从自己的"居住兼工作空间"里被驱逐了，更不用说住在传教区里的其他邻居了。开发商将"居住兼工作空间"的生活方式推销给了年轻的城市购房者，由此在 20 世纪 90 年代，不少"居住兼工作空间"的开发项目拔地而起，特别是将现存的房屋——小型企业的、低收入租户的、艺术家的房屋——改造为高端的"居住兼工作空间"：

> 人们已经不再青睐居住兼工作的空间模式了，因为这些低价改造后的公寓价格极高，很少有艺术家能承担得起。从市中心到最贫穷的城市南部，这些棱角分明的现代建筑配上耀眼的玻璃外墙，矗立在工业建筑、维多利亚式的老建筑和其他建筑之间，直接取代了当地的很多小企业。……数百个工作岗位的消失可以追溯到"居住兼工作空间"对传统工作场所的取代；许多小企业被迫关闭或搬迁，因为新来的居住者只是希望自己所在的社区看起来有工业风而已，而不希望有真正的工业。（Solnit 2000:103）

261

对于传教区的居民而言，尤其令人不安的是越来越多的互联网企业非法占据了"居住兼工作空间"，并在各处寻找能负担得起的商业空间，由此牺牲了当地企业，而后者却有利于改善社区的服务。 总之，20世纪90年代传教区的特点是商业和住宅士绅化的速度惊人，小企业、艺术家，尤其是拉丁裔的低收入租户被大量驱逐，失所现象突出。在那十年间的后期，当地居民决定团结起来，反对这样的士绅化，并与开发商作斗争，也同偏袒士绅化的立法作斗争。

新成立的"就业、艺术和住房联盟"（Coalition for Jobs，Arts and Housing，CJAH）最初的工作重点是想让市议会弥补"居住工作空间"法案中的漏洞，以防止事态进一步恶化。 1999年8月，CJAH组织了"不再有Lofts！"的活动，在市政厅举行了集会，但这项努力最终为住宅建筑协会和大多数支持开发的议员的恐吓战术所挫败（Wetzel 2001）。一种更直接、更愤怒的抗议形式是由本土活动家凯文·基廷（Kevin Keating）领导的"根除雅皮士计划"。 他们在传教区张贴了以六幅为一系列的海报（可以在此网站上看到 http://www.infoshop.org/myep/cw_posters.html），呼吁要破坏雅皮士的小汽车，蹲在新建的艺术阁楼里，"攻击并破坏雅皮士在传教区的各种酒吧和餐馆"。 当基廷因为"深夜张贴海报"而被捕时，一些当地人士走上街头支持他和他所宣扬的反士绅化运动，尽管仍有人不同意他的这种威胁性战略。 虽然基廷本人坚持认为这只是一种宣传噱头，旨在提高人们对士绅化的认识，但"根除雅皮士计划"的影响却已经导致1999年两栋正在施工的"居住兼工作空间"的建筑物被烧毁（Wetzel 2001），同时还引发了当地社区关于"网络自由"（dot-commie）的激进言论。 但正如韦策尔所认为的，"网络自由"的标签和"雅皮士"的标签都"掩盖了收入和权力的差异。 在这个行业里挣微薄薪水的人并没有权力发号施令，而那些风险投资家、互联网公司的CEO、写字楼开发商、商业建筑业主和城市高层领导却正在指点江山"（2001：52）。

2000年，那些决策者遭到了反士绅化者的持续抗争。 随后，在传

教区里又出现了两个大型开发项目。 一个是布莱恩特广场项目（Bryant
Square Project）。 它是在一栋翻新的工厂大楼里（一间 30 名员工的毛衣
工厂被撵走，员工大部分都是传教区里的居民）新建一个 16 万平方英尺
的多媒体和高科技办公空间。 为了打造这样一个五层楼的整体办公空
间，还拆掉了艺术家的整个阁楼结构，于是，有将近五十名艺术家被驱
逐来给此项目让路。 这些艺术家包括动画师、电影制作人和摄影师。
第二个项目是将前国民警卫队的一间军械库改造成一个 30 万平方英尺
的网络办公空间。 这两个项目都共同引发了传教区各界的强烈反应。
非营利组织成员、小企业主、艺术家和其他活动人士共同组成了"传教
区反失所联盟"（Mission Anti-Displacement Coalition，MAC）来对抗这
两个项目。 有意思的是，这是一个由艺术家、工人阶级和租赁户联合
起来，在一个士绅化社区里对抗士绅化的罕见案例。

　　由"传教区反失所联盟"组织的二十年来最大的社区会议于 2000
年 6 月举行。 当时，旧金山规划部门的领导和三名规划专员面对着五
百多名愤怒的群众。 群众们高喊"暂停"的口号，要求这些负责人立
刻停止在传教区施行的"居住兼工作空间"的开发计划。 几周后，一
千多人上街抗议，"捍卫他们自己在传教区的居住权利"，之后，大约有
两千人参加了一场舞蹈团举办的"驱逐派对"，原因是这个舞蹈团竟连
一个排练的场地都租不起（Wetzel 2001：53—54）。 这些反对失所的抗议
活动最终取得了胜利，军械库办公空间的开发商最终在社区的压力和冲
突下撤销了此项目。 然而，面对支持开发的威利·布朗市长的顽固态
度，活动人士意识到还有很多工作要做，并且必须采取立法和直接、公
开的战术。 特别是当地艺术家黛布拉·沃尔克领导的"就业、艺术和
住房联盟"在编写公民倡议 L 提案中发挥了重要作用，该提案将：

　　1. 通过使阁楼遵循与其他住房建设相同的规则，终止"居住兼
工作空间"的开发。
　　2. 禁止在传教区里建设大于 6 000 平房英尺的办公项目。

3. 要求所有办公开发商要为非营利组织提供低于市场价格的
房屋。

L 提案实际上是传教区在过去两年开展的所有反失所的努力后取得
的最终成果。 人们在两周内收集了三万份签名，以确保 L 提案在地方
选举投票中占一席之地。 毫不奇怪，开发商及政治盟友在反对 L 提案
的运动里投入了数百万美元，四处宣传，声称它会损害经济发展。 该
提案在 2000 年 11 月以微弱劣势落败，但在次月的选举中取得了部分胜
利，8 名支持 L 提案的候选人中有 7 人当选监事会要职，这是城市政治
呈现出的一次大的左倾，立即使支持发展的规划部门得以改革，也使得 263
L 提案的一些临时措施出现了变化。 因驱逐而在传教区出现的激进主
义，使得整个旧金山的政治氛围都发生了变化，这真是一项非凡的成
就。 选民们意识到，支持开发、支持经济增长会对文化多样性造成威
胁，也会对反主流文化的激进主义和内城历史街区的独特性构成威胁，
而这些事物正是旧金山几代人身份认同的标志所在。

2001 年，互联网泡沫迅速破裂，而随着商业租金和房价开始稳
定，传教区的士绅化压力逐渐减弱（见 Graham and Guy 2002）。 如
今，空置的店面散布在传教区里的主要零售街道上，而空置率还在不
断上升。 但断言旧金山的房地产市场已经崩溃也是不正确的。 现在
评估互联网泡沫的长期影响还为时过早，但如果有什么影响的话，
旧金山和其他地方的活动家也早就意识到了：人们其实是可以去对
抗士绅化和失所的，这可能便是互联网泡沫造成的最突出的长期影
响了吧。

案例三："愤怒吧"：加拿大温哥华市中心东区

但究竟是依据谁的意象才创造出了这样的空间？

——大卫·哈维（1973）

士　绅　化

> 发出愤怒吧
>
> 来对抗这样的"城市清洗"
>
> 士绅化的滥觞……
>
> 发出的愤怒都是积极的抵抗
>
> 为了我们的存在而起来抵抗……
>
> 我们的抵抗
>
> 一波又一波
>
> 步步为营
>
> 攻占一栋又一栋房屋
>
> 占领一个又一个街区
>
> ——巴德·奥斯本(Bud Osborn 1998:287—288)

　　温哥华以宜居、美丽和宁静而闻名遐迩,这种声誉有时是名副其实的,这取决于人们的消费能力,但多数时候,这种声誉是居民、媒体、地产商和政府官员们打造出来的(Lees and Demeritt 1998:339)。 旅行团和旅游公司的员工们花了大量时间把温哥华宣传成太平洋边上的一座天堂——高山上的冷杉树,满是虎鲸的海湾,新鲜的鲑鱼在人行道的烤架上煮着,人们在户外戴着墨镜、品着拿铁,骑在闪亮的山地自行车上,热情洋溢地谈论着环境问题,并期待着 2010 年的冬奥会(城市里的定期降雨也能成为一种乐趣),在这些事物和风景里,在分量十足的自助餐里,传达出多元文化和谐共存的精神。 然而,就在市中心的东边,游客们常去的盖斯镇(Gastown)区的南边,那些时髦公寓的楼下,到处都售卖着考伊琴族人(Cowichan)的毛衣、麋鹿角和枫树浆,而这些地方正是城市宣传者们不愿意让游客涉足的市中心东区(见地图 7.3)。在这里,温哥华作为自由宽容之都和骑行者快乐天堂的宣传堡垒一下子坍塌了。 在这里,"百年斗争"(Hasson and Ley 1994)留下了一幅令人

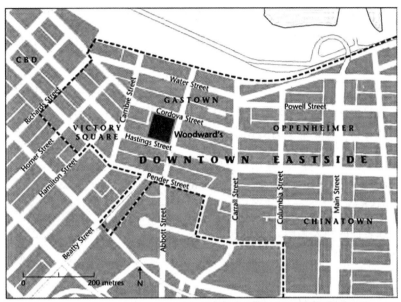

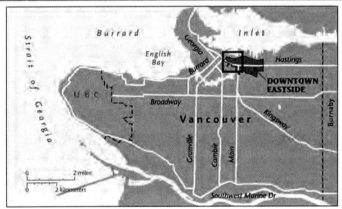

地图 7.3 温哥华市中心东区

痛苦的画面，让人难以面对，于是，开出的药方常是以"振兴"为幌子的士绅化。就在我们撰写本章内容的时候，关于市中心东区何去何从的争论远未结束，但迄今为止发生的事情，尤其是近年来的各种事情，很好地证明了德菲利皮斯（DeFilippis 2004）和斯莱特（2006）所说的低收入社区的"错误两难"：要么是长期资金缺乏、遭遇忽视；要么是士绅化与失所的出现。 如果要在一个遭受士绅化严峻压力二十多年的地方，去追求更加进步与公正的城市发展方式，那么，关键则是要认识到这是一个虚假的选择。

　　市中心的东区是加拿大最贫困的地区之一，它某些地方的贫困对感官的冲击如此强烈，和温哥华的大部分地区格格不入，所以很容易把这些地方当作独立出来的地方看待，有时更糟糕的是，让人觉得是由于当地居民"自我毁灭"的行为才造成了它的独特性。 但正如许多学者（Sommers 1998；Shier 2003；Sommers and Blomley 2003；Blomley 2004）指出的，这种划分也是人为的，争夺东区的现象是几代人通过物质和表征的强大实践直接造成的结果，他们将东区塑造成了温哥华的"外邦之地"，但事实上，这也是资本主义住房商品化导致的不均衡地理发展在当地的体现（Harvey 2006b）。 在这里，定居、剥夺、毁灭、重建的历史错综复杂，土地和财产所有权的互相冲突与变幻莫测的公共政策相互交织。 这种复杂性无法在本书中详尽揭示，但若要理解今天在那里发生的斗争，一段浓缩的历史值得了解。

　　正如旧金山传教区的早期历史充满了人口迁移与动荡，温哥华东区的早期历史也同样如此。 从 19 世纪 70 年代开始，欧洲和东亚（尤其是中国和日本）的移民潮渐渐取代了聚居在加拿大该地区从事渔猎和采集的原住民。 这段时期充满了殖民剥夺，但这不是我们本书要讲的重点，但要意识到，"这种斗争为财产和土地的争夺投下了一道复杂的阴影"（Blomley 2004：34）。 20 世纪初，该地区被称为东区，中产阶级和有房产的工人为了寻找更广阔的空间而迅速迁出，把这里留给了移民、失业者和季节性工人（像伐木工、矿工、铁道工人和建筑工人），他们在这里找到了廉价住房。 萨默斯（Sommers 1998）详细地描述了当时的景象：

265

　　　　他们居住的房屋非常糟糕，是温哥华最早的建筑，紧挨着木材厂、货运站、鱼码头、罐头厂、铁路堆场、谷物升降机、制衣厂，以及从

266

市中心沿海滨向东延伸的仓库,它们构成了温哥华最早的所谓贫民区的一部分。(第292页)

萨默斯还详细讨论了这是一个单身男人占主导地位的地方。"二战"前的温哥华市中心在人口和文化上几乎都是一个男性空间,红灯区、走私店、妓院、赌场为流动的男性提供着服务。 这在当局看来是对城市社会秩序的威胁,因为这里弥漫着不那么循规蹈矩的男子气,和郊区资产阶级圈子以家庭为中心、稳定自足的男子气不同。

"二战"后,由于更大范围的经济变化,温哥华该地区和其中的男性季节工遭到了严重打击:

> 由于该地区仓储、运输和依赖腹地资源开采的大量制造业核心功能的逐渐衰微,这里的社区也开始衰落了。同一时期,劳动力市场结构发生了变化,一方面,资源型产业的所有权被整合,劳动工会不断增加,另一方面,减少了对居住在市中心海滨社区移民工人的需求。与此同时,滨水工业也搬迁到了远离市中心的廉价土地上。(Sommers and Blomley 2003:31)

社区里大量的单间旅店(SROs)①成为许多失业老年单身汉的家,另外一些精神病患者也住在这里,他们都因为"去机构化"运动而出院,几乎没有别的住房选择。 而正在这时,中产阶级观察者开始负面地把这个地方称为"史奇洛区"(滑行的道路,Skid Road)。 这个词出现于19世纪的西雅图(Morgan 1981;Allen 1993),用来描述泥地上用木头铺排成的小路,原木在上面滑行,一直滑到水面上,再漂浮到锯木厂里。"史奇洛区"后来指小镇上失业的伐木工人经常聚集的酒吧、旅店和妓院所在的区域。 如果一个人搬到那儿去住,就说明他的社会地位正在

---

① 原文是 single-room occupancy hotels, 缩写为 SROs。 ——译者注

走下坡路——"往下滑"。大萧条期间，这个词被广泛用来代表北美任何一座城市里的破败区，里面有大量失业者和无家可归者（在很多城市里，这个词变成了通用的"Skid Row"）。20世纪50年代初，记者们认为温哥华东区就是一个"史奇洛区"，以强化人们对这个地区的负面印象，也就是说，这个地区"不再是通过职业来进行识别，而是通过不道德的行为来进行识别"（Sommers and Blomley 2003:32—33）究竟谁该为这个地区的恶化负责？萨默斯（1998）说：

> 自20世纪50年代初，人们发现了温哥华的史奇洛区，把它标识为城市景观的一道伤疤。人们认为，大量单身汉和他们的不端行径是城市环境恶化的主要原因。……人们觉得，史奇洛区的居民本身正是造成城市衰败的原因。史奇洛区的特点恰好在于它既没有一个像样的家庭，也无任何体面可言。（第296页）

这些病态的观念助长了20世纪60年代城市更新计划的势头，直到学者和社会活动家指出，通过修建高速公路带来的城市更新和人口迁移，只会导致在其他地方出现同样的史奇洛区后，城市更新的计划才有所缓和。同时，20世纪60年代末加拿大的反主流文化运动开始兴起（我们在第三章和第六章里对此有详细描述），由此，现代主义的城市规划遭到了持久且有效的抵抗（即便在今天，温哥华都还没有一条高速公路）。

加拿大改革时期的社会运动，尤其是在扩大国家福利背景下的社会运动带来的结果便是社区组织的出现，它们表达出社区需要的服务，代表了社区的政治（Hasson and Ley 1994）。其中有一个组织，叫"市中心东区居民协会"（Downtown Eastside Residents Association, DERA），成立于1973年，它坚持认为东区是一个社区，而不是一个孤立起来的地方，它和温哥华的滨海历史是联系在一起的。该协会因当地服务匮乏、住房供应不足而努力抗争，尤其反对规划师、政治家、企业和媒体对当地居民不理不睬的轻蔑态度。"史奇洛区"变成了"市中心东区"，而那些"曾经被当做不正经的人，现在则被视为曾和西部经济扩张有关系的人，他们都是伐木工、矿工、海员、铁路工人、女服务员、厨师、码头工人、磨坊工人，等等"（Sommers and Blomley 2003:39）。但是，这一重大的进步却遭到了旧格兰威尔镇址（Old Granville Townsite）"历史保护"的挑战，后来因地产开发的策略而更名为"盖斯镇"，表面上是民主公共空间的典范，实际上造成了该地区的第一波士绅化。1968 年至 1975 年间就消失了 400 个单间房，大量低收入居民失所（第 41 页）。

从温哥华市中心沿着黑斯廷斯街（Hastings Street）向东行驶，很快就能看到一个很大的"租差"（见第二章），几十年的投资收缩已经压低了该地区的土地价值。事实上，这个租金差距至今尚未被彻底填补，这似乎对尼尔·史密斯的理论构成了重大的经验挑战——但由于持续的抵抗，士绅化在该地区仍然是一个主要的威胁，而非迈步前行在康庄大道上的事物。第一次尝试利用这一租差是在 20 世纪 80 年代初，当时温哥华正在筹备 1986 年的世博会。对酒店客房的预期需求鼓励一些单间建筑的业主升级他们的房屋，从住宅转变为旅游用途。数百名长期居住的租客被驱逐了，很多是老年人、精神病人、健康有问题的人。约有两千名低收入者的住宅单元消失了（Olds 1989）。布罗姆利（2004）指出，这一可怕的事实现在被视为市中心东区的"政治试金石"，形成了对温哥华融入全球资本网络和资本主义财产关系有力的道德批判（第 51 页）。当发展的压力加剧时，当地活动家就借用此事件来强调平价住房的重要性，并强调"社区不仅要持续存在，还要维护人们能留在**原地**的权利"（第 52 页）。20 世纪 90 年代以来，随着士绅化和失所威胁的日益加剧，激进主义也层出不穷：

> 在过去几年里，该地区周边出现了许多大型项目……加上最近艺术阁楼开发商对该社区的入侵，社会的两极分化日益加剧。再加上东部地区斯特拉斯科纳（Strathcona）的住宅士绅化，结果形成了

268

一个环绕该地区的地产边界。社区内最萧条位置的房价很便宜。
（第35页）

269

图7.2 温哥华伍德沃德的百货公司

用木板封起来的伍德沃德百货公司，等待重建，更准确地说，是等待士绅化。该建筑结构的大部分都已拆除，为拥有独立产权的新公寓楼让路，但最右侧老建筑立面的一个小角落将会整合进新的设计中。2006年初推出的预售营销活动似乎被当成插图写进了最新一本教科书里，其中讨论了尼尔·史密斯的租差和新的城市边界。乔治亚州的当地报纸《乔治亚海峡报》专门做了两页彩色版，强调在投资领域里："聪明的人会早早下手。温哥华只会朝一个方向——东边发展，往伍德沃德百货公司所在的区域投资，这个区域是市中心投资最优的位置。伍德沃德百货公司为人们提供了一系列现代化的生活环境，与城市的其他地方和西蒙弗雷泽大学（Simon Fraser University）连成一片，与纽约大学的传统相符。它是真正的位于前沿地段的创意社区，这里有真正的都市生活。"该开发项目的网站（http://www.woodwardsdistrict.com）更能说明问题，因为它向当地居民保证，随着全球士绅化的加剧，租差正在迅速缩小："如果你一生都住在温哥华，你可能会觉得伍德沃德百货公司所在的区域很前卫。但如果你是在过去十年到十五年才搬到温哥华，或者在纽约或伦敦这种世界核心都市里居住过，你就会意识到它不可思议的潜力了。这是一个不断发展兴旺的地区，而不是一个门可罗雀的地方。像这样的社区其实很少见，它有高端文化、有自身遗产也有自己的特色，并在这里实现了融合。这就是为什么聪明的买家会早早入手的原因了。因为这就是未来。这就是你值得拥有的社区。要么大胆地搬迁来这里，要么去郊区吧。"

来源：埃尔文·怀利 摄

在这个最萧条的地区，坐落着一栋建筑，尼尔·史密斯和德克森（Derksen 2003）认为，从物质和象征的意义上来说，它可能算是"温哥华的汤普金斯广场公园"（第 87 页）。虽然利斯（1999）更倾向于把它看作温哥华的克里斯托多拉之家（Christodora House）（克里斯托多拉之家在下东区被改建成居住者自有产权的公寓，被当地反士绅化活动家视为士绅化的象征）。这就是位于黑斯廷斯街北侧的伍德沃德百货公司，1993 年，这家百货公司在服务当地近一个世纪后关闭了（见图 7.2）。但两年内却没人采取任何行动，直到当地活动家决定亲自站出来打扫人行道，在空置的店面涂染社区的所有权标语，反对污蔑穷人的论调，因为这些论调认为是穷人导致该地的颓废。当地开发商卡萨姆·阿格泰（Kassam Aghtai）于同年（1995 年）提交了一份申请，拟将伍德沃德百货公司改造成有 350 个自有产权的公寓楼，反对者的行动更加激烈了。这样的改造得到了当地投机商和艺术家阁楼居住者的支持，但引发了社区活动家的愤怒与恐慌，这些活动家是社区里低收入者的代表，他们迅速动员起来，组织了一场运动，散发反士绅化的传单［见 Lees（1999）讨论了批判地理学家如何介入到这一事件里］。阿格泰面临巨大的压力，致使他被迫与省、市政府一起将自己的提案修改成一个混合收入的开发项目。但在 1997 年 4 月，他彻底退出了，称这一切都变得"太官僚化"了（引自 Blomley 2004：41），并回到了他最初的自有产权公寓计划，令人惊讶的是，这个计划竟获得了温哥华市政府的批准。随后不可避免地发生了围绕社区所有权展开的激烈抗议运动。抗议者在封住的窗户上涂写着"还给我们""社区财产百分之百是我们的"，以及"我们的社区，我们的建筑"。此外，抗议者还试图用人墙和测量员的胶带围住这栋建筑。这种持续的反士绅化运动是成功的，因为这栋建筑被即将离任的省政府从开发商手中拿走了。

2001 年，新当选的省政府（新自由主义政府）并没有站在忧心忡忡的社区活动人士这边，反而对这栋建筑的私有投标再次表现出兴趣。接下来的一年里（2002 年 9 月），人们通过蹲大楼的方式来表达对士绅

270

化的不满，直到这些人被警方驱逐，但他们仍可以在大楼的外边扎营。 2010 年申办冬奥会的时候，这个营地在众目睽睽之下成为这座城市的尴尬，直到市政府为抗议者（他们都是无家可归者，从单间酒店里被赶了出来）提供住宿后（2002 年 12 月），这个营地才解散。 2003年 3 月，右翼省政府把大楼卖给了左翼市政府，这对抗议者来说是一个巨大胜利。 市政府立即为如何处理这栋建筑开启了"公共协商程序"。 整个过程的回应摘要可在此网站上看到：http://www.city.van-couver.bc.ca/corpsvcs/realestate/woodwards/ideas.htm。 回应分为几个主题——住宅、健康、娱乐、文化、商业、零售、就业、社会、机构和一般设计——反映出混合用途开发项目的政策愿景。 市政府欢迎混合开发的提案，并在 2004 年 9 月选择了"西部银行项目/彼得森投资集团"（Westbank Projects/Peterson Investment Group）作为开发商。 该项目包括多达 536 套市场住房和 200 套非市场住房（家庭住房和单身住房的组合），还包括商店、各种服务、社区非盈利空间、公共绿地、一家日托中心和一家高等教育机构。

　　将这个获胜的提案放在士绅化和社会混合的最新研究背景下，可以看出，抵制排他性的发展，无论论得多么印象深刻的胜利，都只是部分的胜利。 这是因为伍德沃德走上了融合发展的道路，而我们在前面的章节里已经见到社会混合其实等同于士绅化。 因士绅化而不断失去单间住宅的社区中，市场化的住房要远远多于非市场化的住房（N. Smith and Derksen 2003）。 整个开发项目都围绕着"振兴"来开展，正如大卫·莱（1996）所指出："整个过程是令人反感的，暗示出住宅承接过程中的道德优越感，并让公众觉得之前的土地用途和使用土地的人都是没有活力的。"（第33—34页）当宣称伍德沃德的发展原则之一是要将其打造成"城市振兴的催化剂"时，这同样令人担忧。 毫不奇怪，2006 年 4 月 22 日，当伍德沃德开发项目里的市场化住宅开始销售时，536 个住宅单元全都在 4 月 23 日一下子售罄，销售额超过了 2 亿美元。

　　市中心东区是一个复杂的地方，用希瑟·史密斯（Heather Smith

271

2003)的话来说，"同时发生的升级**和**降级会造成社区内部的两极分化"
（第506页）。 更进一步的解释认为：

> 　　将市中心东区的某些部分指定为官方遗产或振兴区，这样就促
> 使类似的地方出现士绅化，那些地方恰恰是对公租房和公共服务需
> 求最多的地方，有时候，还是毒品和犯罪活动历来猖獗的地方。政府
> 对其他社区空间的监管，助推了那些社区的商业和住宅的衰落，其同
> 样与士绅化密切相关。因为恶化和振兴在不同层面的同时发生，造
> 成了社区两极分化的进一步加剧，进而导致单间住宅减少，而单间住
> 宅却是城市里为数不多的能让普通人负担得起的主要房源之一。
> （第506页）

　　通过这些话，我们可以得出这样的结论：如果认为在两极分化如此
严重的社区里真会出现"社会混合"的话，那就太天真了。 在这个社
区里，尤其是在伍德沃德，每个人的人生经历、机遇和生活方式都差异
极大；那么，如果把536个市场化的住宅和200个非市场化的住宅中的
居民进行"社会混合"的话，这是明智的做法吗？ 当然，这个方案比
那些完全排他的市场化方案要好一些，但如果从数量上来考虑的话，市
场化的住宅单元是非市场化住宅单元的两倍，这对于长年致力于对抗士
绅化，以争取更公平的社会发展的人士来讲，并不是一个好兆头。

房产应当是什么

　　尼克·布罗姆利(Nick Blomley 2004)在评论伍德沃德的冲突时，写
下了这段有力的文字：

> 　　当活动人士包围伍德沃德大楼，并宣称"这是我们的"时候，他们

不仅使房产的所属问题复杂化了。……他们还提出了一个房产应当是什么的道德问题。通过说"这是我们的",活动人士挑战了其他权利主张者的合法性,挑战了私有化立场的道德性,并暗示出集体的内在价值。内城的重建,不论在哪里,都会涉及相互对立的道德愿景。(第 74 页)

上面描述的三个案例都提出了"房产应当是什么"的道德问题,表明私有化开发背后的特权利益是可以被挑战的,甚至还能取得不同程度的成功。他们还表明,房产不仅是一种金融资产,它还是一个家,是我们所属的地方,也是我们拥有的地方,因此,它具有极重要的价值,远超过了它的交换(市场)价值。正如斯奎尔斯(Squires 1992)指出的,反对士绅化的活动人士希望住房是一种"公共需求和公共权利,而不是由市场掌控的私有化产品"(第 30 页)。他们将建筑物的交换价值和因此无辜被害的人都放在道德的聚光灯下,让人们意识到,住房的价值不仅体现在销售价格上,其实,低收入者还拥有一项权力,就是哈特曼(1984)所说的尽人皆知的"留在原地"的权利。

二十年前阿滕伯格和马库斯(Achtenberg and Marcuse 1986)在一篇题为"走向住房的去商品化"(Towards the Decommodification of Housing)一文里指出:需要

> 一项计划,它可以改变住房公共辩论里的条件,挑战住房的商品属性,影响它在经济与社会系统里起到的作用,并说明人们合法的住房需求能由哪些替代方法来满足。(第 745 页)

同年,尼尔·史密斯和威廉姆斯(1986)在一本士绅化的开创性文集的结尾处写道:

> 从长远来看,阻止士绅化的唯一途径就是住房的"去商品

化"。……风光的住房和体面的邻居可以是一种权利,但不应成为特权。这当然不可能借助一系列的改革来实现,相反,这需要一场政治上的重组,它比我们当下看到的社会和地理的重组来得更剧烈。(第222页)

马克思主义启发的住房去商品化面临着巨大障碍,因为这条路"显然与当下的主流意识形态相左,该意识形态已经塑造出了整个公共政策,尤其是住房政策"(Squires 1992:30),它是在整个资本主义城市化的历史中形成的。此外,随着全球新自由主义的不断深化——它是城市政策方针的基础(Brenner and Theodore 2002),更不可能转向低收入和工人阶级的利益,也很少能顾及他们称之为家的地方权利。

为了应对全球资本推进,当人们发现商品化后的房地产市场具有排他性,进而造成人的失所,而且租金也不可能长期控制得住,因此最近,低收入社区就尝试获得更多住房的控制权和所有权。近期,詹姆斯·德菲利皮斯在他关于美国"有限产权住房合作社"(LEHCs)"社区土地信托"(CLTs)和"互助住房协会"(MHAs)的一项研究中(James DeFilippis 2004)探讨了这些问题。这项研究解释了形成这些集体住房所有权背后的原因:

> 我们需要从以下角度来理解(再)投资:是什么样的投资?为谁而投资?投资由谁控制?这些过程会让低收入社区的居民处在如下境地:由于他们对投资资本或自己的住房没有控制权,于是,他们面临一个两难选择,要么放弃投资,让自己的住房恶化下去,要么选择再投资,那么自己就会被驱逐。因此士绅化的意义在于,它清楚地表明,低收入群体和他们的社区缺乏的并不是资本,而是权力,缺乏对自身生活最基本要素的控制权,这个要素就是"家"。(DeFilippis 2004:89)

273

从德菲利皮斯(2004)的研究中(见第89—111页)可以看出:"有限产权住房合作社"和北美其他合作公寓类似,主要体现为合作社拥有住房开发的所有权和控制权,而居民则是合作社的股东,但不同之处在于,业主的股份价格不是由外界的房地产市场所决定,而是由合作社章程的固定程序来决定的。这意味着,股份的转售价格会受到限制,家庭的权益也会受到限制,从而确保合作社的住房单元始终是平价房。这样的例子还可以在纽约下东区见到,在那里,长期占用住房的人最终获得了住房的控制权,并通过"有限产权住房合作社"把它们变成了平价住房。"社区土地信托"是保护平价住房的另一种形式——社区组织直接拥有土地,并拥有土地的管理权,而居民则拥有土地上的住房单元。住房的成本和转售价格都有严格限制,而人们只能从住房的投资中获利——任何住房价值的上涨都是社会创造的,而不属于任何个人。这样的例子可以在德菲利皮斯讲述的佛蒙特州的伯灵顿市的情况中见到,也体现在波士顿市众所周知的抵制房地产投机和士绅化的运动中,该运动出现在罗克斯伯里的达德利街社区(http://www.dsni.org)。"互助住房协会"有点类似"有限产权住房合作社",但居民不拥有协会的股份——住房完全脱离市场,集体和个人的混合所有权都在"互助住房协会"的手中。居民从"互助住房协会"那里租房子,并反过来又成为协会的基本组成部分,社区和居民的参与都记录进每个协会的治理

274　中。居民承担义务性的维修工作,并每个月向协会缴纳房费。房费会定期调整,跟上通胀的步伐,或者按居民收入的百分比支付(不到30%,大大低于士绅化社区里的比例!)。德菲利皮斯提到的这个案例来自康涅狄格州的斯坦福市,但在美国至少有30个"互助住房协会",而且,它们都是扩张性组织,试图从私有市场手中拿走越来越多的住房。

在抵制士绅化的背景下,我们应该如何看待这些集体所有权的形式?这显然不是激进的抵抗,而是一种"软"组织抵抗,就像哈克沃斯和史密斯(2001)所称的,针对士绅化和失所最愤怒和最具破坏性的抵抗形式已基本上消失了。德菲利皮斯的结论是复杂的。这些形式确实

改善了居民的生活，并赋予居民一定程度的住房控制权，但与此同时，这样的控制权比任何一家"互助住房协会"和"社区土地信托"所暗示的更为有限；不断增加的房产成本超出了每个集体的资产组合，让获得更多房产的过程变得更加困难。而每个集体中的住房、财产和所有权这些概念的含义仍然笼罩着主流霸权的资本主义色彩（第110页），几乎仍未打破从财产里获利的主流正统观念。但之所以在此讨论这些抵抗形式，是因为对士绅化的激进抵抗已经衰落了，那么，这些集体所有权的形式可能是当前最好的选择，即去选择它们，而不是去错误地选择士绅化、撤资或失所的道路。我们也可以从社区组织的努力中学到很多东西，例如，芝加哥的洛根广场社区协会（Logan Square Neighborhood Association）在过去十年的大部分时间里，面临士绅化的浪潮，在芝加哥上城（Uptown Chicago）豪华公寓的开发过程中，一直在争取平价住房的配额（Aardema and Knoy 2004）。同时，芝加哥下西区的皮尔森联盟（Pilsen Alliance），在保护社区里的低收入墨西哥裔美国人免受士绅化造成的住宅失所和工业失所的过程中也取得了一些成功（Wilson, Wouters and Grammenos 2004；Curran 2006）。

也许从无数次抵制士绅化的努力中得到的最重要教训就是，如果不能实现住房的非商品化，那么至少也要用各种方式来进行捍卫。尽管我们在本书中讨论了许多相反的意见，但我们依然认为，士绅化不可能被管理、利用或转变为城市发展的一种积极途径。关于失所的问题，其实很难准确测量，也很难找到确凿的证据说明它广泛存在，但这并不意味着我们可以忽视它。即使没有出现失所，士绅化也会消除平价住房的存在。正如伊恩·博登（Iain Borden 2003）对理查德·罗杰斯勋爵 275（Lord Richard Rogers）的士绅化议程提出的严厉批评所言：当一座城市沦为资产阶级的游乐场时，它就会变得最不健康、最单一、最无趣。我们在序言里讨论了罗杰斯勋爵对英国城市"复兴"的影响：

> 罗杰斯的城市是充斥着摩卡咖啡、大型周日报刊、名牌灯具、新

鲜意面和触感面料的城市。然而,它却不是一座多元化的城市。在这座城市里,没有畅快的性爱,听不见喧哗之声和嘈杂的音乐,看不见人们或奔跑或沉思,看不见示威游行,在城市的阴暗角落里也没有诡计在酝酿,没有激情和脱缰的血性。你见不到横冲直撞的出租车,街边没有一个靴子摊,没有铁道俱乐部和简陋的市场。而且,它也既不是僧侣的隐居之城,也不是晶莹剔透的理性之城或孤高而立的艺术之城。(第114页)

正如博登所指出的,并不是人人都能接受罗杰斯对城市的设想。也正如我们在本书里所提的问题,打造罗杰斯的城市究竟要付出怎样的代价? 那就是:打造少数人的城市导致多数人失所(Amin, Massey and Thrift 2000)。 最后,我想借一位孜孜不倦的社会正义倡导者的话来总结我们写作本书的精神:

> 剥夺人们的领地、社区或家园,乍看之下似乎是极端的不公正行为。这就像剥夺了人们赖以生存、满足基本需求的任何一种资源一样。……但这种经历不仅仅是剥夺,而是被重新安置。出于何种原因而失去了自己地方的人,则必须得到或找到另一个地方。这是毫无疑问的,人们这样做是因为这是人的基本需求。(D.M. Smith 1994:152)

总结

在本章,我们展望了士绅化的未来,探讨了未来的规模和相关特征。 本章还描述了研究者为探究未来城市问题时采取的经验推理和理论预测。 我们还审视了士绅化话语的特征,以及围绕士绅化展开的社会对话和对抗,特别是媒体报道中出现的讨论。 但本章的焦点则是阐

明抵抗士绅化的当代运动面临的困难和可行性，并鼓励要在社区中产生
更多的社会公正，而不是以既得者的利益为导向。 本章介绍了一系列
对抗士绅化的案例，考察了它们采取的战术策略，总结了其中的经验教
训。 这些案例突出了不同地方的历史如何影响了当前的几波士绅化，
以及法律策略、羞辱战术、群众抗议的共同之处，以及他们在抵抗士绅
化时取得的真正胜利，尽管只是部分胜利。 最后，本章转向低收入社
区采取的"有限产权住房合作社""社区土地信托"和"互助住房协会"
等策略，以获得更多住房控制权与所有权。 我们通过重申士绅化的批
判地理学以及社会正义的议程结束了本章。

延伸阅读

Achtenberg, E. P., and P. Marcuse(1986) 'Toward the decommod-
ification of housing', in R. Bratt, C. Hartman, and A. Meyerson(eds.)
Critical Perspectives on Housing (Philadelphia: Temple University Press),
474—483.

Amin, A., D. Massey, and N. Thrift(2000) *Cities for the Many Not
the Few* (Bristol: Policy Press).

Blomley, N. (2004) *Unsettling the City: Urban Land and the
Politics of Property* (New York: Routledge).

Brownill, S., and J. Darke(1998) *Rich Mix: Inclusive Strategies for
Regeneration* (Bristol: Policy Press).

Butler, T., C. Hamnett, and M. Ramsden(forthcoming) 'Inward
and upward: Marking out social class change in London', *Urban Studies*.

DeFilippis, J.(2004) *Unmaking Goliath: Community Control in the
Face of Global Capital* (New York: Routledge).

Harvey, D.(2000) *Spaces of Hope* (Edinburgh: Edinburgh University

Press).

Lees, L.(1999) 'Critical geography and the opening up of the academy: Lessons from "real life" attempts', *Area*, 31, 4:377—383.

Lees, L.(ed.)(2004) *The Emancipatory City: Paradoxes and Possibilities?* (London: Sage).

Meligrana, J., and A. Skaburskis(2005) 'Extent, location and profiles of continuing gentrification in Canadian metropolitan areas', *Urban Studies* 42:1569—1592.

Mitchell, D.(2003) *The Right to the City: Social Justice and the Fight for Public Space*(New York: Guilford).

Myers, D., E. Gearin, T. Banerjee, and A. Garde(2001) *Current Preferences and Future Demand for Denser Residential Environments* (Coral Gables, FL: Funders' Network for Smart Growth and Livable Communities).

Newman, K.(2004) 'Newark, decline and avoidance, renaissance and desire: From disinvestment to reinvestment', *Annals of the American Academy of Political and Social Research* 594:34—48.

Newman, K., and E. K. Wyly(2006) 'The right to stay put, revisited: Gentrification and resistance to displacement in New York City', *Urban Studies* 43:23—57.

Slater, T.(2004b) 'Municipally managed gentrification in South Parkdale, Toronto', *The Canadian Geographer* 48:303—325.

Sohmer, R. R., and R. E. Lang(2001) *Downtown Rebound*, Census Notes Series (Washington, DC: Fannie Mae Foundation, Brookings Institution).

Squires, D.(ed.)(1992) *From Redlining to Reinvestment: Community Responses to Urban Disinvestment*(Philadelphia: Temple University Press).

Wilson, D., J. Wouters, and D. Grammenos(2004) 'Successful project-community discourse: Spatiality and politics in Chicago's Pilsen neighbourhood', *Environment and Planning A* 36, 7:1173—1190.

参考文献

Aardema, N., and S. J. Knoy (2004) 'Fighting gentrification Chicago style', *Social Policy* 34, 4: 1–6.

Abercrombie, P. (1944) *Greater London Plan 1944* (London: H.M.S.O.).

Abu-Lughod, J. (ed.) (1994) *From Urban Village to East Village: The Battle for New York's Lower East Side* (Oxford: Blackwell).

Achtenberg, E. P., and P. Marcuse (1986) 'Toward the decommodification of housing', in R. Bratt, C. Hartman, and A. Meyerson (eds.) *Critical Perspectives on Housing* (Philadelphia: Temple University Press) 474–483.

Alejandrino, S. V. (2000) *Gentrification in San Francisco's Mission District: Indicators and Policy Recommendations* (San Francisco: Mission Economic Development Association).

Allen, I. (1984) 'The ideology of dense neighbourhood redevelopment: Cultural diversity and transcendant community experience', *Urban Affairs Quarterly* 15: 409–428.

Allen, I. L. (1993) *The City in Slang: New York Life and Popular Speech* (Oxford: Oxford University Press).

Alonso, W. (1964) *Location and Land Use* (Cambridge, MA: Harvard University Press).

Amin, A., D. Massey, and N. Thrift (2000) *Cities for the Many Not the Few* (Bristol: Policy Press).

Amin, A., and N. Thrift (2002) *Cities: Reimagining the Urban* (Cambridge: Polity Press).

Andersson, R., and A. Samartin (1985) 'An extension of Mohring's model for land rent distribution', *Journal of Urban Economics* 18: 143–160.

Ash, M. (1972) 'Social London', in P. Murray (ed.) 'Invisible London', *Time Out*, issue 116, May 5–11.

Ashton, P. S. (2005) *Advantage or Disadvantage? The Changing Institutional Landscape of Central City Mortgage Markets*, Ph.D. thesis (New Brunswick, NJ: Urban Planning and Policy Development, Rutgers University).

Atkinson, R. (2000) 'Measuring gentrification and displacement in Greater London', *Urban Studies* 37: 149–166.

Atkinson, R. (2002) 'Does gentrification help or harm urban neighbourhoods? An assessment of the evidence-base in the context of the new urban agenda', ESRC Centre for Neighbourhood Research paper 5 (http://www.neighbourhoodcentre.org.uk/research/cnrpaperspdf/cnr5paper.pdf).

Atkinson, R. (2003a) 'Introduction: Misunderstood saviour or vengeful wrecker? The many meanings and problems of gentrification', *Urban Studies* 40, 12: 2343–2350.

Atkinson, R. (2003b) 'Domestication by cappuccino or a revenge on urban space? Control and empowerment in the management of public spaces', *Urban Studies* 40, 9: 1829–1843.

Atkinson, R. (2004) 'The evidence on the impact of gentrification: New lessons for the urban renaissance?' *European Journal of Housing Policy* 4, 1: 107–131.

Atkinson, R., and G. Bridge (eds.) (2005) *Gentrification in a Global Context: The New Urban Colonialism* (London: Routledge).

Badcock, B. (1989) 'An Australian view of the rent gap hypothesis', *Annals of the Association of American Geographers* 79, 1: 125–145.

Badcock, B. (1993) 'Notwithstanding the exaggerated claims, residential revitalization really is changing the form of some western cities: A response to Bourne', *Urban Studies* 30, 1: 191–195.

Badcock, B. (2001) 'Thirty years on: Gentrification and class changeover in Adelaide's inner suburbs, 1966–96', *Urban Studies* 38: 1559–1572.

Badyina, A., and O. Golubchikov (2005) 'Gentrification in central Moscow: A market process or a deliberate policy? Money, power and people in housing regeneration in Ostozhenka', *Geografiska Annaler B* 87: 113–129.

Baker, G. (2001) 'The American economy, remortgaged', *Financial Times*, August 17: 11.

Ball, M. (1985) 'The urban rent question', *Environment and Planning A* 17: 503–525.

Barnes, T. J. (2000) 'Political economy', in R. J. Johnston, D. Gregory, G. Pratt, and M. Watts (eds.) *The Dictionary of Human Geography* 4th ed. (Oxford: Blackwell) 593–594.

Barry, J., and J. Derevlany (eds.) (1987) *Yuppies Invade My House at Dinnertime: A Tale of Brunch, Bombs, and Gentrification in an American City* (Hoboken, NJ: Big River Publishing).

Beauregard, R. A. (1986) 'The chaos and complexity of gentrification', in N. Smith and P. Williams (eds.) *Gentrification of the City* (London: Allen and Unwin) 35–55.

Beauregard, R. A. (1990) 'Trajectories of neighbourhood change: The case of gentrification', *Environment and Planning A* 22: 855–874.

Beauregard, R. A. (1993) *Voices of Decline: The Postwar Fate of U.S. Cities* (Oxford: Blackwell).

Beauregard, R. A. (1994) 'Capital switching and the built environment: the United States, 1970–89', *Environment and Planning A* 25, 5: 715–732.

Beauregard, R. A. (2003a) 'Positioning urban theory', *Antipode* 35, 5: 999–1007.

Beauregard, R. A. (2003b) *Voices of Decline: The Postwar Fate of U.S. Cities* 2nd ed. (Oxford: Blackwell).

Beckett, K., and B. Western (2001) 'Governing social marginality: Welfare, incarceration, and the transformation of state policy', *Punishment and Society* 3, 1: 43–59.

Bell, D. (1973) *The Coming of Postindustrial Society: A Venture in Social Forecasting* (New York: Basic Books).

Berger, J. (2005a) 'Goodbye South Bronx blight, hello trendy SoBro', *New York Times*, June 24: A1.

Berger, J. (2005b) 'Gentrification moves in on Gowanus', *New York Times*, November 28: A19.

Berry, B. (1980) 'Inner city futures: An American dilemma revisited', *Transactions of the Institute of British Geographers* 5, 1: 1–28.

Berry, B. (1999) 'Comments on Elvin K. Wyly and Daniel J. Hammel's "'Islands of Decay in Seas of Renewal: Housing Policy and the Resurgence of Gentrification"—gentrification resurgent?' *Housing Policy Debate* 10, 4: 783–788.

Betancur, J. (2002) 'The politics of gentrification: The case of West Town in Chicago', *Urban Affairs Review* 37: 780–814.

Bhalla, C. K., I. Voicu, R. Meltzer, I. G. Ellen, and V. Been (2004) *State of New York City's Housing and Neighborhoods* (New York: Furman Center for Real Estate and Urban Policy, New York University School of Law).

Black, J. T. (1980) 'Private-market housing renovation in central cities: An urban land institute survey', in S. B. Laska and D. Spain (eds.) *Back to the City: Issues in Neighborhood Renovation* (New York: Pergamon) 3–12.

Blackburn, R. (2006) 'Finance and the fourth dimension', *New Left Review* 39, May/June: 39–70.

Blanton, K. (2006) 'Property-values website lets everyone compare', *Boston Globe*: March 17.

Blomley, N. (2004) *Unsettling the City: Urban Land and the Politics of Property* (New York: Routledge).

Boddy, M. (2007) 'Designer neighbourhoods: New-build residential development in non-metropolitan UK cities—the case of Bristol', *Environment and Planning A* 39, 1: 86–105.

Bondi, L. (1991) 'Gender divisions and gentrification: A critique', *Transactions of the Institute of British Geographers* 16: 290–298.

Bondi, L. (1999a) 'Between the woof and the weft: A response to Loretta Lees', *Environment and Planning D: Society and Space* 17, 3: 253–255.

Bondi, L. (1999b) 'Gender, class and gentrification: Enriching the debate', *Environment and Planning D: Society and Space* 17, 3: 261–282.

Borden, I. (2003) 'What is radical architecture?' in M. Miles and T. Hall (eds.) *Urban Futures: Critical Commentaries on Shaping the City* (London: Routledge) 111–121.

Bostic, R., and R. Martin (2003) 'Black homeowners as a gentrifying force? Neighborhood dynamics in the context of minority home-ownership', *Urban Studies* 40, 12: 2427–2449.

Bourassa, S. C. (1990) 'Another Australian view of the rent gap hypothesis', *Annals of the Association of American Geographers*, 80: 458–459.

Bourassa, S. C. (1993) 'The rent gap debunked', *Urban Studies* 30, 10: 1731–1744.

Bourne, L. S. (1993a) 'The demise of gentrification? A commentary and prospective view', *Urban Geography* 14, 1: 95–107.

Bourne, L. S. (1993b) 'The myth and reality of gentrification: A commentary on emerging urban forms', *Urban Studies* 30, 1: 183–189.

Bowler, A., and B. McBurney (1991) 'Gentrification and the avant-garde in New York's East Village: The good, the bad and the ugly', *Theory, Culture and Society* 8: 49–77.

Bowling, B. (1999) 'The rise and fall of New York murder: Zero tolerance or crack's decline?' *British Journal of Criminology* 39, 4: 531–554.

Boyd, M. (2000) 'Reconstructing Bronzeville: Racial nostalgia and neighbourhood redevelopment', *Journal of Urban Affairs* 22, 2: 107–122.

Boyd, M. (2005) 'The downside of racial uplift: The meaning of gentrification in an African–American neighborhood', *City & Society* 17: 265–288.

Brenner, N. (2001) 'World city theory, globalization and the comparative-historical method: Reflections on Janet Abu-Lughod's interpretation of contemporary urban restructuring', *Urban Affairs Review* 37, 1: 124–147.

Brenner, N., and N. Theodore (eds.) (2002) *Spaces of Neoliberalism: Urban Restructuring in North America and Western Europe* (Oxford: Blackwell).

Brethour, P. (2006) 'All aboard Alberta's real estate express: Where to go after Calgary and Edmonton?' *Globe and Mail*, June 28: B1, B9.

Bridge, G. (1994) 'Gentrification, class and residence: A reappraisal', *Environment and Planning D: Society and Space* 12: 31–51.

Bridge, G. (1995) 'The space for class? On class analysis in the study of gentrification', *Transactions of the Institute of British Geographers* 20, 2: 236–247.

Bridge, G. (2001a) 'Estate agents as interpreters of economic and cultural capital: The gentrification premium in the Sydney housing market', *International Journal of Urban and Regional Research* 25: 87–101.

Bridge, G. (2001b) 'Bourdieu, rational action and the time–space strategy of gentrification', *Transactions of the Institute of British Geographers* 26: 205–216.

Bridge, G. (2003) 'Time-space trajectories in provincial gentrification', *Urban Studies* 40, 12: 2545–2556.

Bridge, G., and R. Dowling (2001) 'Microgeographies of retailing and gentrification', *Australian Geographer* 32, 1: 93–107.

Brint, S. (1991) 'Upper professionals: A high command of commerce, culture, and civic regulation', in J. Mollenkopf and M. Castells (eds.) *Dual City: Restructuring New York* (New York: Russell Sage Foundation) 155–176.

Brooks, D. (2005) 'The bursting point', *New York Times*, September 4, A29.

Brownill, S. (1990) *Developing London's Docklands* (London: Paul Chapman).

Brownill, S., and J. Darke (1998) *Rich Mix: Inclusive Strategies for Regeneration* (Bristol: Policy Press).

Brueckner, J. K., and S. S. Rosenthal (2005) 'Gentrification and neighborhood housing cycles: Will America's future downtowns be rich?' Working paper (Irvine: University of California, Irvine, Department of Economics).

Brueckner, J. K., J. F. Thisse, and Y. Zenou (1999) 'Why is central Paris rich and downtown Detroit poor? An amenity-based theory', *European Economic Review* 43: 91–107.

Bugler, J. (1968) 'The invaders of Islington', *New Society*, August 15: 226–228.

Butler, T. (1997) *Gentrification and the Middle Classes* (Aldershot, UK: Ashgate).

Butler, T. (2003) 'Living in the bubble: Gentrification and its "others" in London', *Urban Studies* 40, 12: 2469–2486.

Butler, T., and C. Hamnett (1994) 'Gentrification, class and gender: Some comments on Warde's gentrification as consumption', *Environment and Planning D: Society and Space* 12: 477–493.

Butler, T., C. Hamnett, and M. Ramsden (2008, forthcoming) 'Inward and upward: Marking out social class change in London', 1981–2001, *Urban Studies*.

Butler, T., and L. Lees (2006) 'Super-gentrification in Barnsbury, London: Globalisation and gentrifying global elites at the neighbourhood level', *Transactions of the Institute of British Geographers*, 31: 467–487.

Butler, T., and G. Robson (2001a) 'Negotiating the new urban economy—work, home and school: Middle class life in London', paper presented at the Royal Geographical Society—Institute of British Geographers Conference, Plymouth, UK, January 2–5.

Butler, T., and G. Robson (2001b) 'Social capital, gentrification and neighbourhood change in London: A comparison of three south London neighbourhoods', *Urban Studies* 38: 2145–2162.

Butler, T., with G. Robson (2003) *London Calling: The Middle Classes and the Remaking of Inner London* (London: Berg).

Buzar, S., R. Hall, and P. Ogden (2007) 'Beyond gentrification: The demographic reurbanisation of Bologna', *Environment and Planning A* 39, 1: 64–85.

Byrne, J. P. (2003) 'Two cheers for gentrification', *Howard Law Journal* 46, 3: 405–432.

Cameron, S. (1992) 'Housing, gentrification and urban regeneration', *Urban Studies* 29, 1: 3-14.

Cameron, S. (2003) 'Gentrification, housing redifferentiation and urban regeneration: "Going for Growth" in Newcastle upon Tyne', *Urban Studies* 40, 12: 2367-2382.

Cameron, S., and J. Doling (1994) 'Housing, neighbourhoods and urban regeneration', *Urban Studies* 31, 7: 1211-1223.

Carpenter, J., and L. Lees (1995) 'Gentrification in New York, London and Paris: An international comparison', *International Journal of Urban and Regional Research* 19, 2: 286-303.

Carson, A. (1965) 'Islington Village', *New Statesman*, September 17: 395-396.

Carter, H. (2005) 'Stacks of potential', *The Guardian*, June 15.

Caruso, D. B. (2006) 'Officials envision gentrified jail for resurgent Brooklyn', *Associated Press*, March 25.

Castells, M. (1977) *The Urban Question: A Marxist Approach* (Cambridge, MA: MIT Press).

Castells, M. (1983) *The City and the Grassroots: A Cross-Cultural Theory of Urban Social Movements* (Berkeley: University of California Press).

Caulfield, J. (1989) 'Gentrification and desire', *Canadian Review of Sociology and Anthropology* 26:617-632.

Caulfield, J. (1994) *City Form and Everyday Life: Toronto's Gentrification and Critical Social Practice* (Toronto: University of Toronto Press).

Charney, I. (2001) 'Three dimensions of capital switching within the real estate sector: A Canadian case study', *International Journal of Urban and Regional Research* 25, 4: 740-758.

Charney, I. (2003) 'Spatial fix and spatial substitutability practices among Canada's largest office development firms', *Urban Geography* 24, 5: 386-409.

City of Vancouver (n.d.) Woodward's: A new beginning (http://www.city.vancouver. bc.ca/corpsvcs/realestate/woodwards/ideas.htm).

Civic News (1969) issue 32: 9.

Civic News (1972) 'Cinderella of Prospect Place' March 5: 3, 10-13.

Civic News (1973) 'Brownstone films' June 6: 4.

Clark, E. (1987) *The Rent Gap and Urban Change: Case Studies in Malmö, 1860-1985* (Lund, Sweden: Lund University Press).

Clark, E. (1988) 'The rent gap and transformation of the built environment: Case studies in Malmö, 1860-1985', *Geografiska Annaler B* 70, 2: 241-254.

Clark, E. (1991) 'Rent gaps and value gaps: Complementary or contradictory?' in J. van Weesep and S. Musterd (eds.) *Urban Housing for the Better Off: Gentrification in Europe* (Utrecht, the Netherlands: Stedelijke Netwerken) 17-29.

Clark, E. (1992) 'On blindness, centrepieces, and complementarity in gentrification theory', *Transactions of the Institute of British Geographers* 17: 358-362.

Clark, E. (1994) 'Toward a Copenhagen interpretation of gentrification', *Urban Studies* 31, 7: 1033-1042.

Clark, E. (1995) 'The rent gap re-examined', *Urban Studies* 32, 9: 1489-1503.

Clark, E. (2005) 'The order and simplicity of gentrification: A political challenge', in R. Atkinson and G. Bridge (eds.) *Gentrification in a Global Context: The New Urban Colonialism* (London: Routledge) 256-264.

Clark, K. (1964) *Dark Ghetto: Dilemmas of Social Power* (New York: Harper & Row).

Clay, P. (1979) *Neighborhood Renewal: Middle-Class Resettlement and Incumbent Upgrading in American Neighborhoods* (Lexington, MA: D.C. Heath).

Cloke, P., and N. Thrift (1987) 'Intra-class conflict in rural areas', *Journal of Rural Studies* 3: 321–333.

Cosgrove, D., and P. Jackson (1987) 'New directions in cultural geography', *Area* 19: 95–101.

Counter Information Services (1973) *The Recurrent Crisis of London* (London: CIS Anti-Report on the Property Developers).

Cowley, J., A. Kay, M. Mayo, and M. Thompson (1977) *Community or Class Struggle?* (London: Stage 1 Books).

Cox, K., and A. Mair (1988) 'Locality and community in the politics of local economic development', *Annals of the Association of American Geographers* 78: 307–325.

Cunningham, L. E. (2001) 'Islands of affordability in a sea of gentrification: Lessons learned from the DC Housing Authority's HOPE VI projects', *Journal of Affordable Housing and Community Development Law* 10, 4: 353–371.

Curran, W. (2004) 'Gentrification and the nature of work: Exploring the links in Williamsburg, Brooklyn', *Environment and Planning A* 36, 7: 1243–1258.

Curran, W. (2006) 'Gentrification: A case study', in R. Greene, M. Bouman, and D. Grammenos (eds.) *Chicago's Geographies: Metropolis for the 21st Century* (Washington, DC: Association of American Geographers) 259–263.

Cybriwsky, R., D. Ley, and J. Western (1986) 'The political and social construction of revitalized neighbourhoods: Society Hill, Philadelphia, and False Creek, Vancouver', in N. Smith and P. Williams (eds.) *Gentrification of the City* (Boston: Allen and Unwin) 92–120.

Dangschat, J. (1991) 'Gentrification in Hamburg', in J. van Weesep and S. Musterd (eds.) *Urban Housing for the Better-off: Gentrification in Europe* (Utrecht, the Netherlands: Stedelijke Netwerken) 63–88.

Dansereau, F., J. Godbout, J-P. Collin, D. L'Écuyer, M-J. Lessard, G. Larouche, and L. Chabot (1981) 'La transformation d'immeubles locatifs en copropriete d'occupation', Rapport presente au Gouvernment du Quebec, May (Montréal: INRS-Urbanisation, Universite du Quebec).

Dantas, A. (1988) 'Overspill as an alternative style of gentrification: The case of River-dale, Toronto', in T. Bunting and P. Filion (eds.) *The Changing Canadian Inner City*, Publication Series 31 (Waterloo, Ontario: Department of Geography, University of Waterloo) 73–86.

Darling, E. (2005) 'The city in the country: Wilderness gentrification and the rent-gap', *Environment and Planning A* 37, 6: 1015–1032.

Davidson, M. (2006) *New-Build Gentrification and London's Riverside Renaissance*, Ph.D. thesis (London: Department of Geography, King's College London).

Davidson, M., and L. Lees (2005) 'New-build "gentrification" and London's riverside renaissance', *Environment and Planning A* 37, 7: 1165–1190.

Davis, M. (1990) *City of Quartz: Excavating the Future in Los Angeles* (New York: Verso).

De Bartolome, C. A. M., and S. L. Ross (2002) 'The location of the poor in a metropolitan area: Positive and normative aspects', Department of Economics Working Paper Series, working paper 2002–02 (Storrs: University of Connecticut).

Deep, A., and D. Domanski (2002) 'Housing markets and economic growth: Lessons from the U.S. refinancing boom', *Bank for International Settlements Quarterly Review*, September: 37–45.

DeFilippis, J. (2004) *Unmaking Goliath: Community Control in the Face of Global Capital* (New York: Routledge).

DeFilippis, J., and P. North (2004) 'The emancipatory community? Place, politics and collective action in cities', in L. Lees (ed.) *The Emancipatory City? Paradoxes and Possibilities* (London: Sage) 72–88.

Dench, G., N. Gavron, and M. Young (2006) *The New East End: Kinship, Race and Conflict* (London: Profile Books).

Department of Environment (1977) *Policy for the Inner Cities* (London: H.M.S.O.).

Department of the Environment, Transport and the Regions (DETR) (1999) *Towards an Urban Renaissance* (London: DETR).

Department of the Environment, Transport and the Regions (DETR) (2000a) *Our Towns and Cities—the Future: Delivering an Urban Renaissance* (London: DETR).

Department of the Environment, Transport and the Regions (DETR) (2000b) *State of the English Cities* (London: H.M.S.O.).

DeRocker, R. (1981) 'Thousands of jobs lost in 70s: New figures add hope', *The Phoenix*, April 16: 3.

DeSalvo, J. S., and M. Huq (1996) 'Income, residential location, and mode choice', *Journal of Urban Economics* 40: 84–99.

Deutsche, R., and C. Ryan (1984) 'The fine art of gentrification', *October* 31: 91–111.

Drake, S., and H. Cayton (1945) *Black Metropolis: A Study of Negro Life in a Northern City* (Chicago: University of Chicago Press).

Draper, S. (1991) *A House Is on the Outside: A Home Is on the Inside: Gentrification as a Social Movement*, Ph.D. thesis (New York: Department of Anthropology, New York University).

Duany, A. (2001) 'Three cheers for gentrification', *The American Enterprise*, April/May: 36–39.

Dudley Street Neighborhood Initiative (2007) DSNI (http://www.dsni.org).

Dulchin, B. (2003) 'Organizing against gentrification, fighting the free market: The displacement-free zone campaign', *Social Policy* 34, 2: 29–34.

Dumenil, G., and D. Levy (2004) 'Neoliberal income trends: Wealth, class, and ownership in the USA', *New Left Review* 30: 105–133.

Duncan, J., and D. Ley (1982) 'Structural Marxism and human geography: A critical assessment', *Annals of the Association of American Geographers* 72, 1: 30–59.

Dutton, P. (2003) 'Leeds calling: The influence of London on the gentrification of regional cities', *Urban Studies* 40, 12: 2557–2572.

Dutton, P. (2005) 'Outside the metropole: Gentrification in provincial cities or provincial gentrification?' in R. Atkinson and G. Bridge (eds.) *Gentrification in a Global Context: The New Urban Colonialism* (London: Routledge) 209–224.

Eade, J., and C. Mele (1998) 'The Eastern promise of New York and London', *Rising East* 1, 3: 52–73.

Eaton, L. (2006) 'Hurricane aid finally flowing to homeowners', *New York Times*, July 17: A1, A14.

Elevate East Lancashire (2007) Building a better quality of life in Lancashire (http://www.elevate-eastlancs.co.uk).

Engels, B. (1994) 'Capital flows, redlining and gentrification: The pattern of mortgage lending and social change in Glebe, Sydney, 1960–1984', *International Journal of Urban and Regional Research* 18, 4: 628–657.

Engels, F. (1872/1975) *The Housing Question* (Moscow: Progress Publishers).

enRoute (2002) 'Canada's top ten coolest neighbourhoods', April: 37.

Fabozzi, F. (2001) *The Handbook of Mortgage-Backed Securities* (New York: McGraw-Hill).

Fainstein, S., and N. Fainstein (1991) 'The changing character of community politics in New York City: 1968–1988', in J. Mollenkopf and M. Castells (eds.) *Dual City: Restructuring New York* (New York: Russell Sage Foundation) 315–332.

Ferris, J. (1972) *Participation in Urban Planning: The Barnsbury Case* (London: Bell and Hyman).

Field, M., and M. Irving (1999) *Lofts* (London: Laurence King).

Fifth Avenue Committee (2007) Our community: Our future (http://www.fifthave.org).

Firey, W. (1947) *Land Use in Central Boston* (Cambridge, MA: Harvard University Press).

Florida, R. (2003) *The Rise of the Creative Class* (New York: Basic Books).

Florida, R. (2005) *Cities and the Creative Class* (New York: Routledge).

Forest, B. (1995) 'West Hollywood as symbol: The significance of place in the construction of a gay identity', *Environment and Planning D: Society and Space* 13: 133–157.

Frazier, I. (2006) 'Utopia, the Bronx', *The New Yorker*, June 26: 54–65.

Freeman, L. (2005) 'Displacement or succession? Residential mobility in gentrifying neighborhoods', *Urban Affairs Review* 40: 463–491.

Freeman, L. (2006) *There Goes The 'Hood: Views of Gentrification from the Ground Up* (Philadelphia: Temple University Press).

Freeman, L., and F. Braconi (2002) 'Gentrification and displacement', *The Urban Prospect: Housing, Planning and Economic Development in New York* 8, 1: 1–4.

Freeman, L., and F. Braconi (2004) 'Gentrification and displacement: New York City in the 1990s', *Journal of the American Planning Association* 70, 1: 39–52.

Fried, J. P. (1978) 'Demands for strong measures to combat redlining are growing', *New York Times*, January 1: 23.

Fyfe, N. (2004) 'Zero tolerance, maximum surveillance? Deviance, difference and crime control in the late modern city', in L. Lees (ed.) *The Emancipatory City? Paradoxes and Possibilities* (London: Sage) 40–56.

Fyfe, N., and J. Kenny (eds.) (2005) *The Urban Geography Reader* (London: Routledge).

Gale, D. E. (1979) 'Middle class resettlement in older urban neighborhoods: The evidence and the implications', *Journal of the American Planning Association* 45: 293–204.

Gale, D. E. (1984) *Neighborhood Revitalization and the Postindustrial City: A Multinational Perspective* (Lexington, MA: D.C. Heath).

Geertz, C. (1973) *The Interpretation of Cultures* (New York: Basic Books).

Gelb, J., and M. Lyons (1993) 'A tale of two cities: Housing policy and gentrification in London and New York', *Journal of Urban Affairs* 15, 4: 345–366.

Gelinas, N. (2005) 'A perfect storm of lawlessness', *City Journal*, September 1.

Gershun, M. (1975) 'Financing a brownstone: With luck you can come out ahead of the game', *The Phoenix*, October 2: 28.

Ghose, R. (2004) 'Big sky or big sprawl? Rural gentrification and the changing cultural landscape of Missoula, Montana', *Urban Geography* 25, 6: 528–549.

Gibson-Graham, J. K. (1993) 'Waiting for the revolution, or how to smash capitalism while working at home in your spare time', *Rethinking Marxism* 6, 2: 10–24.

Glaeser, E. L., M. E. Kahn, and J. Rappaport (2000) 'Why do the poor live in cities?' Working Paper 7636 (Cambridge, MA: National Bureau of Economic Research).

Glass, R. (1964) 'Introduction: Aspects of change', in Centre for Urban Studies (ed.) *London: Aspects of Change* (London: MacKibbon and Kee).

Glass, R. (1989) *Clichés of Urban Doom* (Oxford: Blackwell).

Goetz, E. G. (2003) *Clearing the Way: Deconcentrating the Poor in Urban America* (Washington, DC: Urban Institute Press).

Goodno, J. (1982) 'Owners forbidden to coop', *The Phoenix*, May 27: 1.

Gotham, K. F. (2001) 'Redevelopment for whom and for what purpose?' in K. Fox Gotham (ed.) *Critical Perspectives on Urban Redevelopment*, vol. 6 of *Research in Urban Sociology* (Oxford: Elsevier) 429–452.

Gotham, K. F. (2005) 'Tourism gentrification: The case of New Orleans' Vieux Carre (French Quarter)', *Urban Studies* 42, 7: 1099–1121.

Graham, J. (1990) 'Theory and essentialism in Marxist geography', *Antipode* 22: 53–66.

Graham, S., and S. Guy (2002) 'Digital space meets urban place: Sociotechnologies of urban restructuring in downtown San Francisco', *City* 6, 3: 369–382.

Greater London Authority (GLA) (2004) *The London Plan: Spatial Development Strategy for Greater London* (http://www.london.gov.uk).

Green, S. (1979) *Rachman* (London: Michael Joseph).

Griffin, G. (1982) 'Park Slope: Designs for living', *New Brooklyn* 4, 2: 22–27.

Griffith, D. (2000) 'Social capital and economic apartheid along the coasts of the Americas', *Urban Anthropology* 29, 3: 255–284.

Hackworth, J. (2000) 'State devolution, urban regimes, and the production of geographic scale: The case of New Brunswick, NJ', *Urban Geography* 21: 450–458.

Hackworth, J. (2001) 'Inner-city real estate investment, gentrification, and economic recession in New York City', *Environment and Planning A* 33: 863–880.

Hackworth, J. (2002a) 'Post recession gentrification in New York City', *Urban Affairs Review* 37: 815–843.

Hackworth, J. (2002b) 'Local autonomy, bond-rating agencies, and neoliberal urbanism in the United States', *International Journal of Urban and Regional Research* 26, 4: 707–725.

Hackworth, J., and N. Smith (2001) 'The changing state of gentrification', *Tijdschrift voor Economische en Sociale Geografie* 22: 464–477.

Hammel, D. J. (1999a) 'Re-establishing the rent gap: An alternative view of capitalized land rent', *Urban Studies* 36, 8: 1283–1293.

Hammel, D. J. (1999b) 'Gentrification and land rent: A historical view of the rent gap in Minneapolis', *Urban Geography* 20, 2: 116–145.

Hammel, D. J., and E. K. Wyly (1996) 'A model for identifying gentrified areas with census data', *Urban Geography* 17, 3: 248–268.

Hamnett, C. (1973) 'Improvement grants as an indicator of gentrification in Inner London', *Area* 5, 4: 252–261.

Hamnett, C. (1984) 'Gentrification and residential location theory: A review and assessment', in D. T. Herbert and R. J. Johnston (eds.) *Geography and the Urban Environment: Progress in Research and Applications* (London: Wiley & Sons) 283–319.

Hamnett, C. (1991) 'The blind men and the elephant: The explanation of gentrification', *Transactions of the Institute of British Geographers* 16, 2: 173–189.

Hamnett, C. (1992) 'Gentrifiers or lemmings? A response to Neil Smith', *Transactions of the Institute of British Geographers* 17, 1: 116–119.

Hamnett, C. (1994a) 'Socio-economic change in London: Professionalisation not polarization', *Built Environment* 20, 3: 192–203.

Hamnett, C. (1994b) 'Social polarisation in global cities: Theory and evidence', *Urban Studies* 31, 3: 401–424.

Hamnett, C. (1996) 'Social polarisation, economic restructuring and welfare state regimes', *Urban Studies* 33, 8: 1407–1430.

Hamnett, C. (2000) 'Gentrification, postindustrialism, and industrial and occupational restructuring in global cities', in G. Bridge and S. Watson (eds.) *A Companion to the City* (Oxford: Blackwell) 331–341.

Hamnett, C. (2003a) *Unequal City: London in the Global Arena* (London: Routledge).

Hamnett, C. (2003b) 'Gentrification and the middle-class remaking of inner London, 1961–2001', *Urban Studies* 40, 12: 2401–2426.

Hamnett, C., and B. Randolph (1984) 'The role of landlord disinvestment in housing market transformation: An analysis of the flat break-up market in Central London', *Transactions of the Institute of British Geographers* 9: 259–279.

Hamnett, C., and B. Randolph (1986) 'Tenurial transformation and the flat break-up market in London: The British condo experience', in N. Smith and P. Williams (eds.) *Gentrification of the City* (London: Allen and Unwin) 121–152.

Harris, R. (1987) 'A social movement in urban politics? A reinterpretation of urban reform in Canada', *International Journal of Urban and Regional Research* 11: 363–381.

Hartman, C. (1984) 'The right to stay put', in C. Geisler and F. Popper (eds.) *Land Reform, American Style* (Totowa, NJ: Rowman and Allanheld) 302–318.

Hartman, C., D. Keating, and R. LeGates (1982) *Displacement: How to Fight It* (Washington, DC: National Housing Law Project).

Hartshorn, T. (1992) *Interpreting the City: An Urban Geography* 2nd ed. (New York: John Wiley & Sons).

Harvey, D. (1973) *Social Justice and the City* (London: Edward Arnold).

Harvey, D. (1974) 'Class monopoly rent, finance capital, and the urban revolution', *Regional Studies* 8: 239–255.

Harvey, D. (1978) 'The urban process under capitalism: A framework for analysis', *International Journal of Urban and Regional Research* 2: 101–131.

Harvey, D. (1982) *The Limits to Capital* (Chicago: University of Chicago Press).

Harvey, D. (1985) *The Urbanization of Capital* (Baltimore: Johns Hopkins University Press).

Harvey, D. (1989a) *The Condition of Postmodernity* (Oxford: Blackwell).

Harvey, D. (1989b) 'From managerialism to entrepreneurialism: The transformation in urban governance in late capitalism', *Geografiska Annaler B* 71: 3–17.

Harvey, D. (2000) *Spaces of Hope* (Edinburgh: Edinburgh University Press).

Harvey, D. (2003) *The New Imperialism* (Oxford: Oxford University Press).

Harvey, D. (2005) *A Brief History of Neo-liberalism* (Oxford: Oxford University Press).

Harvey, D. (2006a) 'Space as a keyword', in N. Castree and D. Gregory (eds.) *David Harvey: A Critical Reader* (Oxford: Blackwell) 270–293.

Harvey, D. (2006b) *Spaces of Global Capitalism: Towards a Theory of Uneven Geographical Development* (London: Verso).

Hasson, S., and D. Ley (1994) *Neighbourhood Organizations and the Welfare State* (Toronto: University of Toronto Press).

Helms, A. C. (2003) 'Understanding gentrification: An empirical analysis of the determinants of urban housing renovation', *Journal of Urban Economics* 54: 474–498.

Hevesi, D. (2002) 'Skirmishes signal rent law countdown', *New York Times*, July 7.

Hiebert, D. (2000) 'The social geography of immigration and urbanization in Canada: A review and interpretation', Research on Immigration and Integration in the Metropolis, Working Paper Series no. 00-12, September (Vancouver, BC: Vancouver Centre).

Hodenfield, J. (1986) 'The sunny side of the street', *Daily News Magazine*, May 25: 6–9.

Holcomb. H. B. (1984) 'Women in the city', *Urban Geography* 5, 3: 247–254.

Holcomb, H. B., and R. A. Beauregard (1981) *Revitalizing Cities* (Washington, DC: Association of American Geographers).

Holton, P. (1968) 'New brownstone breed enlivens urban life', *The Brownstoner* 1, 1 (1st ed.).

Howard Law Journal (2003) 46, 3 (http://www.law.howard.edu/dictator/media/229/huljvol46_3.pdf).

Howell, B. (2006) 'Exploiting race and space: Concentrated subprime lending as housing discrimination', *California Law Review* 94: 101–147.

Hoyt, H. (1933) *One Hundred Years of Land Values in Chicago* (Chicago: University of Chicago Press).

Hoyt, H. (1939) *The Structure and Growth of Residential Neighbourhoods in American Cities* (Washington, DC: Federal Housing Administration).

HUD v. Rucker, 545 U.S. 125, 122 S.Ct. 1230 (2002).

Hulsbergen, E., and P. Stouten (2001) 'Urban renewal and regeneration in the Netherlands: Integration lost or subordinate?' *City* 5, 3: 325–337.

Imbroscio, D. L. (2004) 'Can we grant a right to place?' *Politics & Society* 32: 575–609.

Imrie, R. (2004) 'Urban geography, relevance, and resistance to the "policy turn"', *Urban Geography* 25, 8: 697–708.

Imrie, R., and M. Raco (eds.) (2003) *Urban Renaissance? New Labour, Community and Urban Policy* (Bristol: Policy Press).

Jackson, K. T. (1985) *Crabgrass Frontier: The Suburbanization of the United States* (Oxford: Oxford University Press).

Jackson, K., and J. Manbeck (eds.) (1998) *The Neighborhoods of Brooklyn* (New Haven, CT: Yale University Press).

Jacobs, J. (1996) *Edge of Empire: Postcolonialism and the City* (London: Routledge).

Jacobs, J. M., and R. Fincher (1998) 'Introduction', in R. Fincher and J. M. Jacobs (eds.) *Cities of Difference* (New York: Guilford) 1–25.

Jager, M. (1986) 'Class definition and the aesthetics of gentrification: Victoriana in Melbourne', in N. Smith and P. Williams (eds.) *Gentrification of the City* (London: Unwin Hyman), 78–91.

Jessop, B. (2002) 'Liberalism, neoliberalism, and urban governance: A state-theoretical perspective', *Antipode* 34, 3: 452–472.

Johnstone, C., and M. Whitehead (eds.) (2004) *New Horizons in Urban Policy: Perspectives on New Labour's Urban Renaissance* (Aldershot, UK: Ashgate).

Julian, K. (2006) 'Big houses', *The New Yorker*, May 29: 27.

Justa, F. (1984) *Effects of Housing Abandonment, Resettlement Processes and Displacement on the Evolution of Voluntary Community Organizations in Park Slope, Brooklyn, New York*, Ph.D. thesis (New York: City University of New York).

Karsten, L. (2003) 'Family gentrifiers: Challenging the city as a place simultaneously to build a career and to raise children', *Urban Studies* 40, 12: 2573–2584.

Kasarda, J. D. (1999) 'Comments on Elvin K. Wyly and Daniel J. Hammel's "Islands of Decay in Seas of Renewal: Housing Policy and the Resurgence of Gentrification"', *Housing Policy Debate* 10, 4: 773–781.

Kasinitz, P. (1988) 'The gentrification of "Boerum Hill": Neighborhood change and conflicts over definitions', *Qualitative Sociology* 11, 3: 163–182.

Katznelson, I. (1981) *City Trenches: Urban Politics and the Patterning of Class in the United States* (New York: Pantheon Books).

Kearns, G., and C. Philo (eds.) (1993) *Selling Places: The City as Cultural Capital, Past and Present* (Oxford: Pergamon Press).

Keating, K. (2007) Class war poster campaigns in San Francisco 1993–2001 (http://www.infoshop.org/myep/cw_posters.html).

Keil, R. (2002) '"Common-sense" neoliberalism: Progressive conservative urbanism in Toronto, Canada', *Antipode* 34, 3: 578–601.

Kern, C. R. (1981) 'Upper-income renaissance in the city: Its sources and implications for the city's future', *Journal of Urban Economics* 9: 106–124.

King, A. (1990) *Global Cities* (London: Routledge).

Knopp, L. (1990) 'Some theoretical implications of gay involvement in an urban land market', *Political Geography Quarterly* 9: 337–352.

Knopp, L. (1992) 'Sexuality and the spatial dynamics of capitalism', *Environment and Planning D: Society and Space* 10:651–669.

Knopp, L. (1997) 'Gentrification and gay neighborhood formation in New Orleans: A case study', in A. Gluckman and B. Reed (eds.) *Homo Economics: Capitalism, Community, Lesbian and Gay Life* (London: Routledge) 45–63.

Knox, P., and L. McCarthy (2005) *Urbanization* 2nd ed. (Englewood Cliffs, NJ: Prentice Hall).

Kodras, J. E. (2002) 'With liberty and justice for all: Negotiating freedom and fairness in the American income distribution', in J. A. Agnew and J. M. Smith (eds.) *American Space/American Place: Geographies of the Contemporary United States* (New York: Routledge) 187–230.

KQED (2007) *Castro* resource guide (http://www.kqed.org/w/hood/castro/resource-guide/index.html).

Krase, J. (2005) 'Poland and Polonia: Migration, and the re-incorporation of ethnic aesthetic practice in the taste of luxury', in R. Atkinson and G. Bridge (eds.) *Gentrification in a Global Context: The New Urban Colonialism* (London: Routledge) 185–208.

Krueckeberg, D. A. (1995) 'The difficult character of property: To whom do things belong?' *Journal of the American Planning Association* 61, 3: 301–309.

Kruger, K. H. (1985) 'Oh, baby. Schiesse. Wie ist das gekommen?' *Der Spiegel*, March 11 (quoted in Smith 1996a: 140).

Krugman, P. (2006) 'Coming down to Earth', *New York Times*, May 19: A23.

Kunzru, H. (2005) 'The battle for Tony's Café: An everyday tale of gentrification', *The Guardian* g2, December 7: 8–11.

Kwon, Y. (2005) 'Urban comparative statistics when commuting cost depends on income', *Journal of Housing Economics* 14: 48–56.

Lake, R. W. (1983) *Readings in Urban Analysis: Perspectives on Urban Form and Structure* (New Brunswick, NJ: Center for Urban Policy Research, Rutgers University).

Lake, R. W. (1995) 'Spatial fix 2: The sequel', *Urban Geography* 16, 3: 189–191.

Lake, R. W. (2002) 'Bring back big government', *International Journal of Urban and Regional Research* 26, 4: 815–822.

Lambert, C., and M. Boddy (2002) 'Transforming the city: Post-recession gentrification and re-urbanisation', paper presented at 'Upward Neighbourhood Trajectories: Gentrification in the New Century', University of Glasgow, Scotland, September 26–27.

Lander, B. (1997) 'Communities creating change? Development, organizing and social change', *Another Side: The Journal of the Michael Harrington Center* 5, 1: 5–16.

Laska, S. B., and D. Spain (eds.) (1980) *Back to the City: Issues in Neighborhood Renovation* (New York: Pergamon Press).

Lauria, M., and L. Knopp (1985) 'Towards an analysis of the role of gay communities in the urban renaissance', *Urban Geography* 6: 387–410.

Lawson, R. (1984) 'Tenant responses to the urban housing crisis, 1970–1984', in R. Lawson (ed.) *The Tenant Movement in New York City, 1904–1984* (New Brunswick, NJ: Rutgers University Press) 209–276.

Layton, L. (2006) 'Contest winners bear witness to a shifting Washington', *Washington Post*, May 8: B1.

Lee, S. (dir.) (1991) *Jungle Fever* (film).

Lees, L. (1994a) *A Pluralistic and Comparative Analysis of Gentrification in London and New York*, Ph.D. thesis (Department of Geography, University of Edinburgh, Scotland).

Lees, L. (1994b) 'Gentrification in London and New York: An Atlantic gap?' *Housing Studies* 9, 2: 199–217.

Lees, L. (1994c) 'Rethinking gentrification: Beyond the positions of economics and culture', *Progress in Human Geography*, 18, 2: 137–150.

Lees, L. (1996) 'In the pursuit of difference: Representations of gentrification', *Environment and Planning A* 28: 453–470.

Lees, L. (1998) 'Book review: "The new urban frontier: Gentrification and the revanchist city" by N. Smith and "Gentrification and the middle classes" by T. Butler', *Environment and Planning A* 30, 12: 2257–2260.

Lees, L. (1999) 'Critical geography and the opening up of the academy: Lessons from "real life" attempts', *Area* 31, 4: 377–383.

Lees, L. (2000) 'A reappraisal of gentrification: Towards a "geography of gentrification"', *Progress in Human Geography* 24, 3: 389–408.

Lees, L. (2003a) 'Visions of "urban renaissance": The Urban Task Force report and the Urban White Paper', in R. Imrie and M. Raco (eds.) *Urban Renaissance? New Labour, Community and Urban Policy* (Bristol: Policy Press) 61–82.

Lees, L. (2003b) 'Super-gentrification: The case of Brooklyn Heights, New York City', *Urban Studies* 40, 12: 2487–2509.

Lees, L. (2003c) 'Policy (re)turns: Urban policy and gentrification, gentrification and urban policy', *Environment and Planning A* 35, 4: 571–574.

Lees, L. (2003d) 'The ambivalence of diversity and the politics of urban renaissance: The case of youth in downtown Portland, Maine, USA', *International Journal of Urban and Regional Research* 27, 3: 613–634.

Lees, L. (2006) 'Gentrifying down the urban hierarchy: "The cascade effect" in Portland, Maine, USA', in D. Bell and M. Jayne (eds.) *Small Cities: Urban Experience beyond the Metropolis* (London: Routledge) 91–104.

Lees, L. (ed.) (2004) *The Emancipatory City? Paradoxes and Possibilities* (London: Sage).

Lees, L., and L. Bondi (1995) 'De-gentrification and economic recession: The case of New York City', *Urban Geography* 16, 3: 234–253.

Lees, L., and D. Demeritt (1998) 'Envisioning the livable city: The interplay of "Sin City" and "Sim City" in Vancouver's planning discourse', *Urban Geography* 19: 332–359.

Lefebvre, H. (1991) *The Production of Space*, trans. Donald Nicholson-Smith (Oxford: Blackwell).

LeGates, R., and C. Hartman (1986) 'The anatomy of displacement in the US', in N. Smith and P. Williams (eds.) *Gentrification of the City* (London: Unwin Hyman) 178–200.

LeRoy, S. F., and J. Sonstelie (1983) 'Paradise lost and regained: Transportation innovation, income, and residential location', *Journal of Urban Economics* 13: 67–89.

Lethem, J. (2003) *The Fortress of Solitude* (New York: Doubleday).

Ley, D. (1980) 'Liberal ideology and the postindustrial city', *Annals of the Association of American Geographers* 70: 238–258.

Ley, D. (1981) 'Inner-city revitalization in Canada: A Vancouver case study', *The Canadian Geographer* 25: 124–148.

Ley, D. (1986) 'Alternative explanations for inner-city gentrification: A Canadian assessment', *Annals of the Association of American Geographers* 76, 4: 521–535.

Ley, D. (1987a) 'The rent gap revisited', *Annals of the Association of American Geographers* 77, 3: 465–468.

Ley, D. (1987b) 'Styles of the times: Liberal and neo-conservative landscapes in inner Vancouver, 1968–1986', *Journal of Historical Geography* 13, 1: 40–56.

Ley, D. (1988) 'Social upgrading in six Canadian inner cities', *The Canadian Geographer* 32, 1: 31–45.

Ley, D. (1992) 'Gentrification in recession: social change in six Canadian inner cities, 1981–1986', *The Canadian Geographer* 13, 3: 230–256.

Ley, D. (1994) 'Gentrification and the politics of the new middle class', *Environment and Planning D: Society and Space* 12:53–74.

Ley, D. (1996) *The New Middle Class and the Remaking of the Central City* (Oxford: Oxford University Press).

Ley, D. (2003) 'Artists, aestheticisation and the field of gentrification', *Urban Studies* 40, 12: 2527–2544.

Ley, D. (2004) 'Transnational spaces and everyday lives', *Transactions of the Institute of British Geographers* 29, 2: 151–164.

Ley, D., and C. Mills (1993) 'Can there be a postmodernism of resistance in the urban landscape?' in P. Knox (ed.) *The Restless Urban Landscape* (Englewood Cliffs, NJ: Prentice Hall) 255–278.

Lipton, S. G. (1977) 'Evidence of central city revival', *Journal of the American Institute of Planners*, 43: 136–147.

Little, J. (1987) 'Gentrification and the influence of local-level planning', in P. Cloke (ed.) *Rural Planning: Policy into Action?* (London: Harper & Row) 185–199.

Logan, W. (1985) *The Gentrification of Inner Melbourne* (St. Lucia, Australia: University of Queensland Press).

London Borough of Islington (1966) *Barnsbury Environmental Study: Interim Report*, August (London: London Borough of Islington).

London Borough of Islington (1969) 'Planning and the public: A novel approach', press release, February 4 (London: London Borough of Islington).

Lueck, T. J. (1991) 'Prices decline as gentrification ebbs: The future is uncertain in areas that bloomed too late in the 1980s', *New York Times*, September 29, sec. 10: 1.

Lyons, M. (1996) 'Gentrification, socio-economic change and the geography of displacement', *Journal of Urban Affairs* 18: 39–62.

Lyons, M., and J. Gelb (1993) 'A tale of two cities: Housing policy and gentrification in London and New York', *Journal of Urban Affairs* 15, 4: 345–366.

MacLeod, G. (2002) 'From urban entrepreneurialism to a "revanchist city"? On the spatial injustices of Glasgow's renaissance', *Antipode* 34, 3: 602–624.

MacLeod, G., M. Raco, and K. Ward (guest eds.) (2003) 'Negotiating the contemporary city', *Urban Studies* 40, 8 (special issue).

Maine Arts Commission (2004) *Proceedings from the Blaine House Conference on Maine's Creative Economy*, August (http://www.mainearts.maine.gov/mainescreativeeconomy/conference/Proceedings).

Marcuse, P. (1985a) 'To control gentrification: Anti-displacement zoning and planning for stable residential districts', *Review of Law and Social Change* 13: 931–945.

Marcuse, P. (1985b) 'Gentrification, abandonment and displacement: Connections, causes and policy responses in New York City', *Journal of Urban and Contemporary Law* 28: 195–240.

Marcuse, P. (1986) 'Abandonment, gentrification and displacement: The linkages in New York City', in N. Smith and P. Williams (eds.) *Gentrification of the City* (London: Unwin Hyman) 153–177.

Marcuse, P. (2005) 'On the presentation of research about gentrification', unpublished manuscript, Department of Urban Planning, Columbia University, New York (available from author).

Markusen, A. (1981) 'City spatial structure, women's household work, and national urban policy', in C. Stimpson, E. Dixler, M. J. Nelson, and K. B. Yatrakis (eds.) *Women and the American City* (Chicago: University of Chicago Press) 20–41.

Maruca, J. (1978) 'Stalking the elusive city home mortgage', *The Brownstoner* 9 (February): 3.

Massey, D. (1993) 'Power-geometry and a progressive sense of place', in J. Bird, B. Curtis, T. Putnam, and G. Robertson (eds.) *Mapping the Futures: Local Cultures, Global Change* (London: Routledge) 59–69.

Massey, D. S. (2002) 'Comments on Jacob Vigdor's "Does Gentrification Harm the Poor?"' *Brookings-Wharton Papers on Urban Affairs*: 174–176.

May, J. (1996) 'Globalization and the politics of place: Place and identity in an inner London neighbourhood', *Transactions of the Institute of British Geographers* 21: 194–215.

McCall, B. (2004) 'Top brokers spot the hot new neighborhoods', *The New Yorker*, December 6: 128.

McDowell, L. (1997a) *Capital Culture: Gender at Work in the City* (Oxford: Blackwell).

McDowell, L. (1997b) 'The new service class: Housing consumption and lifestyle among London bankers in the 1990s', *Environment and Planning A* 29: 2061–2078.

Meligrana, J., and A. Skaburskis (2005) 'Extent, location and profiles of continuing gentrification in Canadian metropolitan areas', *Urban Studies* 42: 1569–1592.

Merlis, B., and L. A. Rosenzweig (1999) *Brooklyn's Park Slope: A Photographic Retrospective* (New York: Sheepshead Bay Historical Society).

Merrifield, A. (2000) 'The dialectics of dystopia: Disorder and zero tolerance in the city', *International Journal of Urban and Regional Research* 24: 473–489.

Merrifield, A. (2002a) *Dialectical Urbanism* (New York: Monthly Review Press).

Merrifield, A. (2002b) *Metromarxism: A Marxist Tale of the City* (New York: Routledge).

Merry, S. (1981) *Urban Danger: Life in a Neighborhood of Strangers* (Philadelphia: Temple University Press).

Metzger, J. (2000) 'Planned abandonment: The neighborhood life-cycle theory and national urban policy', *Housing Policy Debate* 11, 1: 7–40.

Milkowski, B. (1981) 'Land of the brownstones', *Antiques and Collectibles* November: 8–9, 11–12.

Millard-Ball, A. (2000) 'Moving beyond the gentrification gaps: Social change, tenure change and gap theories in Stockholm', *Urban Studies* 37, 9: 1673–1693.

Mills, C. (1988) 'Life on the upslope: The postmodern landscape of gentrification', *Environment and Planning D: Society and Space* 6: 169–189.

Mills, C. (1989) *Interpreting Gentrification: Postindustrial, Postpatriarchal, Postmodern?* Ph.D. thesis (Vancouver: Department of Geography, University of British Columbia).

Mills, C. (1993) 'Myths and meanings of gentrification', in J. Duncan and D. Ley (eds.) *Place/Culture/Representation* (London: Routledge) 149–170.

Milner Holland, Sir (1965) *Report of the Committee on Housing in Greater London*, Government White Paper, Cmnd. 2605 (London: H.M.S.O.).

Mitchell, D. (1997) 'The annihilation of space by law: The roots and implications of anti-homeless laws in the United States', *Antipode* 29: 303–335.

Mitchell, D. (2003) *The Right to the City: Social Justice and the Fight for Public Space* (New York: Guilford Press).

Monaghan, C. (1966) 'Park Slope group presses renewal', *New York Times*, July 10, sec. 8: 1, 9.

Morgan, M. (1981) *Skid Road: An Informal Portrait of Seattle* (Seattle: University of Washington Press).

Muir, J. (ed.) (1977) *Walk Park Slope: A Guide Book*, for the May 8, 1977, Walk Park Slope Day. New York : Park Slope Civic Council.

Mullins, P. (1982) 'The "middle-class" and the inner city', *Journal of Australian Political Economy* 11: 44–58.

Muniz, V. (1998) *Resisting Gentrification and Displacement: Voices of the Puerto Rican Woman of the Barrio* (New York: Garland).

Munt, I. (1987) 'Economic restructuring, culture, and gentrification: A case study in Battersea, London', *Environment and Planning A* 19: 1175–1197.

士 绅 化

Musterd, S., H. Priemus, and R. van Kempen (1999) 'Towards undivided cities: The potential of economic revitalization and housing redifferentiation', *Housing Studies* 14, 5: 573–584.

Muth, R. (1969) *Cities and Housing* (Chicago: University of Chicago Press).

Myers, D., E. Gearin, T. Banerjee, and A. Garde (2001) *Current Preferences and Future Demand for Denser Residential Environments* (Coral Gables, FL: Funders' Network for Smart Growth and Livable Communities).

National Statistics (2001) Census 2001: The most comprehensive survey of the UK population (http://www.statistics.gov.uk/census2001/census2001.asp).

Nelson, K. (1988) *Gentrification and Distressed Cities: An Assessment of Trends in Intrametropolitan Migration* (Madison: University of Wisconsin Press).

Newman, K. (2004) 'Newark, decline and avoidance, renaissance and desire: From disinvestment to reinvestment', *Annals of the American Academy of Social and Political Sciences* 594: 34–48.

Newman, K., and R. Lake (2006) 'Democracy, bureaucracy and difference in US community development politics since 1968', *Progress in Human Geography* 30, 1: 44–61.

Newman, K., and E. Wyly (2006) 'The right to stay put, revisited: Gentrification and resistance to displacement in New York City', *Urban Studies* 43, 1: 23–57.

New York City Department of City Planning (1985) *Private Reinvestment and Neighborhood Change*, NYCDCP 85-25 (New York: New York City Department of City Planning).

New York Magazine (2001) Real estate 2001: Is there life beyond the boom? Volume 34, Issue 10, March 12.

Niedt, C. (2006) 'Gentrification and the grassroots: Popular support in the revanchist suburb', *Journal of Urban Affairs* 28, 2: 99–120.

Ogden, P. (ed) (1992) *London Docklands: The Challenge of Development* (Cambridge: Cambridge University Press).

O'Hanlon, T. (1982) *Neighborhood Change in New York City: A Case Study of Park Slope 1850 through 1980*, Ph.D. thesis (New York: Department of Environmental Psychology, City University of New York).

Olds, K. (1989) 'Mass evictions in Vancouver: The human toll of Expo '86', *Canadian Housing* 6: 49–52.

Osborn, B. (1998) '"raise shit": Downtown eastside poem of resistance', *Environment and Planning D: Society and Space* 16: 280–288.

O'Sullivan, D. (2002) 'Toward micro-scale spatial modeling of gentrification', *Journal of Geographical Systems*, 4, 3: 251–274.

Pacione, M. (1984) *Rural Geography* (London: Harper & Row).

Palen, J., and B. London (eds.) (1984) *Gentrification, Displacement and Neighborhood Revitalization* (Albany: State University of New York Press).

Papayanis, M. (2000) 'Sex and the revanchist city: Zoning out pornography in New York', *Environment and Planning D: Society and Space* 18: 341–353.

Park, R., E. Burgess, and R. McKenzie (1925) *The City* (Chicago: University of Chicago Press).

Parsons, D. (1980) 'Rural gentrification: The influence of rural settlement planning policies', Department of Geography Research Paper 3 (Brighton, UK: University of Sussex).

Passaro, V. (2001) 'The view from out here', *New York Times Magazine*, November 11.

Peck, J. (2005) 'Struggling with the creative class', *International Journal of Urban and Regional Research* 29, 4: 740–770.

Peck, J. (2006) 'Liberating the city: From New York to New Orleans', *Urban Geography* 27, 8: 681–713.

Petsimeris, P. (2005) 'Out of squalor and towards another urban renaissance? Gentrification and neighbourhood transformations in Southern Europe', in R. Atkinson and G. Bridge (eds.) *Gentrification in a Global Context: The New Urban Colonialism* (London: Routledge) 240–255.

Phillips, M. (1993) 'Rural gentrification and the processes of class colonization', *Journal of Rural Studies* 9: 123–140.

Phillips, M. (2002) 'The production, symbolisation and socialisation of gentrification: A case study of a Berkshire village', *Transactions of the Institute of British Geographers* 27, 3: 282–308.

Phillips, M. (2004) 'Other geographies of gentrification', *Progress in Human Geography* 28, 1: 5–30.

Phillips-Fein, K. (2000) 'The richer they get in Manhattan, the more poor people are evicted in Brooklyn', *The American Prospect*, December 4.

Pitt, J. (1977) *Gentrification in Islington* (London: Barnsbury People's Forum)

Plunz, R. (1990) *A History of Housing in New York City: Dwelling Type and Structural Change in the American Metropolis* (New York: Columbia University Press).

Podmore, J. (1998) '(Re)reading the "loft living" habitus in Montreal's inner city', *International Journal of Urban and Regional Research* 22: 283–302.

Pogrebin, R. (2006) 'An architect with plans for a new Gulf Coast', *New York Times*, May 24: B1, B8.

Powell, J., and M. Spencer (2003) 'Giving them the old "one-two": Gentrification and the K O of impoverished urban dwellers of color', *Howard Law Journal* 46, 3: 433–490.

Power, A. (1972) *A Battle Lost: Barnsbury 1972* (London: Friends House).

Power, A. (1973) *David and Goliath: Barnsbury 1973* (London: Holloway Neighbourhood Law Centre).

Pratt, G., and S. Hanson (1994) 'Geography and the construction of difference', *Gender, Place and Culture* 1: 5–29.

Priemus, H. (1995) 'How to abolish social housing: The Dutch case', *International Journal of Urban and Regional Research* 19: 145–155.

Priemus, H. (1998) 'Redifferentiation of the urban housing stock in the Netherlands: A strategy to prevent spatial segregation', *Housing Studies* 13, 3: 301–310.

Priemus, H. (2001) 'Social housing as a transitional tenure? Reflections on the Netherlands' new Housing Memorandum 2000–2010', *Housing Studies* 16, 2: 243–256.

Pring, K. (1968/1969) *Barnsbury Explored: Some Exercises in Exploiting the Townscape Potential of an Inner Urban Twilight Area in London* (London: Department of Architecture and Town Planning, The Polytechnic, Regent Street).

Pryke, M. (1991) 'An international city going "global": Spatial change in the City of London', *Environment and Planning D: Society and Space* 9: 197–222.

Raban, J. (1974) *Soft City* (London: Fontana).

Ray, B., and D. Rose (2000) 'Cities of the everyday: Socio-spatial perspectives on gender, difference and diversity', in T. Bunting and P. Filion (eds.) *Canadian Cities in*

Transition: the Twenty-First Century 2nd ed. (Oxford: Oxford University Press) 507–512.

Redfern, P. (1997) 'A new look at gentrification: 1. Gentrification and domestic technologies', *Environment and Planning A* 29: 1275–1296.

Reed, A., and S. Steinberg (2006) 'Liberal bad faith in the wake of New Orleans', *Black Commentator* 182, May 5.

Reed Elsevier, Inc. (2006) *LexisNexis Academic* (http://www.lexisnexis.com).

Reichl, A. (1999) *Reconstructing Times Square: Politics and Culture in Urban Development* (Lawrence: Kansas University Press).

Rich, M., and D. Leonhardt (2005) 'Trading places: Real estate instead of dot-coms', *New York Times*, March 25: A1, C2.

Rivlin, A. M. (2002) 'Comments on Jacob Vigdor's "Does Gentrification Harm the Poor?"' *Brookings-Wharton Papers on Urban Affairs*: 176–179.

Rofe, M. (2003) '"I want to be global": Theorising the gentrifying class as an emergent elite global community', *Urban Studies* 40, 12: 2511–2526.

Roschelle, A., and T. Wright (2003) 'Gentrification and social exclusion: Spatial policing and homeless activist responses in the San Francisco Bay Area', in M. Miles and T. Hall (eds.) *Urban Futures: Critical Commentaries on Shaping the City* (London: Routledge) 149–166.

Rose, D. (1984) 'Rethinking gentrification: Beyond the uneven development of Marxist urban theory', *Environment and Planning D: Society and Space* 1: 47–74.

Rose, D. (1989) 'A feminist perspective of employment restructuring and gentrification: The case of Montreal', in J. Wolch and M. Dear (eds.) *The Power of Geography: How Territory Shapes Social Life* (Boston: Unwin Hyman) 118–138.

Rose, D. (1996) 'Economic restructuring and the diversification of gentrification in the 1980s: A view from a marginal metropolis', in J. Caulfield and L. Peake (eds.) *City Lives and City Forms: Critical Research and Canadian Urbanism* (Toronto: University of Toronto Press) 131–172.

Rose, D. (2002) 'Gentrification through "infill-tration"? New condo owners' relationships to neighbourhood in a gentrifying economy', paper presented to the Annual Meeting of the Association of American Geographers, Los Angeles, March 19–23.

Rose, D. (2004) 'Discourses and experiences of social mix in gentrifying neighbourhoods: A Montréal case study', *Canadian Journal of Urban Research* 13, 2: 278–316.

Rose, D., and C. LeBourdais (1986) 'The changing conditions of female single parenthood in Montréal's inner city and suburban neighbourhoods', *Urban Resources* 3, 2: 45–52.

Rothenberg, T. (1995) '"And she told two friends": Lesbians creating urban social space', in D. Bell and G. Valentine (eds.) *Mapping Desire: Geographies of Sexualities* (London: Routledge) 165–181.

Rutheiser, C. (1996) *Imagineering Atlanta: The Politics of Place in the City of Dreams* (New York: Verso).

Rydin, Y. (2005) 'Geographical knowledge and policy: The positive contribution of discourse studies', *Area* 37, 1: 73–78.

Salet, W. (1999) 'Regime shifts in Dutch housing policy', *Housing Studies* 14, 4: 547–558.

Sassen, S. (1991) *The Global City: New York, London and Tokyo* (Princeton, NJ: Princeton University Press).

Saulhy, S. (2006) 'Investors lead home sale boom in New Orleans', *New York Times*, July 9.

Savage, M. (1991) 'Making sense of middle-class politics: A secondary analysis of the 1987 general election survey', *Sociological Review* 39: 26–54.

Savage, M., G. Bagnall, and B. Longhurst (2005) *Globalization and Belonging* (London: Sage).

Savage, M., J. Barlow, P. Dickens, and A. Fielding (1992) *Property, Bureaucracy and Culture: Middle Class Formation in Contemporary Britain* (Andover, MA: Routledge, Chapman and Hall).

Schaffer, R., and N. Smith (1986) 'The gentrification of Harlem?' *Annals of the Association of American Geographers* 76: 347–365.

Schill, M., and R. Nathan (1983) *Revitalizing America's Cities: Neighborhood Reinvestment and Displacement* (Albany: State University of New York Press).

Schumpeter, J. (1934) *The Theory of Economic Development* (Cambridge, MA: Harvard University Press).

Seiden Miller, R. (ed.) (1979) *Brooklyn USA: The Fourth Largest City in America* (New York: Brooklyn College Press).

Shaw, K. (2002) 'Culture, economics and evolution in gentrification', *Just Policy* December 28: 42–50.

Shaw, K. (2005) 'Local limits to gentrification: Implications for a new urban policy', in R. Atkinson and G. Bridge (eds.) *Gentrification in a Global Context: The New Urban Colonialism* (London: Routledge) 168–184.

Shaw, W. (2000) 'Ways of whiteness: Harlemising Sydney's aboriginal Redfern', *Australian Geographical Studies* 38, 3: 291–305.

Shaw, W. (2005) 'Heritage and gentrification: Remembering "the good olde days" in colonial Sydney', in R. Atkinson and G. Bridge (eds.) *Gentrification in a Global Context: The New Urban Colonialism* (London: Routledge) 57–71.

Shier, R. (2003) 'Introduction', in R. Shier (ed.) *Stan Douglas: Every Building on 100 West Hastings* (Vancouver: Contemporary Art Gallery) 10–17.

Short, J. R. (1989) 'Yuppies, yuffies and the new urban order', *Transactions of the Institute of British Geographers* 14, 2: 173–188.

Showley, R. M. (2006) 'Click and miss? Not everyone is thrilled with "zestimating" property values', *San Diego (CA) Union-Tribune*, March 19: I-1.

Slater, T. (2002) 'Looking at the "North American city" through the lens of gentrification discourse', *Urban Geography* 23, 2: 131–153.

Slater, T. (2004a) 'North American gentrification? Revanchist and emancipatory perspectives explored', *Environment and Planning A* 36, 7: 1191–1213.

Slater, T. (2004b) 'Municipally-managed gentrification in South Parkdale, Toronto', *The Canadian Geographer* 48, 3: 303–325.

Slater, T. (2006) 'The eviction of critical perspectives from gentrification research', *International Journal of Urban and Regional Research*, 30, 4: 737–757.

Slater, T., W. Curran, and L. Lees (2004) 'Guest editorial. Gentrification research: New directions and critical scholarship', *Environment and Planning A* 36, 7: 1141–1150.

Smith, D. (2002) 'Patterns and processes of "studentification" in Leeds', *Regional Review* 11: 17–19.

Smith, D. (2005) '"Studentification": The gentrification factory', in R. Atkinson and G. Bridge (eds.) *Gentrification in a Global Context: The New Urban Colonialism* (London: Routledge) 72–89.

Smith, D., and T. Butler (guest eds.) (2007) 'Extending gentrification', *Environment and Planning A* 39, 1 (special issue).

Smith, D., and L. Holt (2007) 'Studentification and "apprentice" gentrifiers within Britain's provincial urban locations: Extending the meaning of gentrification?' *Environment and Planning A* 39, 1: 142–161.

Smith, D., and D. Phillips (2001) 'Socio-cultural representations of greentrified Pennine rurality', *Journal of Rural Studies* 17: 457–469.

Smith, D. M. (1994) *Geography and Social Justice* (Oxford: Blackwell).

Smith, H. (2003) 'Planning, policy and polarisation in Vancouver's Downtown Eastside', *Tijdschrift voor Economische en Sociale Geografie* 94, 4: 496–509.

Smith, J. (2000) 'The space of local control in the devolution of US public housing policy', *Geografiska Annaler B* 82, 4: 221–234.

Smith, J. (2001) 'Mixing it up: Public housing redevelopment in Chicago', paper presented at 'Area-Based Initiatives in Contemporary Urban Policy' conference, Danish Building and Urban Research/European Urban Research Association, Copenhagen, 17–19 May.

Smith, M. P. (2001) *Transnational Urbanism: Locating Globalization* (Oxford: Blackwell).

Smith, N. (1979) 'Toward a theory of gentrification: A back to the city movement by capital, not people', *Journal of the American Planning Association* 45, 4: 538–548.

Smith, N. (1982) 'Gentrification and uneven development', *Economic Geography* 58, 2: 139–155.

Smith, N. (1984) *Uneven Development: Nature, Capital, and the Production of Space* (Oxford: Blackwell).

Smith, N. (1986) 'Gentrification, the frontier, and the restructuring of urban space', in N. Smith and P. Williams (eds.) *Gentrification of the City* (London: Allen and Unwin) 15–34.

Smith, N. (1987) 'Gentrification and the rent gap', *Annals of the Association of American Geographers* 77, 3: 462–478.

Smith, N. (1992a) 'Blind man's bluff, or Hamnett's philosophical individualism in search of gentrification?' *Transactions of the Institute of British Geographers* 17, 1: 110–115.

Smith, N. (1992b) 'Contours of a spatialized politics of homeless vehicles and the production of geographical scale', *Social Text*, 33: 54–81.

Smith, N. (1996a) *The New Urban Frontier: Gentrification and the Revanchist City* (London: Routledge).

Smith, N. (1996b) 'Of rent gaps and radical idealism: A reply to Steven Bourassa', *Urban Studies* 33, 7: 1199–1203.

Smith, N. (1996c) 'Social justice and the new American urbanism: The revanchist city', in A. Merrifield and E. Swyngedouw (eds.) *The Urbanization of Injustice* (New York: New York University Press).

Smith, N. (1998) 'Giuliani time', *Social Text* 57: 1–20.

Smith, N. (1999) 'Which new urbanism? New York City and the revanchist 1990s', in R. Beauregard and S. Body-Gendrot (eds.) *The Urban Moment: Cosmopolitan Essays on the Late 20th Century City* (Thousand Oaks, CA: Sage) 185–208.

Smith, N. (2000) 'Gentrification', in R. J. Johnston, D. Gregory, G. Pratt, and M. Watts (eds.) *The Dictionary of Human Geography* 4th ed. (Oxford: Blackwell) 294–296.

Smith, N. (2001) 'Giuliani space: Revanchist city', in I. Miyares, M. Pavlovskaya, and G. Pope (eds.) *From Hudson to the Hamptons: Snapshots of the New York Metropolitan Area* (Washington, DC: Association of American Geographers) 70–78.

Smith, N. (2002) 'New globalism, new urbanism: Gentrification as global urban strategy', *Antipode* 34, 3: 427–450.

Smith, N., P. Caris, and E. Wyly (2001) 'The Camden syndrome: The menace of suburban decline. Residential disinvestment and its discontents in Camden County, New Jersey', *Urban Affairs Review* 36, 4: 497–531.

Smith, N., and J. DeFilippis (1999) 'The reassertion of economics: 1990s gentrification in the Lower East Side', *International Journal of Urban and Regional Research* 23: 638–653.

Smith, N., and J. Derksen (2003) 'Urban regeneration: Gentrification as global urban strategy', in R. Shier (ed.) *Stan Douglas: Every Building on 100 West Hastings* (Vancouver: Contemporary Art Gallery) 62–95.

Smith, N., B. Duncan, and L. Reid (1989) 'From disinvestment to reinvestment: Tax arrears and turning points in the East Village', *Housing Studies* 4, 4: 238–252.

Smith, N., and P. Williams (1986) 'Alternatives to orthodoxy: Invitation to a debate', in N. Smith and P. Williams (eds.) *Gentrification of the City* (London: Allen and Unwin) 1–10.

Smith, N., and P. Williams (eds.) (1986) *Gentrification of the City* (London: Allen and Unwin).

Social Exclusion Unit (1998) *Bringing Britain Together: A National Strategy for Neighbourhood Renewal* (London: H.M.S.O.).

Sohmer, R. R., and R. E. Lang (2001) *Downtown Rebound*, Brookings Institution Census Notes Series (Washington, DC: Fannie Mae Foundation).

Solnit, R. (2000) *Hollow City: The Siege of San Francisco and the Crisis of American Urbanism* (London: Verso).

Sommers, J. (1998) 'Men at the margin: Masculinity and space in downtown Vancouver, 1950–1986', *Urban Geography* 19: 287–310.

Sommers, J., and N. Blomley (2003) '"The worst block in Vancouver"', in R. Shier (ed.) *Stan Douglas: Every Building on 100 West Hastings* (Vancouver: Contemporary Art Gallery) 18–61.

Sorkin, M. (ed.) (1992) *Variations on a Theme Park: The New American City and the End of Public Space* (New York: Hill and Wang).

Sowell, T. (2005) 'Who will rebuild New Orleans' moral levees?' *Investors Business Daily*, September 7: A14.

Squires, G. (ed.) (1992) *From Redlining to Reinvestment: Community Responses to Urban Disinvestment* (Philadelphia: Temple University Press) 1–37.

Squires, G. (ed.) (2003) *Organizing Access to Capital* (Philadelphia: Temple University Press).

Squires, G. (ed.) (2004) *Why the Poor Pay More: How to Stop Predatory Lending* (London: Praeger).

Sugrue, T. J. (2005) *The Origins of the Urban Crisis: Race and Inequality in Postwar Detroit* 2nd ed. (Princeton, NJ: Princeton University Press).

Sumka, H. (1979) 'Neighborhood revitalization and displacement: A review of the evidence', *Journal of the American Planning Association* 45: 480–487.

Sýkora, L. (1993) 'City in transition: The role of the rent gap in Prague's revitalization', *Tijdschrift voor Economisce en Sociale Geografie* 84, 4: 281–293.

Sýkora, L. (2005) 'Gentrification in post-communist cities', in R. Atkinson and G. Bridge (eds.) *Gentrification in a Global Context: The New Urban Colonialism* (London: Routledge) 90–105.

Taylor, M. (1992) 'Can you go home again? Black gentrification and the dilemma of difference', *Berkeley Journal of Sociology* 37: 121–138.

Taylor, M. (2002) *Harlem: Between Heaven and Hell* (Minneapolis: University of Minnesota Press).

The Brownstoner (1981) 'Renaissance breaks more ground' September 12: 4.

The Brownstoner (1984) 'Gentrification: Genesis not genocide' July 15: 2.

The Brownstoner (1991) 'How to love a brownstone (eyes open but half closed too)' Fall, 6 [reprint from April 1969 edition of the *Brownstoner*].

The Economist (2005) 'The global housing boom', June 16.

The Economist (2006) 'Goldman Sachs and the culture of risk', April 29.

The Times (1977) 'Letters to the editor: Gentrification in Islington', August 22: 13.

Thrift, N. (1987) 'The geography of late twentieth-century class formation', in N. Thrift and P. Williams (eds.) *Class and Space: The Making of Urban Society* (London: Routledge and Kegan Paul) 207–253.

Tickell, A., and J. Peck (2003) 'Making global rules: Globalisation or neoliberalisation?' in J. Peck and H. Yeung (eds.) *Remaking the Global Economy* (London: Sage) 163–181.

Uitermark, J. (2003) '"Social mixing" and the management of disadvantaged neighbourhoods: The Dutch policy of urban restructuring revisited', *Urban Studies* 40, 3: 531–549.

Uitermark, J., J. Duyvendak, and R. Kleinhans (2007) 'Gentrification as a governmental strategy: Social control and social cohesion in Hoogvliet, Rotterdam', *Environment and Planning A* 39, 1: 125–141.

Urban Habitat Program (2000) *There Goes the Neighborhood: A Regional Analysis of Gentrification and Community Stability in the San Francisco Bay Area* (San Francisco: Urban Habitat Program; available from Urban Habitat Program, P.O. Box 29908, Presidio Station, San Francisco, CA 94129).

U.S. Bureau of the Census (2002) *New York City Housing and Vacancy Survey* (Washington, DC: U.S. Department of Commerce).

U.S. Bureau of the Census (2006). U.S. Census Bureau's guide to census tract resources (http://www.census.gov/geo/www/tractez.html).

U.S. Department of Housing and Urban Development (1999) *State of the Cities Report*, June (Washington, DC: U.S. Department of Housing and Urban Development).

van Criekingen, M. (2006) 'Migration and the effects of gentrification: A Brussels perspective', Working paper (Brussels: Department of Human Geography, Université Libre de Bruxelles, Belgium).

van Kempen, R., and H. Priemus (1999) 'Undivided cities in the Netherlands: Present situation and political rhetoric', *Housing Studies* 14, 5: 641–658.

van Kempen, R., and J. van Weesep (1994) 'Gentrification and the urban poor: Urban restructuring and housing policy in Utrecht', *Urban Studies* 31, 7: 1043–1056.

van Weesep, J. (1994) 'Gentrification as a research frontier', *Progress in Human Geography* 18: 74–83.

van Weesep, J., and S. Musterd (eds.) (1991) *Urban Housing for the Better-Off: Gentrification in Europe* (Utrecht, the Netherlands: Stedelijke Netwerken).

Vicario, L., and P. Martinez Monje (2005) 'Another "Guggenheim effect"? Central city projects and gentrification in Bilbao', in R. Atkinson and G. Bridge (eds.) *Gentrification in a Global Context: The New Urban Colonialism* (London: Routledge) 151–167.

Vigdor, J. (2002) 'Does gentrification harm the poor?' *Brookings-Wharton Papers on Urban Affairs*: 133–173.

von Thünen, J. (1966) *The Isolated State and Its Relation to Agriculture and National Economy*, ed. P. Hall (Oxford: Pergamon Press).

Walker, R. (1981) 'A theory of suburbanization: Capitalism and the construction of urban space in the United States', in M. Dear and A. J. Scott (eds.) *Urbanization and Urban Planning in Capitalist Society* (New York: Methuen), 383–429.

Walker, R., and D. Greenberg (1982) 'Post-industrialism and political reform in the city: A critique', *Antipode* 14, 1: 17–32.

Warde, A. (1991) 'Gentrification as consumption: Issues of class and gender', *Environment and Planning D: Society and Space* 9: 223–232.

Watkins, R. (1984) '"Quality of life" crimes have been a fact of life here for over 2 decades', *The Phoenix*, January 12: 7–9.

Watts, M. (2001) '1968 and all that. …' *Progress in Human Geography* 25, 2: 157–188.

Webber, M. J., and D. L. Rigby (1996) *The Golden Age of Illusion: Rethinking Postwar Capitalism* (New York: Guilford Press).

Wetzel, T. (2000). A year in the life of the anti-displacement movement (http://www.uncanny.net/~wetzel/macchron.htm).

Wetzel, T. (2001) 'San Francisco's space wars', *Processed World* 2, 1: 49–57.

Wheaton, W. (1977) 'Income and urban residence: An analysis of consumer demand for location', *American Economic Review* 67: 620–631.

White, G. (1972) 'Geography and public policy', *The Professional Geographer* 24, 2: 101–104.

Williams, P. (1976) 'The role of institutions in the inner London housing market: The case of Islington', *Transactions of the Institute of British Geographers* 1: 72–82.

Williams, P. (1978) 'Building societies and the inner city', *Transactions of the Institute of British Geographers* 3: 23–34.

Williams, P. (1984) 'Gentrification in Britain and Europe', in J. Palen and B. London (eds.) *Gentrification, Displacement and Neighbourhood Revitalization* (Albany: State University of New York Press) 205–234.

Williams, P. (1986) 'Class constitution through spatial reconstruction? A re-evaluation of gentrification in Australia, Britain and the United States', in N. Smith and P. Williams (eds.) *Gentrification of the City* (London: Unwin Hyman) 56–77.

Wilson, D., and D. Grammenos (2000) 'Spatiality and urban redevelopment movements', *Urban Geography* 21, 4: 361–370.

Wilson, D., J. Wouters, and D. Grammenos (2004) 'Successful protect community discourse: Spatiality and politics in Chicago's Pilsen neighbourhood', *Environment and Planning A* 36, 7: 1173–1190.

Wilson, W. J. (1987) *The Truly Disadvantaged: The Inner City, the Underclass, and Public Policy* (Chicago: University of Chicago Press).

Wilson, W. J. (1996) *When Work Disappears: The World of the New Urban Poor* (New York: Random House).

Wines, M. (2006) 'A shack, be it ever so humble, gets a fancy South Africa price', *New York Times*, June 7: A1, A14.

Wodiczko, K., and R. Luria (1990) 'The homeless vehicle project', *Journal of Architectural Education* 43, 4: 37–42.

Wyly, E., and D. Hammel (1998) 'Modeling the context and contingency of gentrification', *Journal of Urban Affairs* 20, 3: 303–326.

Wyly, E., and D. Hammel (1999) 'Islands of decay in seas of renewal: Housing policy and the resurgence of gentrification', *Housing Policy Debate* 10, 4: 711–771.

Wyly, E., and D. Hammel (2000) 'Capital's metropolis: Chicago and the transformation of American housing policy', *Geografiska Annaler B* 82, 4: 181–206.

Wyly, E., and D. Hammel (2001) 'Gentrification, housing policy, the new context of urban redevelopment', in K. Fox Gotham (ed.) *Critical Perspectives on Urban Redevelopment*, vol. 6 of *Research in Urban Sociology* (London: Elsevier) 211–276.

Wyly, E., and D. Hammel (2004) 'Gentrification, segregation, and discrimination in the American urban system', *Environment and Planning A* 36, 7: 1215–1241.

Wyly, E., and D. Hammel (2005) 'Mapping neoliberal American urbanism', in R. Atkinson and G. Bridge (eds.) *Gentrification in a Global Context: The New Urban Colonialism* (London: Routledge) 18–38.

Young, I. M. (1990) *Justice and the Politics of Difference* (Princeton, NJ: Princeton University Press).

Zillow (2006) *CityHeatMaps* (http://www.zillow.com/heatmaps/CityHeatMaps.htm).

Zukin, S. (1982) *Loft Living: Culture and Capital in Urban Change* (Baltimore: Johns Hopkins University Press).

Zukin, S. (1989) *Loft Living: Culture and Capital in Urban Change* 2nd ed. (New Brunswick, NJ: Rutgers University Press).

Zukin, S. (1990) 'Socio-spatial prototypes of a new organization of consumption: The role of real cultural capital', *Sociology* 24: 37–56.

Zukin, S. (1991) *Landscapes of Power: From Detroit to Disney World* (Berkeley: University of California Press).

Zukin, S. (1992) 'The city as a landscape of power: London and New York as global financial capitals', in L. Budd and S. Whimster (eds.) *Global Finance and Urban Living: A Study of Metropolitan Change* (London: Routledge) 195–223.

Zukin, S. (1995) *The Cultures of Cities* (Oxford: Blackwell).

Zukin, S. (2006) 'David Harvey on cities', in N. Castree and D. Gregory (eds.) *David Harvey: A Critical Reader* (Oxford: Blackwell) 102–120.

索 引^①

---

① 页码为英文原版书页码，即本书的边码。

SoBro(South Bronx) SoBro(南布朗克斯),
40

Social housing 社会住房,11,144,152,
199—200

Social justice 社会正义,48,97,184,202,
222,240,246—247,275—277

Social mixing 社会混合,19,25,33,144—
148,195—214,217,270—271

SoHo(South of Houston) SoHo(格林威治
村南部休斯敦街以南的地区),39—41,
118—120,174

South Parkdale 南帕克代尔,114—115,
134,207,277

Spain,Daphne 达芙妮·斯班,44,77,
177,217

Speculators 投机者,225

Stage models of gentrification 士绅化阶段
模型,31,174

State-led gentrification 国家主导的士绅
化,220

Studentification 学生士绅化,131—132

Subsidies 补贴,23,29,59,69,81,83,
177,245,258

Suburban gentrification 郊区士绅化,10,
21,23,43—47,92,96,100—102,115

Suburbanization 郊区化,10,21,23,43,
45,55,60,73,82,92,115,239,241

Supply 供给,11,77,132,185,191

Sweat equity 汗水产权,23,31,34,106,
253

Sydney 悉尼,97,117,131,170,248

Sýkora,Luděk 卢德科·西柯拉,59,70—
71,85—86,188

Tax arrears 拖欠税款,28

Taylor,Monique 莫妮克·泰勒,110—
111,125—126

Tenurial transformation 土地权的转变,5,
13

Third-wave gentrification 第三波士绅化,
178—179

Tompkin Square riots,汤普金斯广场公园
的争斗 177,247,268,276

Toronto 多伦多,6,95—96,114—115,
194,207—210,213,218,241

Transnational elites 跨国精英,150

Uitermark,Justus 贾斯特斯·伊特马克,
130,193,202—203,207,236

Uneven development 不平衡发展,50,
71—72,80,84,187,243

Urban decline 城市衰落,175,224

Urban frontier 城市前沿地带,42,222—
229,269

Urban hierarchy 城市等级,81,133,
169—173,189—192,226

Urban pioneers 城市先驱,44,122,225

Urban planning 城市规划,267

Urban policy 城市政策,48,76,107—
108,144,163—169,184,198—207,
223,226,233

Urban regeneration 城市再生,6—8,20—
29,144—146,154—155,198—214

Urban restructuring 城市结构调整,207

Urban Task Force Report 城市工作组报
告,198

Urban White Paper 城市白皮书,144—
145,198—202

Urban wilderness 城市荒野,39

Value gap 价值差距,13,15,56—71

Van Weesep,Jan 简·范韦瑟普,35—36,
85,202

Vancouver 温哥华,90—91,95—96,101,
116,131,139,141—144,189,206,
210,218,233,241,248,263—270

Victorian architecture 维多利亚建筑,4,
18,30

Vigdor,Jacob 雅各布·维格多尔,49,74,
80

Welfare state 福利国家,185,228,267

Whiteness 白人,108—113,167,215—
217,222—225

355

译后记

　　几年前，我与张云鹏老师认识，天南地北地聊起了各种后现代文化地理学的现象。我印象最深刻的是 domicide 这个话题，接着我们延伸到了"士绅化"的现象。而我当时心里就产生了一个疑问，士绅化可否也算一种 domicide？在聊天中，张老师提到有一本在西方学界不错的书，名字就叫"Gentrification"。在我翻阅了这本书后，发现它是一本教材式专著，是对士绅化的全面论述，其深入浅出的内容，不仅可供学者参阅，也可供大学生研读。而且，我个人认为，士绅化是一种空间生产现象，与我平时关注的人文主义地理空间现象存在诸多关联，因此我对该书产生了较浓厚的兴趣，进而想通过翻译将此书与国内的读者分享。后来，有幸在相欣奕老师的介绍下，我们能与上海人民出版社合作，才有了本书的出版。

　　因我常年关注人文主义地理学与现象学，对书中涉及的经济学、金融学、房地产等领域的知识不甚熟悉，因而在翻译中遇到不少困难。幸而，张老师的研究涉及城市政治经济领域，对书中的专业术语有比较准确的把握。借着这次翻译的机会能与他长期交流，也让我受益匪浅。另外，我们还得到了他同事的帮助，就某些专业术语的中文表达获得了宝贵意见，避免造成翻译的硬伤，例如，Cellular Automatic 这个术语在一位做模型同事的建议下翻译为"元胞自动机"。同时，出版社的吴书勇编辑也对我们的翻译提出了宝贵的修改意见，例如，sweat equity 就存在不少译法——"汗水权益""汗水资本""汗水产权"——令我纠结良久，进而在书中各处译法没有统一，最后为了同时涵盖"资产"与"权益"这两层意思，我们考虑译为"汗水产权"。

我和张云鹏对书中的章节各自做了翻译的分工：前言、第一章、第五章、第六章、第七章、索引以及原作者的中文版序言由我翻译；张云鹏翻译致谢、第二章、第三章和第四章。

最后，书中若有翻译不正确的地方，期待聆听各位读者的宝贵意见。

刘 苏

2024 年夏于多伦多万锦市

图书在版编目(CIP)数据

士绅化 / (英) 洛蕾塔·利斯 (Loretta Lees),
(英) 汤姆·斯莱特 (Tom Slater), (加) 埃尔文·怀利
(Elvin Wyly) 著；刘苏，张云鹏译. -- 上海 ：上海人
民出版社，2024. -- (都市文化研究译丛). -- ISBN
978-7-208-19160-0

Ⅰ. C913

中国国家版本馆 CIP 数据核字第 2024LP9101 号

责任编辑　吴书勇
封面设计　胡　枫

都市文化研究译丛

士绅化

[英]洛蕾塔·利斯
[英]汤姆·斯莱特　著
[加]埃尔文·怀利
刘　苏　张云鹏 译

出　　版	上海人民出版社
	(201101　上海市闵行区号景路 159 弄 C 座)
发　　行	上海人民出版社发行中心
印　　刷	上海商务联西印刷有限公司
开　　本	635×965　1/16
印　　张	25
插　　页	5
字　　数	341,000
版　　次	2024 年 11 月第 1 版
印　　次	2024 年 11 月第 1 次印刷

ISBN 978 - 7 - 208 - 19160 - 0/C·725

定　　价	128.00 元

都市文化研究译丛

《东京聆听:当代城市中的声音与感官》

[美]洛兰·普卢德

《士绅化》

[英]洛蕾塔·利斯 [英]汤姆·斯莱特 [加]埃尔文·怀利

《种族隔离:划界城市的全球史》

[美]卡尔·H.奈廷格尔

《出售巴黎:19世纪末法国首都的房产与商业文化》

[加]亚历克西娅·耶茨

《我的洛杉矶:从都市重组到区域城市化》

[美]爱德华·W.苏贾

《识字的用途:工人阶级生活面貌》

[英]理查德·霍加特

《当工作消失时:城市新穷人的世界》

[美]威廉·朱利叶斯·威尔逊

《裸城:原真性城市场所的生与死》

[美]莎伦·佐金

《漫长的革命》

[英]雷蒙德·威廉斯

《透过电视了解城市:电视剧里的城市特性》

[英]彼得·格林汉姆

《规划世界城市:全球化与城市政治》

[英]彼得·纽曼、安迪·索恩利

《没有郊区的城市》

[美]戴维·鲁斯克

《城市秩序:城市、文化与权力导论》

[英]约翰·伦尼·肖特

《正义、自然和差异地理学》

[美]戴维·哈维

《下城:1880—1950 年间的兴衰》

[美]罗伯特·M.福格尔森

《水晶之城:窥探洛杉矶的未来》

[美]迈克·戴维斯

《一种最佳体制:美国城市教育史》

[美]戴维·B.泰亚克

《文学中的城市:知识与文化的历史》

[美]理查德·利罕

《空间与政治》

[法]亨利·列斐伏尔

《真正的穷人:内城区、底层阶级和公共政策》

[美]威廉·朱利叶斯·威尔逊

《布尔乔亚的恶梦:1870—1930 年的美国城市郊区》

[美]罗伯特·M.福格尔森

《巴黎,19 世纪的首都》

[德]瓦尔特·本雅明